KB022939

맥을 잡아주는 세계사 09

미국사

星条期飘扬 美国
编者 : 《图说天下. 世界历史系列》编委员

copyright ⓒ 2008 by 吉林出版集团有限责任公司
All rights reserved.
Korean Translation Copyright ⓒ 2015 by Neukkimchaek Publishing Co.
Korean edition is published by arrangement
with 吉林出版集团有限责任公司
through EntersKorea Co.,Ltd, Seoul.

이 책의 한국어판 저작권은 ㈜엔터스코리아를 통한 저작권사와의 독점 계약으로
도서출판 느낌이 있는 책이 소유합니다.
신 저작권법에 의하여 한국 내에서 보호를 받는 저작물이므로 무단전제와 무단복제를 금합니다.

맥을 잡아주는
세계사
09

미국사

맥세계사편찬위원회 지음
김남현 교수 감수(한국미국사학회 회장)
강치원 교수 추천(강원대 사학과)

일러두기
1. 지명, 인명 등은 국립국어원의 외래어 표기 용례를 따르되, 네이버 두산백과, 위키백과를 참고하였다.
2. 외래어 표기는 국립국어원의 표기법을 기준으로 하되, 원어 발음에 가깝게 표기하였다.
3. 역사적 사실이나 사건 등은 네이버 두산백과, 위키백과, 다음백과를 순차적으로 참고하였다.

"우리에게는 자유의 정신이 들끓는다.
우리는 절대로 노예로 복종하지 않을 것이다.
불공정하고 인정 없는 국가와는 모든 관계를 끊을 것이다."

– 조지 워싱턴

5000년 인류 역사를 담은
장쾌한 대하드라마

역사는 장대한 대하드라마이다. 그것도 아주 잘 짜인. 사건이 일어나게
된, 일어날 수밖에 없는 명확한 이유가 있고, 그로 인해 전개될 이야기는
전후 관계가 딱딱 들어맞는다. 각각의 시대를 살아 낸 사람들의 이야기는
너 나 할 것 없이 드라마보다 더 드라마틱하다. 그야말로 파란만장하다.

역사란 드라마틱한 시대를 살아 온 사람들의 파란만장한 삶에 관한 이
야기이다. 그 속에 생존을 위한 몸부림이 있고, 종족과 전쟁이 있으며, 문
화와 예술이 있고 국가와 민족이 있다. 권력을 향한 암투와 뜨거운 인류애
가 함께 숨 쉬는가 하면, 이념과 창조, 파괴, 희망이 춤춘다.

인류의 역사는 희망적인가. 우리가 역사를 통해 배우고 이를 삶에 적용
하는 한 인류의 역사는 희망적이다. 이것이 우리가 역사를 알아야 하고 이
시대의 문제에 대한 해답을 역사에서 찾아야 하는 이유이다.

역사는 읽는 것이 아니라 보는 것이라 했던가. '맥을 잡아주는 세계사'는
마치 대하드라마를 보는 듯 한 권, 한 권이 잘 짜인 책이다. 인과 관계가 명
확하니 행간과 맥락이 머릿속에 쏙쏙 들어온다. 600여 개의 에피소드는
드라마를 흥미진진하게 이끌고 가는 매개체이며, 2,000여 장에 이르는 시
각 자료는 세트, 정지 컷, 의상, 소품 구실을 한다. 에피소드는 어느 한 곳
에 치우치지 않도록 다양한 시각을 담은, 다양한 사료를 바탕으로 꾸몄다.

각 권은 50여 개의 장으로 이루어진다. 각 장이 시작될 때마다 해당 시기와 등장인물이 어김없이 소개된다. 또한 그때 다른 곳에서는 어떤 일들이 벌어지고 있었는가를 별도의 연표로 제시한다. 그렇다. 드라마이므로 배경이 되는 시기가 있어야 하고, 주인공이 있어야 하며, 전후좌우의 맥락을 살피기 위해서는 주인공을 둘러싼 시대의 흐름도 아울러야 한다. 이러한 플롯으로 그리스와 로마, 이집트 역사를 통해 고대 문명의 원형을 찾아보고, 중·근세 유럽의 강국 영국, 프랑스, 독일을 거쳐 근세 일본과 중국, 미국, 러시아까지, 한 편, 한 편 완성도 높은 드라마로 빚어내어 역사의 거대한 흐름 속으로 독자들을 끌어들이려 한다.

과거에 대한 올바른 인식 없이, 올바른 현재적 삶도 없다. '맥을 잡아주는 세계사'는 독자들에게 한 걸음 더 가까이 다가가 말을 건네는 책이다. 우리 삶을 더 인간답게 가꾸어 가기 위해 우리는 무엇을 고민해야 하고, 어떻게 해야 할지를 묻는다. 물론 그에 대한 답은 독자 스스로 찾아야 한다. 이 책 안에서 펄펄 살아 움직이는 역사를 통해.

자, 이제 모든 준비가 끝났다. 독자들이여! 5000년 인류 역사의 거대한 물줄기! 그 장쾌한 대하드라마 속으로 함께 빠져들어 보자. 그것도 아주 열렬히.

– 맥세계사편찬위원회

역사 속에서 거침없이 튀어나온 인물들과의 조우

역사는 과거와 현재와 미래의 대화라고 합니다. 현재의 가치가 과거의 사실을 만납니다. 현재는 과거와 미래에게 자신의 삶에 대해 묻습니다. 어디서 왔는지, 제대로 살고 있는지, 어떻게 살아야 하는지……. 현재가 치열하게 고민한 것일수록 과거가 들려주는 답은 명확합니다. 과거의 이야기는 여기에서 머물지 않습니다. 미래까지 적나라하게 제시합니다. 고대 로마의 정치·사회사에서 한국의 현재를 읽어 내는 일이 가능할까요? 물론입니다. 어디 현재뿐이겠습니까? 미래를 예측할 수도 있습니다. 왜냐하면 미래는 실천과 의지의 소산이기 때문입니다. 그것은 바로 과거를 아는 자들의 몫입니다. 이것이 바로 역사를 알아야 하는 이유입니다. 그래서 역사는 과거의 사실과 현재의 가치와 미래의 의지의 대화입니다.

이런 점에서 볼 때 최근 일어난 교학사의 한국사 교과서 역사 왜곡 논란은 참으로 안타까운 일이 아닐 수 없습니다. 편향된 시각으로 집필된 역사 교과서가 자라나는 세대들에게 우리 역사를 바로 알고 현실을 직시하며 미래를 준비하는 토대를 제공할 수 있을까요? 역사를 잊은 민족에게 미래란 없다고 했습니다. 이념 논쟁을 떠나 역사 교육에 대한 사회적 합의가 절실합니다.

느낌이 있는 책에서 의욕적으로 출간한 '맥을 잡아주는 세계사' 시리즈를 보고 세 번 놀랐습니다. 가장 먼저 본문 구성이 매우 독특하다는 데 놀랐습니다. 마치 독자들이 날개를 달고 그 지역 상공을 날면서 여행을 하듯 쓰인 서술 방식은 그간의 역사서에서는 찾아보기 어려운 점입니다. 시간의 흐름에 따라 역사적 사건의 현장이 펼쳐지면서 그 시기에 가장 중요했던 인물이 등장하여 종횡무진 맹활약을 합니다. 이러하니 마치 다큐멘터리나 한 편의 영화를 보는 듯 지면이 살아 움직입니다. 두 번째로 놀란 것은 시간의 흐름에 따른 종적 편성 외에 신화, 축제, 교육, 건축, 예술, 여성 등 다양한 테마를 다룬 횡적 편성을 통해 생활사까지 아울렀다는 점입니다. 정치·사회사 중심의 역사서에서 놓치기 쉬운 생활사를 단원 말미에서 종합적으로 서술함으로써 두 마리 토끼를 모두 잡는 데 성공하였습니다. 마지막으로 놀란 것은 꼼꼼한 구성입니다. 각 단원이 시작될 때마다 시기와 주요 인물 혹은 사건이 제시되고 그 아래 총체적인 세계사의 흐름을 알 수 있는 비교 연표를 제시하여 독자들의 머릿속을 깔끔하게 정리해 주고 있다는 점입니다. 필요한 자리에 적절하게 들어간 사진 자료들은 한눈에 보아도 귀한 자료임을 알 수 있습니다.

이 책은 중국 최고의 인재들로 구성된 중국사회과학원과 베이징대학 등 중국 유수 대학 사학과 교수진이 기획과 집필을 담당하였습니다. 우리로서는 그간에 주로 접해 왔던 서양이나 일본 학자들의 시각에서 벗어나 중국 역사가들의 새롭고 참신한 사관을 접할 수 있다는 점에서 흥미로운 일이 아닐 수 없습니다. 고대 그리스에서 시작되는 여행은 전 세계 곳곳의 상공을 날며 생생한 역사의 현장을 돌아봅니다. 그 현장에서 만나는 주인공들은 더 이상 박물관에 놓인 초상화 혹은 조형물이 아닌, 따스한 피를 가진 한 인간입니다. 그들과의 만남, 생각만으로 벌써 가슴이 뜁니다.

― 강치원, 강원대 사학과 교수. 경기도율곡교육연수원장

역동적인 미국,
숨 쉬는 역사적 인물이 함께 호흡하는 책

200년이 조금 넘는 역사를 가진 미국의 역사에서 무엇을 배울 수 있을까? 현대판 로마 제국, 팍스 아메리카나Pax Americana를 꿈꾸는 미국은 어떤 역사를 간직하고 있을까? 한편, 과연 미국사는 읽을 만한 가치가 있고 역사다운 역사가 있겠느냐 반문하는 사람도 있다. 일천한 역사를 가진 미국에 왜 세계의 모든 사람들이 몰리는 걸까? 사람들은 왜 그곳에서 아메리카니즘Americanism으로 일컬어지는 미국적인 제도와 특징, 역사, 문화 등을 배우고자 하는가.

적어도 제1차 세계대전의 참전을 계기로 세계에서의 미국의 역할과 위상은 지금까지 100여 년 이상 유지되고 있으며, 그것을 무시할 수 없는 것이 현실이다. 무엇보다 의도를 갖고 만들어진 국가인 미국은 자연생성의 과정을 거치며 만들어진 국가의 역사와는 다른 의미를 가지고 있음이 분명하다. 짧은 역사 속에서, 우리들이 유구한 역사를 통해 겪어야 했던 그 어떤 선례를 압축적으로 보여주고 있다. '지피지기知彼知己면 백전백승百戰百勝'이라는 말이 있듯이 미국을 알고 미국을 배워야만 미국에 대처하여 나아갈 수 있고 미국보다 더 나은 우리의 삶과 국가를 발전시킬 수 있다고 본다.

그런 의미에서 '맥을 잡아주는 세계사'는 시사하는 바가 크다. 국내에서 전문학자나 일반인들에 의해서 저술되거나 번역된 미국사는 적은 편이 아니다. 그러나 이 책은 미국사를 식민지 시대부터 1980년대까지 60개의 소항목을 통해 시대별 특징인 인물과 사건을 일목요연하게 정리하고 있다는 점이 이채롭게 다가온다. 역사가 갖고 있는 사실에 입각한 서술에서 드러나는 딱딱함과 무미건조함, 지루함을 뛰어넘어 유려하고 흥미 있는 서술, 적절한 사진 자료, '테마로 읽는 미국사' 등의 특징적인 칼럼, 한눈에 보는 세계사 꼭지를 통해, 동시대의 동양 역사와 우리 역사 연표를 표기하여 통시대적으로 비교할 수 있도록 한 점 등은 다른 저술에서는 볼 수 없는 특징이다.

미국사를 공부하고자 하는 입문자는 물론, 미국에 흥미를 갖거나 미국을 배우고자 하는 일반인들에게 미국에 대한 인식의 지평을 넓힐 수 있는 계기가 되는 책이라고 여겨진다. 나아가 사료적 가치가 있는 독립선언서, 윌슨의 14개조 평화원칙 등 실제적인 글의 내용을 본문에 실어 줌으로써 살아 있는 삶과 역동적인 역사적 인물과 함께 호흡할 수 있게 하였다. 역사의 대흐름 속에서 맥락을 짚어 구체적인 사실을 들여다 볼 수 있는 움직이는 미국사를 통해 오늘이 살아가는 우리에게 교훈과 대안을 제시하는 책이라고 할 수 있다.

— 김남현, 가톨릭관동대 사학과 교수, 한국미국사학회 회장

CONTENTS

1 식민지 시대와 독립 전쟁

2 노예제와 남북 전쟁

3 서부 개척 시대

4 제1·2차 세계대전과 미국

5 냉전과 화해의 시대

United States of America

맥을 잡아주는 세계사

The flow of The World History

제1장 | 식민지 시대와 독립 전쟁

1 위대한 항해

1580년대부터 영국인들은 북아메리카에 정착할 계획을 세우기 시작했다. 정치적 박해를 피하려는 사람도 있고, 먹고살기가 어려워 돈을 벌 기회를 찾으려는 사람도 있었다. 북아메리카는 영국인 이민자에게 완전히 새로운 환경이자 꿈에 그리던 미래를 시작할 수 있는 낙원이기도 했다. 17세기 초, '메이플라워호Mayflower'라는 이민 선박이 출항하면서 영국인은 북아메리카 개발에 본격적으로 뛰어들었다.

시기 : 1607~1620년

인물 : 존 로빈슨John Robinson, 윌리엄 브루스터William Brewster, 윌리엄 브래드퍼드William Bradford

'메이플라워호'의 북아메리카 항해

영국에서 종교 개혁이 이루어졌을 때 청교도는 국교의 잔혹한 핍박을 받았는데 그중 '분리주의자', 이른바 필그림 파더스가 특히 심하게 박해받았다. 초기에 북아메리카 식민지에 정착한 영국의 청교도 필그림 파더스 Pilgrim Fathers는 1608년에 국내의 종교·정치적 박해에서 벗어나기 위해 존 로빈슨의 주도로 영국에서 달아났다. 그들이 처음에 도착한 곳은 영국과 바다를 두고 마주 보는 네덜란드였다. 그러나 그곳은 새로운 삶을 시작할

한눈에 보는 세계사

1600년 : 영국, 동인도회사 설립
1602년 : 네덜란드, 동인도회사 설립

1618년 : 독일, 30년 전쟁 발발
1627년 : 정묘호란 발발

만한 곳이 못 되었다. 필그림 파더스는 더 먼 곳에 있는 신대륙 북아메리카에 자신들이 생각하는 아름다운 낙원을 만들기로 마음먹었다.

얼마 후 그들은 유럽 이민 회사 '버지니아'와 북아메리카 이민 계약을 맺었다. 그러나 1620년이 되어서야 비로소 북아메리카 이민이 성사되었고 정착할 권리를 포함해 이민에 필요한 자금을 지원받았다. 같은 해 9월 16일, 필그림 파더스는 목사 브랙스턴^{Braxton}의 인솔로 '메이플라워호'에 탑승해 꿈에 그리던 '북아메리카'로 향했다. 포도주를 운반하던 화물선, 메이플라워호는 그들을 미국까지 실어 줄 '노아의 방주'가 되었다. 길이 27미터, 무게 180톤의 선박에 총 102명이 탑승했다. 그중 청교도 분리주의자는 35명이었고 나머지는 실직한 장인, 파산한 어민, 땅을 잃고 무일푼이 된 농민이었다. 특이하게도 계약 노동자 14명도 포함되어 있었다.

그들이 떠날 때, 사람들은 102명을 태운 그 배가 무사히 대서양 해안에 도착하리라고는 꿈에도 생각하지 못했다. 그도 그럴 것이 출발 당시의 계절은 장거리 항해를 하기에 적합하지 않았기 때문이다. 66일 동안 험난한

토착민과의 무역

신세계에 막 도착한 이민자에게 꼭 필요한 생활용품들이 있었다. 그림은 그들이 현지 토착민과 생활필수품을 교환하는 모습이다.

항해를 거쳐 1620년 11월 21일에 그들은 마침내 지금의 매사추세츠 주 프로빈스타운인 케이프코드 만에 도착했다. 장장 66일에 걸친 오랜 항해로 그들은 너무나도 큰 대가를 치렀다. 4명이 전염병으로 이미 사망했고 나머지 사람들도 대부분 병에 걸려 상륙했을 당시 거의 숨이 끊어질 지경이었다. 더욱 절망적이게도, 상륙한 곳은 그들이 원하던 지역이 아니었다. 사전에 체결한 이민 계약서 때문에 그곳에 정착할 수 없었던 것이다. 어쩔 수 없이 이민자들은 계속 앞으로 나아갔다. 그리고 오늘날의 플리머스 Plymouth에 정착했다. 이곳은 대서양에 인접해 있고 토양이 비옥하며 기후가 사람이 살기에 적합했다. 게다가 이곳에서 거주하는 것은 이민 회사와 체결한 계약에 위배되지도 않았다. 아름다운 풍경이 펼쳐진 이곳은 산림 자원이 매우 풍부했다. 그래서 처음 이곳을 찾은 영국인들은 이 땅이 자신들에게 내린 축복이자 은혜라고 생각했다. 그런 한편으로, 그들은 인디언이 자신들보다 먼저 이곳에 뿌리를 내리고 살아왔다는 사실을 잊고 지냈다. 그런 사실이야 어떻든 간에 그들은 자신들이 이곳의 주인이라고 굳게 믿었다. 이렇게 필그림 파더스는 북아메리카 식민지 시대에 버지니아를 최초의 영국 식민지로 만드는 데 기반을 마련했다.

메이플라워호 서약서 Mayflower Compact

메이플라워호에 탑승하여 북아메리카로 향한 100여 명은 저마다 사연이 있는 사람들이었다. 하지만 그들에게는 한 가지 공통점이 있었다. 바로 영국 또는 유럽에서 자신의 꿈을 펼칠 수 없었다는 점이다. 60일이 넘는 긴 여정에서 그들은 거친 파도, 폭풍우와 싸우는 것 외에도 배고픔과 추위, 질병, 물 부족 등 많은 어려움을 겪었다. 그래서 심지어는 바다에 뛰어들어 스스로 목숨을 끊으려는 사람도 있었다.

마침내 눈앞에 에덴동산이 나타났지만 메이플라워호는 쉽게 나아가지

이민 지도자 윌리엄 브래드퍼드는 승선자들 앞에서 플리머스공동협의서를 낭독했다. 성인 남자 전원의 서약으로 자주적인 식민지 정부를 수립하고 다수결 원칙에 따라 운영할 것을 결정한 이 협의서는 훗날 '메이플라워호 서약서'로 불리게 되었다.

못했다. 윌리엄 브루스터를 중심으로 몇몇 사람은 '우리의 조국인 영국의 관리를 계속 받아들여야 할까? 앞으로 우리의 새로운 낙원은 누가 관리할 것이며 또 어떻게 관리할 것인가?'라는 문제를 고민했다. 이뿐만 아니라 수많은 문제가 그들을 기다리고 있었다. 영국인 이민자들은 이 문제를 확실히 해결한 다음에 다시 상륙하기로 했다.

　이민자들의 지도자인 윌리엄 브래드퍼드가 승선자들을 소집해서 위의 문제에 대해 논의했다. 당시에 토론에 참여할 수 있는 사람은 성인 남자 51명뿐이었고, 여자와 아이는 옆에서 들을 수만 있었다. 이로부터 약 300년이 지난 후에 북아메리카에서 여성들이 선거권을 얻었다는 점을 고려하면 당시에는 매우 당연한 상황이었다. 어쨌든 토론에 참여한 성인 남자들은 격렬한 설전 끝에 제도를 정해서 그들의 미래 낙원에 체계적이고 위엄 있는 자주적인 식민지 정부를 세우기로 했다. 그리고 이들이 그 내용을 담은 문서에 서명하면서 최종 결론을 서면으로 남겼다. 이 문서가 바로 유명한

'메이플라워호 서약서'이다. 그들은 영국 국왕에 대한 충성과 청교도의 신앙을 지키겠다고 맹세했다. 또 현재와 미래에 새로운 거주지에 정착할 사람은 국민 자치 단체를 설립하고 그곳 사정에 적합한 법률과 제도를 만들어 성실히 지킬 것을 약속했다.

이민단은 서약서를 체결하고 나서 윌리엄 브루스터 등의 지휘로 플리머스 일대에 상륙하여 정착했다. 훗날 역사학자들은 '메이플라워호 서약서'를 미국 역사상 최초의 정치적 성격을 띤 계약 문서로 보았다. 이것은 미국 역사에 하나의 이정표로서 그 의미가 크다.

2 북아메리카 식민지 건설

북아메리카의 영국령 식민지들은 각기 다른 시기에 건설되었다. 북아메리카의 대서양 연안에 세워진 식민지들은 형식적으로는 영국에 속했지만, 사실은 완벽하고 독립적인 정치·경제 제도와 더불어 자주적인 정치 기구를 갖추었다. 1607년부터 1632년까지 영국 이민자들은 북아메리카의 대서양 연안에 식민지 16곳을 건설했다. 그 후 식민지 간의 통합을 거쳐 1732년에는 13개만 남았다.

시기 : 1627~1676년
인물 : 존 윈스롭John Winthrop

매사추세츠의 탄생

북아메리카 대륙의 동부 지역은 지리와 기후 조건이 아주 좋아서 이민단의 주요 정착지가 되었다. 최초의 북아메리카 이민단인 필그림 파더스의 뒤를 이은 신新이민자들은 영국 본토와 차별화를 두기 위해 대서양 연안의 좁고 긴 지대를 '뉴잉글랜드New England'라고 불렀다.

17세기 초반, 영국 본토에 뉴잉글랜드 이민 붐이 불기 시작했다. 이때 이민자들은 대부분 파산했거나 가난한 형편상 어쩔 수 없이 이민이라는 모험을 선택했다. 이때 중요한 역할을 한 사람이 광범위한 토지를 소유한 지

한눈에 보는 세계사

1627년 : 정묘호란 발발
1636년 : 병자호란 발발

1642년 : 영국, 청교도 혁명
1688년 : 영국, 명예 혁명

주 존 윈스롭이었다. 이민을 떠나기 전에 그는 런던에서 매사추세츠만 회사와 계약을 맺어 가족 단위의 이민 계획을 세우는 등 뉴잉글랜드 이민을 전반적으로 지휘했다. 이에 이민자들은 놀랍게도 출항하기도 전에 존 윈스롭을 미래의 총독으로 뽑았다. 1630년에 존 윈스롭은 이민자 약 1,000명을 배 4척에 나누어 태우고 런던에서 뉴잉글랜드로 출발했다. 그리고 이때 연설을 통해 신이민자에게 단결과 협조를 강조하며 자신의 지휘 아래 철저한 도시 관리에 힘써 달라고 요청했다. 뉴잉글랜드에 도착한 후 그들은 이민 회사의 이름을 따서 거주 지역의 명칭을 매사추세츠로 정했다. 이로써 영국에서 매사추세츠로의 이민이 시작되었다. 이들의 뒤를 이어 대규모 이민 행렬이 이곳에 몰리면서 북아메리카 동부 해안 일대는 이민단의 상륙과 이동을 위한 중요한 거점이 되었다. 이를 바탕으로 해안 도시 보스턴이 형성되었고, 이후 매사추세츠의 눈부신 발전에 좋은 기반을 마

영국 식민지인 버지니아의 제임스타운(Jamestown)에서 이민자가 담배를 수확하는 모습이다. 버지니아는 북아메리카에 최초로 세워진 식민지 중 한 곳이다.

련해 주었다.

신식민지 연합

신이민자가 빠른 속도로 증가하면서 매사추세츠와 보스턴은 크게 발전했고 순식간에 뉴잉글랜드의 경제와 정치 중심지로 떠올랐다. 이민자들은 그 주변 지역으로 계속 확산하면서 메릴랜드, 로드아일랜드, 코네티컷 등 식민지를 건설했다.

이렇게 식민지가 늘어나면서 새로운 문제들이 생겼다. 우선 식민지와 모국인 영국이 세금, 관리, 총독 임명 등 여러 문제에서 갈등을 빚었다. 식민지 간에도 경계 구분, 토지 및 항만 사용, 연해 조업 등 많은 분야에서 갈수록 분쟁이 많아졌다. 심지어 현지 토착민인 인디언과의 갈등도 첨예해지면서 무력 충돌까지 일어났다. 이런 문제를 겪으면서 멀리 내다볼 줄 아는 이들은 각 식민지 사이에 단결과 협조가 필요하다는 것을 인식했다.

사실 그전부터 식민지를 연합하려는 시도는 있었다. 1639년에 매사추세츠와 새로 건설된 식민지 코네티컷이 공동 협상을 진행하려고 했으나 양측의 의견 차이가 너무 커서 끝내 성공하지 못했다. 결국 그들은 독자적인 길을 걸었다. 식민지 간에 소통과 교류가 부족해 각각의 생존 문제가 나타났다. 게다가 영국 국내의 상황도 빠르게 변화하면서 식민지들은 대내외적으로 심각한 갈등을 빚었다. 이리하여 각 식민지 지도자들은 결국 눈앞의 어려움을 해결할 유일한 방법은 연합이라는 결론을 내렸다.

현지 인디언과의 갈등이 점점 심해지는 가운데 네덜란드 이민자까지 늘어나면서 뉴잉글랜드에 정착한 영국 청교도 이민자들의 험난한 앞날이 예고되었다. 네덜란드 이민자, 토착민 인디언과 같은 공동의 적에 맞서는 문제와 더불어 식민지 사이의 관계를 개선하고 식민지 연합 회원 간의 경계 분쟁을 해결하기 위해 마침내 그들은 서로 뭉쳤다. 매사추세츠 식민지 지

1607년에 건설한 제임스타운은 험난한 역경을 극복하고 담배 수출로 점차 번영했다. 그림은 수출할 담배를 배에 싣는 모습이다.

도자의 제안으로 코네티컷, 뉴헤이븐, 매사추세츠, 플리머스 4개 식민지가 1643년에 회의를 열었다. 격렬한 토론을 벌인 결과, 이들은 '뉴잉글랜드연맹'을 결성하기로 공동 합의했다. 즉 '공격과 방어', '상호 지도와 원조'를 위해 영구적이고 돈독한 우의를 갖춘 동맹을 맺자고 뜻을 모은 것이다. 협의에 따라 구성된 8인 위원회는 대외 선전 포고, 식민지 간의 화해 및 경계 분쟁을 해결할 권리가 생겼다. 각 식민지가 반드시 지켜야 할 의무와 책임을 규정한 이 조례는 초기 미국 헌법의 틀을 갖추었다.

이후에도 북아메리카 식민지 간에 연맹을 결성하려는 시도는 여러 번 있었다. 실제로 성공하지는 못했지만 그 과정에서 실행 가능한 방안과 문제 해결점을 파악할 수 있었다. 이는 훗날 더욱 완벽한 연맹과 연방이 탄생하는 데 밑거름이 되었고 북아메리카 식민지의 발전에 올바른 방향을 제시했다.

3 식민지와 종주국의 갈등

United
States of
America

영국령 북아메리카 식민지 건설에서 가장 중요한 시기는 바로 1607년에서 1690년 사이다. 바로 그 무렵에 영국 국내에서 부르주아 혁명Bourgeois Revolution이 일어났고 멀리 떨어진 북아메리카 식민지에까지 그 피해가 번졌다. 영국 국내의 일부 귀족이 혁명으로 손실을 보자 이를 식민지 거주자들에게 떠넘기려고 한 것이다. 그 영향으로 식민지와 종주국, 식민지의 하층 계급과 상층 계급 간에 갈등이 커지면서 베이긴 반란Bacon's Rebellion과 명예혁명Glorious Revolution이 일어났다. 이는 북아메리카 식민지의 발전 과정에 큰 영향을 미친 양대 사건으로, 영국의 통치에서 벗어나려는 북아메리카 역사의 서막을 열었다.

시기 : 1676~1689년
인물 : 너대니얼 베이컨Nathaniel Bacon, 윌리엄 버클리William Berkeley

베이컨 반란

베이컨 반란은 영국령 북아메리카 식민지에서 본국인 영국에 맞서 일으킨 최초의 이민자 반란이다. 이 반란의 지도자는 너대니얼 베이컨이었다. 베이컨은 본래 영국에서 상당한 규모의 농장을 소유한 귀족이었지만 일이 잘 풀리지 않자 부푼 꿈을 안고 북아메리카 식민지로 이민을 왔다. 1674년에 베이컨과 그의 가족은 버지니아에 정착하여 변경 지역에서 담배 농장을 경영했다. 나름의 경영 노하우를 바탕으로 그는 많은 부를 쌓을 수 있었다. 그뿐만 아니라 버지니아 식민지의 총독인 윌리엄 버클리와 사이가

한눈에 보는 세계사
1688년 : 영국, 명예 혁명

제1장 **식민지 시대와 독립 전쟁** 27

좋아 버지니아 상원 의원으로 임명되었다. 이렇게 베이컨의 이민은 성공적이었으나 상황은 어느 순간 예상치 못한 방향으로 흘러갔다.

버지니아는 1675년과 1676년에 연이은 흉작으로 경제 상황이 매우 악화됐다. 게다가 영국 정부가 '항해 조례'를 시행하면서 담배 수출에 심각한 타격을 주어 가격이 폭락했다. 그뿐만 아니라 늘어난 세금 부담으로 중소 농장은 파산하기 일보 직전이었다. 물론 베이컨도 예외는 아니었다. 오로지 담배의 재배 면적을 늘리는 방법 외에는 위기를 해결할 길이 없었다. 이 피해는 현지 인디언들에게 고스란히 영향을 미쳐, 인디언들은 서부의 변경 지역으로 쫓겨나 활동 공간이 좁아지면서 생존에 심각한 위협을 받게 되었다. 결국 더는 참지 못한 토착 인디언 조직이 1676년 여름에 경계 지역에 거주하는 백인을 습격했다. 이에 베이컨이 총독 버클리에게 인디언의 처벌을 요구했다. 그러나 버클리는 섣불리 인디언을 진압했다가는 대규모 반란이 일어날 수 있다는 이유로 인디언에 대한 일부 정책만 수정하고, 베이컨의 요구를 거절했다. 그래도 베이컨은 포기하지 않고 1676년 8월에 인디언을 토벌하기 위한 무장 세력을 조직하고 정부의 통치를 거부했다. 이에 충돌이 커질 것을 우려한 총독 버클리가 베이컨의 무장 세력을 반란군으로 선포하면서 일은 더욱 크게 번졌다. 분노한 베이컨은 일부 농장주와 실업하거나 파산한 백인 농민들을 소집해서 총독이 불공정한 법률과 조세 제도를 이용해 자신들에게서 돈을 뜯어내려고 한다고 주장하고, 인디언을 감싸는 이 현실을 바꾸자고 호소했다. 본래 인디언을 향했던 총구가 총독 버클리를 중심으로 한 식민 정부로 옮겨 간 것이다. 9월에 베이컨이 이끄는 군대는 버지니아의 수도 제임스타운을 점령하여 총독 버클리를 몰아내고 민주 혁명을 이루었으며 새로운 의회를 구성했다.

이 소식을 들은 영국 정부는 버지니아에 대규모 군대를 파견해서 반란을 진압하기에 나섰다. 그러던 중 1676년 10월 18일에 베이컨이 갑자기 사

반란군은 너대니얼 베이컨의 지휘 아래 버지니아의 제임스타운에 불을 질러 총독 버클리가 자신들을 제대로 보호하지 않았다는 것에 항의했다.

망했다. 이에 버클리는 기회를 잡아 반란군을 완전히 무너뜨렸다. 그리고 주동자 23명을 사형시키고 그들의 땅을 포함한 모든 재산을 몰수했다.

사실 이 사건의 진정한 피해자는 토착민 인디언이다. 그들은 버지니아에서 모든 것을 잃고 변경 민족으로 전락했기 때문이다. 반면, 북아메리카 식민지는 더욱 확대되었고 유럽 출신의 이주민은 급속히 증가했다.

식민지와 종주국의 갈등

영국의 부르주아 혁명은 멀리 떨어진 북아메리카 식민지 주민에게까지 영향을 미쳤다. 영국 본국은 식민지와의 관계를 정리하여 부르주아 혁명의 성공을 더욱 확고히 하고 정치적, 경제적으로 더 큰 이익을 거두고자 했다.

일단 영국 정부는 각 식민지에 대한 통제를 강화했다. 형식적으로는 식민지를 포함한 영국 국왕 소유의 땅은 영국 본토와 동등한 권리가 있었다. 그러나 영국 정부는 실질적인 권한을 손에 쥐고 중앙집권적으로 식민지를 관리했다. 영국 의회는 북아메리카의 식민지는 영국 왕실의 소유지에 불과할 뿐 특별한 의미는 없으므로 식민지 주민에게는 영국인과 동등한 권리가 없다는 것을 당연하게 여겼다. 나아가 1651년에 항해 조례를 발표해서 북아메리카 식민지의 주요 상품인 담배, 면화 등을 영국 본토에만 팔 수 있도록 제한하고 그것의 가격과 품질까지도 명확하게 규정했다. 동시에 식민지에 필요한 공업 제품은 영국 본토에서만 구입하도록 했다. 또 영국에서 파견한 총독이 식민지의 무역을 관리 감독했다. 1696년에 영국 의회는 식민지에 파견한 정부 관리들이 지휘를 따르지 않는 식민지 주민을 마음대로 체포할 수 있도록 항해 조례를 수정했다. 이처럼 영국 정부는 식민지 정부의 권리를 최대한으로 제한하고 조세 제도와 법률 제정 등의 권력을 행사할 때는 종주국인 영국 의회의 동의를 받도록 했다.

영국 정부의 식민지 탄압은 여기에서 그치지 않았다. 영국과 프랑스의 '7년 전쟁' 기간에 식민지 주민들이 영국에 크게 공헌했으나, 영국 정부는 전쟁으로 발생한 부담을 일방적으로 그들에게 떠넘겼다. 북아메리카 식민지에서 영국으로 수입한 담배, 설탕, 차, 술, 커피에 엄청난 세금을 부과한 것이다. 게다가 1765년 이후 영국 의회는 북아메리카의 주민에게 영국군의 북아메리카 식민지 주둔 비용을 요구했다. 이러한 일련의 과정을 거치며 결국 식민지와 종주국인 영국 사이에는 걷잡을 수 없이 갈등의 골이 깊어졌다. 매사추세츠, 로드아일랜드, 코네티컷에서 저항 조직이 생겨났으나 그들의 활동은 영국 정부의 잔혹한 탄압으로 실패했다. 이런 시대적 상황으로 식민지 주민들은 또다시 생존을 위해 중대한 결심을 해야 했다. 그들은 식민지 연합을 통해 하나의 통일된 국가를 세우고 정치·경제적 권력을 완전히 장악해야만 식민지의 설움에서 벗어날 수 있다는 것을 깨달았다.

4 "인지세를 철회하고 자유를 달라"

7년 전쟁에서 프랑스는 쓰디쓴 패배를 맛보았다. 스페인도 플로리다에서 쫓겨나면서 영국이 북아메리카에서 제왕의 자리에 올랐다. 영국은 북아메리카의 여러 식민지에서 가혹하리만치 세금을 거둬들이면서 중요한 사실을 깨닫지 못했다. 바로 100여 년 동안 식민지들이 통합과 발전을 거치면서 이민자와 그 후손들이 '아메리카 인'이라는 연대감과 귀속감을 더욱 강하게 키워 왔다는 점이다. 그들은 본국인 영국의 끊임없는 착취와 독촉에 염증을 느끼면서 다양한 방식으로 반란을 일으켰다.

시기 : 1741~1766년
인물 : 벤저민 프랭클린Benjamin Franklin

'아메리카 인'의 형성

영국은 식민지 건설 단계부터 북아메리카를 착취와 약탈 대상으로 여겼다. 영국 의회는 북아메리카의 상공업이 발전하지 못하도록 발목을 잡는 각종 법령을 제정했다. 더불어 북아메리카를 본국의 원료 기지이자 공업품 판매 시장으로만 삼으려고 했다. 그러나 상황은 그들의 뜻대로 풀려 나가지 않았다. 영국에서 시작된 산업 혁명의 물결이 북아메리카에도 전해진 것이다. 북아메리카는 영국의 선진 기술을 전수받으면서 눈부신 산업 발전을 이루었다. 그들의 공산품은 우수한 품질과 저렴한 가격으로 영국

한눈에 보는 세계사
1760년 : 영국, 산업 혁명 시작   1765년 : 와트, 증기 기관 완성

본토 기업들과의 경쟁에서 조금도 뒤지지 않았다.

　사실 7년 전쟁을 치르는 동안 영국은 북아메리카 식민지의 상공업 발전을 제한하는 법령을 제대로 시행할 여유가 없었다. 덕분에 식민지의 상공업은 급속도로 성장했고, 가내수공업을 중심으로 대형 주조장, 제재소, 조선소 등이 점차 늘어났다. 코네티컷과 매사추세츠 등의 산업은 이미 유럽 국가의 수준을 넘어섰다. 그 결과 뛰어난 품질에 가격 경쟁력까지 갖춘 공산품이 북아메리카 식민지에서 불티나게 팔렸고 영국과 유럽 시장까지 장악했다.

　북아메리카 식민지는 공업, 농업, 대외 무역이 발전함에 따라 그동안 교류가 많지 않았던 각 지역의 관계가 더욱 긴밀해졌다. 18세기 중엽에 이르러 대서양 연안에 형성된 필라델피아, 뉴욕, 보스턴 등 도시가 북아메리카 식민지의 정치·경제 중심지로 점차 부상했다. 북부에서 생산된 공업품이 남부에 판매되고, 남부에서 생산된 농산품도 북부에서 쉽게 구할 수 있었다. 이로써 마침내 통일된 북아메리카 시장이 형성되었다. 이를 발판으로 식민지 간의 문화 교류는 더욱 활발해졌다. 이때부터 영어가 그들의 원활한 교류를 위한 공통어가 되었다.

　북아메리카 식민지 주민은 영국과 힘겨운 투쟁을 벌이는 과정에서 용감하고 혁신적이며 진취적인 민족성을 형성했다. 이러한 통일된 시장, 공통된 언어, 민족성은 새로운 아메리카 인이 탄생하는 데 든든한 밑거름이 되었다.

인지세 반대 투쟁

북아메리카의 식민지 경제가 빠르게 발전하자 영국 정부는 정치, 경제적으로 통제를 강화했다. 특히 세금을 통한 착취는 이전보다 훨씬 심해졌다.

　1765년 3월, 영국 의회는 북아메리카의 경제를 통제하는 설탕세법, 차茶

세법, 인지세법을 통과시켰다. 특히 모든 인쇄물에 인지를 붙이도록 요구한 인지세법은 북아메리카 주민에게 경제적, 정신적으로 심각한 타격을 주었다. 이처럼 영국이 식민지 당국과 어떤 협의도 없이 독단으로 마구잡이로 세금을 징수하자 자치권을 침해받은 북아메리카 식민지 주민들은 강하게 반발했다. 그리고 거부 의사를 실제 행동으로 옮겨 북아메리카 각지에서 통신위원회Committee of Correspondence, 자유의 아들들Sons of Liberty 등 반反영국 비밀 조직이 잇달아 조직되었다. 이러한 조직은 식민지의 반영국 활동을 주도했다. 특히 자유의 아들들이 적극적으로 추진하여 1765년 10월에 코네티컷, 뉴저지, 로드아일랜드, 펜실베이니아와 뉴욕 등 9개 식민지 대표가 뉴욕에 모여서 회의를 열었다. 그들은 북아메리카 식민지 대표가 참석하지 않은 회의에서 영국 의회가 일방적으로 결정한 법에 따라 식민지 주민이 영국에 세금을 낼 의무는 없다고 선언했다. 그와 함께 "대표 없이 조세 없다."라는 정치 구호를 내걸고 인지세법을 폐지하라고 요구했다.

북아메리카 식민지의 하층민은 폭력적인 수단으로 영국 정부에 반발했다. 그들은 영국 정부가 각지에 세운 세무 기관을 파괴하고 파견된 조세 관리들을 내쫓았다.

이 투쟁 과정에 미국 건국의 아버지로 불리는 벤저민 프랭클린이 큰 공헌을

인지세법 반대

1765년에 영국은 세금 부담을 높이는 인지세법을 통과시켜 북아메리카 식민지 주민들의 격렬한 반발을 불러일으켰다. 그림은 보스턴 주민이 세무관의 입에 찻잎을 쑤셔 넣는 굴욕을 주는 모습이다.

했다. 그는 적극적으로 영국 의회와 식민지 정부 사이를 오가며 의원들과 정부 관리들에게 인지세법 등 불평등 법률을 폐지해야 한다고 설득했다. 프랭클린은 인지세법은 북아메리카 식민지의 경제 이익 및 정치 권리에 영향을 줄 뿐만 아니라 식민지와 종주국인 영국의 갈등을 악화시켜 장기적으로 영국에 큰 피해를 줄 것이라고 했다. 다시 말해, 인지세법은 양쪽에 모두 이롭지 않으니 빨리 폐지해야 한다는 주장이었다. 그의 연설은 북아메리카 동정론을 형성하면서 영국 정부의 정책 결정 기구에도 큰 영향을 미쳤다. 게다가 북아메리카 식민지 주민들의 인지세법 반대 운동으로 막대한 손해를 입은 영국의 도매상, 운송 선박주, 소매상들도 북아메리카의 편에 서서 영국 정부를 압박했다.

결국 인지세법은 북아메리카에서 시행되기도 전에 유명무실한 존재가 되었다. 이렇듯 인지세법을 폐지하라는 요구가 드높자 영국 의회도 현실을 인식하고 1766년 3월 초에 이 법안의 폐지 법안을 통과시켰다.

5 보스턴 차 사건

영국 정부는 인지세법을 폐지한 것으로 식민지와의 갈등을 해결했다고 착각했다. 그러나 종주국과 식민지 사이에 깊이 뿌리박힌 갈등은 여전히 남아 있었다. 북아메리카의 정치 엘리트들은 식민지들이 영국에 의존하며 생존할 필요가 없다고 생각했다. 그들은 이제 정치적, 경제적으로 영국과 완전히 대등한 위치에 서고자 했다. 힘겨운 시기를 거치면서 차츰 성숙해진 아메리카 인들에게 대규모 저항의 움직임이 보이기 시작했다.

시기 : 1767~1773년
인물 : 찰스 타운센드Charles Townshend, 새뮤얼 애덤스Samuel Adams

대내외적인 요인

1676년에 영국 의회는 재무장관 타운센드의 발의로 타운센드법을 통과시켰다. 이 조례는 북아메리카에서 영국으로 수입되는 유리, 종이, 안료, 차, 설탕 등에 수입세를 징수하도록 규정했다. 영국 정부는 인지세법을 폐지하여 포기해야 했던 조세 수입을 이 수입세로 충당하는 한편, 북아메리카에서 영국의 공고한 지위를 확실히 보여주고자 했다. 그러나 이 조례 역시 북아메리카 식민지 주민들의 강력한 반대에 부딪혔다. 그들은 영국 상품 불매 운동을 벌였고, 뉴저지와 메릴랜드, 로드아일랜드, 코네티컷, 펜실베

한눈에 보는 세계사
1765년 : 와트, 증기 기관 완성   1789년 : 프랑스 혁명, 인권 선언

이니아 등지에서는 영국과의 무역을 중단하려고 했다. 영국은 결국 1770년에 타운센드법을 폐지했지만 차에 대한 세금은 계속 거두어 들였다. 영국의 이런 조치는 식민지와의 갈등을 심화시켜 중재할 수 없는 지경에까지 이르게 했다. 즉 북아메리카 식민지와 영국의 이별이 머지않았다는 것을 짐작할 수 있었다.

북아메리카가 영국의 지배에서 벗어나려고 한 대내외적인 요인은 크게 네 가지로 이야기할 수 있다. 일단 북아메리카의 정치 엘리트들은 종주국에 대한 공동체 의식이 없는 데다 북아메리카 식민지가 자립할 만한 자주성을 갖추었다고 판단했다. 그리고 강력한 경제력을 갖추어 독립적으로 생존하고 발전을 이룰 수 있었다. 둘째, 북아메리카 식민지는 형식적으로 영국의 영토일 뿐 정치적으로는 체계적인 자치를 실현했다. 식민지마다 정치 엘리트들이 정치를 주도하면서 풍부한 경험을 쌓았다. 따라서 더는 정치적으로 모국의 보호가 필요하지 않았다. 셋째, 북아메리카를 두고 영국과 벌인 쟁탈전에서 패한 프랑스, 네덜란드, 스페인이 속속 북아메리카를 떠나면서 이민자들이 대거 유입되었고, 인디언과 유럽 백인의 비율이 바뀌면서 인디언의 위협도 기본적으로 해소되었다. 그러므로 종주국의 군사 보호도 현실적으로 별다른 의미가 없었다. 마지막으로, 아메리카 인이라는 정체성이 형성되면서 북아메리카 각 식민지의 유럽 이민자 후손들에게는 점차 공동체 의식이 생겨났다. 그들은 스스로 영국 본토 국민과는 엄연히 다른 '아메리카 인'이라고 여기며 자유와 민주주의를 중시하는 관점에서 영국의 정책을 지켜보았다. 이처럼 식민지의 정치 엘리트들은 더 많은 자유와 더 큰 발전을 위해 영국의 식민 정책을 오히려 자신들에게 유리한 공격용 채찍으로 삼았다.

보스턴 차 사건

앞서 말한 여러 요인이 복합적으로 작용하면서 영국과 북아메리카 식민지의 관계는 계속 악화되었다. 1770년대에 이르러 식민지의 저항은 새로운 단계에 들어섰다. 1770년 3월 5일, 보스턴에 주둔하던 영국 병사와 조선소 직원 간에 몸싸움이 일어났다. 그날 저녁, 조선소 직원은 보스턴에 설치된 영국 세관을 포위하고 영국 정부에 보스턴에서 철수하라고 요구했다. 영국군은 여기에 몰려든 군중을 해산시키려 노동자를 향해 총을 쐈다. 그 현장에서 3명이 숨지고 6명이 부상을 당하는 안타까운 일이 벌어졌다. 이것이 바로 '보스턴 학살'이다. 이 소식은 빠른 속도로 북아메리카 식민지 전역에 퍼졌고 각 식민지의 주민들은 현지의 영국군에 철수할 것을 강력하게 요구했다. 얼마 후 본래 1만 7,000명이 거주하는 보스턴에 5만 명 이상이 모여 이번 학살의 사망자들을 위한 장례를 치렀다. 영국 주둔군은 울며 겨자 먹기로 보스턴에서 철수할 수밖에 없었다. 이렇게 해서 식민지 주민들

북아메리카 청년들이 인디언으로 변장하고 영국 동인도회사의 선박에 실린 찻잎을 바다에 버리는 모습이다.

은 영국에 맞선 투쟁에서 당당하게 첫 승리를 거두었다.

이후 영국 정부는 오랫동안 방치했던 동인도회사East India Company의 찻잎 판매를 돕기 위해 1773년에 동인도회사 구제 조례를 통과시켰다. 여기에 북아메리카 식민지 주민들의 '밀수 차' 매매를 금지하는 조항이 포함된 덕분에 영국의 동인도회사는 북아메리카 각지에서 찻잎을 파는 독점권을 손에 넣었다. 그들은 인도에서 들여온 찻잎을 식민지 주민들이 파는 '밀수 차'보다 절반이나 싼 가격에 내놓았다. 이 때문에 북아메리카 식민지의 찻잎 재배업이 심각한 타격을 받아 식민지 주민들은 크게 분노했다. 새뮤얼 애덤스는 젊은이들을 모아 저항 세력을 조직하고 동인도회사의 찻잎 운송을 방해할 계획을 세웠다.

1773년 12월 16일, 보스턴 시민 8,000명이 동인도회사의 차를 실은 배의 하역을 반대하는 시위를 벌였다. 그러나 영국 당국은 이들의 요구를 매몰차게 거절했다. 이에 그날 저녁, 급진적 성향의 조직인 자유의 아들들에 소속된 50여 명이 인디언으로 변장하고 찻잎을 실은 선박 3척을 습격했다. 그들은 배에 실린 1만 8,000파운드가량의 상자 342개를 전부 바다에 던져버리고 다른 화물까지 파손했다. 영국 정부는 이 행위를 본국에 대한 엄연한 도발로 보고 식민지를 더욱 가혹하게 탄압했다. 1774년에 영국 의회는 관련 법령을 제정하여 군대를 보내 보스턴 항구를 봉쇄하고, 매사추세츠의 자치권을 빼앗고 영국군을 주둔시켰다. 영국의 이러한 태도는 식민지 주민들의 격렬한 저항에 불을 당겼으며 미국 독립 전쟁을 불러일으키는 도화선이 되었다.

6 렉싱턴에 울려 퍼진 총성

United
States of
America

식민지 역사의 대미를 장식한 것은 훈훈한 이야기가 아니라 총성이 울려 퍼진 비극적인 스토리이다. 영국 정부가 '강압적인 조치'를 행하면서 식민지 주민들에게 남은 선택은 오직 무장 저항뿐이었다. 사실 식민지들은 영국의 권위에 고개를 숙이기만 하면 편안하게 영국 국왕의 보호를 받을 수 있었다. 하지만 북아메리카의 13개 식민지 주민들은 자신들의 운명을 스스로 개척했고, 이로써 장렬한 독립 운동이 시작되었다.

시기 : 1774~1775년

인물 : 새뮤얼 애덤스 Samuel Adams, 존 애덤스 John Adams,

폴 리비어 Paul Revere, 존 파커 John Parker

제1차 대륙 회의

영국이 강력한 압박 정책을 펼치자 매사추세츠 주민들은 더욱 거세게 저항했다. 보스턴 차 사건 관련자들은 동인도회사가 입은 손실에 대한 배상을 거부했고, 그와 관련하여 별다른 일은 일어나지 않았다. 그러나 친영 인사와 식민지 정부의 관리들은 포위 공격을 당했다. 1774년 8월에 보스턴 식민 정부가 새로 임명한 관리 36명의 명단을 발표했다. 모두 영국을 지지하는 인물들이었다. 이에 크게 분노한 대중은 새뮤얼 애덤스의 지휘 아래 회의를 열고 저항의 결의를 굳게 다졌다. 다른 지역에서도 잇달아 동참의

한눈에 보는 세계사

1765년 : 와트, 증기 기관 완성   1789년 : 프랑스 혁명, 인권 선언

뜻을 밝히며 보스턴을 적극적으로 지지했다. 영국의 식민 당국은 그들의 압력에 시달리다가 결국 이번 임명을 취소했다.

1774년 9월 5일에 필라델피아에서 제1차 대륙 회의가 열렸다. 조지아 Georgia를 포함한 총 13개 식민지의 대표 55명이 회의에 참가했다. 이 회의는 북아메리카 역사상 처음으로 여러 식민지가 참여한 연합 회의였다. 조셉 갤러웨이 Joseph Galloway가 먼저 앞으로 북아메리카의 정치가 나아가야 할 방향을 제시했다. 식민지의 자치권을 확대하면서 영국의 기존 식민 체계는 유지하자는 것이었다.

대륙 회의에서 토론이 펼쳐질 당시, 북아메리카에는 긴장감이 감돌았다. 그리고 마침내는 영국 군대가 보스턴을 공격하면서 전쟁이 시작되었다. 이에 대륙 회의는 일정을 변경하여 9월 6일에 보스턴과 주변 도시들이 서퍽에서 통과시킨 결의안을 만장일치로 통과시켰다. 이 결의안은 영국의 강압적인 조치는 헌법에 어긋나 효력이 없으므로 그들에게 무력으로 맞서자는 내용이었다. 또 권리선언, 진정서 등 문서의 초안을 작성해 북아메리카 식민지 주민들이 저항하는 이유를 분명히 밝혔다. 그러나 이때만 해도 그들은 영국인으로서 절대로 빼앗길 수 없는 권리를 주장했을 뿐 실질적인 독립은 언급하지 않았다.

11월 20일에 대륙 회의에서는 각 식민지 대표가 공동 선언을 채택하고 영국의 정책이 식민지 주민의 생명과 자유, 재산을 위협하므로 함께 맞서기로 했다. 대륙 회의의 최후 표결에서 식민지 대표들은 갤러웨이의 방안을 제외한 대부분 결의안을 만장일치로 통과시켰다. 그런 다음에 식민지 대표들은 휴회를 선언하고 다음해 5월에 모여서 다시 논의하기로 했다. 그러나 제2차 회의가 열리기도 전에 주변 상황은 예상치 못한 방향으로 흘러갔다.

렉싱턴에 울려 퍼진 총성

대륙 회의에서 결의안이 통과되었다는 소식이 영국에도 전해졌다. 이에 영국 국왕과 의회는 이를 반란으로 보고 무력으로 다스리려고 했다. 그러나 의회 내부에서 강경한 대안을 두고 의견 차이를 빚었다. 그리하여 뚜렷한 결론을 내지 못하고 있을 때 갑작스러운 사건이 벌어지면서 교착 상황은 끝이 나고 말았다.

보스턴에서 영국 지휘관 토머스 게이지Thomas Gage가 비밀리에 반영국 인사들을 한꺼번에 없애려는 계획을 준비했다. 하지만 새뮤얼 애덤스, 존 핸콕John Hancock, 존 애덤스가 이를 미리 알아채고 몸을 숨겨 그의 뜻대로 되지 않았다. 게이지는 보스턴 부근의 콩코드Concord에 시민군의 무기고가 있다는 정보를 손에 넣고, 그곳을 파괴하면 북아메리카 식민지 저항 세력의 기세를 크게 꺾을 수 있으리라고 생각했다. 그래서 영국 정부의 지시를 받

렉싱턴의 총성

프랜시스 스미스와 존 핏케언이 이끄는 영국군이 렉싱턴에 도착했을 때 시민군 70명이 그들을 기다리고 있었다. 순식간에 한 발의 총성이 울려 퍼지고 영국군은 공격을 개시했다.

기도 전에 미리 군사를 파견해 기습 공격을 했다.

1775년 4월 19일, 프랜시스 스미스Francis Smith와 존 핏케언John Pitcairn은 영국군 700명을 이끌고 시민군의 거점인 콩코드로 진군했다. 게이지는 이번 작전이 흠잡을 데 없이 완벽 그 자체라고 생각했다. 하지만 이 정보 역시 반영국 측에 고스란히 전해졌다. 그들이 작전을 펼치기 전날 밤에, 보스턴의 은세공업자 폴 리비어가 말을 타고 렉싱턴으로 달려가 그곳에 숨어 있는 반영국 지도자 새뮤얼 애덤스와 핸콕에게 이 사실을 알렸다. 그리고 서둘러 그들을 피하게 한 다음, 리비어는 다시 다른 사람들과 콩코드로 가서 이 정보를 전달했다.

리비어의 말을 들은 렉싱턴 시민군은 한밤중에 긴급회의를 소집해서 영국군의 공격에 맞설 준비를 했다. 19일 새벽, 예상대로 영국군이 모습을 드러냈다. 그 순간 북소리와 함성이 울리면서 존 파커가 이끄는 시민 70여 명이 각자 무기를 들고 초원에 모였다. 이들은 사실 영국군을 공격할 생각은 없었다. 하지만 영국군 지휘관인 핏케언은 시민군을 그냥 돌려보내려고 하지 않았다. 시민군에 무기를 버리고 투항하라고 명령했지만 그들이 꿈쩍도 하지 않자 포위 명령을 내렸다. 상황을 지켜보던 파커는 곧바로 시민군에게 무기를 가지고 후퇴하라고 했다. 그때 어느 쪽에서 쏘았는지 알 수 없는 총성 한 방이 울렸다. 그 순간, 영국군이 거침없이 공격해 오자 시민군은 사방으로 흩어져 달아났다. 그 과정에서 8명이 죽고 10명이 부상을 당했다. 반면에 영국군은 한 명만이 가벼운 상처를 입었을 뿐이었다. 이 사건이 바로 그 유명한 '렉싱턴의 총성'이다.

시민군을 몰아낸 영국군은 콩코드로 계속 나아갔다. 그곳에 있던 반영국 인사들은 미리 상황을 파악하고 이미 무기를 다른 곳에 옮기고 영국군에 대응할 준비를 마쳤다. 아무것도 모르는 영국군은 콩코드를 파괴하고 자신들의 승리를 확신했다. 그러나 진짜 전투는 영국군이 보스턴으로 회

군할 때 벌어졌다. 수많은 시민이 콩코드 주변에 몰려들어 영국군을 공격했다. 길을 따라 돌담, 곡식 창고, 구릉, 집 뒤에 숨어서 빗발치듯 총을 쏘아 대는 바람에 영국군은 오후가 되어서야 렉싱턴으로 철수해 지원군의 도움을 받을 수 있었다. 하지만 시민군이 갈수록 많아지면서 영국군은 후퇴했고 케임브리지 부근에서 최후의 격전이 벌어졌다. 하루 동안 전투를 치른 끝에 영국군은 사상자가 273명에 이르렀고 북아메리카 시민군은 95명이 희생되면서 시민군이 승리했다. 이렇게 해서 렉싱턴 전투와 콩코드 전투가 끝나고 미국 독립 전쟁의 서막이 올랐다.

독립선언

'렉싱턴의 총성' 사건이 필라델피아에 전해진 후 식민지 대표들은 급히 제
2차 대륙 회의를 열었다. 그들은 독립군을 조직해서 영국군의 공격에 맞서
기로 했다. 그리고 토머스 제퍼슨Thomas Jefferson 등 5명이 독립선언문 초안
을 작성했다. 독립선언문에는 북아메리카의 자유와 독립을 추구하는 그들
의 의지가 충분히 반영되었다.

시들어 버린 '평화의 올리브 가지'

1775년에 열린 제2차 대륙 회의에서 온건파는 영국과 평화적으로 문제를
해결하자고 주장했다. 그리하여 7월 5일에 존 디킨슨John Dickinson이 작성한
'올리브 가지 청원'이 통과되었다. 청원서에서 그들은 영국과 기존의 평화
관계를 회복하고, '유쾌하고 영구적인 화해'를 하기 전에는 어떠한 적대적
인 행동도 하지 않기를 바란다고 호소했다. 식민지 대표들은 모두 이 청원
서에 서명한 후, 당시 충성심이 높은 펜실베이니아 총독 리처드 페인Richard
Payne을 런던으로 보내 영국 국왕에게 전하도록 했다. 하지만 영국 국왕은
페인을 만나지 않았다. 그리고 8월 23일에 북아메리카 식민지들이 현재 '공
개적인 반란 중'이라고 선언했다. 이로써 결국 '평화의 올리브 가지'는 시들

었다.

한편, 대륙 회의는 평화적 해결을 추구하
는 청원서의 초안을 작성하는 동시에 무력
으로 저항하는 방법도 포기하지 않았다. 7
월 5일에 토머스 제퍼슨과 존 디킨슨은 함
께 '무기를 든 원인과 필요에 관한 공고'라는
초안을 작성했다. 이 공고에서 그들은 죽을
지언정 노예 대우를 받고 싶지는 않으며, 영
국에서 분리되고 싶지도 않다는 뜻을 내비
쳤다. "존엄, 정의, 인도주의가 있는 한 우리
는 선조가 물려 준 자유를 쉽게 포기할 수

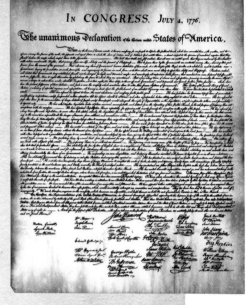

독립선언문

독립선언문은 미국 개국 초기의 가장
중요한 문서로 미국 역사에서 남다른
의미가 있다.

없다. 그리고 후손들도 우리 세대에서 계승한 자유를 누릴 권리
가 있다. 우리의 사업은 정의로운 것이고, 우리의 연합은 아름다
운 것이다. (중략) 우리는 적 때문에 어쩔 수 없이 들게 된 이 무기
를 사용할 것이며 또한 두려워하지 않을 것이다. 처음부터 끝까지 굳은 의
지로 우리의 자유를 지켜 낼 것이다. 한 마음 한 뜻으로 죽어도 자유인이
될 것이다. 우리는 노예로 살고 싶지 않다. (중략) 이렇게 오랫동안 행복하
게 존재해 온 연합을 해산할 뜻이 없으며, 언젠가는 다시 일어설 수 있기를
진심으로 기원한다. (중략) 우리가 군대를 소집한 것은 영국의 그늘에서 벗
어나 독립 국가를 세우려는 야심이 있어서가 아니다. (중략) 침략자는 적대

적인 행동을 중단하길 바란다. 그들이 그 행동을 멈추었을 때 우리도 무기를 내려놓을 것이다."

독립선언문 발표

영국 국왕과 정부는 대륙 회의에서 보낸 청원서를 아예 받아들이지 않았다. 그리고 1775년 8월에 북아메리카 식민지들이 반란을 일으키고 있다고 선포하고 주동자를 가만두지 않겠다고 큰소리쳤다. 그해 12월, 영국 의회는 더 이상 북아메리카 식민지를 보호하지 않을 것이며 그들과 무역하지 않겠다고 발표했다. 그뿐만 아니라 식민지의 선박에 대한 몰수 명령을 내렸다. 이에 분노한 북아메리카 식민지 주민들은 독립을 위해 끝까지 싸우겠다는 투지를 보였다.

1776년 1월 31일에 독립군 총사령관 조지 워싱턴은 처음으로 독립의 가능성을 내비쳤다. 그리고 열흘 후에 그는 대륙 회의에 참석한 대표들 앞에서 영국에 다음과 같이 경고하겠노라고 선포했다. "우리는 자유를 갈망하며 절대로 노예로 굴복하지 않을 것이다. 또한 불공정하고 몰인정한 국가와 모든 관계를 끊을 것이다."

이어서 1776년 4월 12일에 노스캐롤라이나와 버지니아의 의회가 권한을 부여한 대륙 회의의 대표가 독립을 선포했다. 그리고 5월 15일에는 펜실베이니아와 뉴저지가 기존의 지방 정부를 쓰러뜨리고 대륙 회의에 새로운 대표단을 파견해 독립을 부르짖었다.

독립 선포는 북아메리카 식민지들이 외교적 투쟁을 하는 데 필요한 조치였다. 이렇게 해야만 영국의 오랜 적수인 프랑스와 연맹을 맺고 더 많은 원조를 받을 수 있었다. 버지니아의 대표 리처드 헨리 리Richard Henry Lee는 "이것은 선택의 문제가 아니라 반드시 필요한 것이다. 독립을 요구하는 것은 외국 동맹을 얻기 위한 수단이다."라고 말했다. 6월 7일, 리처드 헨리 리는 결의안을 제안하고 독립 선포와 국가 연합 및 외국과의 동맹 체결을 요구했다. 그리고 6월 11일에 대륙 회의는 독립선언문 초안 작성 위원회 위원으로 제퍼슨, 프랭클린 등 5명을 임명했다. 7월 2일, 대륙회의에서 투표로 독립 선포를 결정하기로 했으나 뉴욕 대표단이 갑자기 기권하는 일이 벌어졌다. 하지만 회의 일정은 그대로 진행되었다. 이날 제퍼슨이 쓴 독립선언문이 제출되었고, 이틀에 걸친 토론 끝에 드디어 7월 4일에 대륙 회의가 독립선언문을 통과시켰다. 7월 9일, 뉴욕 대표단이 마지막으로 동의하면서 독립선언문은 필라델피아에서 공식적으로 공표되었다.

독립선언문은 북아메리카 식민지의 독립을 지도하는 원칙적인 문서로 첫머리부터 민족의 자결권을 강조했다. 다음은 독립선언문의 일부이다. "한 민족이 다른 한 민족과의 정치적 결합을 해체하고 세계의 여러 나라 사이에서 자연법과 신의 뜻에 따라 독립, 평등의 지위를 차지하는 것은 필요하다.", "모든 사람은 평등하게 태어났고, 창조주가 양도할 수 없는 몇 가지 권리를 부여했으며 그 권리 중에는 생명, 자유, 행복의 추구가 있다."라며 국민 주권 사상을 드러냈다. 새로운 정부를 수립하는 문제에 대해서는

"국민의 안전과 행복을 가장 효과적으로 보장할 수 있는 원칙과 방식을 기초로 하는 정부를 조직하는 것은 국민의 권리이다."라고 했다.

북아메리카 식민지 13개 도시가 영국의 통치에서 벗어나 자유와 독립을 추구하는 국가가 되겠다고 엄숙히 선포했기에 독립선언문이 진정으로 의미가 있는 것이다. "우리는 영국의 왕권에 대한 모든 충성의 의무에서 벗어나며, 영국과의 정치적 관계는 완전히 해소되어야 한다. 따라서 우리는 자유롭고 독립된 한 국가로서 전쟁하고 평화를 추구하며 동맹 및 통상 관계를 수립할 수 있다. 즉 독립 국가가 당연히 해야 할 모든 행동과 사무를 진

1775년 7월 9일, 필라델피아에서 열린 제2차 대륙 회의에서 독립선언문이 통과되었다.

행할 완전한 권리가 있다."

독립선언문의 발표는 반영反英 전쟁이 독립 전쟁으로 바뀌었다는 것을 뜻한다. 이 선언문은 존 로크John Locke 등의 자연권 사상을 반영했다. 행복 추구권을 로크가 말한 재산권으로 대체하면서 자산 계급과 대중의 요구를 중점적으로 다루고 자산 계급의 권리를 문서로 확실히 남겼다. 또한 각 식민지의 주민들이 연합하여 영국에 저항하고 독립을 쟁취하겠다는 굳은 결심으로 '북아메리카 식민지의 자유 독립'이라는 목표를 내걸었다.

7 독립 전쟁

미국 독립 전쟁은 식민지 13개 도시의 정치, 경제, 문화가 발전한 데 따른 필연적인 산물이자 식민지 주민들이 독립을 이룬 정의로운 전쟁이다. 전쟁이 시작되자 독립군 총사령관으로 임명된 조지 워싱턴이 독립군을 이끌고 용감하게 전투에 나섰다. 그는 전쟁 속에서 전쟁을 배웠고, 눈부신 활약으로 미국 독립 전쟁을 성공으로 이끌었다.

시기 : 1775~1781년
인물 : 윌리엄 하우William Howe, 헨리 클린턴Henry Clinton, 존 버고인John Burgoyne
조지 워싱턴George Washington, 찰스 콘월리스Charles Cornwallis

보스턴 점령

렉싱턴과 콩코드 전투가 발생한 후 대륙 회의의 대표들은 하루빨리 무장 투쟁을 시작해야겠다는 책임감을 느꼈다. 1775년 6월 14일에 제2차 대륙 회의에서 이에 대한 결의안을 발표한 후, 보스턴을 포위하던 시민군은 메릴랜드, 펜실베이니아에서 신병을 모집하며 독립군을 조직하기 시작했다. 6월 15일에 대륙 회의에서 조지 워싱턴을 독립군 총사령관으로 임명했다. 그 밖에 소장 4명, 준장 8명이 임명되었는데, 이 중 3분의 2가 뉴잉글랜드 출신이었고 나머지 찰스 리Charles Lee, 허레이쇼 게이츠Horatio Gates, 리처드

한눈에 보는 세계사
1765년 : 와트, 증기 기관 완성   1789년 : 프랑스 혁명, 인권 선언

몽고메리Richard Montgomery 등은 영국에서 상당한 군사 경험을 쌓은 인물들이었다.

1775년 5월에 보스턴에 주둔하던 토머스 게이지는 영국의 지원을 받았다. 윌리엄 하우, 헨리 클린턴, 존 버고인 장군 3명이 급히 북아메리카로 파견되었다. 7월 18일에 영국군은 보스턴의 전략 요충지인 도체스터에 방어진을 쳤다. 이 소식을 들은 독립군은 신속하게 찰스턴 반도로 부대를 보냈다. 이곳의 벙커힐과 브리즈힐은 전략상 중요한 고지로 보스턴을 한눈에 내려다볼 수 있었다. 처음에 벙커힐에 방어선을 구축하려고 했던 독립군은 뜻밖에 보스턴과 아주 가까운 브리즈힐에 흙으로 보루를 쌓고 참호선을 구축했다. 이는 영국군에 자신들의 퇴로를 쉽게 차단할 기회를 주는 치명적인 실수였다. 그러나 다행히도 영국군은 이 실수를 발견하지 못했다. 윌리엄 하우는 영국군 2,400명을 이끌고 독립군의 정면과 양 측면을 공격했으나 잇달아 후퇴했다. 독립군도 무기와 탄약이 다 떨어지는 바람에 철수할 수밖에 없었다. 그리하여 영국군은 브리즈힐을 점령했지만 사상자 1,000여 명이라는 큰 대가를 치렀다. 이번 싸움으로 독립군의 전투력과 의지를 몸소 체험한 영국인은 그 후로 독립군을 얕보지 않았다.

북쪽의 독립군은 캐나다를 공격했으나 실패로 끝났다. 그러자 조지 워싱턴은 보스턴 포위 공격에 집중했다. 1776년 3월, 치열한 접전 끝에 독립군이 도체스터 고지를 점령하여 보스턴의 모든 도시와 항구를 사정거리 안에 두었다. 당시 영국군 사령관 윌리엄 하우는 보스턴을 전략적 요충지가 아니라 병력 수송선이 올 때까지 잠시 머물 주둔지라고 생각했다. 그래서 워싱턴이 이끄는 독립군이 공격해 오자 영국군은 보스턴에서 빠르게 물러났다. 3월 17일에 보스턴에 입성한 독립군은 이로써 캐나다 원정 실패를 만회했고 사기가 크게 올랐다.

새러토가 전투 Battles of Saratoga

영국군은 독립군을 진압하기 위해 허드슨 강과 챔플레인 호湖 일선을 전략상 중심지로 삼고, 적의 활동 중심지인 뉴잉글랜드와 중남부 식민지를 분리하려는 계획을 세웠다. 이 전략을 펼칠 요충지는 뉴욕이었다. 이때 워싱턴이 이끈 독립군은 수적 열세로 쓰디쓴 패배를 맛보았다. 그러나 바로 프린스턴을 습격해 영국군 두 부대에 큰 타격을 주며 뉴욕전에서의 치욕을 한 번에 씻었다. 1777년에 영국군이 필라델피아를 공격했다. 9월 11일에 윌리엄 하우는 워싱턴을 몰아내고 26일에 필라델피아를 점령하며 승승장구했다. 이번 필라델피아 함락은 독립군에 불리하게 작용했다.

필라델피아가 함락되었을 때 캐나다에 주둔하던 영국군 지휘관 존 버고인은 군대를 이끌고 남쪽으로 이동해서 윌리엄 하우와 합류해 북쪽을 통제하려고 했다. 1777년 6월에 버고인은 병사를 두 갈래로 나누어 캐나다에서 출발했다. 그가 직접 지휘한 부대는 챔플레인 호에서 티콘더로가까지 가서 조지 호湖를 거쳐 허드슨 강에 도착하기로 했다. 나머지 부대는 곧바로 모호크 강으로 가기로 했다.

워싱턴은 영국군의 작전을 눈치 채고 병력을 이동시켜 미리 적을 기다렸

다. 베네딕트 아널드Benedict Arnold, 벤저민 링컨Benjamin Lincoln, 대니얼 모건 Daniel Morgan이 잇달아 북부군 사령관 필립 실러Philip Schuyler를 지원하기 위해 나섰다. 9월 13일에서 14일 사이에 버고인은 군대를 이끌고 허드슨 강을 건너 올버니에 접근했다. 이때 대륙 회의에서 뉴잉글랜드 출신의 허레이쇼 게이츠를 북아메리카군 총사령관으로 임명했다. 이후 독립군은 9월 19일과 10월 7일에 각각 프리먼 농장 전투와 베미스 고지 전투에서 영국군에 큰 타격을 주었다. 10월 9일에 버고인은 영국군을 이끌고 새러토가로 철수할 수밖에 없었다. 이때 독립군은 영국군의 식량 보급로와 퇴로를 끊고, 필라델피아에서 윌리엄 하우가 지원하지 못하도록 했다. 결국 10월 17일에 버고인이 영국군 6,000명을 이끌고 항복하면서 새러토가 전투는 독립군의 완전한 승리로 끝이 났다.

결정적인 요크타운 전투Battle of Yorktown

새러토가 전투로 심각한 타격을 받은 영국군은 병력을 재정비하기 위해 필라델피아를 포기하고 뉴욕으로 철수했다. 독립군은 철수하는 영국군을 막으려고 했지만 성공하지 못했다. 이렇게 해서 북부 전역에서는 전투

1781년 10월 19일 오후 2시, 요크타운에서 영국군이 독립군에 투항했다. 투항 행렬로 2,000미터에 달하는 긴 줄이 연출되었다.

가 벌어지지 않고 서로 대치하는 상황이 시작되었다. 1778년 말, 영국군은 전세를 뒤집기 위해 남쪽으로 이동해서 노스캐롤라이나, 사우스캐롤라이나, 조지아를 정복할 계획을 세웠다. 12월 29일에 영국군은 먼저 서배너를 점령하고 조지아로 쳐들어갔다. 그러자 독립군 측에서는 이에 맞서기 위해 1779년 9월에서 10월 사이에 벤저민 링컨이 남아메리카군을 조직해 서배너를 공격했다. 그러나 실패하여 찰스턴으로 후퇴했다. 이때 뉴포트에 주둔하던 영국군이 조지 클린턴George Clinton의 지휘로 남쪽으로 이동해 찰스턴을 점령했다. 1780년 5월 12일, 링컨은 남쪽의 독립군 5,000여 명을 이끌고 영국군에 항복했다. 이는 독립 전쟁 중 독립군의 가장 가슴 아픈 손실이었다. 이후 뉴욕으로 돌아간 클린턴을 대신해 콘월리스 경이 남아서 영국군 7,000명을 이끌고 남쪽으로 이동하며 공격을 이어 나갔다. 8월 16일에 벌어진 캠던 전투에서 게이츠가 이끈 독립군은 영국군에 패했다. 그리고 8월 18일에 토마스 섬터Thomas Sumter가 이끄는 시민군이 크게 패하면서 사우스캐롤라이나가 영국군에 함락되었다.

이때 콘월리스 경이 승리의 여세를 몰아 노스캐롤라이나를 공격했다.

그러나 그해 10월에 킹스 산에서 패트릭 퍼거슨Patrick Ferguson이 이끈 영국군이 시민군의 공격에 심각한 타격을 입었다. 이로써 노스캐롤라이나를 장악하려던 영국군의 계획은 수포로 돌아갔다. 1780년 말, 독립군은 새로 임명된 남아메리카 총사령관 너대니얼 그린의 지휘로 남쪽으로 이동하던 중 기회를 엿보아 적을 섬멸했다. 1781년 1월 17일에는 모건이 이끄는 독립군이 시민군의 협조로 영국군을 크게 격파하고, 버내스터 탈러턴 대령이 이끄는 나머지 영국군에게서 투항을 받아냈다. 3월 15일에 그린은 병력 4,500명의 수적 우세 상황에서 길퍼드에서 영국군을 공격해 승리했다. 이때 영국군 남부 부대의 총사령관 콘월리스 경은 윌밍턴 해안으로 철수하면서 클린턴이 버지니아로 파견한 영국군과 합류할 계획을 세웠다.

버지니아로 후퇴한 콘월리스 경은 요크타운에 주둔했다. 안타깝게도 그는 이곳이 해안과 육지 양쪽에서 공격받기 쉬운 취약지라는 점을 생각하지 못했다. 워싱턴은 이 기회를 놓치지 않았다. 프랑스–미국 연합군은 곧바로 콘월리스 포위 작전을 세웠다. 이번 작전을 성공시키기 위해 워싱턴은 프랑스 제독 그라스 백작에게는 함대를 이끌고 체서피크 만으로 진입하고 프랑스 후작 라파예트 장군에게는 요크타운에서 영국군을 포위하라고 지시했다. 그는 클린턴이 이끄는 영국군을 속이려고 뉴욕을 공격하는 척하면서 프랑스–미국 연합군의 대부분 병력을 버지니아로 이동시켰다. 이 작전으로 요크타운에 있는 영국군을 쉽게 포위할 수 있었다. 클린턴이 이 소식을 듣고 본국에 지원 요청을 했지만, 때늦은 조치였다. 콘월리스 경은 요크타운에서 몇 주 동안 버티다가 10월 19일에 영국군 7,157명을 이끌고 워싱턴에게 투항했다. 독립군은 요크타운 전투에서 승리하면서 독립 전쟁의 승리를 확정지었다.

8 존경받는 정치인 프랭클린

과거의 왕은 새로운 왕으로 교체되리라. 왕위 계승자를 찾는 것은 아주 쉬운 일이다. 유일무이한 존재 프랭클린이여! 그대와 비교되길 바라는 사람은 거의 없도다. 그대는 폭군의 위풍당당함을 꺾고 하늘의 분노를 비켜갔노라!

— 필립 프리노Philip Freneau

시기 : 1706~1790년
인물 : 벤저민 프랭클린Benjamin Franklin

초기 생애

1706년 1월 17일에 매사추세츠의 보스턴에서 조사이어 프랭클린Josiah Franklin의 막내아들 벤저민 프랭클린이 태어났다. 프랭클린은 여덟 살부터 학교에 다니면서 글 읽는 법을 배웠다. 재능을 타고나 반에서 우등생이 되었고 글도 꽤 잘 썼다. 다만 수학 실력이 형편없었다. 프랭클린의 집은 식구가 많아서 경제적 부담이 컸다. 그래서 어린 프랭클린은 집안 형편을 생각해 열 살 때 학교를 그만두고 아버지를 따라 양초 만드는 기술을 배웠다.

한눈에 보는 세계사

1701년 : 에스파냐 왕위 계승 전쟁
1725년 : 조선, 탕평책 실시
1760년 : 영국, 산업 혁명 시작

1765년 : 와트, 증기 기관 완성
1789년 : 프랑스 혁명, 인권 선언
1796년 : 조선, 수원 화성 완공

독서광이었던 프랭클린은 학교를 그만두고 나서
도 책을 읽는 데 용돈을 다 썼다. 그러자 조사
이어 프랭클린이 독서에 대한 아들의 갈증
을 풀어 주고자 형 제임스James의 인쇄소
에서 일해 보라고 권했다. 당시 프랭클린
은 고작 열두 살이었다.

1721년에 프랭클린의 형 제임스는 〈뉴잉
글랜드 커런트New England Courant〉라는 신문
을 출간했다. 신문 인쇄가 끝나면 프랭클린
이 구독 가정에 신문을 배달했다. 열여섯 살
때 프랭클린은 '사일런스 두굿Silence Dogood'이라
는 필명으로 신문에 14편이나 투고했다. 사람들
은 그의 글을 좋아했고, 이때부터 프랭클린은 독특한
자신만의 산문 스타일을 형성했다. 그러나 형과 의견이 맞지

프랭클린 초상화

않아 프랭클린은 열일곱 살이던 1723년 10월에 필라델피아로 건너가서 인
쇄소 조수로 일했다. 그러던 어느 날 프랭클린에게 기회가 찾아왔다. 그가
가족에게 보낸 편지를 우연히 펜실베이니아 총독 윌리엄 키스 경이 읽게
되었는데, 그의 문체에 반한 총독이 인쇄소 창업을 권유하며 재정 지원을
약속한 것이다. 이에 프랭클린은 몹시 흥분해서 필요한 기자재를 사러 멀
리 런던으로 떠났다. 하지만 총독이 나중에 약속을 깨뜨리는 바람에 프랭
클린은 런던에서 발이 묶여 버렸다. 그곳에서 아르바이트로 근근이 버티
다가 2년 후인 1726년에야 비로소 필라델피아로 돌아올 수 있었다.

그 후 프랭클린은 직접 인쇄소를 차려 필라델피아 최초의 신문 〈펜실베
이니아 가제트Pennsylvania Gazette〉를 발행하며 사업가의 길을 걸었다. 그 과
정에 여러 가지 어려움이 있었지만, 그는 그 모든 것을 극복하고 진정한 경

영자가 되었다. 사업이 날로 번창할 때 프랭클린은 《가난한 리처드의 달력 Poor Richard's Almanac》을 출판했다. 당시 다른 역서曆書와 마찬가지로 이 책에도 달력, 휴일, 장날, 식단, 일기예보 등이 기록되었다. 차이가 있다면 공백에 프랭클린이 직접 고른 성어, 우언 등을 써 넣었다는 점이다. 《가난한 리처드의 달력》은 순식간에 13개 식민지 도시에서 베스트셀러가 되었다. 이 책은 미국인이 전통적인 규정의 속박에서 벗어나기 시작했음을 암시하는 동시에 미국인의 새로운 정신을 대변했다.

번개 실험

1740년대에 사람들은 라이든 병Leyden Jar에 전기를 저장하는 방법은 알았지만 전기가 어떻게 생기는지, 전기 충격이 어떻게 발생하는지는 전혀 몰랐다. 이때 실험을 통해서 전기를 이해하고 전류의 이론을 제시한 인물이 바로 프랭클린이다. 그는 번개 현상과 라이든 병 속에서 나타나는 전기 불꽃 현상은 서로 같은 것이며, 단지 번개가 조금 더 강할 뿐이라고 생각했다. 이 이론을 증명하기 위해 프랭클린은 번개를 잡는 실험을 했다.

　1752년 여름, 먹구름이 짙게 깔려서 금방이라도 폭우가 쏟아질 듯한 날에 프랭클린은 아들 윌리엄과 함께 전기가 잘 통하게 젖은 끈으로 묶은 연을 하늘로 날렸다. 그러자 순식간에 연에 달린 끈이 갈라졌다. 이는 번개가 칠 때 전하가 생성된다는 의미였다. 그가 연줄 끝에 매단 금속 열쇠에 손을 가까이했을 때 놀랍게도 전기 충격이 느껴졌다. 이를 통해 번개가 대량의 정전기라는 사실을 증명했다. 이 실험을 바탕으로 프랭클린은 그해 9월에 세계 최초로 피뢰침을 제작했다.

　전기학에서 위대한 업적을 세운 프랭클린은 과학자들 사이에서 전기학의 거장으로 불린다. 1752년 12월 21일에 프랭클린은 영국왕립학회Royal Society와 〈학회 기록〉에도 전기 연에 관한 보고서를 발표했다. 이듬해 7월

프랭클린의 번개 실험

프랭클린은 필라델피아 교외에서 연날리기 실험을 했다. 연 끝에 금속 열쇠를 매달아서 하늘의 번개를 유도하는 데 사용했다. 프랭클린은 이렇게 생명의 위험을 무릅쓰고 번개의 비밀을 밝혀냈다.

과 9월에 하버드대학교와 예일대학교에서 각각 그에게 명예 문학석사 학위를 수여했다. 또한 그는 신기한 전기학 실험 덕분에 1753년 11월 30일 왕립학회에서 영예로운 고드프리 코플리 경 메달을 받았다.

프랭클린은 과학 역사에서 확고한 지위에 올라섰다. 그는 창의적인 상상력으로 우주에서 가장 어둡고 무서운 분야를 개척했다. 그의 실험으로 사람들은 번개로 인한 사고를 예방할 수 있게 되었고, 나아가 그것을 다스리고 이용할 수 있게 되었다. 그래서 프랭클린을 '하늘의 불을 훔친 신 프로메테우스'라고 부르는 사람도 있다.

정치 활동

1736년에 프랭클린은 펜실베이니아 하원의원으로 임명되면서 정식으로 정계에 입문했다. 그리고 이듬해에 필라델피아 우정국장이 되었다. 이 위치에 오른 덕분에 프랭클린은 미국을 더욱 이해하고 미국의 유망 인사들과 적극적으로 교류할 수 있었기 때문에 그 의미가 남달랐다. 1743년 5월 14일에 프랭클린은 뜻이 같은 지식인들을 모아서 '미국철학회American Philosophical Society'를 조직하고 이듬해 4월에 학회를 세웠다. 이때부터 프랭·클린은 본격적으로 미국 식민지 연구에 몰두하며 인생의 중요한 전환점을 맞이했다. 1751년 5월에 북부 식민지의 체신장관 대리가 사망하여 프랭클린이 전체 식민지의 체신장관 대리가 되었다. 우편 제도를 개혁하는 데 앞장선 그는 현지 상황을 정확히 파악하기 위해 각지를 돌아다니는 고생을 마다하지 않았다. 이러한 노력 덕분에 북아메리카의 우정 사업은 적자에서 흑자로 돌아섰고 유례없는 번영을 누렸다. 이 시기에 변경 지역에서 일어난 충돌과 인디언과의 분쟁 등 문제를 겪으면서 프랭클린은 차츰 정치적으로 성숙해졌다.

그러나 돌발적인 사건이 일어나 그의 정치적 입지가 크게 흔들렸다. 쉰다섯의 프랭클린이 정계 은퇴를 앞둔 1769년에 펜실베이니아 입법 기관이 그를 런던으로 보내 토지세와 관련한 분쟁을 해결하도록 지시했다. 이에 따라 펜실베이니아의 토지를 소유한 펜 일가의 땅에 세금을 부과하는 과정에서 프랭클린은 그들의 원성을 샀다. 그 결과, 14년 동안 하원의원 직무를 수행한 프랭클린은 필라델피아로 돌아온 후에 생각지도 못한 낙선을 경험했다. 이렇게 해서 의원직을 잃었지만 프랭클린은 주 의회의 임명으로 교섭을 위해 영국으로 파견되어 10년 동안 일했다.

이때 미국에서는 인지세법에 반대하는 투쟁이 막 시작되었다. 프랭클린의 아들 윌리엄 프랭클린이 당시 뉴저지 주지사였는데, 많은 사람이 이를 이유로 프랭클린을 인지세법의 원흉으로 생각했다. 프랭클린은 인지세법과 미국의 이해관계를 확실히 깨달은 후 영국 당국에 해당 조례를 철회할 것을 강력하게 요구했다. 1766년 2월 13일, 프랭클린은 영국 하원의원으로서 인지세법을 철회해야 하는 이유를 설명했다. 그가 장장 4시간 동안 의원들에게서 쏟아진 174개 질문에 빠짐없이 잘 대답해 내자 그 자리에 참석한 사람들의 박수갈채가 쏟아졌다. 몇 주 후 인지세법은 철회되었고, 프랭클린은 미국인의 마음속에 영웅으로 떠올랐다.

독립 전쟁의 지도자

1775년 5월 5일에 프랭클린이 오랜만에 필라델피아로 돌아왔다. 이 도시는 2주 전부터 독립 전쟁에 참여한 참이었다. 당시 런던에서 프랭클린에 대해 체포 명령을 내렸지만, 그는 거침없이 미국 독립 전쟁의 거센 흐름에 뛰어들었다. 필라델피아로 돌아온 다음날, 프랭클린은 펜실베이니아의 대륙 회의 대표 자격으로 제2차 대륙 회의에 참석했다. 그곳에서 프랭클린은 가장 확고하고 대담하면서도 과묵한 대표였다. 당시에 이 회의에 함께 참석한 제퍼슨은 당시의 프랭클린에 대해 이렇게 말했다. "혁명 전에는 워싱턴 장군과 버지니아 회의를 진행했고, 혁명 기간에는 프랭클린 박사와 함께 대륙 회의에 참석했다. 그들은 한 번도 혼자서 10분 이상 말하거나 논지의 핵심을 벗어난 적이 없었다."

프랭클린은 대륙 회의에서 많은 일을 도맡았다. 예를 들면 영국 국왕에게 보내는 청원서 작성, 식민지에서 채취하는 화약 재료 초석의 생산 방식 개혁, 워싱턴이 맡은 독립군 사령관 선언의 초안 작성, 지폐 인쇄 계획 등 다양한 업무가 그의 손을 거쳤다. 5월 29일, 프랭클린은 위원회를 열어 완전히 새로운 우정 시스템을 구축했다. 이후 7월 13일에 펜실베이니아와 버지니아에 거주하는 인디언 관련 업무 처리의 책임자로 임명된 데 이어 26

일에는 우정장관이 되었다. 프랭클린의 활약은 훗날 미국이 완전한 우정 시스템을 마련하는 데 중요한 기반이 되었다.

1776년 6월 10일에 벤저민 프랭클린, 토머스 제퍼슨, 존 애덤스, 로저 셔먼Roger Sherman, 로버트 리빙스턴Robert R. Livingston 다섯 명으로 구성된 위원회는 독립선언문 초안을 작성하는 데 동의하고 제퍼슨이 원안을 기초하기로 합의했다. 프랭클린은 제퍼슨이 작성한 초안을 약간 수정만 했다. 당시 옆에 앉아 있던 제퍼슨에게 프랭클린이 이렇게 말했다고 한다. "시대를 막론하고 나는 이 초안이 다시 심사되는 일이 없도록 할 걸세. 과거 내 친구의 경험을 바탕으로 얻은 교훈일세. 내가 인쇄소에서 일을 도울 때 내 동료는 그전에 모자를 만드는 기술자의 조수로 일한 적이 있는 사람이었다네.

1787년에 북아메리카 12개 주 대표는 필라델피아에서 제헌 회의를 열어 헌법 초안을 작성했다. 조지 워싱턴, 벤저민 프랭클린, 알렉산더 해밀턴, 제임스 매디슨 등이 회의에 참석했다. 1788년 6월, 9개 주의 비준을 거쳐 최초 연방헌법이 탄생했다. 이로써 새로운 정부 운영이 시작되었다.

몇 년 후에 그는 직접 가게를 차리려고 했지. 그때 가장 먼저 한 일이 간판 문구를 정하는 것이었네. 그는 일단 '존 톰프슨, 모자 상점, 모자 제작 및 현금 판매'라는 문구에 모자 그림을 추가해서 친구에게 수정이 필요한지 봐 달라고 부탁했네. 첫 번째 친구는 뒤에 '모자 제작'이라는 말이 들어가면 앞의 '모자 상점'이라는 말은 군더더기니 빼야 한다고 했다는군. 그래서 그는 그 글자를 지우고 두 번째 친구를 찾아갔네. 두 번째 친구는 손님은 물건이 마음에 들면 사는 것이지, 누가 모자를 만들었는지에는 관심이 없으니 '제작'이라는 글자는 차라리 없는 편이 낫다고 했다지. 그래서 그 글자도 뺐다네. 그 문구를 또 다른 친구에게 보여 주니, 세 번째 친구는 현지에서 외상으로 물건을 사는 일은 없으니 '현금'이라는 말은 불필요하다고 했다네. '존 톰프슨이 판매하는 모자'라는 문구만 남은 간판을 보고, 마지막 친구는 모자를 공짜로 준다고 생각하는 사람은 아무도 없을 텐데 뭐 하러 '판매하는 모자'라는 말을 넣느냐고 물었다더군. 결국 간판은 '존 톰프슨'이라는 문구와 모자 그림 하나로 간단하게 정리되었지."

의회에서 독립선언문을 통과시킬 때 프랭클린은 신생 국가의 탄생을 위해 직접 프랑스로 향했다. 당시 프랑스에서는 곳곳에서 영국의 스파이와 이중 간첩이 활개를 쳤다. 그런 환경에서 그는 일흔이라는 나이가 무색할 정도로 눈부신 활약을 펼쳤다. 프랭클린은 조심스럽게 독립 전쟁을 위한 자금을 모아서 무기를 사고, 미국으로 무기를 실은 수송선을 보냈다. 그는 외국에서도 명성이 높아서 프랑스에서의 지원 활동이 힘을 얻었다. 이러한 그의 노력으로 프랑스는 미국이라는 신생 국가를 인정하고 군사 동맹까지 체결했다. 덕분에 미국은 예상보다 빠르게 독립 전쟁을 끝낼 수 있었다. 1778년에 프랭클린은 존 제이John Jay, 존 애덤스John Adams와 함께 영국으로 파견되어 동맹국 프랑스의 미움을 사지 않는 선에서 모든 수단을 이용해 영국과 평화 협상을 체결했다. 협상을 거듭한 결과, 1783년 11월 30일에 미국의 독립을 승인하는 파리 조약이 정식으로 체결되었다. 이로써 프랭클린은 그의 가장 위대한 업적을 완수했다.

위대한 타협

연로한 프랭클린은 마침내 미국 정부의 허가를 받아 1785년에 프랑스에서의 사명을 다하고 조국으로 돌아왔다. 그가 필라델피아의 땅을 밟았을 때 터져 나온 엄청난 축포와 환호성으로 그 인기를 실감할 수 있었다. 이때 프랭클린은 정치 무대에서 내려올 생각이었으나 새로운 임무가 그를 기다리고 있었다.

1787년 3월 28일에 프랭클린은 헌법 제정 회의의 대표로 뽑혔다. 헌법 제정 기간에 프랭클린은 매일 11시 정각에 회의장에 도착했다. 당시 그의 나이는 여든둘이었다. 하지만 활발한 사고력은 스물여덟 살의 젊은이와 다름없었다. 헌법 제정 회의에서 프랭클린의 역할은 주로 이견을 조율하여 대표 간에 합의를 이끌어 내는 일이었다. 이때 프랭클린은 큰 목소리로 말할 기력이 없어서 다른 사람이 그를 대신해 말했다. 그러던 중 한번은 이런 일이 있었다. 큰 주와 작은 주가 똑같은 투표권을 갖는 문제를 두고 격렬한 토론이 벌어지자 프랭클린이 자신의 의견을 밝혔다. "저는 운 좋게도 대표 비례 문제라는 이 법안이 논쟁을 일으키기 전까지 회의가 줄곧 냉철하고 감정을 자제하는 모습으로 진행되는 것을 보았습니다. 이 회의장에서 반대 의견이 있었다면 다시 나타나지 않으면 좋겠습니다. 우리가 이곳에 온 것은 서로 협상하기 위함이지, 자기 의견을 고집하려고 모인 것이 아닙니다. 이미 정한 의견을 발표하고 수정할 수 없는 결의를 하는 것이지, 깨우침을 얻거나 설득을 당하려는 것이 아닙니다." 그의 이 발언으로 회의장은 조용해졌다.

프랭클린 특유의 인품과 매력으로 심각한 분위기는 화기애애하게 바뀌었다. 결국 각 주의 대표들은 프랭클린의 제안대로 서로 조금씩 양보하며 타협점을 찾았다. 회의의 마지막 날인 9월 17일, 프랭클린은 대표들에게 새 정부에 대한 반대 의견은 모두 접어 두고 만장일치로 새로운 헌법을 지지하자고 호소했다. "이 헌법 중에 모두 만장일치로 동의하지 않는 부분이 일부 있지만, 영원히 반대할 것이라고는 장담할 수 없습니다. 그동안 수많은 일을 겪으면서 더 좋은 정보를 얻거나 충분한 고려를 거쳐 생각을 바꾼 적이 있기 때문이지요. 중대한 문제에서도 마찬가지입니다. 시간이 지나면 자신이 옳다고 생각한 일에서 또 다른 면을 발견하게 되는 법이지요. 그래서 저는 나이가 들수록 제 판단력을 의심합니다. 그리고 다른 사람의 의견에도 주의를 기울이지요……. 이런 관점에서 저는 헌법에 동의합니다. 그것의 모든 결함까지도……. 어쨌든 제 소망을 말씀드리겠습니다. 물론 헌법에 반대 의견이 있을 수도 있겠지만, 헌법 제정 회의에 참석한 모든 사람이 저와 함께 이 순간, 이 문서에 서명함으로써 우리의 일치된 의견을 보여 주었으면 합니다." 마지막으로 프랭클린은 엄숙히 서명했다.

마지막 순간

1787년 10월 31일에 프랭클린은 세 번째로 펜실베이니아 주지사로 당선되었다. 그러나 10월이 지나자마자 건강이 크게 악화했다. 이듬해 봄, 그는 주 정부 청사나 회의실에서 집무를 볼 수 없을 정도가 되었다. 심지어 1788년 9월 16일에는 11개 주의 헌법 비준 소식도 집에서 들어야 했다. 1788년 10월, 프랭클린은 60년 넘게 헌신한 정치 생애를 마감했다.

　정계에서 은퇴한 후에도 프랭클린은 국가의 크고 작은 일에 깊은 관심을 보였다. 1784년 9월 16일에 그는 워싱턴을 지지하는 서신을 보냈고, 1790년 3월 1일에는 예일대학교 학장 에즈라 스타일스에게 종교적 관용에 관한 편지를 썼다. 1790년 4월 17일, 오랫동안 병상에 누워 있던 프랭클린은 갑자기 일어나 침대 정리를 부탁하고 격식을 갖춘 죽음을 맞았다. 그 날 밤 11시에 그는 세상을 떠났다. 4월 21일에 필라델피아에서 국장으로 장례가 치러졌다. 그를 추모하기 위해 전 미국에서 2만 명이 넘는 시민이 몰려왔다. 부두에 정박한 배에는 그의 죽음을 애도하는 조기를 달았고, 교회에서는 구슬픈 울음소리가 끊이지 않았다. 다음날, 제임스 매디슨 James Madison은 상원에서 프랭클린을 기리기 위해 한 달 동안을 추모 기간으로 정하는 동의안을 토론 없이 바로 통과시켰다. 전기적인 84년의 생애를 마감한 벤저민 프랭클린의 비석에는 그의 유언대로 화려한 수식어 대신 '인쇄업자 프랭클린'이라고만 새겨졌다.

9 미국 건국의 아버지 워싱턴

United
States of
America

워싱턴은 뛰어난 사람이다. 군대를 이끌고 용감히 돌진해 승리를 거둔다. 땅을 나누고 굳건히 지키면서 조조와 유비보다도 강하다. 3척 검을 들고 만 리를 개척한 그에게 그 위대한 지위는 조금도 아깝지 않다. 법을 만드는 데 조금도 사적인 감정을 넣지 않는다. 다른 국가와 달리 무력이 아닌 선善으로 나라를 다스린다. 그의 초상화만 봐도 강한 기운을 느낄 수 있다. 오호라, 세계 최고의 위인일세!

— 청나라 서계여徐繼畬

시기 : 1732~1799년
인물 : 조지 워싱턴George Washington

이민 후손

조지 워싱턴은 1732년 2월 22일 버지니아 웨스트모얼랜드 카운티 페리 농장에서 오거스틴 워싱턴의 셋째 아들로 태어났다. 워싱턴 가문은 영국에서 명망 높은 집안으로 그의 선조는 여러 관직을 맡았었다. 그러나 가업이 기울면서 1657년 워싱턴의 증조부인 존 워싱턴은 버지니아로 이주했다. 워싱턴의 아버지 오거스틴 워싱턴은 노예를 거느린 대농장주였다. 손에 꼽을 만큼 부유하다고 할 수는 없지만 집안 형편은 꽤 괜찮은 편이었다. 유년 시

한눈에 보는 세계사

1725년 : 조선, 탕평책 실시
1760년 : 영국, 산업 혁명 시작
1765년 : 와트, 증기 기관 완성

1789년 : 프랑스 혁명, 인권 선언
1796년 : 조선, 수원 화성 완공

절 조지 워싱턴은 아버지에게서 많은 사랑을 받았고, 이는 워싱턴의 계몽 사상에 큰 영향을 미쳤다. 반면에 어머니 메리 볼 워싱턴은 현명하고 대범한 성격으로 의지가 강했지만 따뜻한 정은 부족했다. 그래서 어린 워싱턴은 어머니의 다소 거친 교육 방식에 답답해하고 우울해했으며 그 영향으로 일찍 철이 들었다. 물론 어머니의 장점을 그대로 물려받기도 했다.

일곱 살에서 열다섯 살 때까지 워싱턴은 현지 교회와 윌리엄스 선생에게서 교육을 받았다. 그는 특히 수학에 강한 흥미를 보였고 계산

워싱턴의 초상화

과 측량에 뛰어났다.

워싱턴의 이복형 로렌스 워싱턴은 영국 보병대 장교로 여러 전쟁에 참여했다. 그의 모습에 감동한 워싱턴은 늘 로렌스를 영웅으로 생각하며 존경했다. 1743년 4월, 워싱턴의 아버지가 병으로 세상을 떠나면서 집안 형편이 갑자기 어려워졌다. 그래서 워싱턴은 당시 영국으로 유학을 가고 싶었지만 그럴 기회가 없었다. 그런 그에게 형 로렌스는 많은 가르침과 따뜻한 관심을 주었다. 멘토나 다름없던 형의 영향으로 워싱턴은 배움의 길을 계속 이어나갈 수 있었다. 그는 신생 분야인 토지 측량학에 관심을 보이면서 빠르게 관련 기술을 습득해 열여섯의 어린 나이에 벌써 토지 측량 기사가 되었다. 그 후 로렌스의 처남 조지 페어팩스 대령과 함께 토지 측량 일을 했

다. 몇 달 동안 힘겨운 과정을 거치며 워싱턴의 업무 능력은 눈에 띄게 향상되었다. 그뿐만 아니라 사회 경험을 풍부히 쌓으면서 강한 의지를 길렀다. 덕분에 워싱턴은 1749년 여름에 정부에서 인가한 정식 측량 기사가 되었다.

그러던 어느 날, 워싱턴의 성장에 많은 도움을 준 이복형 로렌스가 갑자기 병에 걸렸다. 치료를 해도 효과가 없어 그는 불과 서른넷의 젊은 나이에 세상을 등졌다. 그는 유산을 동생 워싱턴에게 물려주었다. 그 후 버지니아 식민지 정부가 시민군 규모를 확대하기 위해 버지니아를 네 지역으로 개편했다. 이때 워싱턴은 자원 참전하여 스무 살이던 1752년에 정식으로 버지니아 시민군 부관 참모로 임명되었다.

프렌치—인디언 전쟁French and Indian War

1754년, 승승장구하던 워싱턴은 뜻밖에도 프렌치—인디언 전쟁의 도화선이 되었다. 1753년에 프랑스인들이 버지니아의 영토인 오하이오 계곡에 군사 요새를 세우고 현지 토착민과 손을 잡아 영국인의 아메리카 대륙 서부 지역 진출을 저지하고자 했다. 당시 버지니아 주지사이던 로버트 딘위디의 요청으로 워싱턴은 프랑스 지휘관에게 최후 통첩을 전하기 위해 오하이오의 경계로 가게 되었다. 젊은 워싱턴은 이 과정에서 현지 신문에 얼굴이 실려 하루아침에 유명 인사가 되었다. 하지만 최후 통첩이 전달된 후에도 프랑스 인은 오하이오를 떠나지 않았다.

1754년에 딘위디는 이제 막 중령으로 진급한 워싱턴에게 버지니아의 제1군단을 이끌고 오하이오로 가서 프랑스 인을 몰아내라고 명령했다. 이에 오하이오로 간 워싱턴은 인디언의 도움을 받아 프랑스 정찰대를 포위했다. 이때 소규모 접전을 벌인 끝에 프랑스 인 대부분이 전사하거나 부상당했다. 이 전투는 워싱턴이 단독으로 지휘한 첫 번째 전투로, 초보 지휘관이지만 뛰어난 군사 지휘 능력을 유감없이 발휘한 기회였다. 그 후 워싱턴은 이곳에 '네세시티 요새'라는 군사 요새를 세웠으나 공격해 온 프랑스군을 막아내지 못했다. 게다가 그를 돕던 인디언이 갑자기 태도를 바꿔 이번에는 프랑스 인을 지원했다. 그 결과, 워싱턴은 군인으로서 뼈아픈 패배를 경험했다. 눈 깜짝할 사이에 요새가 함락되어 그는 어쩔 수 없이 투항하며 불어로 적힌 문서에 서명했다. 그 문서는 워싱턴이 프랑스군 지휘관을 암살했다고 인정하는 내용으로, 영국과 프랑스 간에 분쟁을 일으키는 계기가 되었다. 프렌치-인디언 전쟁으로 불리는 이 전쟁에서 7년 전쟁이 비롯되었다.

얼마 후, 워싱턴은 앞으로 1년 동안 오하이오로 돌아오지 않겠다는 조건으로 풀려났다. 버지니아로 돌아오고 나서 그는 짧게 은둔 생활을 했다. 영국 군대에 합류하고 싶은 마음은 간절했지만, 당시의 식민지 정부에는 관심이 없었다. 1755년에 드디어 워싱턴이 포부를 실현할 기회가 찾아왔다. 정부에서 원정군을 조직해 오하이오 강 상류에 있는 '뒤켄 요새'를 빼앗겠다고 선언한 것이다. 워싱턴은 이 원정군에 자원했다. 뒤켄 요새를 두고 프랑스군과 맞붙은 머농거힐라 전투Battle of the Monongahela에서 원정군은 거의 전멸했고 지휘관도 그 자리에서 전사했다. 그 치열했던 전투에서 워싱턴은 병약한 몸에 아랑곳하지 않고 총알이 빗발치는 전장에서 직접 포격하는 큰 용기를 보여 주었다. 총알 4발이 그의 윗옷을 뚫고 지나갔지만 다행히 그는 상처 하나 없이 무사히 귀국했다. 이 전투로 워싱턴은 순식간에 버지니아의 영웅으로 떠올랐다. 1758년에 그는 영국군의 또 다른 원정에 참전하여 뒤켄 요새에서 프랑스군을 몰아내는 데 성공했다.

한편, 버지니아 주지사 딘위디에게는 전쟁에서 용맹한 모습을 보여 준 워싱턴이 공적을 세우는 것이 그리 달가운 일이 아니었다. 그래서 그는 종종 고의적으로 워싱턴을 난처하게 했다. 1759년에 워싱턴은 군대에서 물러나 과부 마사와 결혼했다. 마운트버넌에서 새로운 삶을 시작하면서 버지니아 의회 의원으로 활동했다.

독립 전쟁 속 워싱턴

1774년에 워싱턴은 필라델피아에서 열리는 제1차 대륙 회의에 버지니아의 대표로 참가했다. 당시는 그 전해에 일어난 보스턴 차 사건으로 영국 정부가 보스턴 항구를 폐쇄하고, 매사추세츠 주의 입법과 사법 권리를 박탈한 상황이었다. 그리고 그 이듬해에 일어난 렉싱턴과 콩코드 전투 이후, 군복을 입고 제2차 대륙 회의에 참석한 워싱턴은 버지니아 시민군을 이끌고 참전하겠다는 의지를 보였다. 그러자 매사추세츠 주의 대표 존 애덤스가 워

독립군을 이끈 워싱턴은 수적 열세를 극복하고 북아메리카 독립 전쟁에서 승리했다.

싱턴을 독립군 총사령관으로 추천하며 지휘관으로서의 천부적인 소질과 능력을 두루 갖추었다며 칭찬을 아끼지 않았다. 1775년 6월 15일, 워싱턴은 총사령관으로 정식 임명되었다. 전우에게 보내는 편지에서 워싱턴은 이렇게 말했다. "내가 이 직위를 받아들임으로써 하느님께서 우리에게 유리한 힘을 주시길 바라네. 나의 무지함으로 명예가 더럽혀지지 않길 바라네. 나는 확신하네. 우리의 명분은 정당하며, 우리는 본분을 다할 것이고, 사욕을 버리고 오로지 공익을 위해 힘쓸 것이라고 굳게 믿네. 만약 실력과 경험이 부족한 점을 보완할 수 없다면 우리의 작전은 실패할 걸세. 나 개인의 명예도 완전히 땅에 떨어지겠지." 그리고 7월 3일에 워싱턴은 매사추세츠의 케임브리지에서 독립군 총사령관으로서 선서했다.

워싱턴의 첫 과제는 시민으로 조직된 독립군을 어떻게 용감무쌍한 부대로 바꿀 수 있는가였다. 시민군이 보스턴 포위전에서 승리를 거두긴 했지만, 그 과제를 수행하는 것은 절대 쉽지 않은 과정이었다. 그 속에 숨은 문제점을 파악한 워싱턴은 독립군을 재편성했다. 그 후 워싱턴의 탁월한 지휘력과 통솔력으로 시민군은 전쟁다운 전쟁을 치렀다. 그리고 차츰 여러 중대한 전투를 치르면서 워싱턴과 미국 독립군의 승리도 하나씩 쌓여갔다.

1781년 10월 19일, 요크타운 전투에서 워싱턴이 이끄는 독립군이 결정적인 승리를 거두었다. 이제 워싱턴은 '혁명의 승리를 눈앞에 두고 신생 국가인 미국에 어떤 정부로 세울 것인가' 하는 두 번째 과제에 직면했다. 그런데 이 무렵 해밀턴 등 지역에서 워싱턴에게 불리한 여론이 일어났다. 상대 진영이 워싱턴에게서 지도권을 빼앗으려고 헛소문을 퍼뜨린 것이었다. 워싱턴은 유언비어를 완전히 잠재우고자 1783년 3월 15일에 회의를 열었다. 그는 몹시 흥분한 상태였지만 청중은 전혀 공감하지 않았다. 그러던 중 마지막 순간에 워싱턴의 양복 안쪽 주머니에서 그와 가장 친한 사람만 볼 수 있었던 안경이 나왔다. "여러분, 제가 안경을 좀 써도 될까요? 조국을 위해 전쟁을 하다 보니 이제 머리는 하얗게 셌고, 눈은 장님이 될 정도로 침침해졌습니다." 장황하게 떠드는 것보다 이렇게 친근한 행동과 소박한 말투로 이야기하는 것이 워싱턴에게 더욱 극적인 효과를 가져다주었다. 그의 말 한마디에 얼음같이 차갑던 사람들의 눈에서 눈물이 쏟아졌다. 결국 워싱턴은 국가의 운명을 구했고 미국인은 자유를 쟁취했다.

1783년에 파리 조약을 체결하면서 영국은 미국의 독립을 인정했다. 워싱턴은 독립군 총사령관으로서 독립군을 해산하며 뉴저지의 로키 산 아래에서 피투성이가 되어 용감하게 싸운 병사들에게 흥분한 어조로 연설했다. 그리고 12월 4일 뉴욕 시에서 공식 고별 연설을 했다.

왕으로의 추대를 거부하다

요크타운 전투 이후 워싱턴은 더욱 명성이 드높아졌다. 북아메리카의 거의 모든 시민이 그를 신처럼 떠받들며 구세주라고 불렀다. 한편, 새로 세워진 연방 정부는 전쟁에 투입된 비용을 부담할 수 없을 정도로 실질적인 힘이 없었다. 이때 독립군 내에서 연방 정부에 반대하는 움직임이 일어나며 군주제를 도입하자는 여론이 확산했다. 심지어 워싱턴을 왕위에 올리자는 의견도 공개적으로 제기되었다.

1782년 5월에 워싱턴은 부하인 루이스 니콜라 대령에게서 군사 독재의 정치 체제를 제안하는 편지를 받았다. 그는 곧바로 날카로운 어조로 답장을 써 보냈다. "나는 전혀 생각지도 못한 의견일세. 자네의 편지를 읽는 내내 놀라움을 금치 못했네. 지금 확실하게 밝히겠네. 전쟁에서 발생한 어떠한 변고도 지금 이 제안을 받은 것보다 고통스러울 수는 없네. 나는 그 의견에 전적으로 반대하네. 나의 어떤 행동 때문에 자네가 이런 편지를 썼는지는 모르지만, 이 편지의 내용은 우리 국가가 직면한 더 큰 위험을 포함한다고 보네. 나는 누가 봐도 위험한 자네의 계획에 동조할 수 없네. 만약 자네가 국가와 나를 존중하고 후손에 관심을 둔다면, 머릿속에서 그 생각을 지워 버리게나. 그리고 다른 누구에게도 퍼뜨리지 말게."

1783년 12월 23일, 워싱턴은 연방 의회에서 군 통수권을 내놓았다. 이에 연방은 메릴랜드 주 아나폴리스 의회에서 회의를 한 후 워싱턴의 사임을 받아들였다. 이 자리에서 워싱턴은 짧은 퇴임사를 밝혔다. "대륙 회의의 개최를 진심으로 축하합니다. 이제 저에 대한 신임은 거둬 주시고, 국가를 위해 봉사하는 짐을 내려놓을 수 있게 해 주십시오. 그동안 위원회에서 제게 맡긴 일을 모두 완수하고 저는 이제 이 무대를 떠나려고 합니다. 직책을 반납하고 공직 생활의 모든 일을 그만둘 것입니다." 그렇게 퇴임식이 끝난 후 워싱턴은 부인과 함께 군인들의 호위를 받으며 마운트버넌으로 돌아갔다.

고향으로 돌아간 후 워싱턴은 농사에 전념하며 평온한 삶에 만족하면서 살았다. 그는 모든 인터뷰 요청을 거절하고, 어떠한 형식으로든 자기 개인의 공적에 대한 찬양을 거부했다. 오직 버지니아 의회에서 통과한 결의에 따라 자신의 반신 조각상을 제작하는 것만 받아들였다. 워싱턴은 사령관의 자리에서 완전히 내려와 이후 자유로운 삶을 살 수 있었다. 그러나 그는 한 명의 애국자로서 여전히 신생 국가를 위해 함께 싸운 병사들에 대한 막중한 책임감과 국가의 미래를 항상 생각했다. 이런 심정은 그가 친구에게 보낸 편지에서도 알 수 있다. "내가 보기에 연방은 유명무실한 존재인 것 같네. 국회는 아무런 가치도 없는 기구로 전락한 것 같군. 국회에서 통과시킨 명령을 따르는 이가 거의 없다는 말이지. 우리는 연방을 조직해서 국가를 세웠지만, 국가 사무를 관리하는 중대한 권력을 국가 지도자에게 주지 않았다니 참으로 이상한 일일세."

초대 대통령

연방의 폐단이 점차 드러나면서 1787년에 필라델피아에서 헌법 제정 회의가 열렸다. 1차 회의에서 의장으로 선출된 워싱턴은 헌법 제정에 적극적으로 참여했다. 1788년 11월, 제정된 헌법이 정식으로 효력을 발휘하면서 북아메리카에서 신흥 연방 국가가 정식으로 탄생했다. 헌법 규정에 따라 국회는 즉시 결의안을 통과시키고 1789년 1월 첫째 주 수요일에 미국 국민을 대상으로 대통령 선거를 실시하기로 했다. 당시 워싱턴은 일반 특표율에서 압도적인 1위를 차지했다. 그리고 2월 첫째 주 수요일에 치러진 선거인단 투표에서 워싱턴은 69표 만장일치로 미국 초대 대통령으로 선출되었다. 각 주에서 선출된 선거인단은 각각 2표씩 행사할 수 있었는데, 모두 한 표씩 워싱턴에게 투표한 것이다. 나머지 한 표는 나머지 후보들에게 갈렸는데, 그중 가장 많은 표를 얻은 존 애덤스가 부통령이 되었다.

워싱턴은 《성경》에 손을 올리고 미국 초대 대통령으로서 취임 선서를 했다.

1789년 4월 16일, 워싱턴은 그간 조용한 생활을 하며 지낸 마운트버넌을 떠나 뉴욕으로 향했고 대통령 취임을 준비했다. 가장 먼저 72페이지에 달하는 취임 연설 원고를 직접 작성했다. 여러 번 수정을 거쳐 최종적으로 20분 분량의 연설문이 완성되었다.

  1789년 4월 30일에 뉴욕에서 조지 워싱턴의 대통령 취임식이 성대하게 거행되었다. 오전 9시, 미국 각지의 교회에서는 엄숙한 기도 의식이 진행되었고 하느님께 새로운 정부에 대한 축복을 기원했다. 오후 12시에 워싱턴은 예복을 차려입고 국회에서 보낸 전용 마차에 올라 연방 건물로 이동했다. 대통령 선서 의식에서 워싱턴은 《성경》 위에 오른손을 올려놓았다. 뉴욕 재판소장 로버트 리빙스턴이 물었다. "당신은 미국의 대통령직을 성실하게 수행하고 미국의 헌법과 국민의 권리를 수호할 것을 맹세합니까?" 이에 워싱턴이 대답했다. "예, 엄숙히 맹세합니다!" 이어서 워싱턴은 상하원 의원들 앞에서 취임사를 낭독했다. 이 연설은 미국 역사에서 중요한 문서의 하나로 전해진다.

  대통령에 취임한 후 워싱턴은 가장 먼저 국무장관에 토머스 제퍼슨, 전쟁장관에 헨리 녹스, 재무장관에 알렉산더 해밀턴, 연방최고재판소 장관에 존 제이, 법무장관에 에드먼드 랜돌프를 임명했다. 이들은 독립 전쟁과 헌법 제정 회의에서 혁혁한 공을 세운 인물들로, 새로운 정부에서 워싱턴의 든든한 조력자가 되었다.

  이렇게 정부 인사들이 구성된 후 국가는 정식으로 운영되기 시작했다. 워싱턴은 '새로운 민주 제도를 어떻게 정상적으로 운영할 것인가', '대통령과 의회, 대통령과 장관 사이의 관계를 어떻게 조율할 것인가', '삼권 분립은 어떻게 정할 것인가', '그 속의 관계는 어떻게 처리할 것인가' 등 여러 가지 문제에 직면했다. 한 번도 겪어 보지 못한 문제를 해결하기 위해 워싱턴은 자신만의 규칙을 정했고, 이는 후임자들에게 좋은 본보기가 되었다.

당시 헌법은 대통령이 조약을 체결하려면 반드시 상원 또는 하원의 동의를 얻어야 한다고 규정했다. 1789년 8월, 워싱턴은 남쪽 지역의 인디언과 조약을 체결하기 위해 직접 상원 의회에 참석해서 의견을 구했다. 그런데 밖에서 시끄러운 소리가 나자 의원들이 그의 연설에 집중하지 않았다. 이에 화가 난 워싱턴은 바로 자리를 박차고 나갔다. 8월 둘째 주 월요일에 워싱턴은 자신이 직접 의회에 참석하지 않고 비서를 통해 자세한 자료를 제출하기만 했다. 그리고 그 후 두 번 다시 상원 의회에 출석하지 않았다. 이는 미국 역대 대통령에게 전해지며 관례가 되었다. 또한 워싱턴은 장관들과의 관계를 원만히 하기 위해 그들과 적극적으로 토론하는 관례를 만들었다.

해밀턴의 활약으로 미국의 재정 문제는 순조롭게 해결되었고, 제퍼슨의 노력으로 미국의 외교 문제도 정상 궤도에 들어섰다. 이 두 사람은 워싱턴의 가장 유능한 조력자였다. 그런데 지위가 향상되면서 두 사람의 정치적 견해는 뚜렷하게 차이를 보였다. 이를 염려한 워싱턴은 두 사람 사이에서 공정한 심판 노릇을 하며 그들의 오해를 풀기 위해 최대한 노력했다.

4년의 대통령 임기는 순식간에 지나갔다. 워싱턴은 정계에서 은퇴한 후에 오랫동안 떠나 있었던 마운트버넌으로 돌아가고 싶었다. 그러나 의원들은 워싱턴이 이어서 다시 한 번 대통령직을 맡기를 원했다. 여러 차례의 논쟁 끝에 워싱턴은 대통령직 연임을 수락했다. 1793년 2월 13일, 132표의 만장일치로 워싱턴의 재임이 결정되었다. 그리고 3월 4일에 워싱턴은 국회에서 짧은 취임사를 발표했다. "여러분, 저는 오늘 조국의 부름을 받고 다시 대통령직을 수행하게 되었습니다. 번영과 통일에 대한 국민의 신임을 저버리지 않도록 노력할 것입니다. 대통령직을 수행하기 전에 헌법 앞에서 취임 선서를 했습니다. 여러분 앞에서도 엄숙히 선언합니다. 제가 집권하는 동안 자의 또는 고의로 헌법과 법령에 어긋나는 점이 있다면 헌법에서 규정한 처벌을 받는 것은 물론이요, 지금 이 엄숙한 의식을 지켜보는 여러분의 비난도 마땅히 받겠습니다."

새로운 임기에 워싱턴은 국내외에서 복잡한 상황에 직면했다. 펜실베이니아에서 주조세에 반대하는 위스키 폭동이 일어났다. 폭동은 안정되었지만, 이를 계기로 정부의 위엄이 떨어지고 연방당과 공화당 사이의 갈등이 심화되었다. 국외에서는 워싱턴이 추진한 중립 노선이 심각한 도전을 받았다. 영국과 미국 사이의 외교 위기는 워싱턴을 참혹한 전쟁 속으로 밀어 넣었다. 이 위기를 극복하기 위해 워싱턴은 대법관 존 제이를 특사로 영국에 파견했다. 1794년 11월에 양측은 역사적으로 유명한 제이 조약Jay Treaty을 체결했다. 객관적으로 볼 때 이 조약은 미국에 더 유리했다. 이로써 미국은 귀중한 평화를 얻었고, 영국은 가장 위협적인 미국 내 군사적 거점에서 철수했다. 물론 미국도 대가를 치렀다. 국회에서 이 조약의 체결을 둘러싸고 격렬한 논쟁이 벌어졌다. 이 논쟁은 점차 본래의 주제에서 벗어나 연방파와 공화파가 싸우는 데 하나의 수단이 되었다. 이때 워싱턴이 지켜오던 균형은 완전히 깨졌고, 그 불씨가 워싱턴에게 떨어졌다. 그는 이 상황을 진정시키기 위해 중재에 나섰으나 아무런 도움이 되지 않았다.

정계 은퇴

두 번의 임기를 마친 워싱턴은 스스로 물러나기로 마음먹었다. 그리고 임기가 끝나기 전 해에 고별사를 준비해서 필라델피아의 일간 신문에 발표했다. 그의 연설문은 순식간에 다른 신문들에도 실렸고, 미국 전체에 엄청난 파문을 일으켰다. 정부 요원들은 서운함과 함께 놀라움을 금치 못했고 심지어 눈물을 흘리는 사람도 있었다. 그런 한편, 대다수 신문은 대통령이 먼저 퇴임하겠다고 발표한 것에 칭찬을 아끼지 않았다. 그리고 워싱턴이 권력에 욕심을 낸다고 공격하려던 반대파는 이 일로 아무 말도 하지 못했

독립 전쟁에서 승리한
후 워싱턴은 고향으로
돌아왔다.

다. 워싱턴의 이 연설문은 역시 미국 역사에 또 하나의 중요한 문서로 남았
다. 대통령직에서 물러나는 그의 숭고한 정신을 '무형 자산'으로 보는 평가
도 있었다.

1797년 3월 15일에 워싱턴을 태운 마차가 마운트버넌으로 향했다. 워싱
턴은 지난 40년 동안 고생했으니 이제 남은 인생은 한가하고 편안하게 살
고 싶었다. 그러나 이미 친구들 대부분이 세상을 떠난 뒤였기에 그는 고향
에서 쓸쓸한 나날을 보냈다. 은퇴하고 나서도 워싱턴은 국가를 잊지 않았
다. 그는 자신이 세운 아메리카합중국이 갈수록 강대해지길 진심으로 바
랐다. 전쟁장관 헨리 녹스 등은 종종 워싱턴에게 국가 사무를 보고하면서
자문을 얻기도 했다.

존 애덤스 미국 대통령은 자국의 해운업을 보호하기 위해 프랑스에 특

사를 파견했는데, 교섭 과정에서 프랑스 대표단이 미국의 특사에게 뇌물을 강요한 일이 벌어졌다. 이른바 'XYZ 사건'으로 알려진 이 사건 이후, 미국과 프랑스 사이에 긴장감이 감돌더니 한때 전쟁 직전까지 갔다. 1798년 7월 4일에 미국 정부는 지휘력을 강화하고자 워싱턴에게 준장 계급을 수여하고 총사령관으로 임명했다. 워싱턴은 이 직위를 맡은 유일한 전 대통령이었다. 그는 이 임명을 수락하는 조건으로 조국이 침략을 받은 상황에만 전장에 나갈 것이며, 총참모부의 구성에 대한 비준권을 달라고 요구했다. 다행히 일이 평화롭게 해결되어 워싱턴이 다시 전장에 나가는 일은 없었다.

1799년 12월 12일, 워싱턴은 대농장을 산책하고 돌아온 후 갑자기 건강이 악화되어 침대에 눕게 되었다. 힘겨운 치료를 받았지만 아무 소용이 없었다. 그리고 며칠 후인 12월 15일, 미국 건국의 아버지는 마운트버넌에서 눈을 감았다. 당시 미국 대통령 애덤스는 급히 특사를 파견해 조의를 표하고, 예포禮砲 열한 발을 쏘도록 했다. 워싱턴의 시신은 가족 무덤에 안장되었고, 장례는 검소하고 엄숙하게 진행되었다. 워싱턴의 유언에 따라 모든 절차는 마운트버넌에서 진행되었고 추도사도 생략됐다.

워싱턴의 사망 소식은 순식간에 미국 전역에 퍼져 전 국민이 그의 죽음을 애도했다. 국회도 그의 죽음에 조의를 표하는 의미로 개회 전 하루 휴회를 선언하고 공개 추도사를 발표했다. 모든 의원과 직원은 검은 천을 달았다. 미국은 국가의 역사에서 중요한 위인의 업적을 기리고자 새로 지어진 수도를 워싱턴으로 명명했다. 그 후 200여 년 동안 워싱턴으로 불리는 미국 도시는 100여 개로 늘어났다.

10 미국 금융의 아버지 해밀턴

United States of America

알렉산더 해밀턴은 미국 금융의 아버지로 연방 정부의 초대 재무장관이다. 그는 미국 독립 전쟁 당시에 두드러지게 활약했고, 연방 정부 중심의 강력한 중앙 집권을 강조한 국가주의의 투사로서 미국 헌법의 초안을 작성한 주요 인물이었다. 재무장관이 된 후 해밀턴은 실행 가능한 재정 정책을 제시하고, 미국 정부의 경제 발전에 지대한 영향을 미쳤다. 그러나 제퍼슨과 대립하며 미국에 양당제가 탄생하는 데 큰 역할을 했다.

시기 : 1755~1804년
인물 : 알렉산더 해밀턴Alexander Hamilton

혁명군 속 활약

알렉산더 해밀턴은 영국령 서인도 제도에서 태어났다. 아버지는 몰락한 귀족이고, 어머니는 프랑스 칼뱅파 신교도인 위그노Huguenot였다. 그가 열 살 때 아버지는 가족을 버리고 떠돌이 생활을 하다가 행방불명되었다. 그리고 열두 살 때 어머니가 병으로 눈을 감으면서 해밀턴은 하루아침에 고아가 되었다. 다행히 어머니의 친척이 그의 후견인이 되어 주어서 잘 자랄 수 있었다. 해밀턴은 타고난 지혜와 명석한 두뇌로 열심히 공부한 결과 대학

한눈에 보는 세계사

1760년 : 영국, 산업 혁명 시작
1765년 : 와트, 증기 기관 완성
1789년 : 프랑스 혁명, 인권 선언

1796년 : 조선, 수원 화성 완공
1804년 : 나폴레옹, 프랑스 황제 즉위

에 진학하여 뉴욕에서 법학을 전공했다. 지금의 컬럼비아 대학교인 뉴욕의 킹스 대학에 다닐 당시, 그는 식민지 주민의 권리를 변호하며 이름을 날렸다. 그 자신이 하층 계급 출신이기에 누구보다도 그 사회에 대해 잘 이해할 수 있었다. 독립 전쟁이 일어나자 해밀턴은 바로 나라를 위해 몸을 바쳤다. 그는 전쟁에서 활약하며 독립군 총사령관인 워싱턴에게 신뢰를 얻어 스무 살이라는 어린 나이에 부관으로 임명되었다.

1781년에 일어난 유명한 요크타운 전투에서 해밀턴은 돌격대를 이끌고 용감히 싸우면서 큰 공을 세웠다. 전쟁 기간에 해밀턴은 국가의 미래에 대해 깊이 생각했다. 특히 각 주의 연합 방법과 대정부 수립에 관한 문제에 대해 많은 생각을 했다. 이 시기에 해밀턴은 정치가로서의 자질을 조금씩 갖추기 시작했다.

적극적으로 헌법을 추진하다

전쟁이 끝난 후 해밀턴은 아주 쉽게 변호사 자격을 따고 아내와 뉴욕에서 풍족한 생활을 누렸다. 당시 서른 살밖에 안 된 해밀턴이 독립 전쟁에서 보여준 공적은 '개국공신'이라고 불릴 만큼 대단했다. 해밀턴의 관심은 온통 연방에 대한 연구에 집중되었다. 그는 끊임없이 글을 발표하고 연방의 폐단을 거침없이 비난하며 강력한 정부를 수립해야 한다고 주장했다.

1786년 9월에 열린 아나폴리스 회의에서 해밀턴은 제임스 매디슨과 함께 회의에 참석한 대표들을 설득했다. 현재의 나약한 연방은 신생 국가를 위해 아무 일도 할 수 없을 것이라고 거듭 강조했다. 이 회의에서 해밀턴이 작성한 보고서는 결국 통과되었다. 이 보고서에는 연방의 위급한 상황을 명확하게 파악하고 13개 주 모두가 대표를 선출해서 회의를 열자고 제안하는 내용이 담겼다. 그는 또한 "연방 정부가 13개 주 연합의 긴급 사무에 충분히 대응할 수 있도록 필요한 조항을 법으로 제정해야 한다."라고 말했다. 이 의견이 반영되어 1787년에 헌법 제정 회의가 열렸다.

해밀턴이 헌법 제정 회의를 적극적으로 추진했으므로 그는 회의의 대표로 손색이 없었다. 그러나 실제 상황은 그렇지 않았다. 해밀턴은 영향력을 갖춘 정치가였지만, 당시 뉴욕 주 회의에서 대표 2명과 해밀턴의 의견이 전혀 맞지 않아 그는 헌법 제정 회의에 참석할 수 없는 상황이 되었다. 다행히 장인의 도움으로 그는 뉴욕 주의 세 번째 대표로 임명되었다. 어렵사리 헌법 제정 회의에 참석했지만, 해밀턴은 소수파로서 뉴욕 주에 아무런 영향력을 행사하지 못했다. 회의가 열리고 얼마 후 다른 두 대표는 뉴욕으로 돌아갔다. 그들은 출발하기 전에 해밀턴에게 혼자서는 뉴욕 주를 대표해 투표할 수 없다며 그를 단념시켰다. 그들의 말처럼 해밀턴은 헌법 제정 회의에서 투표권이 없는 유일한 대표였다.

해밀턴의 초상화

그렇지만 해밀턴은 헌법 제정 회의에서 조용한 방관자 노릇은 하지 않았다. 오히려 활발하게 자신의 생각을 밝혔다. 1787년 6월 18일에 '버지니아 계획안'과 '뉴저지 계획안'에 관한 토론이 몇 시간째 진전이 없자 해밀턴이 발언권을 요구했다. 만반의 준비를 하고 온 그는 무려 5시간이 넘는 긴 시간 동안 자신의 계획안을 제시했다. 이른바 '해밀턴 계획안'이었다. 이것은 버지니아 계획안과는 또 다른 의견이었다. 그는 행정 지도자와 상원의원은 선거를 통해 선출되어야 하고 그들의 행위가 양호할 때 직무를 맡길 수 있다고 주장했다. 또 행정 지도자는 절대 부결권을 포함한 광범위한 권력이 있어야 하며, 각 주의 주지사는 중앙 정부에서 임명하고 해당 주의 입법에 대한 부결권을 행사한다는 내용이 기존 계획안과 다른 점이었다. 해밀턴이 제시한 이 계획안은 지나치게 급진적이라는 이유로 공감대를 형성하지 못했고, 뜨거운 토론도 일어나지 않았다. 이에 대해 매디슨은 "모두 뉴욕에서 온 신사를 칭찬했지만 그를 지지하는 사람은 아무도 없다."라고 말했다.

헌법 제정 회의가 끝난 후 해밀턴은 제임스 매디슨, 존 제이와 함께 신문에 헌법에 관한 논문을 발표했는데, 그중 3분의 2는 해밀턴이 썼다. 이 논문을 모아 엮은 것이 바로 오늘날 《연방주의자 논집》이다. 뉴욕 주에서 헌법을 통과시키는 데는 여러 가지 어려움이 있었다. 이때 매디슨이 뉴욕으로 달려와 해밀턴과 함께 시민을 설득하면서 헌법이 통과되도록 힘썼다. 이렇게 해밀턴이 앞장서서 노력한 끝에 마침내 1788년 7월 23일에 뉴욕 주에서 헌법이 통과되었다.

재무장관 임명

1789년 4월 30일에 뉴욕에서 조지 워싱턴이 대통령 취임을 선포했다. 워싱턴은 가장 먼저 재정 문제를 해결해야 했다. 이를 위해서는 유능한 재정 조력자가 필요했다. 사실 워싱턴은 처음에 모리스를 선택했다. 그러나 모리스는 자신보다 해밀턴이 재무장관 자리에 더 어울린다며 적극적으로 추천했다. 워싱턴은 진작부터 해밀턴에 대해 잘 알고 있었기에 모리스의 의견을 받아들였다. 당시 해밀턴은 재정 개혁에 관한 자신의 구상을 워싱턴에게 이야기했고, 이 구상은 훗날 해밀턴이 재정 개혁을 이루는 데 주축이 되었다. 1789년 9월 11일에 상원에서 해밀턴의 재무장관 임명안을 통과시키면서 서른네 살밖에 안 된 해밀턴이 당당하게 미국 초대 재무장관이 되었다.

해밀턴이 재무장관을 맡은 지 열흘이 되던 날, 하원에서 그에게 '공공 신용에 대한 적절한 지원'에 관한 계획안을 요구했다. 이에 1790년 1월 4일에 하원에 보고서가 제출되었다. 경험이 풍부한 재무장관의 손에서 나온 이 보고서의 주요 내용은 다음과 같다. "채권 형식으로 외채를 상환하고, 국채 액면 상환으로 국내의 공채를 해결한다. 또한 연방 정부는 각 주가 독립 전쟁 당시에 진 채무를 책임진다. 이를 위해서는 채무 상환 펀드를 조성해야 하는데, 그 주요 사금은 금, 서부 토지 매매, 재정 채권 이자 등으로 충당한다."

제임스 매디슨은 누구든 마지막에 채권을 보유한 사람에게 액면 그대로 빚을 상환하겠다는 해밀턴의 계획을 극구 반대했다. 가장 큰 이유는 전쟁 중에 발행한 채권 대부분이 금융 투자 기관에 넘어갔는데, 지금 연방 정부가 나서서 액면 그대로 값을 쳐 주면 헐값에 채권을 넘긴 초기 소유자에게 불공평하다는 것이었다. 또 새로운 채권을 재발행하는 것은 부채 경영이므로 그 의견을 받아들일 수 없다고 했다.

매디슨의 주도로 이 방안에 반대하는 목소리가 날로 높아졌다. 언론에서도 이 방안에 대해 공격적인 입장을 취했다. 심지어 해밀턴에게 인신공격하기까지 하며 그를 '동부의 잡종 투기꾼'이라고 욕하기까지 했다. 여러 반대에 부딪힌 해밀턴은 미국의 앞날을 걱정하며 뜬 눈으로 밤을 지새웠다. 그는 이 방안을 통과시키지 않으면 미국의 국가 신용을 회복할 수 없을 뿐 아니라 유럽 시장에 진출할 수 없고 궁극적으로 무역과 경제를 발전시킬 수 없다고 생각했다. 하지만 하원에서 이 방안의 통과를 철저히 반대하자 해밀턴은 사임까지 생각했다.

이때 구세주가 나타났다. 해밀턴의 우상인 국무장관 토머스 제퍼슨이 프랑스에서 돌아온 것이다. 제퍼슨은 해밀턴이 위기에서 벗어나도록 돕겠다고 선뜻 약속했다. 제퍼슨은 해밀턴과 매디슨을 저녁 식사에 초대해서 함께 해결 방법을 모색했다. 이 파티에서 해밀턴과 매디슨은 서로 조금씩 양보하며 정치적 타협점을 찾았다. 그리하여 매디슨은 해밀턴을 도와 하원에서 그의 국가 신용 재건 방안을 통과시키고, 해밀턴은 국회의 연방파를 동원해서 수도를 포토맥 강 근처로 정하는 법령을 통과시키기로 합의했다. 이것은 미국 건국 초기 역사에서 가장 중요한 타협이었다. 이 타협으로 해밀턴은 국가 신용 재건 계획을 과감하게 진행할 수 있었다.

위스키 폭동

국가 신용 재건 계획을 실행하면서 해밀턴은 '은행법안', '제조업에 관한 보고'와 '소비세 법안' 등 3대 개혁 재정 보고서를 발표했다.

  '은행법안'의 목적은 전국적인 중앙은행을 세우고 이 은행이 국가의 믿을 만한 저축 기관으로서 각지의 은행업을 조율하도록 하려는 것이었다. 그런데 이 법안이 제출되자마자 매디슨이 반대하고 나섰다. 이유는 아주 간단했다. 헌법에 어긋난다는 것이었다. 한 치의 양보도 없이 논쟁이 계속되다가 결국 국회에서 이 법안이 어렵게 통과되었다. 워싱턴 대통령도 처음에는 이 법안을 거부하려고 했다. 그는 먼저 법무장관 랜돌프와 국무장관 제퍼슨에게 의견을 구했다. 그리고 그 의견을 해밀턴에게 전달하면서 "만약 자네가 날 설득하지 못한다면 나는 부결권을 행사할 걸세."라고 말했다. 며칠 후, 해밀턴은 워싱턴에게 의견서를 제출했다. 미국 재정 역사에서 유명한 '은행의 합헌성에 관한 의견서'였다. 해밀턴은 자신의 뛰어난 논리력으로 '은행법안'을 시행하면서 헌법을 이행하는 방법을 보완하여 설명해 결국 워싱턴의 승인을 받았다. 이렇게 해서 1791년 2월에 미국 최초의 중앙은행이 설립되었다.

국가 신용 재건을 위해 해밀턴은 국회에 소비세 법안을 제출했다. 즉 현행 세법 외에 사치품과 주류에 세금을 부과하겠다는 것이었다. 그중 '위스키 주조세 법안'은 위스키 양조장 사업자들에게 엄청난 타격을 주는 것으로 그들의 숨통을 끊어 놓겠다는 의미나 다름없었다. 특히 높은 산에 가로막혀 교통이 불편한 펜실베이니아 주 서부는 대규모 식량 운송 거래가 거의 불가능해서 주류 운반만이 거의 유일한 수입원이었다. 그런데 위스키 1갤런에 소비세 25센트를 거둬 들인다는 것은 벼룩의 간을 빼 먹는 셈이었다.

1794년 7월, 오랫동안 쌓인 국민의 분노가 마침내 폭발했다. 펜실베이니아 서부에서 농민들이 피츠버그 세금 징수원 존 네빌의 집과 피츠버그의 우편물을 불태우며 이 법안 통과에 대한 연방의 헌법 심의를 저지했다. 이

위스키 폭동을 진압하기 위해 소집된 군대의 열병식

1791년에 미국 국회는 위스키에 높은 소비세를 부과하여 얻는 세금 수입으로 국채를 상환하려고 했다. 이에 펜실베이니아에서 막대한 손실이 예상된 소규모 증류주 제조업자들은 항의서를 제출하고 무장 폭동을 일으켰다. 이에 1794년에 워싱턴 대통령은 병력 1만 3,000명의 군대를 동원해 폭동을 진압했다.

에 대해 해밀턴은 시민군을 소집해서 바로 강경 진압에 나섰다. 그리고 8월 초에 워싱턴이 대통령 명의로 1페이지 분량의 공문을 발표해 폭도들에게 9월 1일 전에 집으로 돌아가라고 명령했다. 그러나 폭동은 더욱 거세지면서 버지니아, 메릴랜드 서부 지역, 펜실베이니아 동부로 범위가 더욱 넓어졌다. 워싱턴은 바로 두 번째 공문을 발표하여 폭동은 '사회의 평화와 질서를 파괴하는 선동자'들이 일으킨 것으로 보고 강력하게 대응하겠다고 으름장을 놓았다.

워싱턴은 폭동 진압 지휘권을 해밀턴에게 넘겼다. 해밀턴은 지시에 따라 군대를 이끌고 펜실베이니아 서부로 가서 수백 명을 붙잡았다. 그러나 주동자에 대한 증거는 얻지 못했다. 그는 다시 군대를 파견해서 결국 주동자 20명을 잡아들이고 필라델피아 감옥으로 보냈다. 그중 2명은 국가반역죄로 기소되었다. 사건이 진정된 후 워싱턴은 그들을 '미숙아'나 '정신이상자'라는 이유로 사면을 지시했다.

해밀턴이 이끈 무장 시민군은 다행히 유혈 충돌을 일으키지 않고 '위스키 폭동'을 저지했다. 그런데 이때 제퍼슨은 그들의 조치를 워싱턴이 국왕으로 변하고 연방 정부가 국민의 적이 되는 위험한 신호로 보았다.

동지와 적

워싱턴의 내각은 장관 네 명이 국가 전체를 운영하는 체제였다. 이 네 명 중 해밀턴은 특히 뛰어난 활약을 보였다. 그는 급진적인 성향을 보이며 강경한 행정 수단의 필요성을 강조했다. 그러나 한때 동지였던 매디슨이 보기에 해밀턴의 여러 조치는 국가 민주주의에 대한 도전이었다. 여기에 제퍼슨이 가세하면서 해밀턴의 반대 세력은 더욱 힘을 얻어 정치적 대립은 피할 수 없게 되었다.

반대파가 힘을 모을 때 해밀턴은 유명한 '제조업에 관한 보고서'를 제출했다. 이는 미국 경제 발전에 대한 예측으로, 한 국가의 부와 독립, 그리고 안보는 제조업의 물질적인 번영과 관련이 있다는 내용이었다. 그러나 제퍼슨 등 반대파는 이에 동의하지 않았다. 그들은 미국이 낭만의 정원에 숨어서 안락한 농업 사회를 유지하길 바랐다. 서로 갈등의 골이 깊어지면서 해밀턴의 정책은 더욱 실행하기 어려워졌다.

1793년 봄, 제퍼슨이 주축이 된 반대파가 국회에서 해밀턴의 탄핵을 진행하며 해밀턴에게 외국 차관과 개인 재무 문제를 처리하도록 요구했다. 이에 대응하여 해밀턴은 얼마 후 국회에 200페이지에 달하는 개인 재무 보고서를 제출하면서 탄핵안이 통과되지 않도록 위기를 극복했다. 탄핵에 찬성한 사람은 지난날 그의 동지였던 매디슨 등 다섯 명뿐이었다. 어제의 동지가 오늘의 적이 된 순간이었다. 그해 12월, 존 타일러는 해밀턴의 지시로 재정부와 은행이 결탁하여 정부의 부패를 초래했다고 고발했다. 하지만 조사 결과, 뚜렷한 증거를 찾지 못하고 사건은 흐지부지 넘어갔다.

각종 압력에 시달리던 해밀턴은 결국 사임을 선택했다. 1795년 1월 31일, 해밀턴은 재무장관의 자리를 내놓고 변호사의 길을 걸었다. 그러나 그는 여전히 연방파의 지도자로서 워싱턴에게 신임을 받았다. 워싱턴의 유명한 '고별 연설'도 해밀턴이 초안을 작성했을 정도였다. 그러던 1799년에 해밀턴이 존경하던 워싱턴이 세상을 떠나면서 그의 정치 인생에 어두운 앞날이 예고되었다. 연방파에서도 그는 갈수록 고립되었다. 파벌 투쟁에서 해밀턴이 말과 글로 사람들을 신랄하게 비난하며 상처를 주었기 때문이다. 특히 경선이라는 중요한 시기에 그는 연방파의 2대 대통령 애덤스에게 인신공격까지 해 그동안 쌓아 온 명성과 정치적 영향력이 흔들렸다.

애덤스에 대한 공격으로 연방파는 대선에서 실패했고, 제퍼슨과 애런 버의 대통령 후보 각축전이 치열해졌다. 해밀턴이 보기에 제퍼슨은 적이었지만 그렇다고 해서 몹시 위험한 인물은 아니었다. 그러나 애런 버에 대해서는 "장점이라고는 눈 씻고 봐도 찾아볼 수가 없으며, 가장 친한 친구조차 그에게서 좋은 점을 찾지 못할 것이다. 그는 지위도 명예도 잃은 완전한 실패자이다."라고 말했다. 결국 해밀턴은 각 파를 적극적으로 설득해 제퍼슨을 3대 대통령으로 당선시켰다.

해밀턴의 공격을 받고 인격적으로 모멸감을 느낀 애런 버는 그에게 결투를 신청했다. 1804년 7월 11일 새벽, 해밀턴은 뉴저지에서 애런 버와 만났다. 결투에서 해밀턴이 먼저 총을 쐈지만 애런 버는 꿈쩍도 하지 않았다. 해밀턴이 허공에 대고 총을 쏘았기 때문이다. 그러나 애런 버는 망설임 없이 해밀턴에게 총 한 발을 쏘아 명중시켰다. 결국 해밀턴은 허무한 결투로 마흔아홉의 나이에 짧은 생을 마감했다. 미국 금융의 아버지의 이 죽음은 후손에게 풀 수 없는 미스터리로 남았다.

11 민주주의의 선구자 토머스 제퍼슨

토머스 제퍼슨은 미국 대통령으로서 존경받는 동시에 온갖 비난을 감수해야 했다. 흔히 자연권을 말하면 제퍼슨의 명언을 떠올린다. "양 떼는 흉악무도한 이리가 지켜볼 때보다 자유자재로 뛰놀 수 있을 때 더 즐겁다." 대다수 사람의 눈에 그는 정의를 실현하는 민주 투사이자 자본주의 경제학에 반대하는 중농주의자였다. 또 버지니아 사회의 구조에 개혁을 일으킨 혁명가이자 '1800년 혁명'의 조력자이며 엘리트 정치의 개척자이기도 하다.

시기 : 1743~1826년
업적 : 독립선언문 기초, 미국 3대 대통령, 버지니아 대학교 설립

명문가의 후손

토머스 제퍼슨은 1743년 4월 13일에 버지니아의 앨버말에서 태어났다. 아버지 피터 제퍼슨은 1707년에 태어나 자수성가로 힘겹게 창업에 성공한 인물로 현지에서 유명했다. 1739년에 서른두 살의 피터는 열아홉 살의 아가씨 제인 랜돌프와 결혼하면서 버지니아에서 가장 부유한 귀족이 되었다. 당시 랜돌프 가문은 버지니아 식민지에서 가장 부유했고 막강한 권력으로 명성이 자자했다. 제인 랜돌프는 결혼 당시 200파운드의 혼수 외에 고귀한

한눈에 보는 세계사

1760년 : 영국, 산업 혁명 시작
1765년 : 와트, 증기 기관 완성
1789년 : 프랑스 혁명, 인권 선언
1796년 : 조선, 수원 화성 완공

1804년 : 나폴레옹, 프랑스 황제 즉위
1807년 : 신성 로마 제국 멸망
1811년 : 조선, 홍경래의 난
1837년 : 영국, 차티스트 운동

혈통과 높은 사회적 지위도 가져온 것이다. 토머스 제퍼슨은 이런 어머니의 후광으로 훗날 사회적 지위를 공고히 다질 수 있었다. 열네 살 때 아버지의 갑작스러운 죽음으로 제퍼슨은 토지 300만 평에 노예 수십 명을 거느린 가장이 되었다. 어머니의 보살핌 아래 높은 수준의 교육을 받은 제퍼슨은 1760년에 윌리엄스버그에 있던 윌리엄 앤드 메리 대학에 입학했다. 어린 나이였지만 열심히 공부한 제퍼슨은 그리스 어, 라틴 어, 불어, 수학, 농학, 생물학, 측량학, 건축학, 철학, 문학, 법학, 음악 등 모든 과목에서 뛰어난 실력을 보였다. 이렇게 쌓아 올린 그의 능력은 훗날 사회에 진출하는 데 든든한 힘이 되었다. 대학을 졸업한 후 제퍼슨은 외가의 명성을 등에 업고 순식간에 버지니아의 유명 인사로 떠올랐다.

독립 운동의 대열에 합류

1768년에 제퍼슨은 고향 앨버말에서 치안 변호사로 활동하면서 버지니아 하원의원에 순조롭게 당선되었다. 제퍼슨이 정치에 발을 들여 놓은 이 시기에 북아메리카 식민지에서 일어난 반反영국 투쟁은 절정에 달했다. 버지니아 의회에서 '타운센드법Townshend Acts'에 반대하는 투쟁이 전개되자 버지니아 주지사는 의회 강제 해산을 명령했다. 그러나 의원들은 회의 장소를 롤리 호텔로 옮기면서까지 회의를 계속했다. 당시 제퍼슨은 조지 워싱턴, 패트릭 헨리, 리처드 헨리 리와 함께 이 회의의 핵심 인물이었다. 그들의 힘겨운 노력 끝에 타운센드법은 마침내 폐지되었다.

1775년 5월, 필라델피아에서 제2차 대륙 회의가 개최되었다. 제퍼슨과 워싱턴, 프랭클린은 함께 버지니아로 가서 이 회의에 참석했고, 회의 결과 제퍼슨이 독립선언문을 작성하기로 결정되었다. 약 2주 동안 제퍼슨은 독립선언문을 작성하는 데 매진했다. 그는 구절마다 신중하고 꼼꼼하게 다듬었다. 어머니가 갑자기 세상을 뜨고 아이도 요절한 상황에 아내마저 중

병에 걸리는 등 개인적 고통이 극심한 상황에서도 제퍼슨은 이 위대한 작품을 탄생시켰다. 독립선언문의 첫 부분에서 제퍼슨은 인간의 자연권에 대해 이렇게 설명했다. "우리는 다음과 같은 사실을 자명한 진리로 받아들인다. 즉 모든 사람은 평등하게 태어났고, 창조주는 양도할 수 없는 몇 가지 권리를 부여했으며, 그 권리 중에는 생명, 자유, 행복의 추구가 있다. 이 권리를 확보하기 위해 인류는 정부를 조직했고, 이 정부의 정당한 권력은 국민의 동의에서 나온다. 어떤 형태의 정부이든

필라델피아에서 개최한 제2차 대륙 회의에서 제퍼슨은 독립선언문 초안 작성자로 임명되었다. 그림은 프랭클린. 애덤스, 제퍼슨이 독립 선언문을 주제로 토론하는 모습이다.

이러한 목적을 파괴할 때에는 언제든지 정부를 개혁하거나 폐지하여 국민의 안전과 행복을 가장 효과적으로 보장할 수 있는 원칙에 기초를 두고 그러한 형태로 기구를 갖춘 새로운 정부를 조직하는 것은 국민의 권리이다." 1776년 6월 28일, 독립선언문의 초안이 대륙 회의에 전달되었고, 7월 4일 회의에서 '아메리카 합중국 13개 주 공동 선언문'이 통과되었다. 이 날이 바로 미국의 실질적인 독립 기념일이다.

국무장관과 부통령

1783년에서 1784년에 제퍼슨은 국회의원으로서 국회에 중요한 법안을 여러 번 제출했다. 제퍼슨의 의견에 따라 국회가 화폐 단위에 십진법을 채택하면서 그는 '달러의 아버지'로 불렸다. 1784년 9월, 그는 프랑스 주재 미국 공사의 임기를 마치고 5년 만에 조국으로 돌아왔다. 그리고 1790년 2월에 미국 초대 국무장관으로 취임했다.

당시 제퍼슨은 현재의 정부 행위는 민주주의에 대한 도전이라고 보았다. 그와 매디슨은 같은 입장에서 재무장관 해밀턴과 각을 세우며 팽팽하게 맞섰다. 특히 중앙은행을 설립하는 문제에 관한 논쟁에서는 한 치의 양보도 없었다. 제퍼슨은 중앙은행이 세워지면 국민에게 투기를 조장하고 농업을 포기하게 할 것으로 생각했다. 다시 말해, 상업과 금융 자산 계급의 이익에는 부합하나 농업 집단에는 부정적인 영향을 미칠 것이었다. 그래서

제퍼슨의 초상화

결국 정부의 일부 권력이 상업 집단에 넘어가 연방 정부가 부패할 것으로 보았다. 제퍼슨은 헌법에서 연방 정부가 중앙은행을 설립하는 권력을 부여하지 않았으므로 해밀턴의 주장은 헌법에 어긋난다는 뜻을 고수했다. 그러나 워싱턴 대통령은 결국 해밀턴의 손을 들어 주고 중앙은행의 설립을 승인했다.

중앙은행에 대한 논쟁을 계기로 내각은 공화파와 연방파로 나뉘었다. 제퍼슨과 매디슨은 공화파의 수장이 되었고, 〈국민관보〉 신문을 창간하여 연방파가 발행하는 〈합중국 관보〉의 영향을 줄여 갔다. 이 신

문은 주로 해밀턴의 '군주제 음모'를 파헤치는 데 목적이 있었기에 해밀턴의 거의 모든 재정 정책을 비난했다. 이 신문의 영향력 덕분에 제퍼슨은 공화당의 지도자로서 기반을 다질 수 있었다.

두 세력의 분쟁은 한때 위험한 수준까지 치달았다. 워싱턴 대통령이 중간에서 조정에 힘썼지만 정치적 이견은 쉽게 좁혀지지 않았다. 이후 프랑스 대혁명에 관해서도 큰 의견 차이를 보였다. 제퍼슨은 3년 넘게 계속된 정치적 대립에 염증을 느끼고 1794년에 장관직을 사임하고 고향으로 돌아갔다. 귀향할 때 제퍼슨은 정계로 복귀할 뜻이 없었으나 상황이 변하면서 다시 정치를 선택했다. 당시 워싱턴이 세 번째 연임을 하지 않겠다고 선포하면서 존 애덤스가 미국 역사상 두 번째 대통령이 되고, 제퍼슨은 부통령으로 선출되었다.

재임 기간에 제퍼슨은 의회에서 지켜야 할 점을 명시한 의회 의사 절차를 작성해 하원의원의 지침으로 삼았다. 이것은 지금까지도 미국의 상하원에서 시행되고 있다. 연방파의 의석수가 더 많은 애덤스의 내각은 대외적으로는 영국과 동맹을 맺고 프랑스에 대항하자는 주장이, 대내적으로는 공화당의 정책을 반대하는 의견이 주를 이루었다. 1798년 7월, 연방파는 많은 의석수를 이용해 외국교민법과 반란진압법을 통과시켰다. 이는 국민의 자유와 권리를 보장하는 헌법 조항을 취소한 것이나 다름없었다. 따라서 제퍼슨은 이 두 법안에 반대했다. 같은 해에 제퍼슨은 켄터키 결의안을 작성하여 연방 정부가 민주 권리를 잔혹하게 짓밟는 행위를 맹렬히 비난하며 주州의 정당한 권리를 거듭 강조했다. 이와 더불어 공화당의 투쟁을 지지하면서 1800년 대선을 맞이했다.

'1800년 혁명'

1800년에 공화당은 토머스 제퍼슨과 애런 버를 대통령 후보로 지명했다. 연방당은 내부적으로 혼란스러웠기 때문에 공화당에 패하면서 존 애덤스의 연임이 불가능해졌다. 한편, 제퍼슨과 애런 버는 73표로 동률이었다. 다시 진행된 무기명 투표는 35차례나 진행되었는데도 결판이 나지 않았다. 그러다가 막판에 해밀턴의 지지에 힘입어 제퍼슨은 근소한 표 차이로 승리를 거뒀다. 이후 공화당은 24년 동안 여당으로 집권했는데, 미국 역사에서는 이 시기를 '버지니아 왕조'라고 부른다.

같은 해 3월 4일에 제퍼슨이 국회에서 대통령 취임 선서를 했다. 대통령 취임사에서 제퍼슨은 민주공화당과 연방당의 관계에 대해 과거의 해묵은 감정은 버리고 협력해 주길 바란다는 뜻을 내비쳤다. 그는 "모든 이견은 원칙적으로 서로 일치하지 않는 것이 아닙니다. 우리는 다른 이름으로 같은 원칙을 믿는 형제입니다. 우리는 모두 공화당원이고 연방당원입니다. 만약 우리의 연합을 해산하고 싶거나 공존의 형식을 바꾸고 싶다면, 그 연합을 건드리지 마시고 모두가 평안해질 수 있다는 것을 보여 주십시오. 이것이 보장된다면, 잘못된 의견에도 관용을 베풀고 이성적으로 자유롭게 맞설 수 있습니다."라고 말했다.

제퍼슨은 선거에서 자신이 승리한 것은 '정부 원칙의 진정한 혁명'과 관련이 있다고 생각했다. 1776년 혁명은 미국 정부와 관련된 진정한 혁명이었다. 이전 혁명이 '무력'으로 완성된 것과 달리 이번 혁명은 합리적이고 평화로운 개혁 수단인 국민의 선거권으로 완성된 것이었다. 제퍼슨의 지지자들은 이를 '1800년 혁명'이라고 불렀다.

마버리 대 매디슨 사건 Marbury vs. Madison

마버리는 콜롬비아 지구에서 아직 임명을 받지 못한 치안 판사였다. 전 대통령 존 애덤스가 퇴임하기 몇 시간 전에 그를 콜롬비아 지구의 치안 판사로 임명했다. 그러나 새로 임명된 국무장관 매디슨은 그에게 임명장을 내주지 않았다. 매디슨의 처사에 화가 난 마버리는 연방대법원에 소송을 제기했다. 그는 1789년에 제정된 법원조직법 제13조를 근거로 임명장을 정식으로 전달할 것을 요청했다. 당시 연방대법원장이던 마셜은 대통령이 정식으로 임명한 관리에 대해 매디슨이 임명장 교부를 철회할 수 있는가를 참작하여 매디슨의 판단에 반하는 결론을 내렸다. 그는 "설마 아직도 각 부서의 책임자가 본국의 법률에 복종할 의무가 없다고 논쟁할 필요가 있을까?"라고 되물었다. 당시 연방 헌법에서는 행정 관리에게 위임장을 내주지 않는 것은 연방대법원의 고유 권한이라고 규정했다. 따라서 문제의 핵심은 연방대법원이 법원조직법 제13조 또는 연방헌법에 따라야 한다는데 있었다.

이 문제에 대해 마셜은 판결문에서 미국 헌법에 아주 큰 영향을 미친 문구를 넣었다. "지극히 분명하면서도 해석하기 어려운 논점이 있다. 헌법은 그것과 저촉되는 모든 법안을 금지한다. 헌법에 어긋나는 법안은 법률이라고 할 수 없다. 어떤 것이 법률인가를 판단하는 것은 단연 사법부의 권한이자 직책이다. 헌법과 서로 저촉되는 법률은 효력이 없다……. 각 급 법원과 그 밖의 정부 부서는 모두 이 문서의 구속을 받는다."

이 사건의 핵심은 마셜이 자신의 권한을 이용하여 제퍼슨과 매디슨을 비판한 것으로, 마셜이 오랫동안 제퍼슨과 부딪혔다는 점을 가장 잘 보여주는 대목이다. 이에 제퍼슨은 하원의원의 서명을 받아 일부 연방주의자 판사를 탄핵하려는 움직임을 보였다. 그 시기에 연방주의자인 한 지역 판사가 공공장소에서 음주하고 거친 행동을 보여 탄핵받고 대법원에서 해직되었다. 또 다른 판사도 탄핵이 결정되었지만, 다른 사람의 변호로 간신히 처분만은 피했다.

제퍼슨은 이렇게 해서 사법부에서 연방당 의원을 모두 제거하지 못했고, 마셜이 이끄는 연방당 의원들은 자신들의 영역을 굳건히 고수했다. 이에 제퍼슨은 훗날 분노하며 말했다. "선거에서 실패한 연방당 의원들이 사법 기구로 밀려났다. 그들은 방어 울타리 안에서 공화당의 모든 요새를 뒤흔들려고 한다."

루이지애나 매입

루이지애나는 프랑스령 북아메리카 식민지였으나 7년 전쟁 때 스페인에 점령되었다. 1799년에 정권을 잡은 나폴레옹은 스페인에 비밀 조약 체결을 강요하며 루이지애나 반환을 요구했다. 1801년 5월, 이 비밀 조약을 알게 된 제퍼슨은 깊이 생각에 빠졌다. 루이지애나가 스페인의 수중에 있다면 미국에는 문제 될 것이 전혀 없었다. 그러나 프랑스에 넘어간다면 훗날 문제가 생길 것이 뻔했다. 그는 미국이 반드시 미시시피 강과 뉴올리언스로 통하는 통로를 장악해야 한다고 결론을 내렸다. 그렇지 못하면 애팔래치아 산 뒤의 모든 것을 잃게 될 것 같았다.

제퍼슨은 이 지역을 사들이기 위해 치밀한 계획을 세웠다. 1802년에 프랑스 주재 미국 공사 로버트 리빙스턴과 특사 제임스 먼로를 보내 프랑스와 협상하게 했다. 협상은 예상 밖으로 아주 순조롭게 진행되었다. 프랑스의 양보에 미국인들은 다소 의아해했다. 물론 프랑스도 나름의 이익을 계산해서 내린 결론이었다. 1803년 4월 30일, 미국은 프랑스와 루이지애나 지역을 매입하는 데 관한 조약을 체결했다. 이에 따라 미국은 프랑스에 8,000만 프랑을 지급하고 총 260만㎢에 달하는 루이지애나와 뉴올리언스를 사들였다. 훗날 이곳의 풍부한 자연 자원과 비옥한 토양은 미국의 경제 발전에 적지 않은 공헌을 했다.

암울한 시기

1804년 대선이 임박했을 때 제퍼슨의 명성은 최고조에 달했다. 루이지애나를 사들이고 백악관에서 몸소 보여 준 평등주의 덕분에 공화당이 대중의 지지를 받고 제퍼슨도 손쉽게 재선에 성공했다. 그러나 바로 이 기간에 제퍼슨은 전대미문의 위기를 맞았다. 유럽의 전쟁 및 영국과 프랑스 간 충돌이 날로 뜨거워져서 중립을 선언한 미국의 입장은 점점 곤란해졌다. 교전하는 두 나라는 끊임없이 중립국의 권리를 짓밟았다. 영국 해군은 미국 선박을 약탈하고 선원들을 붙잡아서 영국 군대에 강제로 징용했다. 미국

1808년 영국의 만화

미국의 토머스 제퍼슨 대통령이 출항금지법을 위해 변호하는 모습을 나폴레옹이 의자 뒤에서 몰래 훔쳐보고 있다. 제퍼슨이 공표한 출항금지법과 그로 말미암은 전쟁은 미국의 제조업을 크게 자극했다.

이 여러 차례 항의해도 영국은 전혀 신경 쓰지 않았다. 미국의 항의가 차갑게 거절당하자 제퍼슨은 경제적 수단으로 영국의 미국 선박 공격을 막기로 했다. 이에 따라 1807년 12월 22일에 미국 국회는 출항금지법을 통과시켰다. 즉 모든 미국 선박의 수출입 무역과 유럽 항구로 출항하는 것을 엄격하게 금지하고 오로지 국내에서만 거래하도록 규정했다. 그러자 뉴잉글랜드의 연방파 의원뿐만 아니라 다른 지역 주민도 출항금지법을 거부하고 나서면서 밀수 무역이 곳곳에서 기승을 부렸다. 결국 제퍼슨은 1809년 3월에 퇴임하기 며칠 전 출항금지법을 폐지했다.

1809년 3월 11일에 퇴임한 제퍼슨은 고향 몬티첼로로 돌아가서 은퇴 생활을 했다. 그는 "권력의 족쇄에서 벗어난 후 얻을 수 있는 홀가분한 이 기분은 쇠사슬에서 벗어난 죄수도 느낄 수 없다……."라며 너무나 무거웠던 마음의 짐을 내려놓았다. 1812년에 제임스 매디슨 대통령이 제퍼슨을 국무장관으로 임명하려고 했으나 당시 예순여덟이던 제퍼슨은 고령을 이유로 정중히 거절했다.

죽기 몇 년 전, 제퍼슨은 모든 열정과 돈을 버지니아 대학교를 설립하는 데 쏟았다. 1825년 3월 7일, 버지니아 대학교의 첫 개학식에 30명의 소수 학생이 참석했을 뿐이었지만 제퍼슨은 뛸 듯이 기뻐하며 뿌듯해했다. "우리의 장점을 가르쳐 줄 수 있는 학교를 설립하는 것으로 제 인생의 마지막 장을 끝내고자 합니다. 여러분의 인품, 자유, 명성, 행복에 영원히 유익한 영향을 미치기를 진심으로 바랍니다."

학교을 설립하느라 제퍼슨은 말년에 경제적으로 매우 힘들었다. 이 소식이 전국적으로 퍼졌을 때 사람들이 너도 나도 도움의 손길을 내밀었다. 그러나 안타깝게도 제퍼슨의 건강은 계속 악화했다. 결국 1826년 7월 4일 낮 12시 50분, 미국의 독립기념일에 토머스 제퍼슨은 눈을 감았다.

그는 몬티첼로의 묘지에 묻혀 아내의 곁에 잠들었다. 그의 묘지에는 생

전에 자신이 직접 쓴 글귀가 새겨졌다. "미국 독립선언문의 기초자, 버지니
아 신교자유법의 기초자, 버지니아 대학교의 아버지 토머스 제퍼슨, 여기
에 잠들다."

United States of America

맥을 잡아주는 세계사

The flow of The World History

제 2 장 | 노예제와 남북 전쟁

1 1812년 전쟁

1812년에 일어난 미국과 프랑스 간의 전쟁은 독립 후 미국이 처음으로 치른 대외 전쟁이었다. 제퍼슨이 퇴임한 후에 공화당의 제임스 매디슨이 대통령으로 취임했다. 그는 제퍼슨이 실패한 영국 정책을 본보기로 삼아 외교 협상을 통해서 미국의 해상 운송을 보호하고자 했으나, 그 역시 성공하지 못했다. 이때는 이미 전쟁 분위기가 고조된 데다 국회 내 강경론자인 '매파'까지 나서서 강력하게 영국과 전쟁을 치르기를 주장했다. 이렇듯 1812년 전쟁을 요구하는 여론이 거세지면서 매디슨은 마침내 영국에 선전 포고를 했다.

시기 : 1810~1814년
인물 : 제임스 매디슨James Madison, 앤드루 잭슨Andrew Jackson, 로버트 로스Robert Ross

미국과 영국의 앙금

매디슨은 취임한 지 6주도 안 되어 국민의 열렬한 지지 속에 위대한 평화주의자로 추앙받았다. 당시 국회는 제퍼슨의 출항금지법을 폐지하고, 매디슨이 제시한 영국과 프랑스 양국에 대한 통상 금지 법안을 채택했다. 영국과 프랑스 사이에 어느 한 국가가 먼저 미국의 상업을 저해하는 법령을 폐지하면 미국은 즉시 무역 관계를 회복하겠다는 의미였다. 영국의 양해를 구하려던 매디슨의 노력은 양국 간의 갈등을 없애기에는 역부족이었다.

매디슨의 화해 계획이 영국에 거절당한 후, 1810년 4월에 하원의 외교

한눈에 보는 세계사
1807년 : 신성 로마 제국 멸망   1811년 : 조선, 홍경래의 난

위원회 의장 너새니얼 메이컨Nathaniel Macon은 '제2호 메이컨 법안'을 제출했다. 국회에서는 해당 법률을 신속하게 통과시키고 통상금지법안을 폐지했다. 제2호 메이컨 법안은 영국과 프랑스에 대한 무역을 회복하는 대신 1811년 3월 3일까지 영국과 프랑스 중 어느 한 쪽이 봉쇄 명령을 수정하지 않으면 미국은 다시 통상금지법을 재개할 것이라는 내용을 담고 있었다. 또 조난이나 긴급 공문을 휴대한 경우를 제외하고 영국과 프랑스의 무장 선박은 미국 영해에 진입할 수 없다고 밝혔다.

　이 법안이 발표되자 나폴레옹이 먼저 받아들이겠다는 반응을 보였다. 당시 프랑스의 결정에 대해 존 애덤스는 "우리를 대영 전쟁에 끌어들이기 위한 올가미"라고 경고했다. 그러나 매디슨은 이 주장에 전혀 신경 쓰지 않았다. 한편, 미국은 별다른 반응을 보이지 않는 영국에 3개월 안에 방침

뉴올리언스 전투

뉴올리언스 전투는 1812년 전쟁에서 가장 참혹한 전투였다. 앤드루 잭슨은 도시 방어에 집중하면서 이 전투에서 명성을 날렸다. 그림은 말 위에서 망원경으로 지휘하는 제퍼슨의 모습이다.

을 바꾸지 않으면 영국에 대한 통상 금지 조치를 재개할 수밖에 없다고 경고했다. 그러나 영국은 여전히 미국의 경고를 받아들이지 않고 기존의 입장을 유지했다. 이에 미국은 어쩔 수 없이 1811년 2월 11일에 영국과의 통상을 다시 금지했다. 그러면서 미국과 영국의 관계는 더욱 악화했다.

영국의 막무가내식 태도를 두고 미국 국내는 주전파와 주화파로 나뉘었다. 주전파는 주로 정권을 잡은 공화당이었다. 그들은 영국에 대해 외교 수단과 경제 제재는 완전히 효과가 없으니 전쟁만이 유일한 방법이라고 주장했다. 제퍼슨 전 대통령도 "시간, 인내, 평화, 사랑의 모든 희망은 끝났다. 우리에게 남은 유일한 대안은 전쟁을 할 것인지, 치욕스럽게 굴복할 것인지를 선택하는 것뿐이다."라고 말했다. 국민 대다수가 영국과 전쟁하는 것을 지지했다. 그들은 이미 영국의 봉쇄 정책으로 가혹한 고통을 받았다. 이런 상황에서 영국에 무릎 꿇는다면 미국은 식민주의를 다시 받아들이고 공화제를 포기하겠다는 의미나 마찬가지였다.

주전파 중 일부 젊은 의원은 '매파'로 불렸다. 그 주요 구성원은 켄터키 주의 클레이Henry Clay, 테네시 주의 그런디Felix Grundy, 사우스캐롤라이나 주의 칼훈John Caldwell Calhoun, 뉴욕 주의 피터 포트Peter Fort 등이었다. 그들은 대외 확장을 주장하면서 영국에서 캐나다를 빼앗은 다음 다른 국가에 선전 포고를 하고, 이어서 플로리다 주를 장악해야 한다고 했다. 국무장관 먼로도 "이 전쟁을 만족스럽게 끝내고 캐나다를 점령할 겁니다."라고 말했다. 젊은 '매파'가 국회를 장악하면서 영국과의 전쟁은 금방이라도 일어날 것만 같았다.

전쟁의 원인에 대해 앤드루 잭슨은 이렇게 설명했다. "우리는 전투를 통해 국내외에서 오해와 비난을 받았던 국민성을 다시 가다듬고, 영국 전투함에 나포되어 적을 대신해 강제 징용된 해상 공민을 보호해야 한다. 우리는 자유 무역에 대한 권리를 확대해 본토에서 생산한 상품을 위한 시장을 개척해야 한다. 지금 그 상품들은 우리 손 안에서 썩고 있다. 해상 패권을 장악한 영국이 우리가 그것을 외국으로 운송하는 것을 허락하지 않기 때문이다. 그래서 우리는 북아메리카 대륙의 모든 영국령 땅을 정복하여 과거에 입은 피해를 보상받고 더 이상의 침범을 막아야 한다." 또한 인디언의 위협을 없애기 위해서라도 전쟁은 피할 수 없는 선택이었다.

미국의 선전 포고

1811년 11월에 매디슨은 의회에 보내는 연례 교서에서 육·해군의 전투 준비 계획을 발표했다. 그리고 1812년 5월 1일에 선전 포고를 제안했다. "우리의 상업은 모든 해역에서 약탈당하고 있다. 본국에서 생산한 대량 상품을 거래할 합법적인 시장이 끊겼으며, 농업과 해상운송업은 치명적인 공격을 받았다. 영국 정부는 우리의 중립 무역을 위기로 몰아넣는 비열한 약탈을 넘어서 아예 파멸시키려는 봉쇄 정책까지 시행했다." 미국 국회와 하원은 투표를 거쳐 매디슨의 선전 포고문을 통과시켰고, 미국은 6월 18일에 영국에 선전 포고를 했다.

영국은 오랫동안 경제 수단으로 미국을 압박하면서 그들과의 전쟁을 서두르지 않았다. 유럽에서 이미 프랑스와 힘겨운 싸움을 하고 있었으므로 또 다른 전쟁을 일으키는 것은 무리였기 때문이다. 게다가 미국 시장을 봉쇄한 후 미국에서의 원료 공급이 중단되자 정부에 금지령 폐지를 요구하는 목소리가 높아졌다. 이런 압력에 못 이겨 영국 정부는 1812년 6월 23일에 미국을 대상으로 시행한 각종 의회 법령을 취소하겠다고 선포했다. 하지만 낙후된 통신 수단 때문에 이 결정은 미국이 선전 포고를 하고 5일이나 지난 뒤에야 전해졌다.

당시 영국은 경제, 군사 분야에서 미국보다 크게 앞선 상태였다. 하지만 당시 영국의 군사력은 프랑스와 전쟁을 치르는 데 집중되었기 때문에 캐나다에 남은 병력은 5,000명이 채 되지 않았다. 이때 미국 인구는 725만 명, 정규군 7,000명, 시민군 70만 명이었다. 이처럼 군사력이 현저하게 대비되는 상황에서 미국이 선전 포고 직후 바로 공격할 목표는 캐나다에 주둔하는 영국군이었다.

캐나다 공격

사실 미국은 영국에 선전 포고를 하기는 했지만 치밀한 전투 계획은 세우지 않았다. 그래서 전쟁 초기에는 군사 작전 지휘 체계에 혼선을 빚었다. 선전 포고가 있기 몇 주 전에, 미시간 주의 주지사 윌리엄 헐이 육군 준장으로 임명되어 오하이오 주의 데이튼에서 디트로이트로 진격해 캐나다를 공격할 계획이었다. 1812년 7월 12일, 헐은 캐나다를 침공했다. 그런데 서북 지역에서 소규모 군사 충돌이 일어나 매우 위급한 상황에 처했다. 7월 17일에 영국군이 매키노 강에 주둔하는 미국 수비군에 투항을 요구하며 압박한 것이다. 헐은 군대를 이끌고 황급히 디트로이트로 철수하고, 지금의 시카고인 디어본 요새를 방어하던 미국 사령관에게 지원 병력을 요청했다. 이때 테쿠셈Tecumseh이 이끄는 인디언들이 영국군 대열에 합류했다. 이 때문에 헐은 크게 기가 꺾였다. 게다가 퇴로까지 끊긴 상황이었다. 결국 1812년 8월 16일에 윌리엄 헐이 군대를 이끌고 영국에 투항했고 미국의 캐나다 침공은 실패로 돌아갔다.

헐이 디트로이트로 철수했을 때 매디슨은 오대호의 통제가 가장 중요하다는 것을 깨달았다. 1813년 4월에 매디슨이 파견한 올리버 해자드 페리Oliver Hazard Perry 함장은 캐나다의 수도이자 지금의 토론토인 요크빌을 빼앗았다. 이어서 8월에 페리가 이리 호 전투에서 영국 함대를 섬멸했고, 10월에는 해리슨이 템스 전투Battle of Thames에서 영국인을 격파하고 영국인과 인디언 연맹을 타파했다.

그리고 해안 전투에서 미국 해군은 영국인의 함대가 유럽에서 빠져나올 수 없는 틈을 노려 그동안 감춰 두었던 실력을 유감없이 발휘했다. 8월에 미국 함대 USS 컨스티튜션호^{Constitution}는 영국 함대 게리에르호^{Guerriere}를 격파했다. 10월과 12월에도 잇달아 영국 함대 몇 척을 대파하여 미국과 캐나다의 경계 지역에서 입은 육군의 피해를 만회했다. 그러나 안타깝게도 해군의 승리는 이 전쟁에서 별다른 의미가 없었다. 1812년에서 1813년 겨울 사이에 항구로 돌아온 미국 전투함 대부분은 출항하지 못했다. 영국인은 1812년 가을에 델라웨어 만과 체서피크 만을 봉쇄한 데 이어 1813년 봄에는 뉴욕과 노퍽 이남의 각 항구까지 막았기 때문이다. 영국은 여기에 그치지 않고 11월에는 롱아일랜드, 1814년 봄에는 뉴잉글랜드까지 영역을 확장했다. 영국의 봉쇄 정책으로 치명적인 피해를 본 미국 해군은 결국 영국과의 전투에서 끌려 다녔다.

수도 워싱턴 함락

1814년 4월에 나폴레옹이 자리에서 물러난 후 영국이 캐나다에 군대를 지원하면서 전쟁의 불씨가 미국까지 번졌다. 영국 육군은 나이아가라, 챔플레인 호, 뉴올리언스에서 미국으로 침입하며 체서피크 만을 기습할 계획이었다.

1814년 6월, 영국 원정군이 체서피크 만에 도착하자마자 미국군을 견제했다. 로버트 로스가 이끄는 영국군은 패턱센트 강을 끼고 철수하는 미군을 뒤따라가 손쉽게 수도 워싱턴의 뒷문에 도착했다. 영국군은 워싱턴을 공격하는 과정에서 아무런 저항도 받지 않았다. 당시 워싱턴은 긴박하게 전투를 준비하느라 정신이 없었다. 매디슨 대통령이 9만 5,000명 소집 명령을 내렸지만, 실제로 소집된 사람은 7,000명밖에 되지 않았다. 그마저도 사상자 66명을 낸 후 사방으로 흩어졌다. 미국 함정이 로스의 함대를 포위했지만, 몇 시간 뒤 워싱턴은 공격을 받았다. 매디슨 정부는 바로 철수했고 다행히 사상자는 없었다. 그러나 국회를 포함한 수도 건물 대부분이 흔적도 없이 불에 탔다. 대통령 관저 역시 예외는 아니었다. 전쟁이 끝난 후 관저를 수리할 때 미국은 불에 탄 자국을 숨기기 위해 외벽을 하얗게 칠했다. 그리하여 1901년 제26대 대통령인 테오도르 루스벨트Theodore Roosevelt 재임 시기에 '백악관'이라는 정식 명칭이 생겼다. 영국군은 이틀 동안 워싱턴을 쑥대밭으로 만들어 놓고 다음 목표인 볼티모어로 이동했다. 이곳에서 영국군은 완강한 저항에 부딪혔다. 그리고 9월 중순 로스 장군이 전투 중에 총에 맞아 죽으면서 체서피크 만 전투는 끝이 났다.

뉴올리언스 수호전

남쪽의 문턱 뉴올리언스를 지키는 전투는 앤드루 잭슨 장군이 지휘했다. 1813년 11월부터 1814년 초까지 잇달아 다섯 차례 전투를 치르면서 양측은 팽팽하게 맞섰다. 1814년 하반기에 영국은 강력한 지원군을 조직했다. 전열함 11척, 프리깃함 14척과 그 밖의 전선 몇 척으로 뉴올리언스 쟁탈전을 준비했다.

반면에 미국의 잭슨 장군은 병력 5,000명과 소형 포함 7척, 포 10여 문이 전부였고 이런 상황에서 1815년 1월에 영국군과 전투를 치렀다. 미시시피 강의 남쪽 해안에서 존 아델 준장이 이끄는 켄터키 시민군이 영국군에 격파되어 미국군의 측면 날개가 적에게 완전히 노출되었다. 그런데 영국군의 패컴 장군은 이 기회를 포기하고 별다른 작전 없이 밀집형 대열로 정면 돌파에 나섰다. 이는 잭슨의 삼엄한 방어에 부딪혀 패컴과 군사 2,000여 명이 사망하거나 부상당하거나 실종되었다. 반면에 미국은 수적 열세를 극복하고 13명 사망, 58명 부상으로 상대적으로 큰 피해를 보지 않았다. 이후 열흘 동안 대치한 끝에 영국군이 철수하면서 뉴올리언스 전투는 미국군의 승리로 끝이 났다.

　사실 미국과 영국은 이미 겐트Gent에서 강화 조약을 체결했으므로 이번 '뉴올리언스 전투'는 군사적으로 아무런 가치가 없었다. 그러나 미국은 어쨌든 이 전쟁으로 과거 영국과의 전투에서 패한 치욕을 씻으면서 '제2차 독립 전쟁'을 명예롭게 마감했다.

〈겐트 조약〉

특이하게도 영국과 미국은 전쟁과 평화 협상을 동시에 진행했다. 1813년 봄에 매디슨은 러시아 황제 알렉산드르 1세의 제안을 받아들여 영국군과 협상할 준비를 했다. 하지만 영국 측이 미국에서 해결을 요구한 '해상 나포' 문제는 내정 문제라는 이유로 거절하면서 두 나라의 협상은 무산되었다. 그러던 9월에 러시아가 다시 조정에 나섰고 이번에는 영국도 마지못해 미국과의 만남에 동의했다. 1814년 8월, 두 나라의 대표는 처음으로 벨기에 겐트에서 회담을 열었다. 그러나 그 후에도 전쟁은 멈추지 않았고, 회담도 별다른 진전을 보이지 않았다. 미국 대표단은 '나포'와 중립 무역 등 문제를 반드시 해결해야 한다고 주장했고, 영국은 미국 북부에 인디언 완충 지대를 마련하고 미국과 캐나다의 경계선을 수정하라고 요구했다. 양측은 양보 없이 팽팽하게 맞섰고, 결국 협상은 수렁에 빠졌다. 한편, 그런 와중에 전투에서 잇달아

〈겐트 조약〉

패한 영국은 한발 양보하기로 했다. 유럽의 정세 변화로 불리해진 영국은 조약 체결에 동의하고 빈 회의에 참석한 각국과 함께 나폴레옹의 재기를 막기 위해 새로운 반反프랑스 동맹을 맺었다. 그만큼 당시에 영국은 조금도 여유가 없었다.

1814년 12월 24일, 영국은 미국과도 겐트 조약을 맺었다. 조약 내용은 간단했다. 양측은 적대적인 관계를 해결하고 전쟁 이전의 경계 상태를 회복한다는 데 합의했다. 미국이 제시한 여러 문제는 해결되지 않았고, 남은 문제는 전문 위원회가 토론하기로 했다.

이번 전쟁의 가장 큰 성과는 미국이 독립 이후 국경의 위협 문제를 해결하고 국가의 안보를 지켰다는 데 있다. 그래서 이 전쟁은 '제2차 독립 전쟁'으로 불린다. 또 이번 전쟁으로 미국의 국가주의는 강화되었다. 앨버트 갤러틴Albert Gallatin은 이에 대해 다음과 같이 말했다. "전쟁은 나날이 약화되던 국민의 감정과 국가주의를 되살렸다. 이제 국민은 아메리카 합중국의 국민으로서 국가를 위해 생각하고 행동하게 되었다. 나는 이를 계기로 연방 정부가 영원히 존재하길 바란다."

2 먼로주의(Monroe Doctrine)

United
States of
America

1815년까지만 해도 아메리카 대륙에는 미국과 아이티라는 완전히 독립된 두 국가만 존재했다. 이후 7년 전쟁을 거쳐 남아메리카 대륙에 새로운 공화국들이 한꺼번에 나타났다. 이 공화국들의 출현으로 남아메리카의 정세는 매우 불안정하게 바뀌었고 각종 분쟁의 씨앗이 자랐다. 이 시기에는 어떤 상황도 발생할 수 있었다. 유럽의 '신성 동맹'은 라틴아메리카 혁명에 무력을 동원해 간섭하려 했고, 미국과 영국은 조약을 체결하여 범아메리카 동맹을 조직했다. 이러한 혼란 속에서 완전히 새로운 개념의 '먼로주의'가 등장했다.

시기 : 1822~1823년
인물 : 제임스 먼로James Monroe, 조지 캐닝George Canning, 존 애덤스John Adams

라틴아메리카 혁명

19세기 초에 혁명이 발생한 라틴아메리카 땅에는 아이티, 칠레, 베네수엘라라는 신생 공화국이 생겨났다. 또 페루, 콜롬비아, 브라질, 멕시코의 독립이 이어졌다. 이 신생 국가들은 모두 미국에 승인을 요구했다.

사실 미국은 하루빨리 신생국의 문제를 처리하려고 해 라틴아메리카 국가들의 독립을 승인하려고 했다. 이 신생 국가들이 고립된 미국에 보호벽이 될 수 있을 것이라는 판단에서였다. 하지만 섣불리 전쟁이라는 위험을 감수할 수는 없었다. 미국의 제5대 대통령 제임스 먼로는 유럽이 함부로

한눈에 보는 세계사
1811년 : 조선, 홍경래의 난   1837년 : 영국, 차티스트 운동

간섭하지 않는다면 스페인과 라틴아메리카의 혁명가들이 내린 결론을 수용할 것이며, 유럽 열강이 라틴아메리카에 개입한다면 미국은 절대로 방관하지 않겠다고 선언했다. 1818년에 먼로는 영국에 이 신생 공화국들에 대한 공동 승인을 제안했다. 그러나 영국 정부는 라틴아메리카에서 얻는 이익을 잃을까 봐 그 제안을 거절했다.

미국은 일방적으로 이 국가들의 독립을 승인하고 싶지 않았다. 여기에는 또 다른 중요한 이유가 숨어 있었다. 바로 플로리다 주 문제가 해결되지 않았다는 점이다. 1821년 2월에야 미국은 플로리다 문제를 마무리 짓는 데 합의하고 스페인과 조약을 체결했다. 그때야 미국은 비로소 라틴아메리카 문제에 다시 관심을 두었다.

1822년 3월 8일에 먼로 대통령은 국회에 보고서를 제출해 "아르헨티나, 칠레, 페루, 콜롬비아, 멕시코 등은 완전히 독립된 국가로서, 앞으로 그들의 권리가 박탈되는 일은 절대로 없을 것이다."라고 했다. 미국은 즉시 이 다섯 국가의 독립을 정식으로 승인하고 이들과 외교 관계를 수립했다. 영국 정부도 자신들이 원하는 패를 갖기 위해 라틴아메리카의 공화국 독립을 승인했다.

캐닝의 계획

1823년에 스페인을 침략한 프랑스는 자신들이 스페인 국왕 페르난도 7세를 자유주의자의 속박에서 벗어나게 해 준 것이라고 공개적으로 선포했다. 당시 프랑스와 스페인은 동맹군을 결성하여 '신성 동맹'의 지원 아래 라틴아메리카 지역에 쳐들어갈 것이라는 소문이 떠돌았다. 만약 그것이 사실이라면, 영국은 라틴아메리카에서의 모든 이익을 잃을 가능성이 아주 컸다. 영국의 외무장관 조지 캐닝도 "피레네 산맥이 무너지면 영국은 반드시 대서양을 지켜야 한다."라고 말했다. 과연 영국은 이 문제를 어떻

미국 제임스 먼로 대통
령과 정부 구성원들이
함께 있는 모습이다.

게 해결했을까?

　이때 캐닝은 교묘한 묘책을 번뜩 떠올렸다. 만약 라틴아메리카에 대한
프랑스의 간섭에 반대하는 영·미 연합 항의 성명을 발표한다면, '신성 동
맹'이 라틴아메리카 혁명에 간섭하려는 시도를 저지하면서 라틴아메리카
에서 영국의 이익을 지킬 수 있었다. 더 나아가 라틴아메리카의 공화국 간
에 갈등을 부추길 수도 있었다. 이를 위해 1823년 8월 16일에 캐닝은 런던
주재 미국 공사 리처드 러쉬Richard Rush에게 이렇게 제안했다. "영국과 미국
이 함께 프랑스에 간섭을 허락하지 않는다는 경고를 하면 어떻겠소?" 사흘
후, 러쉬는 미국 정부를 대신해 다음과 같은 대답을 전했다. "영국이 즉각
라틴아메리카의 신新공화국들을 승인한다면 미국도 영국과 함께 프랑스의
간섭에 반대하는 항의에 참여하겠소."

애덤스 계획

미국 국무장관 존 애덤스는 캐닝의 제안에 의심을 품었다. 그는 당장은 라틴아메리카에 무장 간섭의 위험이 없고 또한 영국의 해군 능력으로 그것을 충분히 막을 수 있다는 점을 확실히 알고 있었다. 그래서 캐닝의 제안이 심상치 않다고 생각했다.

애덤스가 보기에 이 문제는 유럽과 아메리카 대륙의 미래와 밀접한 관련이 있었다. 애덤스는 미국 정부가 마주한 현실을 따져 보았다. 미·영 협력 제안, 유럽이 라틴아메리카를 간섭한다는 소문, 러시아의 식민지 확장으로 미국의 이익이 이미 영향을 받았다는 점, 러시아가 라틴아메리카 신생국에 대한 간섭을 시작했다는 문제점 등이 있었다. 앞뒤 정황을 살펴보고 영국의 수를 읽은 애덤스는 다음과 같이 주장했다. "얼마 전에 러시아 공사에게서 편지 한 통을 받았습니다. 우리에게 적당한 기회가 생긴 것 같군요. 우리는 이를 기회로 삼아 '신성 동맹'에 반대하면서 영국의 제안을 거부해야 합니다."

먼로 보고서 발표

1823년 12월 2일에 미국 대통령 제임스 먼로가 연례 교서를 통해 유명한 '먼로주의' 정책을 발표했다. 먼로주의는 다음 두 가지의 내용을 담고 있다.

첫째, 적극성의 원칙: (갑) "앞으로 유럽의 어느 열강도 아메리카 대륙의 독립한 자유 국가를 식민지의 대상으로 삼을 수 없다." (을) "각 동맹국(신성 동맹을 가리킴.)의 정치 제도는 …… 합중국과 기본적으로 다르다……. 열강이 그들의 정치 제도를 서반구 지역으로 확산하는 것은 우리의 평화와 안전을 위협한다."

둘째, 소극적인 원칙: (갑) "우리는 어느 유럽 열강의 현존하는 식민지와 보호국에 간섭한 적이 없으며, 앞으로도 그러지 않을 것이다." (을) "유럽 각국 간의 자체적인 일로 전쟁이 발생하면 우리는 개입하지 않을 것이다. 개입하는 것은 우리의 정책과 맞지 않기 때문이다."

'먼로주의'가 형성되는 과정에는 미국 국무장관 애덤스가 크게 이바지했다. 애덤스는 미국 외교 정책을 위해 하나의 모범 답안을 제시했고, 이를 국민 의식에 깊게 뿌리박았다.

3 '늙은 호두나무' 앤드루 잭슨(Andrew Jackson)

앤드루 잭슨은 미국 역사상 최초의 평민 출신 대통령이다. 임기에 그가 민주당과 함께 보인 행동은 미국의 역사에 커다란 영향을 미쳤다. 당시 남북 간의 갈등은 관세 문제에 집중되었고, 이로 말미암아 연방과 주(州)의 갈등이 잦았다. 잭슨은 이에 대해 대책을 세워 위기를 해결하고 연방의 통일을 유지하면서 제2의 중앙은행 입법을 반대했다. 잭슨의 빛나는 업적은 '잭슨 민주주의'라는 단어로 평가받는다.

시기 : 1767~1845년
업적 : 미국 제7대 대통령, 중앙은행 설립 중단, 남북 캐롤라이나 주의 합중국 해산 저지 성공

'늙은 호두나무' 백악관 입성

앤드루 잭슨은 1767년에 캐롤라이나 주 경계 지역의 한 북아일랜드 이민자 가정에서 태어났다. 이후 그는 테네시 주에서 성장하고 독학으로 변호사가 되었으며, 대규모 토지와 노예, 말을 소유한 농장주가 되었다. 잭슨의 정치적 입지는 군사라는 분야와 매우 밀접한 관련이 있다. 그가 군사적으로 명성을 얻는 과정에서 인디언들이 수많은 피를 흘렸다. 그러나 이를 계기로 잭슨은 경계 지역의 영웅으로 떠올랐다. 강인하고 고집스러운 성격

한눈에 보는 세계사

1765년 : 와트, 증기 기관 완성
1789년 : 프랑스 혁명, 인권 선언
1796년 : 조선, 수원 화성 완공
1804년 : 나폴레옹, 프랑스 황제 즉위

1807년 : 신성 로마 제국 멸망
1811년 : 조선, 홍경래의 난
1837년 : 영국, 차티스트 운동

때문에 그는 부하들에게 '늙은 호두나무'라는 별명으로 불렸다. 뉴올리언스 전투가 끝났을 때 잭슨은 미국인의 마음속에 영웅으로 자리 잡았다.

1829년에 잭슨은 존 칼훈John Calhoun, 마틴 밴 뷰런Martin Van Buren의 지원 사격으로 대통령 선거에서 승리했다. 그해 3월 4일, 잭슨은 검은색 양복 차림으로 친구들의 수행을 받으며 국회의사당에 들어서서 대통령 선서와 취임사를 낭독했다. 그의 시정 방침을 짧게 요약하면 다음과 같다. "연방 헌법은 반드시 지켜야 하며, 주의 권리는 보호되어야 합니다. 합중국의 부채는 갚아야 하고, 직접세와 공채는 피해야만 합니다. 연방을 보존해야 합니다. 이것이 바로 나의 목표입니다. 그 결과에 구애받지 않고 오로지 이 정책을 실행하기 위해 노력할 것입니다."

이턴 말라리아Eaton Malaria

'이턴 말라리아' 스캔들의 주인공은 전쟁부 장관 존 이턴John H. Eaton의 부인 페기 오닐Peggy O'Neale이다. 그녀는 워싱턴의 한 술집 주인의 딸로 문란한 생활을 했다. 처음에 이턴의 정부였다가 훗날 자신의 남편이 죽은 뒤 이턴의 아내가 되었다. 이 결혼을 반대하는 사람은 너무나도 많았고, 그런 한편 잭슨 대통령은 두 사람을 지지했다. 그 후 장관 부인은 문란한 과거로 상류 사회의 사교계에서 따돌림을 받았다.

원래는 스캔들까지 번질 일이 아니었는데, 잭슨 대통령이 개입하면서 일은 순식간에 삼류 스캔들로 변질되었다. 대통령은 이 여인을 위해 내각 회의까지 열어서 그녀를 '처녀와 다름없는 정결한 여인'이라고 강조했다. 밴 뷰런 등이 주도한 이 사건은 '말라리아'로 불린다. 이는 정부와 상류 사회의 상처이자, 잭슨의 정치 인생에 오점을 남겼다. 이 일로 잭슨 대통령과 칼훈 부통령은 정치적으로 다른 길을 걷게 되었다.

관세 분쟁

잭슨은 취임 초기에 야심차게 관세와 주의 권리에 대한 문제를 원만하게 해결하고자 했다. 그때까지만 해도 그 두 문제가 자신에게 심각한 정치적 위기가 될 줄은 꿈에도 몰랐다. 관세는 원래 미국 건국 초기에는 보잘것없었는데 40년의 발전을 거치면서 미국 경제에 든든한 기둥이 되었다. 그런데 남북이 관세 문제를 두고 서로 의견 차이를 보였다. 1828년에 잭슨이 제시한 새로운 관세 법안은 남부 각 주의 격한 반대에 부딪혔다. 반대가 가장 심한 곳은 사우스캐롤라이나였다. 사우스캐롤라이나의 농장주들은 잭슨

1829년 3월, 미국인 수천 명이 앤드루 잭슨의 취임사를 듣기 위해 워싱턴에 모였다.

120

의 보호 관세와 '국내 발전'은 남부에서 세금을 거두어 북부에 이익을 넘겨 주기 위해 짜낸 술책이라고 비난하며 연방 정부의 권력 제한을 요구했다.

사우스캐롤라이나 주의 콜롬비아 시장에서 열린 관세법 반대 회의에서 사우스캐롤라이나 대학교 학장은 물었다. "북부가 기어코 우리의 주인이 되려고 합니다. 그러면서 우리더러 납세자가 되라고 합니다. 과연 각 주의 연합이 그럴 만한 가치가 있습니까?" 이 질문은 엄연히 연방 정부의 권력에 대한 도전이었다. 이후 사우스캐롤라이나 의회는 잇달아 여덟 차례나 회의를 열어 1828년에 제정된 관세법을 맹비난했다. 사우스캐롤라이나 출신인 부통령 칼훈은 익명으로 쓴 '사우스캐롤라이나 논술'에서 이른바 '연방법 무효화'를 제시했다. 그는 그 근거로 두 가지 기본 원리를 들었다. "첫째, 연방 헌법은 각 주 간의 계약이다. 둘째, 주권은 분할하거나 파괴할 수 없으며 연방 헌법은 주권이 있는 13개 주가 제정한 것이다. 1787년에 이 주들은 주권자였다. 1828년에도 여전히 그렇다. 주권자로서 그들은 연방 정부의 월권을 판단할 수 있다."

문서는 칼훈이 직접 작성했지만, 당시에는 익명으로 발표했다. 그는 한편으로는 사우스캐롤라이나 주에 연방 헌법을 무효로 돌리려는 시도를 잠시 접어두도록 권고하면서, 다른 한편으로는 잭슨 대통령에게 관세 인하를 요구했다. 하지만 잭슨은 이에 전혀 신경 쓰지 않았다. 밴 뷰런의 주도로 1828년에도 여전히 관세를 거두었다. 결국 이로 말미암아 새로운 투쟁이 그 서막을 열었다.

웹스터Daniel Webster와 헤인Hayne의 논쟁

서부의 공유지를 판매하는 것은 당시 미국에서 처리하기 어려운 문제였다. 남부와 북부는 이 문제를 두고 팽팽하게 맞섰다. 1830년에 제퍼슨 정부는 초기 정착자에게 우선적으로 서부 공유지를 살 수 있는 권리를 주자는 법안을 제시했다. 헨리 클레이Henry Clay는 토지 판매 수익을 각 주에 분배하여 공공시설과 교육비로 쓰고, 판매한 토지가 소재한 주에 추가 보조금을 주자고 했다.

1829년 12월 29일에 코네티컷 주 출신의 상원의원 푸트는 국회에 공유지 판매를 중단하는 임시 조치를 제안했다. 이 제안은 미주리 주 상원의원 벤턴의 질책을 받았지만, 사우스캐롤라이나의 상원의원 헤인이 날카롭게 맞서면서 푸트 편을 들었다. 그는 공유지 문제 외에 관세의 세율, 연방법 무효화 문제, 노예제 문제 등의 내용을 포함하여 열변했다. 1830년 1월 26일에 매사추세츠 주 출신 상원의원 대니얼 웹스터가 '헤인에 대한 답변'이라는 제목으로 연설하면서 회의장의 긴장된 분위기는 한층 고조되었다.

남색 연미복을 입은 대니얼 웹스터는 침착하면서도 화려한 말솜씨로 관중을 매혹했다. 하지만 그의 연설은 다소 격앙된 어조였다. 그래도 긴장할 때면 적절한 인용 구절이나 재미있는 유머로 분위기를 화기애애하게 만들었다. 그는 이렇게 상대를 완전히 제압하며 '사우스캐롤라이나 이론'을 비판했다. 그리고 강력한 호소력으로 다음과 같이 연설을 끝맺었다. "오늘날 세계가 존경하는 이 공화국의 찬란한 국기는 여전히 힘차게 펄럭이고 있습니다. 그 찬란한 빛은 사방으로 빛나고, 처음처럼 아름답습니다. 지워지거나 오염되지 않았습니다. 어두컴컴해서 보이지 않는 별은 하나도 없습니다. 이것은 '이 모든 가치가 어디에 있는가?'라는 말도 안 되는 의심도 아니며, '자유가 우선이고 연방은 나중이다.' 같은 사기꾼의 허튼소리도 아닙니다. 바로 또 다른 감정입니다. 미국인이 마음속으로 느낀 친절한 그 감정은 각지에 전달됩니다. 자유와 연방, 그것은 지금부터 영원토록 하나이며 절대로 나눌 수 없습니다!"

웹스턴의 답변은 잭슨 대통령을 감동시켰다. 그는 원래 주의 권리를 인정하자는 주의였다. 하지만 동시에 국가 주권을 의심한 적은 한 번도 없었다. 칼훈 부통령은 어리석게도 잭슨의 동정을 얻을 수 있다고 생각했다. 1830년 4월 13일에 토머스 제퍼슨을 기념하는 연회에서 칼훈은 잭슨을 자기편으로 만들 계획을 세웠다. 그런데 놀랍게도 잭슨은 축배의 말을 건넬 때 칼훈을 똑바로 쳐다보며 말했다. "우리의 연방, 보전되어야 하리라!" 이에 칼훈이 이어서 말했다. "연방, 그보다 고귀한 우리의 자유를 위하여!"

칼훈과의 대립

칼훈을 이기려면 잭슨은 '이턴 말라리아'를 치료해야 했다. 1831년 여름에 대통령의 설득으로 내각이 전체 사임하면서 정부는 칼훈의 세력에서 벗어났다. 서부에서 온 루이스 카스가 전쟁부 장관, 북부의 로제 테니가 대법원장으로 임명되었다. 잭슨은 이렇게 북부 및 서부 출신으로 새로운 내각을 구성해 칼훈이 주도하는 연방법 무효화를 주장하는 세력에 맞설 준비를 했다.

잭슨은 서부의 지지를 더 받기 위해 1832년 7월 14일에 국회에서 새로운 관세 법안을 통과시켰다. 그러면서 1828년에 제정한 세율 중 '혐오스러운 관세'를 취소하기로 했다. 하지만 생철과 방직품의 높은 관세는 계속 유지했다. 이는 사우스캐롤라이나에 대한 도전이나 다름없었다. 1832년 11월 24일, 사우스캐롤라이나 의회는 연방법 거부를 선포했다. "새로운 관세법은 무효이다. 우리 주와 우리 주의 공무원 또는 주민에게는 법률의 구속력이 없다." 이 선언은 앞으로 연방 관리가 사우스캐롤라이나에서 조세를 징수하는 것을 금지하고, 연방과 상호 위협적인 관계에서 벗어나겠다는 의미였다.

잭슨 대통령도 빠르게 움직여 국가 법률을 수호했다. 12월 10일에 대통령은 '사우스캐롤라이나 주민에게 보내는 서신'을 발표했다. "주 정부가 합중국의 법률을 폐지할 권리를 가질 수 있다는 견해는 연방의 존립과 양립할 수 없다. 그것은 헌법의 글자와 정신에도 분명히 어긋나며, 헌법을 기반으로 하는 모든 원칙을 위반하는 것이다." 그러나 사우스캐롤라이나는 전혀 물러서지 않았다. 오히려 주 의회는 '잭슨 왕'에게 복종하지 않겠다며 지원군을 소집해서 주의 권리가 침해받지 않도록 보호책을 마련했다.

잭슨은 당근과 채찍의 사용법을 정확히 파악하고 있었다. 그는 칼훈파의 비위를 어느 정도 맞춰 주고자 관세율을 낮춰 달라는 그들의 요구를 받아들여 1833년 3월 2일에 타협 세율 법안을 발표했다. 이와 동시에 연방법의 시행을 위해 대통령이 군대를 동원할 수 있도록 한 '강제법'이라는 법안도 통과시켰다. 전자는 점진적으로 모든 세율을 낮춰 10년 안에 상품 가격에 따른 세율을 20%로 조정하겠다는 내용이었다. 후자는 관세를 징수하기 위해 필요하다면 대통령이 육군과 해군을 동원할 수 있다는 법안이었다. 이에 사우스캐롤라이나 의회는 신속하게 의회를 소집해서 타협 세율 법안을 수용하고 연방법 무효화 선언을 철회했다.

양쪽 모두 자신의 승리를 확신하며 깃발을 높이 들고 전장에서 퇴장한 셈이다. 양쪽 모두 이 전투를 통해 새로운 힘을 얻었다. 잭슨은 연방법 무효화에서 조금 더 나아가면 분열이라는 것을 예상했다. "다음 핑계는 흑인 문제 또는 노예 문제가 될 것이다."

중앙은행 반대

1832년 대통령 재선에서 잭슨은 다시 당선되었다. 그는 미국 역사상 유일하게 낮은 득표율로 연임한 대통령이다. 2기 정부에서 그가 직면한 가장 큰 문제는 중앙은행의 존폐였다. 1819년 이후 이 은행은 줄곧 경영 상태가 아주 양호했다. 하지만 남부와 서부에서는 민심을 얻지 못했다. 이 은행의 허가증 유효 기한은 1836년으로 허가증을 재발급 받아야만 계속 운영할 수 있었다. 이 시기가 다가오자 평소 금융 세력을 민주 제도의 가장 큰 적

으로 생각하는 잭슨이 어떤 결정을 내릴
지에 대중의 관심이 쏠렸다.

중앙은행의 은행장 니콜라스 비들
Nicholas Biddle은 잭슨이 선거가 치러지는 해
에 중앙은행의 재인가 문제를 부각시키지
않을 것으로 예상했다. 그래서 미리 재인
가를 요청했는데, 이는 오히려 '전쟁'의 불
씨를 당긴 셈이 되었다. 1832년 7월 3일에
잭슨은 국회가 통과시킨 중앙은행의 영업
기한 연장을 위한 법안에 거부권을 행사
했다. 그는 이 법안이 주의 권리에 대한 헌
법에 어긋난다면서 중앙은행이라는 독점
조직이 계속 존재하는 것을 반대했다.

잭슨은 허가증 재발급 법안을 부결하
면서 중앙은행의 연방 예치금을 인출했
다. 결국 1833년 10월 1일 이후 중앙은행
의 정부 예치금은 하나도 존재하지 않게
되었다. 은행장 비들은 손 놓고 파산을 기
다릴 수만은 없었다. 그래서 그는 은행 대

앤드루 잭슨의 초상화

출을 축소하여 중앙은행이 재정 안정을 유지하는 데 얼마나 중요한 역할
을 하는지를 보여 주려고 했다. 하지만 그의 생각과 달리 이 조치는 오히려
금융 공황, 노동자 실업, 채권 액면가 하락을 불러일으켜 통화 혼란을 가
중시켰다.

통화 혼란을 안정시키기 위해 잭슨은 '정화正貨 유통령'을 발표하여 재정
부에 공유지를 판매할 때 '가치 변동 가능성이 있는 화폐'는 일절 받지 말

고 반드시 금이나 은 같은 정화만 받으라고 명령했다. 이렇게 해서 중앙은행 반대 투쟁은 막을 내렸다. 중앙은행이 문을 닫으면서 발생한 진공 상태는 1913년에 연방준비제도가 설립되면서 그 손실이 채워졌다.

잭슨은 사립 기구가 통제받지 않고 지나치게 큰 권력을 갖는 것은 옳지 않다고 생각했다. 그러나 중앙은행이 문을 닫으면 월가의 금융 전문가들이 시중 은행으로 큰돈을 벌게 될 것이라는 점을 그는 미처 몰랐다. 새로운 민주주의 개념인 '잭슨민주주의'로 미국 정계에 막대한 영향을 미친 잭슨은 1845년 6월 8일에 고향 테네시에서 편히 눈을 감았다.

4 '눈물의 길'과 블랙호크 전쟁

United
States of
America

앤드루 잭슨이 집권하는 시기에 이주민들이 미개척 지역에서 정착 범위를 확대해 나간 서점 운동은 절정에 달했다. 이로써 서부로 이주하는 백인과 인디언 사이에는 갈수록 긴장감이 맴돌았다. 잭슨 정부는 최대한 넓은 토지를 차지하기 위해 인디언 저항 세력을 없애야 했다. 그래서 백인들은 인디언을 추방하고 학살하는 피비린내 나는 정책을 시행했다. 그 결과, 대규모의 인디언이 토지에 대한 자신들의 권리를 포기하고 고향에서 멀리 떨어진 곳으로 쫓겨났다. 서글프고 힘겨운 이주로 인디언들의 눈에는 눈물이 마르지 않았다.

시기 : 1812~1835년
인물 : 앤드루 잭슨Andrew Jackson, 블랙호크Black Hawk

잭슨과 인디언

잭슨은 테네시 주 민병대의 사령관이었을 때 인디언 크리크 족과의 전쟁에서 혁혁한 공을 세워 명성을 날렸다. 이때부터 잭슨과 인디언의 악연이 시작되었다. 1812년 전쟁에서 인디언 부족은 테쿰세의 선동으로 모빌 북쪽에 있는 밈즈 요새를 공격해 백인 250명의 목숨을 앗아갔다. 이 소식을 전해들은 잭슨은 민병대 2만 5,000명과 촉토 족 등 인디언으로 구성된 보조 부대를 이끌고 북부 크리크 족을 공격했다. 크리크 족은 남북 두 부족으로 분열되어 서로 다른 거주지에 살고 있었다. 1814년 봄, 잭슨이 이끄는 부대

한눈에 보는 세계사
1811년 : 조선, 홍경래의 난   1837년 : 영국, 차티스트 운동

19세기 초, 미국 백인은 인디언의 영토를 끊임없이 약탈했다. 그림은 미국 군대가 토착민의 저항을 잔혹하게 진압하는 모습이다.

는 탈라푸사 강의 호스슈벤드에서 벌인 전투에서 크리크 족 인디언 557명을 학살하고 아군 26명을 잃었다. 전투 후 잭슨은 크리크 족 인디언과 조약을 맺어 광활한 앨라배마 주 면적의 3분의 2를 개척하고 백인을 이주시켰다. 잭슨은 줄곧 미국인의 토지 개척을 위해 인디언을 미국 변경 밖으로 몰아내야 한다고 주장했다. 그는 첫 연두교서에서 조지아와 앨라배마에 거주하는 인디언은 미시시피 강 맞은편 기슭으로 이주하거나 이 주의 법률을 따르라는 의견을 제시했다. 이를 통해 인디언을 몰아내려는 잭슨의 의도가 여실히 드러났다. 1830년 5월, 미국 국회가 미국 역사상 처음으로 인디언 이주 법안을 통과시켜 인디언을 몰아내는 법률적 근거가 마련되었다. 정부 관리, 토지 투기상, 이주 계약자 등이 손을 잡고 다양한 방법으로 인디언을 위협하거나 회유하여 그들과 조약을 맺었다. 잭슨의 임기 8년 동안 미국 정부가 인디언 부족과 체결한 조약은 94개나 되었다. 결국 인디언이 할 수 있는 선택은 고향을 등지고 서부로, 서부로 떠나는 것뿐이었다.

체로키|Cherokee 족의 서부 이주

잭슨 정부는 겉으로는 인도주의와 공정 거래, 진보적 정책을 강조하면서 인디언이 스스로 이주하도록 설득하겠다고 했다. 하지만 실제 상황은 전혀 그렇지 않았다. 크고 작은 충돌이 자주 발생했고 이로 말미암은 인디언의 고통은 이루 말할 수 없었다. 그 와중에 학살되거나 학대로 죽은 인디언의 수는 다 헤아릴 수 없을 만큼 많았다. 잭슨의 재임 기간에 인디언의 고통이 가장 심했던 사건은 단연 체로키 족의 서부 이주였다. 18세기 말에 체로키 족은 대대로 누려 온 전통 수렵 지역을 떠나 조지아 주 서북부의 산지로 이주해야 했다. 1791년에 미국 정부는 체로키 족과 조약을 체결하며 그들이 이 산지를 영원히 점유할 수 있도록 보장하겠노라고 약속했다. 그러나 1828년에 현지에서 금광석이 발견되자 백인은 바로 말을 바꾸고 체로키 족의 땅을 침략했다. 조지아 주 정부는 인디언의 권리를 무참히 짓밟고 모든 수단을 동원해서 체로키 족을 다시 서부로 이주시켰다. 잭슨 정부는 관련된 모든 소식을 듣고도 가만히 있었다. 이렇게 미국 정부가 조약 내용을 지키지 않자 체로키 족은 소극적으로 시간을 끄는 방식으로 서부 이주를 거부했다. 1835년에 이르러 연방 정부는 인디언 일부 부족의 지도자들을 매수해서 이주 조약을 맺도록 유도했다. 이 조약이 체로키 족의 반대로 무산되자 1837년에 윈필드 스콧Winfield Scott이 정규군과 수천 명의 민병대를 이끌고 체로키 족을 강제로 이주시켰다. 오클라호마에서 미국 군대와 민병대는 체로키 족에 자주 폭력을 가하며 학대했다. 게다가 자연조건까지 열악해서 당시 굶주림, 추위, 질병과 같은 어려움으로 수많은 체로키 족이 비명횡사했다. 이주하던 체로키 족 1만 8,000명 최소 4,000명이 사망했다. 미국 작가 에머슨은 당시 상황을 이렇게 표현했다. "대지가 개척된 이래 평화 시기에 한 민족이 자신의 동맹자와 보호가 필요한 이를 대할 때 이토록 신의와 도를 저버리는 경우를 보지 못했다. 정의를 포기하고 연민과 동정을 바라는 구슬픈 울음소리에도 거들떠보지 않는구나." 이처럼 체로키 족은 가슴 아픈 눈물을 흘리면서 서부로 쫓겨났다.

블랙호크 전쟁

잭슨 정부의 인디언 정책에 인디언 일부 부족이 반발하고 나섰다. 그중 가장 격렬하게 저항한 두 차례 투쟁은 1832년의 블랙호크 전쟁과 1835년의 제2차 세미놀 전쟁Seminole War이었다. 1831년에 일리노이 주 록 강 하구에 살던 소크 족과 폭스 족은 백인의 계속된 유입과 무력 위협에 밀려나 미시시피 강 남쪽의 미주리로 삶의 터전을 옮겼다. 이곳에서 그들은 식량 부족 위기와 더불어 다른 부족의 침략까지 받았다. 결국 1832년에 연합 추장이던 블랙호크의 지휘 아래 그들은 다시 고향으로 돌아갔다. 블랙호크가 귀환하자 일리노이 주 변경에 살던 백인 주민들은 공포에 질렸다. 이에 잭슨은 정규군과 민병대를 파견해서 블랙호크가 이끄는 부족을 소탕하라고 지시했다. 블랙호크가 이끄는 부족은 일리노이에서 미국군과 치열한 전투를 치렀다. 그러나 긴 시일에 걸친 이주로 배고픔과 피로에 지친 블랙호크의 인디언 부족은 미국 정규군의 공격을 막아낼 수 없었다. 그래서 일단 미시시피 강 서쪽 기슭으로 철수하려고 그들이 강을 건너는 순간, 미국군은 비인도적인 참혹한 학살을 저질렀다. 수많은 인디언이 피를 흘렸고, 미국군의 공격은 여자와 아이도 가리지 않았다. 그리고 그들을 지휘한 블랙호크는 부상을 당하고 포로로 잡혔다.

제2차 세미놀 전쟁

플로리다에서 인디언 세미놀 족의 지도자 오세올라는 이주에 저항하기 위해 미군과 전쟁을 벌였다. 1835년 12월에 오세올라는 인디언의 강제 이주를 압박하던 정부 대리인을 살해하고 부족 전사 수백 명을 이끌고 늪지대에서 미국 정부군과 공방전을 벌였다. 그들은 기습적으로 나타나 재빠르게 치고 빠지는 전술로 미국군을 공격하며 그들의 대규모 소탕 작전을 방해했다. 그러던 중 미군은 정전 협정을 미끼로 오세올라를 유인해 그를 체포했다. 8년이라는 긴 세월에 걸쳐 벌어진 이 전쟁으로 미국 정부는 엄청난 대가를 치렀다. 2,000만 달러에 달하는 비용이 들어갔고 사망자는 1,500여 명에 이르렀다. 인디언의 저항은 백인과 미국 정부의 침략을 끝까지 막아내지는 못했지만, 쉽게 굴복하지 않는 용맹한 기질을 충분히 보여주었다. 잭슨의 인디언 정책은 각계각층의 비난과 질책을 받았다. 그들은 정부가 인디언을 서부의 황야로 강제 이주시킨 것은 그들을 죽음으로 내몬 것이나 마찬가지로 문명에 대한 모독이라고 했다. 일부 지역에서는 대중 집회를 열어 미국 정부의 인디언 관련 정책을 비난하고, 인디언이 대법원에 미국 정부의 조약 불이행에 대해 상소하는 것을 지지했다. 그러나 당시 미국은 서부 개발 전성기로 많은 사람이 새로운 토지를 원했다. 게다가 그릇된 인종주의로 인디언을 서부 개척의 장애물로 여겼다. 그들은 정부의 경향이 사회 주류를 따라가는 것을 지지했고, 인디언에 대한 동정심은 약했다.

5 서점 운동

미국은 19세기 초에 북아메리카 대륙에서 영토를 확장하기 시작했다. 국력이 강해지면서 이 과정은
더욱 가속화되었다. 미국 정부는 매입과 병합, 전쟁 등 다양한 수단을 동원해 서부 경계 지역을 태평
양 연안까지 밀고 나갔으며 동남부에서는 동서부 플로리다를 손에 넣었다. 서점 운동은 미국의 영토
확장과 동시에 진행되었고, 이주자들의 정착 범위를 서부의 광활한 지역으로 확대하고 황무지를 개
발한 시기의 역사이다.

시기 : 1803~1859년
인물 : 제임스 존슨James Johnson, 제임스 W. 마셜JamesW.Marshall

영토 확장

1803년에 루이지애나를 사들인 일을 시작으로 영토 확장에 대한 미국의
욕망은 활활 타올랐다. 제퍼슨의 재임 기간에 이루어진 메리웨더 루이스
Meriwether Lewis와 윌리엄 클라크William Clark 탐험대의 서부 원정은 훗날 미
국의 영토 확장과 국민의 이주에 큰 영향을 미쳤다. 미국은 동서부 플로리
다, 텍사스, 오리건, 캘리포니아를 빼앗으며 태평양 영역까지 거침없이 뻗
어나갔다.

한눈에 보는 세계사

1804년 : 나폴레옹, 프랑스 황제 즉위	1853년 : 크림 전쟁
1807년 : 신성 로마 제국 멸망	1854년 : 일본, 미국의 압력으로 개항
1811년 : 조선, 홍경래의 난	1858년 : 영국, 인도 식민지배 시작
1837년 : 영국, 차티스트 운동	1859년 : 다윈, 《종의 기원》 발표

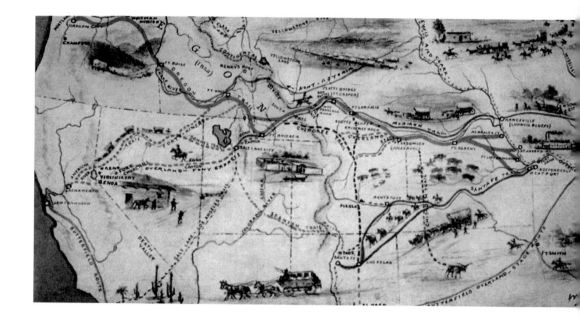

1819년 2월 22일에 스페인은 미국과 플로리다 조약을 맺어 500만 달러에 미시시피 강 동쪽의 모든 식민지와 오리건 지역을 미국에 넘기기로 합의했다. 이어서 1821년에는 15만여 제곱킬로미터의 동서부 플로리다를 전부 미국에 넘겼다.

1820년에 미국인이 메인 주로 이주하면서 미국과 캐나다의 영토 분쟁 문제가 더욱 심각해졌다. 1839년 1월 어느 날, 메인 주 토지국 직원 한 명이 캐나다에서 체포되는 일이 벌어졌다. 이 사실이 알려지자 메인 주 시민 1만여 명이 아루스투크 강 근처에 모여 캐나다에 맞서고자 했다. 아주 오래전부터 캐나다 땅에 군침을 흘린 미국이지만, 당시는 유례없는 심각한 경제 위기로 대규모 전쟁을 일으킬 힘이 없었다. 캐나다 식민지의 본국인 영국 역시 이 일을 확대할 생각이 없었다. 1840년 8월 9일, 미국과 영국은 웹스터—애슈버턴 조약Webster - Ashburton Treaty을 맺어 메인 주와 캐나다의 국경선을 확정했다. 이 조약으로 캐나다와 미국은 각각 1만 3,000제곱킬로미

캘리포니아에서 금광석이 발견된 후 미국 서부로 대규모 이주 행렬이 이어졌다. 아래 그림은 그해 서부 이주 행렬의 노선도이다.

터, 1만 8,000제곱킬로미터의 땅을 얻었다.

텍사스는 원래 스페인의 식민지였는데 1821년에 멕시코가 독립하면서 멕시코의 도시가 되었다. 그러나 일찍이 1800년 이전부터 미국인들이 텍사스에 들어가 살기 시작했고, 이후 텍사스로 이주하는 미국인은 계속해서 늘어났다. 1836년에 멕시코 세관 직원과 텍사스 주민 간에 충돌이 일어나자 텍사스 주민들은 멕시코의 통제에서 벗어나 '텍사스공화국' 수립을 선포했다. 텍사스 정세에 관심이 많던 미국은 이듬해에 일단 그들의 독립을 승인하고, 텍사스를 자국에 병합시킬 준비를 했다. 1844년 12월 3일에 미국의 타일러 대통령은 상하원 의회의 공동 결의안을 제시하며 텍사스 병합을 건의했다. 1845년 초 국회가 이 병합 결의안을 통과시키면서 12월 29일에 텍사스는 정식으로 미국의 28번째 주가 되었다.

오리건 지구는 지금의 브리티시컬럼비아, 오리건 주 전체, 워싱턴, 아이다호, 몬태나의 일부 지역을 포함하며, 그 면적은 142만 제곱킬로미터로 기존 북아메리카 식민지 13개 주 전체 면적의 1.5배에 달했다. 오리건의 귀속 문제를 두고 미국과 영국 사이에는 오랫동안 논쟁이 끊이지 않았다. 양측은 협상을 거듭했지만 아무런 결과도 얻지 못했다. 그러던 1846년 6월 15일, 양측은 마침내 오리건 조약Oregon Treaty을 맺어 북위 49도 선을 영국과 미국 오리건의 경계선으로 정하기로 합의했다. 이때 미국의 영토는 또 73만 9,000여 제곱킬로미터가 늘어났다. 이어서 1848년 8월에 오리건 지방정부가 설립되었고 1859년에 정식으로 연방에 가입했다.

캘리포니아 지역도 텍사스와 마찬가지로 원래 스페인의 식민지였다가 멕시코가 독립하면서 멕시코의 도시가 되었다. 그리고 이후 미국이 영역을 확장하면서 캘리포니아는 미국인이 쟁탈하려는 목표가 되었다. 캘리포니아를 두고 팽팽하게 맞서던 미국과 멕시코는 결국 전쟁을 벌였다. 1848년 2월 2일에 양측은 과달루페 이달고 조약Treaty of Guadalupe Hidalgo을 체결했다.

이 조약에 따라 미국은 상징적으로 멕시코에 1,500만 달러를 주고 137만 제곱킬로미터 면적의 땅을 얻었다. 즉, 오늘날의 캘리포니아, 네바다, 유타, 애리조나 각 주 전체와 뉴멕시코, 콜로라도, 와이오밍 각 주의 일부가 미국의 영토로 편입되었고 멕시코는 이 전쟁으로 총 55%의 영토를 잃었다.

서부를 향해

미국이 계속해서 서쪽으로 영토를 넓히면서 대규모 서부 이주가 시작되었다. 이에 따라 1795년 이후 오하이오에 이주자들이 대거 유입되었다. 초기 이주자들은 주로 남부 출신이었고, 이후 뉴잉글랜드와 뉴저지 출신은 각각 매리에타, 신시내티에 정착했다.

오하이오는 서북 법령을 근거로 가장 먼저 세워진 새로운 주이다. 1788년에 미국 정부는 오하이오 주에 주지사 1명, 판사 3명, 사무관 1명을 임명했다. 1798년에 현지의 인구는 5,000명에 이르렀고 하원의원 22명과 상원의원 5명이 선출되었다. 그리고 1803년에 오하이오는 미국의 17번째 주가 되었다. 1800년, 인디언 거주지가 형성되었고 1816년에는 이 지역의 인디언 부족도 연방에 가입했다. 이어서 1818년에는 일리노이 주도 연방에 가입했다. 1812년에 전쟁이 끝난 후 농업 인구가 대거 유입되기 시작한 미시간 주는 1837년 1월에 미국의 26번째 주가 되었다.

1836년에 위스콘신은 미시간 주에서 분리되었고 정부에서 최초로 이주를 장려한 지역이 되었다. 위스콘신은 순도가 높은 납, 아연, 철 등의 광물이 많이 나는 것으로 유명했다. 1822년에 제임스 존슨이 채굴에 성공하자 수많은 광부가 잇달아 이곳을 찾았고, 명성이 쌓이면서 점차 자국 이주자뿐만 아니라 외국에서도 이민자들이 몰렸다. 이렇게 인구가 급격히 늘어난 위스콘신은 1848년에 주로 승격되었다.

미시시피 강을 넘는 운명

미시시피 강 남쪽에 가장 먼저 세워진 주는 바로 미주리 주이다. 1812년, 지금의 미주리와 아칸소를 합친 규모로 미국의 준주準州가 되었다. 1812년 전쟁 이후 개척자들이 미주리로 대거 유입되었고 1817년에 인구가 밀집된 도시 분빌과 프랭클린이 생겨났다. 1820년에 미주리 주가 연방 가입을 신청하자 남부와 북부는 미주리를 자유주州로 할지 노예주州로 할지를 정하는 문제를 놓고 심각한 갈등을 빚었다. 미주리 협정Missouri Compromise을 맺으면서 이 갈등은 잠시 해소되었다. 1821년 8월에 미주리는 마침내 노예주로 연방에 가입했다. 그리고 미국 연방 정부는 메인 주를 매사추세츠 주에서 분리하여 자유주로 지정했다.

아칸소는 초기에 모피 무역으로 발전했고 주민들은 농업과 어업 수렵 활동을 했다. 1819년, 아칸소는 미국의 영토가 되었다. 초기에 아칸소 주민은 농업과 어업 수렵 활동을 했으나 1820년대부터 면화와 재배업이 발전했다. 이후 인구가 점점 늘어나 1835년에 7만 명에 달했다. 이렇듯 도시 규모가 커지면서 1836년에 아칸소는 주가 되었다. 다행히 미시간과 동시에 연방 가입을 신청해 국회에서 자유주와 노예주의 충돌을 피할 수 있었다.

1830년대 초에 아이오와 이주 열풍이 불었다. 초기에 이주자들이 목표한 곳은 더뷰크 근처의 납 광산 구역이었다. '블랙호크 전쟁' 이후 인디언이 미국에 넘긴 드넓은 토지가 바로 이주자들을 이곳으로 끌어들였다. 그러면서 벌링턴과 대번포트 등 도시가 빠르게 발전하면서 1838년 아이오와는 준주가 되었다. 1840년에 이곳의 인구는 4만 3,000명이 되었고 1846년에 연방에 가입해 28번째 주가 되었다.

1848년 8월, 미네소타로 건너간 개척자들은 지방 정부 수립을 선포하고 국회에 이 땅의 소유권을 요구했다. 이에 미국 연방 정부는 1851년에 인디언 부족인 수족Siouan에 미네소타 서부의 땅을 넘기도록 강요했다. 이후 이

땅으로 이주하는 마차 행렬이 길
게 늘어선 모습은 미국 개척
역사상 매우 보기 드문 장
면이었다. 1857년에 인구
가 15만 명에 이른 미네소
타는 1858년 5월에 미국
의 32번째 주가 되었다.

골드러시 Gold Rush

미국의 영토가 태평양 연안으로 확
대되면서 이주자들의 발자국도 그곳까지 닿
았다. 이로써 미주리 강 서쪽 대평원, 로키 산맥, 태평양 연안이 새로운 개
척지가 되었다. 그러나 이 지역은 자연조건의 제약으로 개척하는 데 엄청
난 용기와 인내심이 필요했다.

서부 개척에서 오리건과 샌타페이 오솔길은 아주 중요한 곳이었다. 오리
건 오솔길은 미국에서 가장 긴 교통로였다. 캔자스에서 시작된 길은 태평
양 연안까지 이어졌고, 철로를 짓기 전에는 태평양으로 통하는 가장 가까
운 육로였다. 샌타페이 오솔길은 캔자스에서 로스앤젤레스까지 이어진 곳
으로, 모피 상인이 다니던 길이다.

도로 교통은 서부 이주에 편의를 제공했다. 그러다가 금광이 발견되면
서 서부 이주자들에게 새로운 관심 지역이 되었다. 1848년 1월, 제임스 W.
마셜이 새크라멘토 강 근처에서 우연히 금을 발견했다. 이 소식이 퍼지자
일확천금을 꿈꾸는 사람들이 너도나도 몰려들었다. 특히 1849년에 유독
많은 사람이 몰려들어 미국 역사에서는 이들을 '포티나이너스 Forty-niners'라
고 부른다. 금 채굴자들은 네브래스카, 와이오밍의 플랫 강을 건너고 솔트

미국 인디언의 서부 이주

미국은 1830년대에 인
디언 이주법을 발표해
인디언의 토지 소유권
을 빼앗았다. 이로 말미
암아 인디언들은 비참
한 생활을 하게 되었다.
인디언 부족이 미국 정
부군의 감시를 받으면
서 황량한 서부로 이주
하는 모습이다.

호를 거쳐 캘리포니아로 이동했다.

　1849년에 네바다에서도 금이 발견되었다. 그리고 1859년에는 미국 전체에서 금 매장량이 가장 풍부한 컴스톡 광맥이 발견되어 네바다는 세계에서 유명한 금 생산지가 되었다. 이 지역은 원래 헨리 컴스톡의 소유지였는데, 이곳에서 광맥이 발견되었다는 소식이 퍼지자 몇 달 만에 수만 명이 네바다로 몰려왔다. 1848년에 캘리포니아에서 골드러시가 처음 일어난 뒤 다른 지역에서도 골드러시가 일어났다. 1858년에 콜로라도에서도 금광을 발견했다는 소식이 전해지자 당시 경제 위기로 힘든 생활을 하던 동부 지역 사람들은 "부자가 되지 않으면 파산이다."라는 구호를 외치며 콜로라도로 벌떼처럼 몰려들었다. 1859년에 콜로라도를 찾은 인구는 무려 10만 명에 달했고, 이들은 '피프티나이너스Fifty-niners'라고 불렸다. 그러나 콜로라도는 황금 매장량이 적은 데다 금을 추출하는 데 비싼 기구가 필요했기 때문에 이곳의 골드러시는 오래가지 않았다. 이주한 광부들을 제외하고 남은 이들은 대부분 농업과 축산업에 종사했다.

6 노예제 폐지 운동

United
States of
America

남부에 면화 재배업이 빠르게 발전하면서 18세기 말 미국에서 노예제가 활성화되었다. 이 잔혹한 약탈 제도는 흑인 노예들의 저항을 불러일으켰다. 그들에게는 노예주로부터 탈출하는 것이 최고의 저항 수단이었다. 유명한 '지하철도' 반反노예 운동도 이 시기에 시작되었다. 1830년대에 일어난 노예제 폐지 운동은 30년 넘게 그 치열한 싸움을 계속했다.

시기 : 1807~1844년

인물 : 윌리엄 로이드 개리슨William Lloyd Garrison, 테오도르 웰드Theodore Weld

해리엇 터브먼Harriet Tubman

미국식민협회

남부의 면화 재배업에서 흑인 노예는 절대로 빠질 수 없는 농장의 주요 노동력이었다. 그런 한편, 이들은 농장주에게 언제든 처분할 수 있는 '자산'이었다. 노예들은 엄청난 고통이 뒤따르는 노동과 열악한 생활고에 시달렸다.

미국에서는 건국 초기부터 독립혁명파가 이러한 노예들의 비참한 운명에 맞서서 노예제 반대 운동을 펼쳤다. 1807년에 국회에서 노예무역 금지

한눈에 보는 세계사

1804년 : 나폴레옹, 프랑스 황제 즉위
1807년 : 신성 로마 제국 멸망
1811년 : 조선, 홍경래의 난

1837년 : 영국, 차티스트 운동
1853년 : 크림 전쟁

노예제 폐지자 훈장

노예제 폐지자 훈장은 노예제 폐지론자의 상징이다. 훈장에는 노예의 손발이 쇠사슬에 묶여 있고 옆에는 "나는 사람도 아니란 말인가?"라는 문구가 적혀 있다.

법안을 통과시킨 것은 노예제 폐지 운동 초기의 승리를 의미했다. 그러나 남부의 면화 산업이 날로 번창하면서 노예제는 다시 싹을 틔우기 시작했다. 1820년에 미주리가 노예주로 연방에 가입하면서 노예제에 반대하는 일부 온건파의 노력은 수포로 돌아갔다. 여하튼 미국에서 자유 흑인은 어느 지역에서든 위협적인 존재였기 때문에 북부 각 주의 대도시는 법률을 제정해 이들의 이주를 제안했다. 이에 남부의 여러 주에서는 흑인 노예들이 자유를 얻은 후 해당 주를 떠나는 조건으로 주인이 노예를 풀어 주는 것을 허가했다. 그러나 '면화 왕국'으로까지 불리던 남부는 노예 해방에 관련된 논쟁을 엄격하게 금지했다.

1817년, 제임스 먼로 대통령, 헨리 클레이 국무장관과 조지 마셜 등의 도움을 받아 미국식민협회가 세워졌다. 이 협회의 목적은 미국의 흑인이 고향으로 돌아가는 것을 돕는 것이었다. 미국식민협회는 흑인 노예를 해방하는 데 가장 큰 장애물은 노예 주인이 아닌 자유 흑인에게 있다고 보았다. 자유 흑인들은 노예 신분에서 해방된 후 미국 사회에 적응하려고 노력했으나 일부 백인의 격렬하고 비열한 방식의 저항에 부딪혔다. 따라서 협회 측은 흑인들을 고향으로 돌려보내는 것이 가장 효과적인 해결 방법이라고 생각했다.

당시 미국에는 노예가 약 150만 명이었다. 따라서 그들을 모두 국경 밖으로 몰아내는 것은 절대적으로 불가능한 일이었다. 자유 흑인도 23만 명에 이르러 모두 돌려보내는 것은 현실적으로 어려웠다. 그래도 미국식민협회는 배를 여러 척 빌려서 흑인들이 대서양을 건너 아프리카로 이주하도록 도왔다. 당시 서아프리카의 시에라리온에 정착한 2,000~3,000명은 흑인 노예로 그중 절반은 북아메리카 대륙, 즉 미국에서 건너간 이들이었다. 매사추세츠에서 폴 캐피라는 자유 흑인은 자신의 무역선을 이용해 자유 흑인 38명을 시에라리온으로 옮겼다. 이 사업을 추진하기 위해 미국식민협회는 서아프리카 곡물 해안에 토지를 사들였다. 1847년에 이르러 이곳에는 수천 명이 정착해 거주했고, 미국에서 독립하여 라이베리아 공화국이 세워졌다.

이 사업을 계속 추진하기에 미국식민협회는 경비가 턱없이 부족했다. 그래서 1827년에 이들은 국회에서 연방 정부에 지원을 요청했다. 이에 켄터키, 테네시, 델라웨어, 메릴랜드 등 주 의회는 그들의 호소를 지지했으나 사우스캐롤라이나, 조지아, 미주리 등 주는 이들의 운동을 강력하게 반대했다. 그럼에도 미국식민협회는 여전히 자신들이 추진하는 운동을 위해 끊임없이 노력했다.

노예제 폐지 운동의 발전

잭슨의 재임 기간에 기존에 노예제를 반대하던 목소리는 점차 줄어들었다. 노예제에 대한 관심이 약해진 까닭이었다. 이때 노예제 폐지를 주장하는 새로운 목소리가 등장했다. 1831년 1월 1일에 윌리엄 로이드 개리슨이 발행한 주간 신문 〈해방자〉였다. 개리슨은 창간사에서 이렇게 말했다. "나는 우리 노예 계층의 즉각적인 해방을 위해 불굴의 투쟁을 펼쳐 나갈 것이다. 이 문제에 관해서 나는 조금도 타협할 생각이 없으며, 이런 생각을 대중 앞에서 연설하고 글로 써내려 갈 것이다. 나는 진지하다. 나는 주저하거나 얼버무리지 않을 것이고 애원하지도 않을 것이다. 단 한 발자국도 물러서지 않고 반드시 내 뜻을 이룰 것이다." 개리슨은 전투적인 평화주의자이자 비저항주의자였다. 그의 전략은 흑인 노예제의 가장 추악한 실체를 대중에게 여실히 보여 주는 것이었다. 그는 노예주와 그들을 변호하는 모든 이를 인신매매자, 잔학한 놈, 인육광이라며 비난했다.

남부에서는 그와 같은 노예주에 대한 맹비난을 지지하는 사람이 거의 드물었다. 특히 면화 왕국의 전성기에는 더욱 그러했다. 1831년 8월에 남부에서 냇 터너가 이끄는 노예 폭동이 일어났다. 남부인들은 이 사건의 배후를 개리슨으로 지목하면서 북부의 각 주가 개리슨을 막아야 한다고 요구했다. 이에 북부의 각 주가 연방의 '안위'를 위해 상응하는 처벌 조치를 시행하여 노예 해방을 부르짖는 사람들은 곳곳에서 공격을 받았다. 뉴잉글랜드, 뉴욕과 중서부 도시에서 벌어진 노예제 폐지 운동 집회에서 강연자들은 계란 세례를 받기도 했다. 노예제 폐지론자인 엘리아 패리시 러브조이는 노예제 폐지를 주장하는 주간지를 발행한 적이 있는데, 이에 반대하는 사람들이 그의 인쇄기를 두 번이나 강에 던졌다고 한다. 1837년에 그는 결국 일리노이 주 올턴에서 살해되었다. 필라델피아에서도 노예제 폐지론자들이 잔혹한 공격을 당했다. 1835년 10월 21일에 폭도들이 밧줄로 윌리엄 로이드 개리슨의 목을 묶고 보스턴 거리에 끌고 다녔다. 같은 날, 노예제 폐지를 주장하는 협회의 대표들이 유티카에 모여서 집회를 준비했으나 '높은 신분의 신사'들에 의해 해산되었다. 그러나 노예제 폐지 운동은 날로 목소리를 높여 갔다. 1836년에 북부의 각 주에서는 노예제를 반대하는 협회가 500여 개 설립되었고 1840년까지 회원이 15만 명 이상 가입했다.

노예제 폐지 운동에서 크게 활약한 지도자는 뉴욕 주의 테오도르 웰드였다. 웰드는 큰 덩치에 남다른 담력과 지혜가 있었다. 노예제 폐지론자들이 노예제를 전혀 이해하지 못한다는 의견이 있자 웰드는 노예제에 관한 현지 조사에 나섰다. 그리고 1833년에 아서 태판Arthur Tappan, 루이스 태판Lewis Tappan 형제와 함께 미국노예제폐지협회를 조직하고 각 주의 노예제 폐지론자들을 이끌며 적극적으로 노예제 반대 운동을 펼쳤다.

지하철도Underground Railroad

탈출은 노예들이 주인에게 저항하는 중요한 수단의 하나였다. 노예제 폐지론자들이 만든 '지하철도'는 탈출하는 노예가 자유를 찾는 데 편의를 제공하고 그들이 긍지를 느끼도록 해 주었다. 탈출하려는 노예는 우선 농장에서 가까운 숲에 숨었다가 모두 잠든 깊은 밤이 되면 북극성을 따라 움직였다. 그들은 펜실베이니아 주와 메릴랜드 주를 나누는 경계선인 메이슨딕슨 선線이나 오하이오 강을 지나면서 지하철도의 호송을 받았다. 한 노예제 폐지론자의 집에서 또 다른 노예제 폐지론자의 집으로 이동하고, 낮에는 사람들에게 들키지 않도록 숨어 있다가 저녁이 되면 다른 안전 가옥으로 이동해서 몸을 숨겼다. 또 일부 노예는 바다를 건너 북부로 갔다. 이렇게 해서 구조된 노예들이 전체 노예 인구에서 차지하는 비중은 매우 작았지만 자유에 대한 노예의 갈망을 자극하기에는 충분했다.

물론 지하철도도 완전하게 안전한 단체는 아니었다. 지하철도를 운영하는 것 자체가 매우 위험한 일이었다. 추적자가 수시로 나타났고, 노예의 탈출을 돕는 일은 자신의 생명을 대가로 치를 가능성이 아주 컸다. 노예제 폐지론자 외에 흑인도 지하철도 대열에 합류했다. 지하철도에서 경로를 안내하는 사람은 '차장'이라는 은어로 불렸는데, 그중 가장 유명한 차장은 해리엇 터브먼이었다. 그녀는 메릴랜드 주 동부 해안에 있던 농장의 노예였다. 농장에서 겨우 도망쳐 나온 그녀는 다른 흑인 노예들의 탈출을 돕기 위해 여러 번 남부로 돌아왔다. 그리하여 그녀는 흑인 노예 약 300여 명에게 자유를 찾아 주었다.

함구령Gag Rule

급속히 전개되는 노예제 폐지 운동에 맞서 남부의 노예주와 그 변호인들도 가만히 있지 않았다. 그들은 모든 수단을 동원해서 노예제 폐지 운동의 불씨를 끄려고 했다. 그리고 그 활동의 결과 마침내 1836년에 미국 국회가 악명 높은 '함구령'을 통과시켰다. 그 목적은 컬럼비아에서 국내 노예무역을 금지하도록 요구한 청원을 기각하게 하려는 것이었다. 당시 워싱턴은 대규모의 노예 환승역이었다. 버지니아와 메릴랜드에서 온 노예들이 이곳을 거쳐서 남부의 여러 면화 재배지로 팔려갔다. 국회의사당의 창문으로 쇠사슬에 묶인 흑인 한 무리가 지나가는 모습이 종종 보였는데, 이는 북부 의원에게 치욕적인 일이었다. 한편, 워싱턴은 미국의 수도로서 남부 노예주의 전략적인 전초 기지였기 때문에 남부인들도 반드시 이곳을 사수해야 했다. 이때 사우스캐롤라이나의 칼훈 상원의원이 특별 구역 내의 노예제에 대한 간섭은 '절반 정도나 되는 연방주에 대한 비열한 모독'이라고 공개적으로 비난했다. 남부 의원들의 강력한 요구로 결국 '함구령'이 통과되었다.

남부 재배 농장에서 일하는 노예

함구령은 '어느 방식'으로든 노예제와 관련한 청원서에 대해서는 국회는 모두 보류하라고 규정했다.

　이 결의안은 물론 북부 의원들의 거센 반대에 부딪혔다. 그중 가장 격렬하게 반대한 이는 존 퀸시 애덤스 하원의원이었다. 그는 똑똑한 머리와 뛰어난 지식, 날카로운 말투로 함구령을 맹비난하며 회의에서 노예제와 관련한 청원권을 위해 계속 싸웠다. 남부 의원들은 그의 발언을 막기 위해 각종 수단을 동원했지만 신체적인 상해만 약간 입혔을 뿐 그의 불굴의 의지를 꺾을 수는 없었다. 그의 노력으로 북부 각 주의 대표들은 그를 지지했고 함구령은 1844년에 폐지되었다. 이 소식이 남부인 사우스캐롤라이나 주에 전해졌을 때, 그곳의 주도主都 컬럼비아에서 발행되던 휘그당의 주요 신문은 바로 워싱턴 고별사의 연재를 중단하고 미합중국에서의 분리를 호소했다.

7 흑인 노예를 해방시킨
대통령 링컨

링컨은 독특한 정신력과 위대한 인격을 갖춘 인물이다. 그래서 후대인들은 그를 음악계의 베토벤, 문학계의 단테, 미술계의 라파엘로, 인생철학 영역의 기독교와 같은 위치에 올리고 존경한다. 링컨이 대통령에 당선되지 않았다고 하더라도 역시 위대한 인물이 되었을 것이라는 의견은 반박할 여지가 없다. 어쩌면 이것은 오직 신만이 알고 계실 것이다.

– 톨스토이

시기 : 1809~1865년
업적 : 미국 제16대 대통령, 노예제 폐지, 남북 전쟁 지도자, 국가 통일 옹호자

개척자의 아들

1809년 2월 12일에 에이브러햄 링컨Abraham Lincoln은 켄터키 주 호젠빌에 있는 한 농장의 통나무 오두막집에서 태어났다. 당시 그의 아버지 토머스 링컨은 서른한 살, 어머니 낸시 링컨은 스물다섯 살이었다. 토머스는 첫 아들인 링컨에게 부친 에이브러햄의 이름을 따서 지어 주었다.

링컨이 여덟 살 때 토머스는 긴 여정 끝에 인디애나의 페리로 이사했다. 당시 이사라는 일을 겪으면서 어린 링컨은 덕분에 세상을 보는 시야가 넓

한눈에 보는 세계사

1807년 : 신성 로마 제국 멸망
1811년 : 조선, 홍경래의 난
1837년 : 영국, 차티스트 운동
1853년 : 크림 전쟁

1854년 : 일본, 미국의 압력으로 개항
1858년 : 영국, 인도 식민지배 시작
1859년 : 다윈, 《종의 기원》 발표
1861년 : 러시아, 농노 해방

어졌다. 그때까지 접해 보지 못한 많은 것을 이사를 통해
보고 느낄 수 있었다. 그러나 행복은 오래가지 못했다.
링컨이 아홉 살 되던 해에 그의 어머니가 독초를 먹은 소
에서 짠 우유 때문에 우유 중독에 걸려서 세상을 떠난
것이다. 즐거운 유년 시절은 이렇게 지나가 버렸다. 그 후
로 링컨과 누나 사라는 어머니를 대신해서 집안일을 분담
했다.

　얼마 후 아버지가 과부인 사라 부시와 재혼하면서 식
구가 늘었다. 그러면서 링컨 가족은 차츰 다시
즐거움을 찾아갔다. 어머니가 돌아가시고 나서
링컨은 학교에 꾸준히 나가지 못해 많은 것을
배우지 못했다. 그러나 책 읽는 것을 아주 좋아해서 황무지를 개척하는 틈
틈이 《로빈슨 크루소》, 《이솝 이야기》, 《성경》, 《신드바드의 모험》, 《천로역
정》 등 책을 읽었다. 그중에서 《성경》을 가장 좋아했다. 그 내용에 푹 빠져
서 읽고 또 읽었다. 그렇지만 링컨은 대부분 시간을 먹고살기 위해서 바쁘
게 돌아다녀야만 했다.

링컨 대통령

정치에 발을 담그다

링컨은 열다섯 살 때부터 나무 그루터기와 울타리에서 정치적인 이야기를
소리 높여 말하는 것을 좋아했다. 또 그는 변호사의 변론을 듣는 것을 좋
아했고, 인상 깊은 말은 가슴 깊이 새겼다. 일리노이 대초원에서 자란 링컨
이 잡을 수 있는 가장 큰 기회는 목사가 되거나 법조계 또는 정치계에 뛰어
드는 것이었다. 다만 링컨은 신학적 사상이 부족했기 때문에 그중에서 목
사는 적합하지 않았다. 따라서 법률과 정치 분야를 선택할 수밖에 없었다.
열여덟 살 때 링컨은 처음으로 선거권을 행사해 헨리 클레이에게 표를 던

졌다. 그리고 일리노이 주의 작은 마을인 뉴 살렘으로 이사한 지 7개월밖에 안 된 스물세 살 때 주 의원 경선에 나갔다가 안타깝게 낙선했다. 그전에는 뱃사공, 측량사, 우체국장, 가게 점원, 목공, 농장 일꾼 등 다양한 일을 하며 고단한 삶을 살았다. 2년 후인 스물다섯 살에 링컨은 상가몬 카운티의 하원의원으로 순조롭게 당선되어 정계에 입문했다. 임기가 끝났을 때, 그는 주 법원에서 인가하는 변호사 자격을 취득했다.

하원의원으로 당선되고 변호사 자격을 얻었지만 링컨의 처지는 그다지 개선되지 않았다. 여전히 주머니 사정이 빠듯했고 사랑의 꽃도 쉽게 피우지 못했다. 그러다 서른네 살에 메리 토드를 만나 결혼했다. 한편, 노예제가 한창이던 시대였으므로 링컨도 그 문제에 직면할 수밖에 없었다. 동정심이 많은 그는 태생적으로 노예제에 반감을 느꼈고 암암리에 그런 감정을 표현했다. 그러나 민주주의를 추구하는 정치인으로서 링컨의 일거수일투족은 모두 정치 온도계에서 벗어나는 일이 없었다. 주 의회에서 도망노예법 폐지에 관한 논쟁이 한창 벌어졌을 때도 링컨은 그것이 불공평하다고 생각했지만 그 법안의 폐지 의견에 반대했다. 그는 비공개적으로 이런 말을 남겼다. "그 가련한 사람이 체포되는 것을 보면 뼈저리게 가슴이 아픈 것은 사실이다. 그러나 난 침묵을 유지할 수밖에 없었다."

링컨과 더글러스의 대토론

캔자스 내전이 발발하기 전에 링컨은 서북부에서 두각을 드러냈다. 노예제의 존폐 문제를 당면 과제로 인식한 링컨은 국회가 캔자스-네브래스카법Kansas-Nebraska Act을 통과시키자 본격적으로 노예제 반대 투쟁을 벌였다. 1854년 10월 16일에 링컨은 피오리아에서 연설하며 노예제를 극도로 반대하는 뜻을 밝혔다. 이 연설로 그는 서북부에서 명성을 떨쳤다. 그는 연설에서 이렇게 말했다. "노예 제도는 인간의 이기심이 낳은 산물이다. 그것은 정의를 사랑하는 인간의 천성에 어긋난다. 이 두 원칙은 영원히 적대적인 관계이다. 노예제가 확산하면서 그 원칙들이 부딪히면 여러 고통과 흥분이 뒤따를 것이다."

4년 후, 일리노이 주 하원의원 선거에서 링컨은 스티븐 더글러스Stephen Arnold Douglas와 경쟁했다. 선거 운동 초기에 그는 감정에 호소하며 연설했다. "저는 이 정부가 반은 노예, 반은 자유인 상태에서 영원히 계속될 수 없다고 확신합니다. 저는 연방의 해체를 바라지 않습니다. 집이 무너지는 것도 바라지 않습니다. 그저 분열을 멈추기를 바랄 뿐입니다. 전부 하나가 되거나 전부 또 다른 하나가 되어야 합니다. 다시 말해 노예 제도에 반대하는 사람이 노예 제도가 확산되는 것을 저지하면 노예 제도는 폐지될 것이고, 반대로 노예 제도를 옹호하는 사람이 그것을 계속 밀고 나가면 역사가 오래된 주나 새로 생기는 주 또는 북부나 남부, 그 모든 주에서 노예 제도는 합법적으로 발전할 것입니다."

1858년 여름과 가을 내내 링컨과 더글러스는 전국 각지를 돌며 일곱 차례나 공개 토론을 벌였다. 토론장에서 화려한 옷차림을 하고 위엄을 지킨 상원의원 더글러스와 달리, 링컨은 주름살 가득한 얼굴과 마른 체구로 몹시 튀었다. 연설단에 오른 그의 걸음걸이는 비틀거렸고 몸에 맞지도 않는 쭈글쭈글한 옷을 입고 있었다. 관중을 바라볼 때는 늘 우울한 표정을

링컨 대리석 조각상. 미국의 수도 워싱턴 시 중심에 있는 '링컨 기념관' 한가운데에 있다. 조각상에는 "에이브러햄 링컨의 명성은 그에 의해 구원된 미국인의 마음과 마찬가지로 이곳에 영원히 간직될 것이다."라고 적혀 있다.

지었다.

토론에서 더글러스는 링컨이 주장하는 대로 노예제를 폐지한다면 동족 상잔의 비극을 겪게 될 것이라고 주장했다. 그리고 링컨은 드레드스콧 판결Dred Scott Decision을 인용하여 노예제를 인정할지 말지는 주민 스스로 결정한다는 더글러스의 주민주권론을 반박했다. 프리포트에서 링컨이 더글러스에게 물었다. "준주의 주민들이 합법적인 수단으로 노예제를 폐지할 수 있을까요?" 이에 더글러스는 이렇게 대답했다. "현지 치안 관리 조례가 지지하는 경우를 제외하고, 어느 지역에서든 노예제는 하루나 한 시간도 존재할 수 없습니다. (중략) 한 지역의 의회가 흑인법을 통과시키지 않았다면 그것은 노예제를 없앤 것으로 볼 수 있습니다. 이 세상에 자신의 고귀한 자산을 그 지역으로 데리고 갈 노예 주인은 한 명도 없을 것입니다." 더글러스는 프리포트 주가 대법원의 판결에 관계없이 노예제를 금지할 권한을 가진다는 내용의 '프리포트 선언'을 함으로써 상원의원 선거에서 승리했다.

또 더글러스는 답변 중에 노예 제도의 정당성 여부를 따지는 것은 노예주州 외에 그 누구와도 관련이 없다는 입장을 밝혔다. "각 주가 모두 자기의 사무에만 전력을 다하고 이웃의 일을 신경 쓰지 않는다면, 이 공화국은 각 주의 주민들이 결정한 대로 자유주와 노예주 두 부분으로 나뉘어 영원히 존재할 것입니다." 링컨은 이에 반박할 때 상대방이 공공연하게 노예제가 미국에서 영원히 존재할 것이라는 점을 인정한 데에 감사했다.

1860년 대선

대선이 시작되기 전에 공화당은 시카고에서 제1차 전국대표대회를 열기로 하고, 특별히 대표 1,000명과 관중 9,000명을 수용할 수 있는 회의장을 지었다. 1858년 국회의원 선거에서 승리한 공화당은 1860년 대선에서 승리를 기대할 이유가 충분했다. 당시 공화당은 단순한 정당이 아닌 북부 소속 정당이었다. 공화당의 3차 투표에서 링컨이 대통령 후보로 지명되었다. 그 외에 북부 민주당의 스티븐 더글러스, 남부 민주당의 존 브레킨리지, 제헌 연방당의 존 벨 후보가 있었다.

링컨은 이 경선에서 승리하면서 뉴저지를 제외한 모든 자유주에서 선거인단의 표를 얻었다. 그러나 남부 10개 주에서는 한 표도 얻지 못했다. 브레킨리지는 각 면화 재배 주쌔와 노스캐롤라이나, 델라웨어, 메릴랜드에서 표를 얻었다. 그리고 더글러스는 일반 투표에서는 링컨 다음이었지만, 선거인단 투표에서 획득한 표는 겨우 3장뿐이었다. 버지니아, 켄터키, 테네시의 일반 투표에서는 벨이 가장 많은 표를 얻었다.

취임과 분열

링컨의 당선은 남부의 노예 주인들에게 충격으로 다가왔다. 그리고 이는 그들에게 아주 큰 불만과 공포감을 불러일으켰다. 즉 분리주의자의 눈에는 연방파를 갈라놓을 좋은 기회였다. 1860년 12월 20일에 사우스캐롤라이나가 먼저 미국 연방에서 탈퇴한다고 선언했다. 그리고 이듬해 1월 미시시피, 플로리다, 앨라배마, 조지아, 루이지애나 등 여러 주에 이어 2월에는 텍사스 주가 연방을 이탈했다. 2월 4일에 사우스캐롤라이나를 선두로 조지아, 앨라배마, 미시시피, 루이지애나, 플로리다, 텍사스 등 7개 주의 대표들이 앨라배마의 몽고메리에서 회의를 열고, 그 결과, 8일에 '아메리카 남부 연합'을 세웠다. 다음날, 각 주의 대표 42명은 제퍼슨 데이비스와 알렉산더 스티븐스를 임시 대통령, 부통령으로 선출하고 임시 헌법 일부를 통과시켰다.

남부 7개 주의 이러한 분리 행보는 북부에서 복잡한 반응을 불러일으켰다. 공화당 급진파는 남부의 연방 탈퇴를 강력하게 막아야 한다는 굳은 의지를 보였다. 1861년 1월 29일, 급진파 지도자인 새디어스 스티븐스가 하원에서 남부 각 주의 분리 행동은 연방을 배반하는 것이므로 가차없이 엄하게 다스려야 한다고 강력하게 주장했다. 북부의 자유 흑인 지도자인 프레더릭 더글러스Frederick Douglass는 "지금은 칼, 총, 화약, 탄환을 사용해 노예주州의 반란을 진압해야 합니다. 이를 포기하면 연방을 지킬 수 없습니다."라고 호소했다. 그러나 북부 민주당은 남부 노예주州들의 반란을 동정했다. 윌리엄 개리슨 등 노예제 폐지론자는 남부가 연방에서 탈퇴하도록 해야 노예제 문제를 해결할 수 있다고 생각하기도 했다.

이러한 복잡한 상황에서 1861년 3월 4일에 링컨이 대통령으로 취임했다. 취임 연설에서 그는 당시 정세에 대한 자신의 견해와 정책을 밝혔다. "헌법에 따르면 각 주로 구성된 연방은 영구적인 존재입니다." "어느 주도 연방의 동의 없이 일방적으로 탈퇴할 수 없으며, 그들이 통과시킨 결의안과 법령은 법률적으로 모두 무효입니다." 연설 마지막에 그는 남부의 분리론자들에게 내전을 일으키지 말 것을 호소하며 이렇게 말했다. "자연조건으로 볼 때 우리는 분리할 수 없습니다. 우리는 지역을 나누거나 각 지역 사이에 넘을 수 없는 성벽을 세울 수도 없습니다."

취임 첫날, 링컨은 섬터 요새의 연방 사령관인 로버트 앤더슨의 지원 요청서를 받았다. 요새가 사흘 만에 남부 연합군에 포위되었다는 보고가 올라왔다. 링컨은 신속히 내각 회의를 소집했으나 7명 중 5명이 요새에 대한 군사 지원을 반대했다. 또한 반란을 일으킨 남부 진영도 링컨을 압박했다. 이런 상황에서도 링컨은 꿋꿋한 결단력을 보이며 섬터 요새를 포위한 남부의 군대에 해산 명령을 내렸다. 이 소식이 몽고메리에 전해지자 남부 연합의 대통령인 제퍼슨 데이비스는 내각 회의를 열고 의견을 모아 섬터 요새를 공격하라고 명령했다. 그리고 4월 12일에 남부 연합군이 섬터 요새를 포격하면서 4년에 걸친 남북 전쟁이 일어났다.

1862년의 혁명 입법

내전이 계속되면서 불리한 상황에 몰린 북부는 전세를 역전시키기 위해 1862년에 여러 법안을 잇달아 통과시켰다.

그해 2월 25일에 하원은 군대가 탈출한 노예를 유인하거나 붙잡는 것을 금지하는 법안을 통과시켰고, 3월 10일에 상원에서도 이 법안을 통과시켰다. 그리고 4월 16일에 국회는 컬럼비아 특구에서 흑인 노예 제도를 폐지하는 법안을 통과시키면서 정부가 한 사람당 300달러를 대신 지급하고 모든 노예에게 자유를 되찾아 주도록 규정했다.

5월 20일에 링컨은 유명한 홈스테드법Homestead Act에 서명했다. 이 법에 근거하여 가장이나 만 21세의 미국인 또는 미국 국적법에 따라 국적 취득

링컨(왼쪽에서 세 번째)은 내각 회의를 소집해서 흑인 노예에 대한 '노예 해방 선언문'을 제정했다. 1863년 1월 1일, 그는 헌법에서 부여한 합중국 육해군 총사령관의 직권으로 '노예 해방 선언'을 발표했다.

서를 작성한 이민자 중 무기를 들고 미국 정부에 저항한 적이 없는 사람은 1863년 1월 1일부터 등기 비용 10달러만 내면 국유 토지 160에이커를 빌릴 수 있게 되었다. 또한 해당 토지를 5년 동안 경작하면 소유권을 얻었다. 홈스테드법은 1862년에 입법된 법안 중 가장 파격적이었다. 이 법안의 제정으로 노예제가 서부로 확산되는 것을 막을 수 있었다. 덕분에 북부는 서부의 적극적인 지지를 얻었고, 이는 서부 전선에서 연방군이 남부 연합군에 반격하는 데 유리하게 작용했다.

노예 해방 선언문

노예 해방 선언

남북 전쟁의 전세가 변하면서 1862년 3월에 링컨은 유상으로 노예를 점차 해방한다는 방침을 내놓았다. 그해 6월, 링컨은 "노예제를 해결할 때가 되었다. 노예제는 반드시 폐지되어야 한다. 그래야만 국가가 생존할 수 있다."라고 분명하게 밝혔다. 그리고 7월이 되자 공개적으로 '노예 해방 선언'을 언급했다. 이때 국무장관은 전쟁에서 승리할 때까지 이 선언의 발표를 미루자고 했다. 자칫하다가는 링컨의 구상이 한순간에 실패로 돌아갈 위험이 있었기 때문이다. 그래서 9월에 앤티텀 전투에서 북부가 승리했다는 소식이 들려온 후에야 링컨은 비로소 노예 해방 선언을 발표했다. 9월 22일에 그는 내각 회의에서 노예 해방 선언 초안을 낭독하고, 24일에 대중에게 공개했다.

링컨이 선포한 노예 해방 선언은 다음과 같은 내용을 담고 있다. "반란에 참여하지 않은 경계 4주에서 유상으로 노예를 해방할 것이다. 현재 반란 상태에 있는 주의 노예는 1863년 1월 1일부터 영원히 자유의 몸이 될 것이다." 노예 해방 선언문의 발표는 미국에서 엄청난 반향을 불러일으켰다. 노예제 폐지파의 지도자인 윌리엄 개리슨은 이 선언 내용을 높이 치켜세우며 "위대한 역사적 사건이다. (중략) 이 선언은 미국의 노예제 폐지에 깊은 영향을 끼칠 것이다."라고 말했다.

1863년 1월 1일에 링컨은 전 세계에 '노예 해방 선언문'을 공식적으로 발표했다. 이에 북부의 자유 흑인들은 환호하며 기뻐했고 남부의 흑인 노예들은 북부로 탈출을 시도했다. 그리고 남부의 노예주主들은 노예 해방 선언을 미국 역사에서 가장 놀라운 정치적 악행, 가장 어리석은 정치적 실수라고 맹렬하게 비난했다. 노예 해방 선언문이 발표된 이후 자유를 향한 열망에 고무된 흑인들의 입대 행렬이 이어졌다. 그중 한 흑인이 군중집회에서 이렇게 말했다. "만약 우리가 전투에 참여하지 않는다면 신을 배반하는 것이고, 조국과 종족, 우리 자신을 배반하는 것이다." 1863년 10월, 북부의 8개 주와 남부의 7개 주는 모두 58개 흑인 부대를 조직했으며, 그 병력은 3만 7,482명에 달했다. 사력을 다해 싸운 이들은 북부에 크나큰 힘이 되어 주었다.

1864년 대선

화약 연기 속에서 1864년 대통령 선거가 치러졌다. 이번 선거는 정치 투쟁과 정세의 영향을 받아 몹시 복잡한 상황이 전개되었다. 1864년 6월에 공화당은 또다시 대통령 후보로 링컨을 지명했다. 그러나 당시는 전쟁에서 북부군의 상황이 좋지 못한 데다 전쟁 이후 남부의 재건 문제를 놓고 링컨과 급진파가 분쟁을 겪은 뒤라 공화당 내에 링컨을 반대하는 움직임이 일어났다. 존 포브스는 "링컨은 나약한 대통령이다. 그는 활력과 결단력, 대담성이 부족하다. 이런 이유로 국가는 고통을 받았다."라는 식으로 공격적인 발언을 하고 샐먼 체이스Salmon Portland Chase를 대통령 후보로 추천했다. 일부 급진파 인사들도 링컨이 고의적으로 국민의 입법 권한을 침해했다고 비난했다. 이렇듯 링컨의 후보 자격을 다시 고려해 달라는 요청이 여기저기서 터져 나왔다. 이러한 공화당의 불화는 민주당에 기회를 제공했다. 곧 민주당은 전쟁 반대를 구호로 내세우고 흑인 인종 차별을 선동하고 링컨을 거침없이 헐뜯으면서 매클렐런을 대통령 후보로 지명했다. 그런 후 불리한 상황에 놓인 링컨에게 타협을 권유했으나 링컨은 그 제안을 거절했다.

링컨 암살

1865년 4월 14일에 워싱턴 포드 극장에서 링컨은 노예제를 지지하는 배우 존 윌크스 부스가 쏜 총에 맞아 이튿날 아침 사망했다. 미국인은 그의 죽음에 매우 비통해했다. 150만 명이 그의 장례식장을 찾았고 700만 명 이상이 추모 활동에 참여했다. 이뿐만 아니라 링컨은 미국을 넘어 전 세계인의 존경과 추앙을 받았다.

전쟁의 상황이 바뀌면서 정치적 상황도 링컨에게 유리하게 변했다. 9월 10일에 애틀랜타에서 윌리엄 셔먼이 승전보를 전하면서 링컨은 입지를 굳혔다. 결국 링컨은 11월 8일에 재선에 성공하여 대통령에 연임됐다. 당선 후 링컨은 곧바로 국회에 수정 헌법 13조를 통과시키라고 호소하며 노예 제도 폐지를 헌법으로 보장하고자 했다. 그리고 12월 국정 연설에서 "제가 현재 지위를 계

속 유지하는 한 노예 해방 선언을 철회하거나 수정할 생각은 없습니다. 이 선언이나 국회의 어떠한 법안을 근거로 자유를 획득한 그들을 다시 노예로 돌려보내지 않을 것입니다."라고 말했다. 1865년 1월 1일, 하원에서 119표 대 56표로 헌법 수정안이 통과했다. 1865년 말에 이 수정 헌법 제13조가 정식으로 발효되면서 마침내 미국에서 노예제가 자취를 감췄다.

여명의 운석

1865년 4월에 남부 연합군의 총사령관인 로버트 리가 투항하면서 남북 전쟁은 끝났다. 그로부터 사흘 후 링컨은 생애 마지막 연설을 했다. 물론 당시만 해도 그 연설이 마지막이 될 줄은 아무도 몰랐다. 링컨은 연설에서 남부의 재건 문제에 대한 의견과 정책을 거듭 이야기하면서 남부에서 백인 10%가 충성 선서를 하고 주 정부를 세우기만 하면 연방에 다시 가입할 수 있다고 제시했다. 그리고 남북 전쟁을 일으킨 남부의 대통령 데이비스와 그 내각의원들의 체포에 대해 거부권을 행사하며 과거의 적을 박해하거나 죽이지 말라고 했다.

그러나 관용을 베풀어도 남부 노예주主의 환심은 사지 못했다. 오히려 링컨에 대한 그들의 분노는 더욱 강해졌다. 1865년 4월 14일, 링컨은 마지막 내각 회의를 소집해서 남부에 대한 봉쇄를 풀기로 했다. 그날 밤, 그는 부인과 함께 워싱턴 포드 극장에서 열리는 승리 축하 파티에 참가했다. 링컨이 관람석에 앉아 연극을 관람하고 있을 때, 남부 지지자인 존 윌크스 부스가 관람석에 들이닥쳐 링컨의 뒤에서 머리에 총을 쏘아 치명상을 입혔다. 다음날 새벽, 링컨은 세상을 떠났다.

이에 150만 명이 직접 링컨의 빈소를 찾았고 700여만 명이 그의 죽음을 애도했다. 여러 국가의 진보주의자들도 애도 의식을 거행하고 연설과 선언을 하며 링컨에 대한 존경과 그리움을 표현했다. 링컨은 이렇게 많은 존경과 찬양을 받을 자격이 충분했다. 그는 미국인을 이끌고 진보와 통일 수호를 위한 전쟁을 펼쳤으며 미국 사회의 발전을 촉진했다. 또 그는 '모든 인생은 평등하다'는 원칙을 끝까지 고수했다. 그리고 "국민의, 국민에 의한, 국민을 위한 정치"라는 명언을 남기며 자산 계급 민주주의에 희망을 주었다. 무엇보다 가장 큰 업적은 끝까지 노예제에 반대한 일이다. 노예제 폐지를 선포한 노예 해방 선언문은 링컨의 이름과 함께 영원히 기억될 것이다.

8 꺼지지 않는 전쟁의 불씨

United
States of
America

남부 연합군이 섬터 요새를 포격하면서 남북 전쟁이 일어났다. 두 제도가 대립하는 가운데 이때부터 4년에 걸친 동족상잔의 비극이 시작된 것이다. 남북 양측에서 총 60만 명이 전쟁에 투입되었다. 그랜트, 마셜, 로버트 리, '철벽Stonewall' 잭슨 등 명장들이 전쟁터에서 뛰어난 활약을 할수록 가슴 아픈 비극이 전개되었다.

시기 : 1861~1862년
인물 : 토머스 잭슨Thomas Jonathan Jackson, 그랜트Ulysses Simpson Grant
      셔먼William Tecumseh Sherman

섬터 요새Fort Sumter 포격

링컨이 대통령 취임사를 낭독한 1861년 3월 4일, 섬터 요새의 사령관인 앤더슨은 육군에 요새가 남부 연합군에 포위되어 군수품이 매우 줄어들었다며 지원을 요청했다. 그런 한편, 남부는 북부에서 섬터 요새에 병력을 추가하거나 군수품을 공급하면 적대적인 행동으로 여기겠다며 으름장을 놓았다. 이 소식을 들은 링컨은 긴급 내각 회의를 소집했고 논의를 거친 결과, 다소 뜻밖의 결론이 나왔다. 육군 총사령관 윈필드 스콧을 비롯하여 내각 구성원 중 다섯 명이 섬터 요새를 지원하는 데 반대한 것이다.

한눈에 보는 세계사
1859년 : 다윈, 《종의 기원》 발표   1861년 : 러시아, 농노 해방

섬터 요새에서 남부 연합의 군기가 펄럭인 것은 남북 전쟁의 시작을 의미했다.

그러나 3월 말에 이르러 링컨은 섬터 요새를 지키기로 하고 지원 명령을 내렸다. 이 소식이 몽고메리에 전해지자 남부 연합의 지도자인 제퍼슨 데이비스는 고뇌에 빠졌다. 남부의 노예주州들은 전쟁을 시작할 움직임이 없는 것에 울분을 터뜨렸고, 신문에서는 데이비스 정부를 맹렬하게 공격했다. 그들은 전쟁만이 '남부의 민심'을 고취할 수 있고, 또 남부 연합에 버지니아를 끌어들여야 한다고 생각했다. 이런 상황에서 데이비스는 찰스턴 군사 지역의 사령관인 보우리가드 장군에게 북부에서 섬터 요새에 병력을 지원하면 바로 전쟁을 일으키라고 명령했다. 4월 12일 새벽, 보우리가드는 참모 네 명을 섬터 요새로 보내 투항하라고 권유했다. 이에 요새 사령관인 앤더슨 소령은 체면 때문에 당장은 불가능하니 수비군의 군수품이 다 떨어지면 투항하겠다고 했다. 그러나 남부 연합군의 참모들은 그때까지 기다려 주지 않았다. 그들은 마침내 직접 전쟁을 시작하라는 명령을 내렸다. 4월 12일 오전, 남북 전쟁의 시작을 알리는 첫 번째 포성이 섬터 요새에 울려 퍼졌다. 전투는 온종일 지속되었고 앤더슨 소령은 전력을 다해 남부 연합군에 반격했다. 4월 13일 오전 9시가 되었을 때 수적으로 밀리던 앤더슨이 투항 조건을 받아들였다. 이에 4월 14일 오후에 섬터 요새의 주둔군이 방어 진지에서 후퇴했고, 남북 전쟁은 계속되었다.

제1차 불런 전투 First Battle of Bull Run

섬터 요새에서 포성이 우르르 울리는 가운데 북부에서는 군중의 감정이 격앙되었다. 1861년 4월 15일과 5월 3일에 링컨은 지원군 소집 명령을 발표했다. 7월에 지원병 약 2만 5,000명이 워싱턴에 모이면서 전쟁 분위기가 무르익었다. 5월 3일, 육군 총사령관 윈필드 스콧은 해상을 봉쇄하기 위해 소형 함대를 남쪽으로 파견해서 미시시피에 침투해 곧바로 멕시코 해안을 공격하도록 명령했다. 이를 시작으로 사방에서 남부 연합군을 포위하는 작전이 펼쳐졌다. 이 방안은 최소한의 희생으로 적을 효과적으로 통제할 수 있는 최고의 방법이었다. 여론에서는 윈필드 스콧의 계획을 '아나콘다 작전'이라고 부르며 조롱했지만, 북부군은 리치먼드를 점령해 한 번에 반란을 평정하겠다고 했다. 링컨과 내각은 여론의 반응에 따라 어빈 맥도웰 장군에게 3만 대군을 이끌고 포토맥 강을 건너라고 명령했다. 그들은 보우리가드 장군이 이끄는 남부 연합군 2만 2,000명을 섬멸하고 교통의 요충지인 매너서스를 점령할 계획을 세웠다.

7월 21일에 전투의 돌아가는 상황을 살피러 나온 국회의원과 대중이 주시하는 가운데, 맥도웰 장군이 보우리가드 장군 휘하의 군대를 공격했다. 첫 전투는 불런 후방의 고지에서 시작되었다. 북부군의 공격으로 남부 군대의 왼쪽 날개가 무너졌다. 그러나 남부의 지원군 9,000명이 제때 도착해서 토머스 잭슨 장군이 고지를 수호했다. 이로써 북부군은 승리에서 멀어지는 듯했다. 이 전투에서 잭슨은 돌로 된 벽처럼 꿋꿋이 버틴다고 하여 '철벽'이라는 별명을 얻었다. 이렇게 남부 연합군이 계속 버티면서 전투는 더욱 격렬해졌다. 그런데 이때 북부군의 지휘 체계에 문제가 생겨 혼란이

가중되었다. 남부 연합군은 이러한 틈을 노리고 보우리가드와 존스턴의 지휘 아래 일사불란하게 움직였다. 북부군은 끝내 견디지 못하고 패한 후 철수했다. 첫 전투에서 패한 북부의 연방 정부는 혼란 속에서 정신을 차리고 장기전을 대비하여 만반의 준비에 나섰다. 반면에 남부는 승리의 기쁨에 젖었다.

불런 전투에서 패하자 링컨은 육군사관학교를 졸업한 조지 매클렐런 George B. McClellan에게 워싱턴 군사 지역과 주력 부대인 포토맥군의 지휘를 맡겼다. 그러나 자존심이 강하고 거만한 매클렐런은 전략에 대한 이해가 부족한 데다 아무런 성과도 거두지 못했다. 그는 취임하자마자 대대적으로 병력을 확충해 12만 포토맥군 부대를 조직했지만, 부대를 훈련시키고 계획만 세울 뿐 실제로 전선에 나가서 싸우지는 않았다. 오랫동안 출정을 미루는 그를 여론에서 좋아할 리가 없었다. 매클렐런에 대한 국민의 불만이 쌓여 가는 가운데 결국에는 링컨까지 나서서 독촉했다. 이에 하는 수없이 출병한 매클렐런은 처음 치른 전투에서 보기 좋게 패했다. 그러나 당시 연방 정부는 그를 대신할 적합한 인물을 찾지 못한 데다 매클렐런의 소극적인 태도가 링컨의 온건 정책에 맞았기 때문에 그를 내치지 않았다. 이후 11월에 윈필드 스콧이 퇴임하면서 매클렐런이 육군 총사령관의 자리에 올랐다.

도넬슨 요새 전투Battle of Fort Donelson

1861년에 앨버트 존스턴Albert Sidney John-stone이 남부 연합군 서부 전선의 사령관으로 임명되었다. 그해 가을에 북부군의 율리시스 심프슨 그랜트와 돈 카를로스 뷰엘이 병사를 이끌고 켄터키 북부를 점령했다. 이에 존스턴은 켄터키 남부를 가로지르는 방어선을 구축했다. 존스턴의 방어선에서 취약 부분은 헨리 요새와 도넬슨 요새였다. 1862년 2월에 그랜트가 직접 1만

5,000 병력을 이끌고 포트 제독이 이끄는 함대의 호위를 받으며 헨리 요새를 기습해 순식간에 점령했다. 이에 남부 연합군이 황급히 도넬슨 요새로 후퇴하면서 그랜트도 그곳으로 눈을 돌렸다.

헨리 요새를 잃어 존스턴의 방어선에 구멍이 뚫렸다. 존스턴은 어떻게든 도넬슨 요새를 지키기 위해 병력 1만 7,000명을 동원했다. 그러나 그랜트가 이끄는 육군 병력 2만 7,000명과 포트가 지휘하는 함대가 도넬슨 요새를 거의 포위하면서 2월 13일에 교전이 시작되었다. 이틀 동안 치열한 접전을 치르던 중 연방군 해군 함대의 사령관 포트가 남부 연합군의 포격에 맞아 부상을 당하면서 전투는 잠시 중단되었다. 이로써 남부 연합군이 첫 승전고를 울렸다. 그러나 남부 연합군은 식량을 포함한 군수품이 바닥을 드러내 전투를 계속할 수가 없었다. 2월 15일에 남부 연합군은 총공격을 펼쳐 북부군의 포위를 뚫으려 시도했다. 이에 북부군의 오른쪽 날개가 무너지기 시작했으나 그랜트는 조금도 물러서지 않았다. 그러면서 군대를 재정비해 남부 연합군에 빼앗긴 진지를 탈환했다. 결국 남부 연합군의 장교는 군사 회의를 소집해서 투항하기로 했다. 다음날, 탄약과 군량이 바닥난 남부 연합군은 사이먼 B. 버크너Simon Bolivar Buckner의 지휘 아래 그랜트에 투항했다. 여기서 재미있는 사실은 과거에 실의에 빠진 그랜트에게 버크너가 물질적인 도움을 준 적이 있다는 점이다. 그런 버크너가 투항 조건을 말했을 때 그랜트는 매몰차게 거절했다. "즉각 아무런 조건 없이 투항하는 것 말고는 협상의 여지가 없소. 우리는 당신의 진지를 공격할 모든 준비를 마쳤소." 이 전투로 그랜트는 크게 명성을 떨쳤고, 북부군의 사기도 높아졌다.

샤일로 전투Battle of Shiloh

헨리 요새와 도넬슨 요새를 잃은 후 남부 연합군은 존스턴의 지휘 아래 미시시피 강 북부의 코린스로 후퇴했다. 1861년 3월, 그랜트는 군대를 이끌고 테네시 강 유역에 진을 쳤다. 그리고 윌리엄 셔먼 등이 지휘하는 3개 사단을 이끌고 코린스에 있는 병력 4만 5,000명의 남부 연합군에 대한 공격을 준비했다. 위협적인 기세로 밀고 들어오는 그랜트 대군에 맞서 존스턴과 그전에 서부로 온 보우리가드 장군은 협동 작전을 세웠다. 그들은 북부군에 추가 지원군이 도착하기 전에 기습적으로 공격을 감행해서 전쟁의 주도권을 빼앗아 오기로 했다. 4월 6일, 샤일로 전투의 시작을 알리는

알링턴 국립묘지

남북 전쟁에서 전사한 북부군 병사는 모두 버지니아 주에 있는 알링턴 국립묘지에 잠들었다.

총성이 울렸다. 남부 연합군이 먼저 셔먼의 군대를 공격했다. 이미 만반의 준비를 해 둔 셔먼은 그 소식을 접하고 바로 부대를 조직해서 반격에 나섰다. 장장 열두 시간에 걸쳐 전투를 치른 끝에 남부 연합군은 진지를 굳건히 고수했고, 북부군의 병력 3만 3,000명을 물리쳤다. 이 전투에서 양측 모두 엄청난 사상자를 냈다. 남부 연합군의 사령관 존스턴도 직접 공격을 지휘하다가 치명상을 입어 보우리가드가 지휘권을 이어받았다. 남부 연합군은 연속해서 대포 공격을 퍼부으며 북부군의 중앙 방어선을 돌파하고자 했지만, 북부군의 완강한 저항으로 공격을 멈출 수밖에 없었다. 다음날, 그랜트는 월리스Lew

Wallace 사단과 돈 카를로스 뷰엘Don Carlos Buell의 오하이오 지원 병력을 전투에 투입했다. 열 시간 동안 힘겹게 전투를 치르던 중 보우리가드는 코린스로 후퇴하라는 명령을 내렸다.

이렇게 북부군은 샤일로 전투에서 승리했지만 가슴 아픈 대가를 치렀다. 당시 북부에서는 총 6만 3,000명의 병력이 투입되었는데 1만 3,000명의 사상자가 발생했다. 엄청난 사상자 수에 들끓어 오른 여론은 그랜트 장군의 해임을 요구하며 대통령을 압박했다. 그러나 링컨은 단호하게 거절하고 그를 옹호했다. "나는 그랜트를 버릴 수 없다. 그는 당장에라도 전장에 투입되어 싸울 수 있기 때문이다."

매클렐런의 반도 전투

1862년 봄, 장기간 전투에 나서지 않는다고 여론의 맹비난을 받던 매클렐런이 드디어 출정했다. 그해 3월 11일에 링컨이 매클렐런의 육군 총사령관 직무를 해제하고 그를 포토맥군의 사령관으로 임명했다. 매클렐런은 우회로를 택했다. 즉 포토맥군이 배를 타고 체사피크 만에 도착해서 바로 요크 강과 제임스 강 사이에 있는 반도 끝의 먼로 요새로 진격하는 전략을 세웠다. 이 요새를 빼앗으면 남부 연합의 수도가 있는 리치먼드를 쉽게 빼앗을 수 있다는 판단이었다.

3월 말, 매클렐런의 7만 대군이 대포 300문을 가지고 먼로 요새로 향했다. 이때 어빈 맥도웰 장군이 프레더릭스버그에서 정예 부대를 이끌고 남쪽으로 내려와 매클렐런과 합류하고, 반도에 주둔한 남부 연합군을 공격했다. 또 포토맥군을 지원하기 위해 너대니얼 뱅크스Nathaniel P. Banks 부대는 버지니아 전장에서 셰넌도어 계곡으로 진격했다. 존 C. 프리몬트John C. Fremont가 이끄는 부대는 버지니아 서부로 진격했다.

이러한 상황은 사실 남부 연합군이 소문만 듣고도 간담이 서늘해져서

도망가기에 충분했다. 하지만 매클렐런은 대담하게 공격하지 않았다. 그 반대로 소극적이고 나태한 태도로 전투에 임하며 남부 연합군이 반도에서 철통 같은 방어선을 구축하는 것을 방임했다. 결국 4월 내내 한 발자국도 움직이지 않은 북부군은 5월 5일 공격을 결정한 다음에야 남부 연합군의 진지가 텅 비었다는 사실을 발견했다. 남부 연합군은 벌써 리치먼드로 후퇴한 뒤였다.

계곡 전투

링컨은 뱅크스의 병력이 남부 연합군의 '철벽' 잭슨에 대항할 만하다고 판단하고, 점진적으로 뱅크스의 부대를 워싱턴 근처의 매너서스로 이동시켰다. 이러한 뱅크스의 동향을 파악한 잭슨은 북부군이 이동하는 틈을 타고 신속하게 기습했다. 뱅크스는 계곡의 큰길을 따라 스트라스버그까지 후퇴하고, 프런트 로열을 지키기 위해 한 부대를 파견했다. 그러자 이미 뱅크스의 수를 읽은 잭슨은 뱅크스의 부대를 추격하는 척하다가 갑자기 동쪽으로 진격해서 프런트 로열을 공격했다. 그리하여 5월 23일에 그 지역을 수비하는 북부군을 섬멸했다. 이어서 잭슨은 각 부대에 빠르게 전진해서 뱅크스가 윈체스터로 향하는 퇴로를 끊으라고 지시했다. 그리고 5월 25일 새벽녘에 잭슨이 공격을 시작했다. 이에 북부군이 맞서서 저항했으나, 바로 무너졌다. 뱅크스의 잔여 부대는 황급히 북부 포토맥 강으로 이동했다.

이렇게 북부군이 계곡 전투에서 패하면서 수도 워싱턴이 잭슨의 공격에 무방비로 노출되었다. 이에 링컨은 리치먼드로 이동하던 어빈 맥도웰 장군에게 스트라스버그로 가서 잭슨의 후방을 공격하라고 명령했다. 이와 동시에 프리몬트에게 앨러게니 산맥에서 출발해 해리슨버그로 진격하라고 했다. 그렇게 부대를 배치해서 기회를 엿보다가 잭슨의 부대를 섬멸할 생각이었다. 그러나 잭슨은 이 함정에 빠지기 전에 군대를 이끌고 남쪽으로 이동했다.

　5월 31일, 잭슨이 스트라스버그에서 벗어났을 때 북부군과 남부 연합군은 리치먼드 외곽의 페어 오크스에서 목숨을 걸고 싸웠다. 여기에 투입된 병력은 총 4만 2,000명으로 그중 사상자는 남부 연합군이 6,000명, 북부군이 5,000명에 달했다. 이 전투 후 매클렐런은 투지를 완전히 잃었고 이렇게 북부군의 리치먼드 포위 공격 계획은 결국 실패로 돌아갔다.

9 비운의 영웅 로버트 리

로버트 리는 내전 기간에 남부에서 가장 뛰어난 활약을 보인 장군이다. 남부 연합군의 총사령관으로서 수적인 열세에서도 혁혁한 공을 세워 명성을 얻었다. 한편, 그는 남부 연합군의 장군이었지만 노예 제도에 반감이 심했고 또 북부가 남부의 분리를 무력으로 진압하는 것에도 찬성하지 않았다. 그는 가슴 속 깊이 고통을 안은 채 전쟁 인생을 시작했다.

시기 : 1807~1870년
인물 : 로버트 리Robert Edward Lee, 매클렐런George Brinton McClellan

명문가의 후손

로버트 에드워드 리는 버지니아 주의 웨스트모얼랜드 카운티에서 태어났다. 그의 아버지인 헨리 리 역시 미국 독립 전쟁의 영웅이었다. 1825년에 로버트 리는 육군사관학교에 입학했고 1829년에 2등이라는 우수한 성적으로 졸업했다. 졸업한 후 조지아의 풀라스키 요새를 지키다가 1831년에 버지니아에 있는 먼로 요새로 옮겼다. 그리고 이때 워싱턴의 증손녀인 메리 애나Mary Anna Randolph Custis Lee와 결혼했다.

한눈에 보는 세계사

1807년 : 신성 로마 제국 멸망	1868년 : 일본, 메이지 유신 시작
1811년 : 조선, 홍경래의 난	1869년 : 수에즈 운하 개통
1837년 : 영국, 차티스트 운동	1870년 : 프랑스·프로이센 전쟁
1853년 : 크림 전쟁	

미국-멕시코 전쟁 당시 미국군이 베라크루스에서 멕시코로 진격할 때, 로버트 리는 윈필드 스콧의 든든한 오른팔로 콘트레라스 전투 Battle of Contreras, 츄러버스코 전투 Battle of Churubusco, 차풀테펙 전투 Battle of Chapultepec에 잇달아 참전했다. 전쟁이 끝나고 나서는 중령으로 승진해 볼티모어의 캐롤 요새에 주둔했다. 1852년에 육군사관학교의 교장으로 임명되었고, 1859년에 노예 제도에 반대하는 운동가 존 브라운 John Brown이 반란을 일으켰을 때에는 진압군을 지휘하며 크게 활약했다.

로버트 리의 초상화

남북 전쟁이 일어나기 전날 밤, 로버트 리는 알링턴의 고향으로 돌아왔다. 북부의 연방 정부가 연방에서 탈퇴한 남부의 주들을 무력으로 진압하겠다고 선포했을 때 그는 링컨 대통령이 직접 보낸 임명서를 받았다. 아메리카합중국 육군의 사령관으로 취임하라는 내용이었다. 하지만 그는 도덕적인 측면에서 북부가 남부의 분리 문제를 무력으로 해결하려는 의견에는 반대했기 때문에 이를 받아들이지 않았다. 그러던 1861년 4월 23일에 남부 연합 대통령의 임명을 받아들이고 버지니아의 방어를 도맡았다. 이후 로버트 리는 군 사령관으로서 남부 연합군을 지휘했다.

7일 전투

1862년 3월에 로버트 리는 남부 연합의 수도 리치먼드로 돌아왔다. 그리고 5월에 부상당한 존스턴을 대신해 북버지니아군을 이끌었다. 6월 12일에 그는 스튜어트에게 매클렐런의 정확한 위치를 파악하라는 기병 정찰 임무를 맡겼다. 이에 스튜어트는 1,200명의 소규모 부대를 이끌고 가서 10만 적군을 포위해 일부 포로를 체포하고 북부군의 후방 보급선을 끊었다. 마침 매클렐런 군대의 오른쪽 날개에 엄호 병력이 없었기에 가능한 일이었다.

매클렐런은 병력 대부분을 칙카호미니 강 남쪽으로 이동시켰다. 그래서 북쪽에는 피츠 존 포터Fitz John Porter가 이끄는 3만 병력만이 남았다. 로버트 리는 바로 이 부대를 공격하기 위해 셰넌도어 계곡에 있던 잭슨에게 1만 8,000명의 병력을 이끌고 포터의 측면을 기습하라고 지시했다. 그리고 반도에 있던 부대원 4만 5,000명이 정면을 공격하기로 했다. 6월 26일에는 로버트 리의 부대가 칙카호미니 강을 건너 포터 부대를 공격했다. 그러나 시작부터 순탄치가 않았다. 명성이 자자한 잭슨의 보병과 기병대가 전장에 도착하기도 전에 중앙에 있던 앰브로스 파월 힐이 지휘하는 남부 연합군이 먼저 공격에 나선 것이다. 6월 27일 밤, 북부군의 포터 군대는 남부 연합군의 공격에 밀려 게인즈 밀 동쪽의 습지로 후퇴했다. 로버트 리는 5만 7,000명의 병력을 이끌고 대대적인 공격을 했다. 모든 전선에서 이루어진 남부 연합군의 출격은 해질 무렵까지 계속되었고, 마침내 북부군의 방어선을 돌파했다. 매클렐런은 이때까지도 로버트 리의 작전에 속아 무슨 일이 일어나는지조차 모른 채 가만히 있었다.

로버트 리는 북부군이 반도를 가로질러 철

남북 전쟁 당시 사용한 강선포. 강선포는 강철 선으로 몸통을 감아서 만든 대포이다.

수하는 틈을 타 그 측면과 후방을 공격했다. 6월 29일에 새비지 역, 그리고 다음날 글렌데일에서 싸움이 벌어졌다. 두 차례의 거센 공격에도 전투는 쉽사리 끝나지 않았다. 이때 남부 연합군에서 내부적으로 조율할 수 없는 문제점이 다시 드러났다. 7월 1일에 이 '7일 전투'의 마지막 전투인 맬번힐 전투가 시작되었다. 북부 군대는 이 고지에 견고한 방어선을 구축하고 강력한 대포 공격을 준비했다. 로버트 리는 한 번만 더 공격하면 북부군을 섬멸할 수 있다고 생각했다. 그의 계획에 따라 남부 연합군 포병 부대는 맬번힐에 연속해서 포격을 퍼부어 북부군의 방어선을 무너뜨리려고 했다. 그러나 북부군이 곧 적극적으로 반격에 나서면서 남부 연합군의 대포는 전부 파괴되었다. 그 순간, 로버트 리는 최후의 결정을 내렸다. 그는 보병 부대에 무슨 수를 써서라도 공격을 감행하라고 지시했고, 이들의 맹렬한 공격에 밀려 북부군은 후퇴하기 시작했다. 취임한 지 한 달도 안 된 총사령관 로버트 리는 이렇듯 범상치 않은 지휘 능력을 보여 주었다. 하지만 그는 한편으로 매클렐런이 심각한 타격을 입지 않고 도망간 것을 안타까워하면서 전투 중에 자신의 명령이 제대로 전달되지 않은 점에 몹시 화를 냈다. 훗날 로버트 리는 이런 점을 보완하고자 해당 군의 8개 보병 사단을 2개 군대로 개편하고, 그의 왼팔과 오른팔인 제임스 롱스트리트Longstreet와 잭슨에게 각각 그 지휘를 맡겼다.

제2차 불런 전투

7일 전투가 끝나고 7월 11일에 링컨은 헨리 할렉Henry W. Halleck을 육군 총사령관으로 임명했다. 할렉은 해리슨 항구에 정박한 매클렐런의 9만 대군을 처리하는 문제로 골치가 아팠다. 그와 링컨은 상의 끝에 매클렐런의 포토맥 군대를 반도에서 철수시키고 존 포프가 이끄는 버지니아군의 전투력을 강화하기로 했다. 매클렐런이 철군 명령을 받기 전에 로버트 리가 잭슨의 군대를 파견하여 포프를 공격하게 했다. 이때 잭슨은 오랜 숙적 뱅크스를 만났다. 8월 9일, 뱅크스는 시더 마운틴에서 먼저 공격하여 잭슨의 유명한 '철벽 장군' 부대를 섬멸했다. 그러나 지원군이 도착한 후 남부 연합군이 다시 승기를 잡았다. 이 전투 후 로버트 리는 매클렐런을 반도에서 영원히 몰아내겠다고 결심했다.

로버트 리가 이끄는 3만 부대는 북쪽으로 이동해서 포토맥군이 존 포프의 군대를 지원하기 전에 결전을 벌였다. 그는 일단 잭슨의 군대를 파견해서 우회 전술로 포프의 군대 오른쪽 날개를 돌아 보급로를 끊게 했다. 8월 25일에서 26일, 잭슨의 보병과 기병 부대는 매너서스에 있는 북부군의 거대한 보급품 창고를 습격했다. 그리고 8월 29일에 본격적으로 전투가 시작되었다. 북부의 대군은 잭슨의 군대를 여섯 차례 공격했지만 오히려 매번 자신들이 타격을 입었다. 8월 30일 낮, 치열한 전투가 다시 전개되었다. 이때 탄약을 다 써 버린 남부 연합군은 어쩔 수 없이 북부군을 향해 돌을 던졌다. 북부군이 남부 연합군의 방어선을 뚫고 압박해 오자 잭슨은 황급히 지원 병력을 요청했다. 이때 로버트 리는 롱스트리트 군대에 북부군의 왼쪽 날개로 진격하라고 명령했다. 롱스트리트의 군대는 순식간에 돌진했고 그 기세에 눌린 북부군은 거의 저항하지 못했다. 이 반격으로 북부군의 전선 전체가 1.6킬로미터 넘게 후퇴했다. 북부군은 필사적으로 헨리 하우스를 사수하여 가까스로 남부 연합군의 진격을 막아냈다. 그날 밤 힘겹게 싸운 북부군은 센터빌로 후퇴했다.

이 전투에서 로버트 리의 5만 대군 가운데 9,200명, 포프의 6만 대군은 1만 6,000명의 사상자가 발생했다. 로버트 리는 이번 승리의 여세를 몰아 북버지니아 군대를 이끌고 포토맥 강을 건너 메릴랜드로 쳐들어갔다.

앤티텀 전투^{Battle of Antietam}

제2차 불런 전투가 끝난 후, 1862년 9월 4일에 로버트 리가 이끄는 북버지니아군은 스튜어트 기병대의 엄호를 받으며 포토맥 강을 건넜다. 그리고 9월 9일에 잭슨의 군대와 롱스트리트의 군대 일부가 하퍼스 페리를 점령했다. 이어서 로버트 리 장군은 기존의 계획에 따라 해리스버그를 공격해서 펜실베이니아 철로를 끊어 놓았다.

9월 14일 오후, 북부군 장교 윌리엄 B. 프랭클린은 제6군단을 이끌고 크램프턴 갭 입구에서 남쪽으로 이동해 메릴랜드 고지로 진격했다. 터너 갭에서 일어난 격렬한 전투에서 수적으로 우세했던 남부 연합군의 사상자가 2,700명에 달하면서 리 장군은 샤프스버그로 퇴각했다.

그 후에 벌어진 앤티텀 전투는 남부 연합군이 필사적으로 방어하여 북부군이 좋은 기회를 놓친 전투로 기록된다. 리 장군의 부대는 샤프스버그의 낮은 언덕을 점령했다. 왼쪽으로는 포토맥 강이 흐르고 오른쪽으로는 앤티텀 강을 내려다보이는 위치였다. 9월 16일 오후에 조지프 후커^{Joseph Hooker}와 조지프 맨스필드^{Joseph Mansfield}가 지휘하는 북부군의 두 부대는 앤티텀 강을 건너 이튿날인 17일에 잭슨이 이끄는 남부 연합군의 왼쪽 날개를 공격해 앰브로즈 번사이드^{Ambrose Burnside}가 이끄는 제9군단이 강을 건널 수 있게 도와주려는 계획을 세웠다.

9월 17일 새벽, '파이팅 조^{Fighting Joe}'라는 별명으로 불리던 후커가 먼저 엄청난 기세로 공격을 시작해 승전보를 전했다. 그리고 얼마 후 맨스필드가 이끄는 북부군의 주력 부대가 공격에 나서자 남부 연합군은 서둘러 숲 건너편으로 퇴각했다. 그러나 남부 연합군이 끝까지 완강하게 저항하여 북부군에서도 맨스필드가 전사하고 후커가 부상당하는 등 사상자가 속출했다. 남부 연합군과 북부군 모두 더는 싸울 힘이 없었고, 이미 1만 3,000명이 사망하거나 부상을 입었다. 결국 전투는 정오가 되기도 전에 끝이 났다.

남북 전쟁에서 병사들
에게 돌격을 지시하는
로버트 리

　북부군의 왼쪽 날개를 이끈 번사이드는 17일 오후 3시가 되어서야 강을 건널 수 있었다. 이번에는 남부 연합군의 오른쪽 날개로 진격했다. 이 천하무적 부대는 샤프스버그 교외로 곧장 돌진해서 적을 완전히 무너뜨리려고 했다. 그런데 갑자기 남부 연합군의 앰브로스 파월 힐이 이끄는 사단이 북부군의 측면을 공격해서 그들을 막았다.

　이 전투에서 북부군과 남부 연합군은 전사자가 각각 2,100명, 2,700명, 부상자도 총 1만 8,500명이나 되었다. 그중 3,000명은 치명상을 입었다. 사상자가 가장 많이 발생한 하루였다. 하루 동안 치러진 앤티텀 전투에서 발생한 전사자와 부상자의 수는 1812년 전쟁, 미국–멕시코 전쟁, 미국–스페인 전쟁에서 발생한 사상자 총합의 2배가 넘는 규모였다. 사실 남부 연합 전선은 곧 무너질 상황이었으나, 북부군은 전술상으로 실수하는 바람에 남부 연합군을 완전히 진압할 좋은 기회를 날렸다. 9월 18일 밤, 리 장군은 전투에 대한 의욕을 잃은 버지니아군을 이끌고 포토맥 강을 건너 윈체스터로 후퇴했다. 한편, 전투 내내 안일하게 대처한 북부군의 매클렐런은 이 전투 후 지휘권을 완전히 박탈당했다.

챈슬러즈빌 전투Battle of Chancellorsville

1862년 12월, 로버트 리는 프레더릭스버그에서 번사이드가 이끄는 북부군과 결전을 벌여 사상자 5,000명을 대가로 치르고 북부군을 섬멸하며 승리했다. 이후 번사이드가 사임하고 후커 장군이 포토맥군을 지휘했다. 취임 초기에 후커는 치밀한 작전을 짰다. 보병의 5분의 2는 프레더릭스버그에 남아서 남부 연합군을 공격하는 척하고, 그 사이에 나머지 부대가 몰래 길을 돌아가서 로버트 리의 후방으로 진격하는 것이었다. 1863년 4월 30일에 후커의 7만 대군이 챈슬러즈빌에 들어섰다.

이 상황에서 로버트 리는 다시 엄청난 모험을 했다. 일단 부대를 둘로 나누어서 주벌 얼리Jubal Early 장군이 이끄는 1만여 명은 프레더릭스버그를 지키고 나머지는 챈슬러즈빌로 진군하게 했다. 5월 1일, 리 장군은 챈슬러즈빌 서쪽에 있는 후커 군대가 오른쪽 날개를 엄호하지 않고 있다는 보고를 받고 다시 부대를 나누었다. 그리고 이튿날인 5월 2일에 잭슨을 보내 북군을 우회해 접근해서 측면을 공격하도록 했다. 이리하여 남부 연합군 보병 부대의 남은 1만 8,000명이 머릿수에서 자신들의 3배를 넘는 적군과 대치했다. 그날 오후 5시 반, 잭슨이 이끄는 남부 연합군은 크게 힘들이지 않고 매우 쉽게 북부군의 측면을 무너뜨렸다. 이어서 잭슨은 북부군과 래퍼핸녹 강의 연결을 빨리 끊기 위해 직접 야간 정찰에 나섰다. 그런데 이때 남부 연합군의 한 경계병이 잭슨 일행을 북부군의 정찰 기병대로 오해하고 공격했다. 그 와중에 부상을 당한 잭슨은 다음날 새벽에 왼팔을 잘라내야 했다. 이 소식을 들은 로버트 리는 "그는 왼팔을 잃었지만 나는 오른팔을

로버트 리의 투항

1865년, 로버트 리가 북
부군에 투항함으로써 남
북 전쟁은 막을 내렸다.

잃었다."라며 안타까움을 나타냈다.

　비록 잭슨의 공격에 무릎을 꿇었지만, 후커에게는 아직 로버트 리를 처치할 기회가 남아 있었다. 그런데 안타깝게도 경솔하게 철군하는 바람에 북부군은 그 좋은 기회를 놓쳤다. 5월 3일 오전, 북부군은 챈슬러즈빌 북쪽의 새로운 진지로 후퇴했다. 이때 북부군은 이미 프레더릭스버그의 고지를 점령한 상태였다. 이 소식을 접한 로버트 리는 다시 부대를 둘로 나눴다. 2만 5,000명은 남아서 북부군을 견제하고, 자신이 나머지 부대를 이끌고 프레더릭스버그의 남부 연합군을 지원했다. 뒤이은 전투에서 남부 연합군은 병력이 우세한 북부군을 최전선에서 건너편 강으로 몰아냈다. 이후 로버트 리는 다시금 병력을 소집해서 후커에 맞섰다. 그러나 후커는 다시 싸울 생각이 없었기에 군대를 이끌고 철수했다. 챈슬러즈빌 전투는 로버트 리의 '가장 위대한 걸작'으로 여겨진다. 다만, 이번 전투에서 비록 남부 연합군이 승리했지만 잭슨이 5월 10일에 사망하면서 남부 연합과 로버트 리는 헤아릴 수 없을 만큼 막대한 손실을 보았다.

10 게티즈버그 전투
(Battle of Gettysburg)

United
States of
America

우리는 명예롭게 죽은 이들의 뜻을 받들어 그들이 마지막까지 모든 것을 바쳐가며 이루고자 했던 큰 뜻을 실현하기 위해 더욱 헌신해야 합니다. 그들의 죽음이 헛되지 않도록 신의 가호 아래 이 나라가 새로운 자유를 누리도록, 그리고 국민의, 국민에 의한, 국민을 위한 정부가 지구상에서 사라지지 않도록 굳게 다짐합시다.

– 에이브러햄 링컨의 게티즈버그 연설

시기 : 1863년
인물 : 로버트 리Robert Edward Lee, 조지 고든 미드George Gordon Meade

로버트 리의 펜실베이니아 진군

챈슬러즈빌 전투는 남부 연합군에 강렬한 흥분제나 마찬가지였다. 여기저기서 웃음소리가 끊이지 않았고 군의 사기가 크게 올랐다. 그러나 달콤한 승리 뒤에는 남부 연합의 심각한 위기가 숨겨져 있었다. 경제 면에서는 북부의 봉쇄 압박이 심해져서 인플레이션 문제가 더욱 악화했다. 군사 면에서는 북부군의 그랜트 부대가 빅스버그를 압박하고, 뱅크스 부대가 허드슨 항구까지 접근했다. 게다가 로즈크랜스Rosecrans 부대가 테네시 중부로 진격해서 남부 연합군의 브랙스턴 브래그 부대를 공격했다. 이렇게 해서

한눈에 보는 세계사

1853년 : 크림 전쟁   1869년 : 수에즈 운하 개통
1868년 : 일본, 메이지 유신 시작

남부 연합군은 각 노선에서 북부군에 포위되었다.

1863년 5월, 남부 연합은 위기를 해결하기 위해 내각 회의를 열고 전략을 세웠다. 이때 롱스트리트가 직접 군대를 이끌고 서쪽으로 진격해서 브래그를 지원하며 로즈크랜스를 공격하겠다고 의견을 내놓았다. 만약 이 작전이 성공한다면 테네시 주를 탈환하면서 빅스버그의 포위망을 풀 수 있었다. 하지만 로버트 리는 이 계획을 반대했다. 그는 가장 중요한 전장은 버지니아이므로 버지니아 군대의 전투력을 강화해서 북부군을 공격해야 한다고 생각했다. 그렇게 하면 리치먼드의 위기에서 벗어나고 펜실베이니아를 후방 기지로 삼아 서부에 있는 부대를 이동시켜서 동부를 지원할 수 있다는 판단에서였다. 남부 연합은 그의 작전을 허가했다.

로버트 리의 계획은 즉시 실행에 옮겨졌다. 롱스트리트가 지휘하는 일부 사단이 리 장군의 군대로 편입되면서 북버지니아 군대의 병력이 총 7만 5,000명으로 늘었다. 이때 남부 연합군의 동향을 파악하기 위해 북부군 기병대가 6월 9일에 래퍼핸녹 강을 건너 스튜어트의 기병대를 공격했다. 이로써 컬페퍼 근처의 브랜디 스테이션에서 대규모 기병 전투가 시작되었다. 전투 결과, 북부군 기병대가 강 건너편으로 쫓겨나긴 했지만, 이번 기습은 남부 연합군 기병대에 치욕이나 다름없었다.

6월 초에 로버트 리의 부대가 펜실베이니아로 진군하면서 남부 연합군의 선봉 부대는 6월 중순에 포토맥 강을 건넜다. 기세 넘치는 리 장군의 부대에 맞서, 북부의 포토맥군 사령관 후커가 나섰다. 그는 링컨에게 리 부대가 출동하면 남쪽으로 이동해서 그들의 근거지인 리치먼드를 공격하겠다고 했다. 그러자 링컨은 후커에게 "당신의 진짜 목표는 리 장군이지, 리치먼드가 아닙니다."라고 그의 작전을 허가하지 않았다. 그러나 후커는 링컨의 뜻과는 달리 리 부대를 공격하는 데 소극적이고 나태한 모습으로 일관했다. 후커에 대한 신뢰를 잃은 링컨은 결국 6월 28일에 그를 해임하고 조지 고든 미드를 포토맥 부대 사령관으로 임명했다.

　미드가 사령관으로 취임한 날, 로버트 리의 두 부대는 체임버즈버그에 진을 쳤다. 리처드 이엘Richard Ewell의 일부 병력은 요크에 주둔하고 나머지는 해리스버그 근처에 있었다. 로버트 리의 '눈'이 되어 북부군의 후방 부대를 습격한 스튜어트 기병대는 미드가 이끄는 북부군에 가로막혀 임무를 완수하지 못했다. 이런 상황에서 로버트 리는 북부군의 위치를 파악하기 어려웠다. 그래서 결국 북부군이 포토맥 강을 건너 북쪽으로 이동했다는 소식을 들은 후에야 서둘러 움직였다. 원래 로버트 리는 게티즈버그 서쪽에 있는 캐쉬타운에서 병력을 모을 계획이었으나 미드가 미리 그곳에 부대를 배치해서 어쩔 수 없이 게티즈버그로 집결하라는 명령을 내렸다. 사실 미드도 게티즈버그에서 싸울 생각은 없었다. 7월 1일 새벽, 게티즈버그에서 남부 연합군 1개 보병단과 북부군 2개 기병단이 교전한 전투는 남북 전

게티즈버그 전투에서 피켓은 남부 연합군 1만 5,000명을 이끌고 밀밭을 넘어 자살이나 다름 없는 공격을 감행했다.

쟁에서 가장 결정적인 전투로 기록되었다.

피비린내나는 게티즈버그 전투

전투가 시작된 후, 북부군 기병대 지휘관 존 뷰퍼드John Buford는 기병대에 말에서 내려 남부 연합군을 격퇴하라는 명령을 내렸다. 양측은 서둘러 병력을 모았다. 그 경쟁에서 게티즈버그에 더 가까이 있던 남부 연합군이 더 빨리 병력을 충원했다. 그들은 이날 2만 5,000명을 투입해서 북부군 1만 9,000명과 치열한 접전을 벌였다. 이러한 수적 열세에도 북부군은 남부 연합군의 공격을 계속 막아내며 적을 물리쳤다. 오전 10시에 북부 제1군단은 뷰퍼드에게 기병을 추가 지원해서 앰브로스 파월 힐Ambrose Powell Hill이 이끄는 남부 연합군의 맹공을 여러 번 막아 냈다. 불행하게도 이때 북부군의 제1군단장 존 F. 레이놀드John F. Reynolds가 저격수의 총에 맞아 사망했고, 이에 병사들이 크게 동요했다. 그날 오후에 북부군 제11군단이 서둘러 도착해서 남부 연합군 이엘의 부대에 맞섰으나 양쪽 날개가 약한 탓에 순식간에 무너졌다. 북부군은 정신없이 전장에서 철수해 다시 방어선을 구축했다.

오후 3시에 로버트 리가 게티즈버그에 도착했다. 그는 북부군 다른 부대의 위치를 정확히 파악하지 못했기 때문에 공격을 실행하기까지 시간이 꽤 걸렸다. 그러면서 이엘에게 상황을 봐서 가능하면 빨리 세미터리 힐을 점령하라고 지시했다. 그러나 이엘은 망설이다가 공격할 좋은 기회를 놓쳤다.

그날 밤부터 다음날 새벽까지 양측 모두 세미터리 힐 진지에 도착했다. 북부군은 컬프스 힐, 세미터리 힐, 휘트필드, 리틀 라운드탑으로 이어지는 낚싯바늘 모양으로 방어선을 구축했다. 7월 2일, 롱스트리트는 북부군의 대형을 관찰한 후 공격하기 어렵다는 결론을 내렸다. 그래서 그는 로버트

리에게 남쪽으로 길을 돌아가서 북부군의 방어선과 워싱턴 사이로 들어가 미드를 전장으로 유인하자는 의견을 내놓았다. 그러나 로버트 리는 롱스트리트의 건의를 받아들이지 않고 북부군의 양쪽 날개를 공격하기로 했다. 리는 롱스트리트에게 북부군의 왼쪽을, 이엘에게는 세미터리 힐과 컬프스 힐을 공격하라고 명령했다.

롱스트리트는 로버트 리의 작전 계획에 동의하지 않았기 때문에 소극적인 태도를 보이다가 저녁이 되어서야 공격을 시작했다. 북부군의 왼쪽 부대는 대니얼 시클스Daniel Sickles가 이끄는 제3군이었다. 그런데 시클스는 상부의 명령을 어기고 세미터리 힐 남쪽 방어 구역을 벗어났다. 그리고 에미츠버그로 전진하면서 북부군의 대형에 돌출부를 형성해 리틀 라운드탑을 무방비 상태로 만들었다. 뒤늦게 이에 대해 보고받은 북부군 사령부는 곧바로 제5군단의 두 사단을 리틀 라운드탑으로 보냈다. 다행히 남부 연합군보다 조금 일찍 도착한 북부군은 팽팽한 접전을 벌인 끝에 리틀 라운드탑을 지켜냈다. 하지만 시클스의 방어구역인 복숭아 과수원, 밀밭, 악마의 굴에서는 쫓겨나고 말았다. 한편, 남부 연합군은 맹공을 퍼부었으나 부대 간에 호흡이 맞지 않는 오합지졸이었다. 덕분에 북부군은 위협을 받은 곳에 제때 부대를 파견할 수 있었다. 저녁 무렵, 고된 전투로 지칠 대로 지친 남부 연합군은 북부군의 오른쪽 공격을 포기했다.

롱스트리트가 북부군의 왼쪽을 공격했을 때 이엘이 이끄는 부대에서도 대포 공격을 시작했다. 양측은 3시간 넘게 포격을 주고받으며 싸웠다. 이엘의 보병 2개 사단은 세미터리 힐 동쪽에 있는 북부군의 진지에 침투했고, 나머지 1개 사단은 컬프스 힐에 있는 북부군의 진지 일부를 점령했다. 그러나 북부군의 지원군은 세미터리 힐에서 남부 연합군을 몰아냈다. 또한 남부 연합군이 컬프스 힐의 고지에 도착하기 전에 그들의 공격을 막아냈다.

이틀에 걸친 전투 끝에 패한 롱스트리트의 군대는 여기저기로 흩어졌다. 롱스트리트는 다시 북부군의 왼쪽으로 돌아서 진군하자고 건의했으나 로버트 리는 여전히 들은 척 만 척이었다. 리는 사상자가 늘어나 북부군의 사기가 떨어졌으므로 이때 그들의 양쪽 날개를 공격하면 미드가 맡은 중앙 진영을 위협할 수 있을 것이라고 생각했다. 그래서 롱스트리트가 반대하는 데도 피켓의 주력군을 투입해서 길을 뚫고 북부군 진영의 중앙을 공격하라고 지시했다. 그들이 공격할 지점은 핸콕 장군의 포토맥군 정예 부대인 제2군단의 2개 사단이 방어하고 있었다.

7월 3일, 피켓이 게티즈버그를 공격하기 전에 컬프스 힐에서 총성이 크게 울렸다. 북부군이 빼앗긴 참호를 되찾기 위해 새벽에 공격에 나선 것이었다. 장장 여섯 시간 동안 벌어진 전투 끝에 북부군은 마침내 참호를 점령했다. 그리고 정오 무렵, 롱스트리트는 대포 143문을 모아 북부군 진지의 중앙을 향해 거침없이 쏘았다. 그때 마침 도착한 스튜어트 기병대는 전장의 동쪽으로 이동해서 피켓이 적의 정면에서 공격할 수 있도록 도와주었다. 그러나 스튜어트 기병대는 북부군의 기병대에 막혀 계획한 지점으로 갈 수 없었다. 세 시간 동안 이루어진 교전에서 스물세 살밖에 안 된 북부군의 장군 조지 암스트롱 커스터 George Armstrong Custer가 1개 사단을 지휘하며 남부 연합군에 맹렬한 공격을 몇 차례 퍼부었다.

오후 1시, 게티즈버그의 적막이 깨졌다. 남부 연합군의 포탄이 정신없이 날아오자 북부군 진지의 포병대도 반격에 나섰다. 이리하여 남북 전쟁에서 가장 큰 규모의 포격전이 시작되었다. 어느 순간, 남부 연합군에서 날아온 포탄이 북부군의 보병대 후방에 떨어졌다. 자욱하게 피어오른 연기로 남부 연합군의 포병대는 적군의 상황을 자세히 관찰할 수 없었다. 그로부터 한 시간이 지났을 때 북부군은 포격을 중단했다. 탄약을 아끼기 위한 이유도 있었지만, 적에게 자신들이 전투력을 잃은 것처럼 보이려는 작전을 편 것이었다.

    남부 연합군의 포병대는 북부군의 계략에 빠졌다. 오후 3시쯤 남부 연합군은 포격을 중단하고 보병대를 내보냈다. 남부 연합군 보병 1만 3,000명이 북부군의 진영에 접근했을 때 갑자기 포성이 들렸다. 조용하던 북부군이 이를 신호로 남부 연합군을 향해 거침없이 포격을 가하기 시작했다. 뒤이어 북부군 보병대가 달아나는 남부 연합군 보병들에게 총을 겨누었고, 처참한 전투가 진행되었다. 북부군에서 미드의 제2군 소속이었던 프랭크 해스켈Frank Haskell은 당시 상황을 이렇게 기억했다. "사람들이 일렬로 몰려들었습니다. 그리고 갑자기 엄청난 소리가 울려 퍼지더니 순식간에 땅이 뒤집혔습니다. 사람과 무기, 짙은 연기와 화염이 뒤엉켜서 더욱 혼란스러웠습니다. 번쩍이는 빛을 무릅쓰고 진지의 담을 넘자 함성과 함께 구타, 총격이 가해졌습니다. 그러다가 어느덧 환호성이 들리더니 가장 피비린내 나는 게티즈버그의 마지막 전투가 끝났습니다. 그리고 우리는 승리했습니다." 이 전투에서 피켓 휘하의 사단장 2명이 전사했고, 나머지 1명도 부상당했다. 장교 13명도 부상을 당했거나 죽었다. 온전히 화를 면한 사람이 한 명도 없을 정도로 피켓의 돌격은 완전한 실패로 끝났다. 이렇게 해서 남부 연합군은 순식간에 패했고 세미터리 힐에는 북부군의 깃발이 펄럭였다.

결말

7월 4일, 로버트 리와 롱스트리트는 방어선을 보완하여 북부군에 반격할 계획을 세웠다. 하지만 예상과 달리 북부군은 다시 공격해 오지 않았다. 미드는 사상자가 발생해 자신의 부대가 전투력을 잃을 것이 걱정되어 선뜻 공격하지 못한 것이었다. 북부군은 이번 전투로 벌써 사망자 3,155명, 부상자 1만 4,529명, 실종자 5,365명으로 총 2만 3,049명이라는 사상자를 기록

했다. 이는 전체 병력의 4분의 1이나 되는 규모였다. 남부 연합군은 북부군보다 사상자가 많았다. 장교 52명 가운데 17명이 부상 또는 사망했고, 병사 중 사상자 수도 2만 5,000명에서 2만 8,000명 사이로 참전한 병사 수의 3분의 1이나 되었다.

지나치게 소심하고 신중한 성격의 미드 때문에 로버트 리의 군대는 7월 13일에서 14일 사이에 다행히도 위기에서 벗어날 수 있었다. 링컨은 이 소식을 듣고 몹시 괴로워했다. "승리가 바로 코앞에 있었어. 다 잡았는데……, 손만 뻗으면 우리 손에 들어오는 거였는데……. 내가 할 수 있는 것은 다했는데 정작 군대는 움직이지 않았군." 그는 미드에게 편지를 보내 그의 승리를 축하하면서 아쉬움을 남겼다. "친애하는 미드 장군, 이번에 리 장군을 놓친 것이 얼마나 큰 불행인지 장군은 짐작조차 못할 것이오. 승리의 기세를 몰아 조금만 더 밀어붙였다면 이번 전쟁은 끝났을지도 모르오. 이제는 전쟁이 언제 끝날지 알 수 없게 되었구려."

전쟁이 끝나고 4개월 뒤 게티즈버그 전장에서 전사한 장병들을 위로하는 추모 행사에서 링컨 대통령은 유명한 게티즈버그 연설을 했다.

"87년 전, 우리 선조는 자유를 기반으로 모든 사람이 평등하다는 원칙을 받들어 새로운 나라를 세웠습니다. 지금 우리는 그런 원칙을 믿고 지키고자 하는 이 나라가 오랫동안 버틸 수 있는지를 시험하는 내전을 겪고 있습니다. 그리고 우리는 그 전쟁의 거대한 격전지가 되었던 싸움터에 다시 모였습니다. 이 전쟁에서 목숨을 바친 이들이 편히 쉴 수 있게 하기 위해서 여기에 모였습니다. 이것은 우리가 그들에게 당연히 해 주어야 할 옳은 일입니다. 하지만 더 넓은 의미에서 보면, 우리에게는 이 땅이 쓰일 곳을 결정할 권리나 이 땅을 신성하게 만들 힘이 없습니다. 이곳에서 싸운 용사들이 이미 이 땅을 신성하게 했기 때문입니다. 우리의 미약한 힘으로는 더 이상 보탤 수도, 뺄 수도 없기 때문입니다. 세상은 이 자리에서 우리가 한 말을 주목하지도, 오래 기억하지도 않을 것입니다. 하지만 이곳에서 용사들이 한 일은 결코 잊지 못할 것입니다. 살아 있는 우리는 이곳에서 싸우다가 떠난 이들이 아직 끝내지 못한 일을 완수하는 데 헌신해야 합니다. 우리 앞에 남아 있는 위대한 과업을 달성하기 위해 자신을 헌신해야 합니다. 우리는 명예롭게 죽은 이들의 뜻을 받들어 그들이 마지막까지 모든 것을 바쳐가며 이루고자 한 큰 뜻을 실현하기 위해 더욱 헌신해야 합니다. 그들의 죽음이 헛되지 않도록 이 나라가 신의 가호 아래 새로운 자유를 누리도록, 그리고 국민의, 국민에 의한, 국민을 위한 정부가 지구상에서 사라지지 않도록 굳게 다짐합시다."

11 바다를 향한 진군

"조지아 주 전체가 처참하게 통곡하게 할 것이다! 조지아를 지옥으로 만들 것이다! 남녀노소를 불문하고, 부자와 가난한 자를 막론하고 조지아의 모든 이에게 평생 잊지 못할 고통을 느끼게 해 주겠다! 나의 군단이 조지아 주를 파괴하면 속이 다 후련할 것이다!"

"내가 냉혹하고 잔인하다고 생각하는 사람이 있다면, 나는 그들에게 알려 줄 것이다. 전쟁은 전쟁일 뿐, 그것의 목적은 사람들의 호감을 사기 위함이 아니다! 전쟁은 지옥이다! 이 모든 것을 멈추고 싶고 평화를 원한다면, 너희는 무기를 내려놓고 이 전쟁을 끝내야 한다!"

– 셔먼

시기 : 1864~1865년

인물 : 윌리엄 테쿰세 셔먼William Tecumseh Sherman, 그랜트Ulysses Simpson Grant
존 후드John B. Hood

조지아로 진군

윌리엄 셔먼은 1820년 2월 8일에 미국 오하이오 주 랭커스터에서 태어났다. 그리고 열여섯 살에 육군사관학교에 입학해서 뛰어난 성적으로 졸업했다. 이후 남북 전쟁이 일어나자 셔먼은 북부군 소속 미주리 제13보병단의 지휘관, 매클렐런 제1사단의 사단장 대리 임무를 수행했다. 제1차 불런 전투에서 큰 타격을 입은 셔먼 사단은 동부 전선에서 이동했다. 1861년 11월에 셔먼은 테네시 군단의 제1사단장이 되었다. 그리고 이듬해 7월에 멤피스 군사령관으로 임명되어 빅스버그를 포위 공격했다. 그러나 병력이 너무

한눈에 보는 세계사

1868년 : 일본, 메이지 유신 시작   1869년 : 수에즈 운하 개통

부족한 탓에 셔먼의 공격은 성공하지 못했다. 그래서 전투는 교착 상태에 빠졌고, 1863년 7월에 그랜트의 지원군이 온 다음에야 북부군은 빅스버그를 함락할 수 있었다. 1864년 봄, 셔먼은 서부 전선의 사령관에 임명되면서 소령으로 진급했다. 북부군 육군 총사령관 그랜트는 셔먼에게 어떠한 희생을 치르더라도 남부 연합군에 파괴적인 공격을 실행하라고 지시했다. 이때 셔먼이 이끄는 부대는 10만 명에 가까운 병력과 화포 254문을 보유하고 있었다. 다음 전투가 일어난 조지아 전장

말을 탄 셔먼의 초상화

은 버지니아 다음으로 중요했다. 셔먼이 이끄는 대군은 남부 연합군의 존스턴이 이끄는 5만 대군과 이곳에서 대치했다. 당시 그랜트가 셔먼에게 이렇게 명령했다. "존스턴의 부대에 작전을 실행하시오. 적군을 섬멸하고 적군의 내부에 침투해서 전쟁 자원을 모조리 파괴하시오." 또한 북부군의 뱅크스 부대가 뉴올리언스에서 앨라배마 주를 지나 조지아로 진군해서 셔먼 부대에 합류했다.

두 달 동안 셔먼의 공격에 맞선 존스턴은 후퇴를 거듭했다. 이것이 남부 연합의 불만을 사서 그는 7월 17일에 결국 해임되었고, 후드가 그의 뒤를 이어 부대를 지휘했다.

애틀랜타 탈환

전투를 치르기 전에 남부 연합에서 장교를 교체하면서 셔먼에게 유리한 상황이 전개되었다. 셔먼은 맥퍼슨을 동쪽으로 보내면서 애틀랜타와 사우스캐롤라이나, 노스캐롤라이나를 가로지르는 철도를 파괴해 남부 연합군의 지원을 끊으라고 지시했다. 7월 20일에 후드가 토마스의 컴벌랜드군을 공격했지만, 시기적으로 뒤늦은 조치였다. 북부군은 이미 방어 태세를 갖추고 적을 기다리고 있던 터라 남부 연합군이 패할 수밖에 없는 상황이었다. 이 전투로 기가 꺾인 후드는 애틀랜타 방어 임무에 투입되었다. 이어서 셔먼이 북쪽과 동쪽에서 애틀랜타를 포위했다. 그러던 중에 후드는 동쪽을 포위한 맥퍼슨의 왼쪽 날개에 엄호가 없는 것을 발견했다. 이에 7월 22일에 군대를 보내서 공격을 시작했고 그 과정에서 맥퍼슨을 총살했다. 그러나 테네시군이 다시 방어선을 쌓는 바람에 남부 연합군은 애틀랜타로 발길을 돌려야 했다.

한 달 동안 이렇게 대치한 후 북부군은 철도를 파괴하기 시작했다. 후드는 위험한 상황에 처한 것을 간파하고 군대를 보내 존스버러에 주둔하는 북부군을 공격했다. 북부군은 수적 열세였지만 용감하게 싸워서 8월 31일에 남부 연합군을 물리쳤다. 9월 2일, 셔먼은 애틀랜타를 점령하고 도시의 모든 군사 시설을 불태웠다. 그리하여 9월 3일에 마침내 북부군이 의기양양하게 애틀랜타에 들어섰다.

바다를 향한 진군

셔먼은 애틀랜타를 점령한 직후 시민 대부분을 자유롭게 풀어 주고, 이 도시를 군사 기지로 삼았다. 자신을 냉혹하다고 비난한 애틀랜타 시장에게 셔먼은 이렇게 말했다. "전쟁은 원래 잔인한 것입니다. 당신은 그것을 아름답게 꾸밀 수 없습니다. 지금 이 전쟁으로 자기 집의 대문이 부서진다면,

당신들도 우리와 똑같이 느낄 것입니다. 당신들은 전쟁을 두려워하고 반대하면서 이 전쟁에 병사와 탄약을 지원했습니다. (중략) 전쟁으로 켄터키와 테네시가 불탔을 때 당신들은 두려움을 느꼈습니까?" 셔먼은 이 전쟁에 대해 "우리는 적대적인 군대뿐만 아니라 적대적인 주민하고도 맞서야 한다."라고 결론을 내렸다.

얼마 후 셔먼은 후드의 부대를 앨라배마 북부로 몰아냈다. 이때 귀환을 지시한 그랜트에게 셔먼이 말했다. "지금 철수해서 본 진영으로 돌아가면 이번 군사 작전에서 이룬 성공은 물거품이 됩니다." 그리고 그랜트에게 자신이 병력 6만 2,000명의 부대를 이끌겠다고 했다. "조지아로 진군해서 적의 방어망을 뚫고 해변을 향해 진격할 것입니다. (중략) 저는 방어가 아닌 공격을 할 것입니다! (중략) 이번 진군을 완수해서 조지아를 울음바다로 만들어 버릴 것입니다!"

그랜트는 셔먼의 계획을 허가했다. 이때부터 셔먼은 본격적으로 '바다

1865년 초에 남부 연합군은 전쟁에서 참패하고 뿔뿔이 흩어졌다. 셔먼이 명령한 포화 공격으로 서배너가 불에 탔고, 얼마 후 그랜트 장군도 남부 연합의 수도인 리치먼드를 고립시켰다. 남부 연합군은 불을 질러 군사적으로나 산업적 가치가 있는 모든 것을 불태우기 시작했다.

를 향한 진군'을 시작했다. 11월 15일, 북부군은 애틀랜타에서 철수했다. 그런데 이들은 떠나기 전에 이 도시에서 군사적으로 가치가 있는 모든 것을 불태웠다. 불씨가 번지면서 여러 상업 지대가 불에 타 애틀랜타의 3분의 1이 잿더미로 변했다. 셔먼은 활활 타는 애틀랜타를 지켜보며 부대를 검열했다. 병사들은 〈존 브라운의 노래John Brown's Song〉를 소리 높여 부르면서 전진했다. 이동 과정에서 소규모 충돌이 빈번하게 일어났다. 북부군 6만 2,000명은 여유롭게 전진하면서 남부의 심장부를 관통하는 80킬로미터 지대를 거침없이 파괴했다. 셔먼의 군대는 가는 곳마다 식량, 식물, 가축을 불태우고, 면화 짜는 기계를 파괴했으며, 공장을 허물고 철도와 다리를 제거하는 등 실질적으로 남부 연합에 가치 있거나 쓸모없는 모든 것을 다 없애 버렸다. 셔먼은 이번 진군으로 1억 달러어치의 막대한 손해를 입히고 남은 것이라고는 황무지와 폐허뿐일 것이라고 예측했다.

이렇게 꼬박 한 달을 진군하는 동안 연방 정부는 셔먼 부대의 소식을 전혀 듣지 못했다. 12월 10일에 셔먼은 서배너에 도착해서 이곳을 점령했다. 그리고 12월 21일에 전보를 쳐서 링컨에게 소식을 전했다. "서배너와 중포 150문, 대량의 탄약과 면화 2만 5,000상자를 크리스마스 선물로 드립니다."

캐롤라이나 소탕

1865년 2월에 셔먼 대군은 전쟁의 불씨를 사우스캐롤라이나로 옮겨갔다. 셔먼의 계획은 일단 사우스캐롤라이나와 노스캐롤라이나를 지나는 통로를 끊고 전쟁 자원을 파괴한 다음, 그랜트 부대와 협공하여 로버트 리 장군이 이끄는 북버지니아 군대를 압박해 그들의 사기를 꺾는 것이었다.

셔먼은 부대를 둘로 나누고 각각 찰스턴과 오거스타를 공격하는 척했다. 내륙과의 연결이 끊어졌기 때문에 찰스턴은 할 수 없이 2월 18일에 북부군에 투항했다. 셔먼이 사우스캐롤라이나에 진군하기 전에 할렉 총참모장이 그에게 말했다. "만약 그대가 찰스턴을 빼앗는다면 나는 이곳을 파괴하고자 할 걸세. 그 땅에 '소금'을 뿌리면 미래에 이 주에 연방 법령 실행 거부와 연방 탈퇴라는 싹이 자랄 수 없도록 할 수 있네." 찰스턴은 다행히 이 운명에서 벗어났지만, 사우스캐롤라이나의 다른 여러 지역은 운이 썩 좋지 않았다.

찰스턴을 점령한 후 셔먼 대군은 계속해서 노스캐롤라이나로 진격했다. 이곳에서 그는 오랜 적수인 조지프 존스턴Joseph Eggleston Johnston과 부딪혔다. 당시 존스턴은 셔먼의 대군을 막아 낼 힘이 없었다. 그의 유일한 희망은 셔먼의 부대에서 일부가 떨어져 나왔을 때 그 부대를 공격하는 것이었다. 3월 19일, 벤턴빌에서 존스턴은 보병 1만 7,000명을 이끌고 전진하는 셔먼 부대의 왼쪽을 공격했다. 기습을 당했지만 북부군의 부대는 굳건하게 버텼고, 다음날 나머지 부대가 도착했다. 그러나 셔먼의 총공격 명령이 제대로 전달되지 않아 존스턴은 북쪽으로 빠져나갈 수 있었다.

셔먼의 대군이 떠난 후 684킬로미터에 이르는 폐허가 남았다. 이곳에서는 다시는 남부 연합군을 지원할 수 없었다. 남부 연합의 대부분 지역은 점령되었고 군사들은 뿔뿔이 흩어진 데다 경제까지 붕괴했다. 결국 1865년에 로버트 리는 무기를 버리고 그랜트에게 투항했다. 이로써 남북 전쟁은 마침내 막을 내렸다.

12 남부 재건

United
States of
America

링컨이 암살된 후 부통령 앤드루 존슨이 남부 재건 강령을 추진했다. 이 강령을 근거로 남부 연합의 관리들이 다시 각 주 정부를 통제했으나, 공화당 급진파의 심한 반대에 부딪혔다. 1877년에 남과 북은 나라의 재건을 위해 타협을 했다. 재건 과정에서 흑인의 이익은 희생되었고 남부에서는 민주당이 다시 정권을 잡았다. 그리고 남부가 재건된 후 인종 갈등이 다시 고개를 들었고 갈수록 인종차별이 심해졌다. 흑인법 제정과 백인우월주의 단체인 'KKK단'이 등장하면서 흑인들의 삶은 더욱 힘겨워졌다.

시기 : 1865~1869년
인물 : 앤드루 존슨Andrew Johnson

존슨의 남부 재건

1865년 4월 14일에 부통령 앤드루 존슨이 대통령 취임 선서를 했다. 1865년 5월 29일, 존슨은 남부 반란자들을 사면해 주기로 했다. '사면 선언'은 링컨이 1863년에 발표한 '재건과 사면 선언'을 토대로 14가지의 경우에 속한 이를 제외한 모든 반란자를 사면하고, 노예를 제외한 모든 재산을 돌려준다는 내용이었다. 존슨이 '사면 선언'을 발표한 후 특별 사면을 요구한 사람은 1만 5,000명으로, 그중에 대통령 특별 사면을 받은 사람은 1만 3,500명이었다. 그런 가운데 존슨이 '죄가 있는 흑인'은 한 명도 사면해 주지 않겠

한눈에 보는 세계사
1868년 : 일본, 메이지 유신 시작   1870년 : 프랑스·프로이센 전쟁
1869년 : 수에즈 운하 개통

다고 명확하게 밝혔고, 각 주에서도 헌법 제정 회의를 구성할 대표를 모두 백인으로만 뽑았다는 점이 주목할 만하다.

이에 대한 국회의 간섭을 피하기 위해 존슨은 1865년 휴회 기간에 급히 재건 강령을 추진했다. '사면 선언'을 발표한 이후 한 달 동안 존슨은 노스캐롤라이나, 사우스캐롤라이나, 조지아, 미시시피, 텍사스, 앨라배마와 플로리다 등 7개 주의 재건 선언을 잇달아 발표하고, 임시 주지사를 임명했다. 1865년 말에 이 주들은 흑인이 참여하지 않는 상황에서 주 헌법을 제정하고 의회와 정부를 수립하고 상하원 의원을 선출했다. 그중에는 기존 남부 연합의 부통령 1명, 장군 4명, 상교 5명, 내각의원 6명, 국회의원 58명도 포함되었다.

흑인법

존슨이 재건 강령을 실시한 후 농장주는 고향으로 돌아와 전에 정부가 흑인들에게 분할한 토지를 되찾았다. 그리고 각 주가 수정 헌법 제13조를 비준하면서 남부 각 주는 잇달아 '흑인법'을 제정했다. 흑인법은 흑인들의 자유와 민주 권리를 제한했다. 정치적으로 흑인은 선거권, 참정권, 배심권이 없었다. 경제적으로는 토지를 소유할 수 없고, 자유롭게 직업을 선택할 권리가 없으며, 오직 계약을 근거로 농장주의 토지에서 강제 노동을 해야만 했다. 신체의 자유와 기본권에서 그들은 자

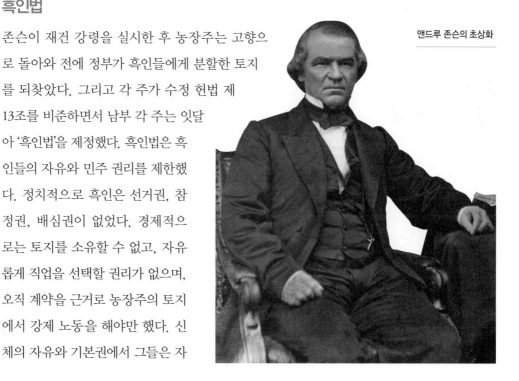

앤드루 존슨의 초상화

유롭게 이주하거나 거주지를 선택할 권리가 없었다. 심지어 흑인 거주 구역을 지정하고 흑인과 백인의 결혼을 엄격하게 금지하는 주도 있었다.

KKK단

남부 각 주에서 흑인법을 제정함과 동시에 흑인을 적대시하는 극우 비밀 조직이 생겨났다. 'KKK단'이라 불리는 쿠 클럭스 클랜Ku Klux Klan은 1866년에 테네시 주 풀라스키에서 창설되었다. KKK단은 이전에 남부 연합군 소속이었던 이들로 구성되었으며 지도자 중 20여 명은 남부 연합군의 장군과 장교였다. 이 조직의 주도자는 네이틴 베드포드 포레스트였다. 1868년에 KKK단은 얼굴을 흰 두건으로 가리고 극단적으로 백인우월주의를 옹호하

1868년에 미국 공화당 의원 7명이 앤드루 존슨의 탄핵 재판에서 기소인 역할을 했다. 왼쪽 두 번째에 앉은 급진파 의원 새디어스 스티븐스(Thaddeus Stevens)는 오른손에 지팡이를 들고 있다.

는 테러 조직으로까지 발전했다.

 존슨이 대통령직을 수행하는 동안 KKK단의 테러 활동이 빈번하게 일어났다. 1866년 4월에 멤피스에서 발생한 흑인과 경찰의 충돌을 빌미로 백인 폭도들은 흑인 거주지를 습격했다. 이들이 3일 동안 방화와 약탈 등의 만행을 저질러 안타깝게도 흑인 46명이 목숨을 잃었고 80여 명이 부상당했으며 흑인 가옥 9채가 불에 탔다. 그해 7월에 뉴올리언스에서는 현지의 흑인과 급진파가 흑인법을 반대하는 대중 집회를 열었다가 대규모 백인 폭도의 습격을 받았다. 당시 이 습격 사건은 사망 48명, 부상 160명이라는 엄청난 피해를 낳았다. 1868년 선거 기간에는 루이지애나, 조지아, 아칸소, 테네시에서 KKK단과 유사한 조직이 더욱 활발하게 활동했다. 10월 22일에 공화당 의원 한 명이 그들의 공격으로 사망한 것을 포함해 아칸소에서는 200여 건의 정치적 암살이 발생했다.

 1869년에 그랜드 위저드 Grand Wizard가 KKK단 해산 명령을 내렸으나 그들의 테러 활동은 계속되었다. 이후 민주당은 공화당 정권을 뒤엎기 위해 KKK단을 비밀 군사 조직으로 이용하기도 했다.

United States of America

맥을 잡아주는 세계사

The flow of The World History

제 3 장 | 서부 개척 시대

1 중국인 노동자와 대륙 횡단 철도

가난하고 늘 멸시당하는 중국인 노동자가 있었기에 이 철도는 빠르게 완성되었다. 그들은 성실하고 부지런하며 작업 효율도 높았다.

– 캘리포니아 주 법관 찰스 크로커

시기 : 1848~1869년
인물 : 중국인 노동자, 찰스 크로커Charles Crocker

캘리포니아 개발을 위한 중국인 노동자 모집

1848년에 캘리포니아의 새크라멘토 계곡에서 금광이 발견되어 금을 캐려는 사람들이 벌떼처럼 몰려들었다. 이 소식을 들은 동부 지역의 자본가들도 앞 다투어 투자에 열을 올렸다. 그런데 캘리포니아는 넓은 땅에 비해 노동력이 매우 부족했다. 미국은 이 문제를 해결하기 위해서 중국 동남 해안 일대에서 중국인 노동자들을 모집하기 시작했다. 이렇게 해서 2~3년이라는 짧은 시간 동안 캘리포니아로 온 중국인 노동자는 2만여 명에 달했다.

한눈에 보는 세계사

1853년 : 크림 전쟁
1868년 : 일본, 메이지 유신 시작

1869년 : 수에즈 운하 개통
1870년 : 프랑스·프로이센 전쟁

중국인 노동자를 모집하기 위해 미국 상인들이 조직한 '골드마운트 드림'은 중국 남부의 수많은 가난한 농민을 끌어들였다. 이 농민들은 계약 노동자 신분으로 미국으로 가는 배에 몸을 실었다. 그리고 두세 달 동안 힘겹게 태평양을 건너 미국의 캘리포니아 샌프란시스코로 가서 '골드마운트 드림'을 찾았다.

초기에 미국으로 건너온 중국인 중에는 스스로 모집에 응한 사람도 있고, 자기 의사와 상관없이 납치된 이들도 있었다. 또 노동자뿐만 아니라 일부 상인, 장인, 고용인, 농민, 어민 등이 포함되어 있었다. 중국인 노동자는 대부분 광둥의 타이산, 신후이, 카이핑, 언핑 등지 출신이었다. 미국에 도착한 중국인 노동자들은 우선 서해안의 샌프란시스코와 캘리포니아 북쪽의 다른 마을에 정착했다. 이렇게 샌프란시스코에 중국인이 모여들면서 미국 역사상 최초의 차이나타운이 점차 형성되었다. 중국인은 미국의 채굴, 도로 건설, 담배 재배, 신발 제작, 방직, 황무지 개간, 수리 공사, 포도 재배, 어업, 소매업, 요식업, 의류업 등 각종 산업에 종사하며 신흥 도시인 캘리포니아 건설을 위해 크게 이바지했다. 캘리포니아 노동국 국장의 말에 따르면 1866년에 캘리포니아에서 원예 노동에 종사한 중국인 노동자는 3만 명에 달했다고 한다. 일부 미국인 관리자들은 이렇게 말한다. "중국인 노동자가 없었다면 미국 서부의 황무지 개간도 없었을 것이다.", "중국인이 미국인에게 과수원과 정원의 농작물 재배부터 수확하는 방법까지 모두 알려 주었다.", "중국인 노동자 덕분에 황무지는 좋은 땅으로 바뀌었고, 캘리포니아 전체가 과수원, 화원이 되었다.", "중국인 노동자가 부지런하게 일하지 않았다면 캘리포니아의 개척과 발전은 수십 년이나 더 늦어졌을지도 모른다." 1850년에서 1870년 사이에 캘리포니아 주 정부가 거두어들인 세금의 절반은 바로 중국인 노동자에게서 징수한 것이었다. "광산, 농장, 공장에 고용된 중국인은 가장 이상적이었다. 중국인이 하는 대부분 일을 이

중국인 노동자의 대륙 횡단 철도 건설

19세기 중반의 북아메리카 대륙 횡단 철도와 20세기 초의 파나마 운하는 수많은 중국인 노동자의 피와 땀으로 만들어진 것이다. 그들이 힘겨운 노동을 참고 열심히 일한 덕분에 해당 국가는 눈부신 경제 발전을 이룰 수 있었다.

런저런 요구 사항이 많은 백인 노동자에게 시키면 오래 하지 못했다."

이처럼 캘리포니아의 개발에 크게 공헌했으나 중국인 노동자와 화교는 여전히 멸시와 박해를 받았다. 일례로, 금을 캐는 중국인 노동자는 저렴한 임금 때문에 백인 광부들의 원성을 샀다. 현지 정치가와 인종주의자들은 기회를 틈타 중국을 배척하는 분위기를 선동했다. 현지 법원까지 방임하는 상황에서 일부 폭도들은 거리낌 없이 화교를 약탈하고 괴롭혔다. 각 광산 지역에서 중국인 노동자 살해 사건이 갈수록 늘어 갔다. 살인자는 법을 어겼지만 아무런 처벌도 받지 않고 버젓이 돌아다녔고, 피해자에게 관심을 기울이는 사람은 아무도 없었다. 1857년에 캘리포니아의 〈샤스타 공화보〉는 당시 상황을 이렇게 보도했다. "5년 동안 중국인은 누군가에 의해 살해되었다. 그 수가 수백 명을 훌쩍 넘는다. 이것은 미국의 도망자 소행이다. 중국인을 죽이는 악질 사건은 매일 발생한다. 살인죄로 체포되더라도 형을 선고받는 사람은 극히 드물다. 중국인 노동자를 죽인 살인자에 대한 판결에 반대하는 것은 양심에 어긋나는 행동이다. 이 사실은 우리를 분노케 한다."

대륙 횡단 철도

1862년 7월 1일에 대륙횡단철도법이 미국 국회에서 통과되었다. 이 법안은 유니언 퍼시픽 철도 회사와 센트럴 퍼시픽 철도 회사에 미국의 동서를 가로지르는 철도 간선을 개설하도록 권한을 부여한 것이다. 이 철도는 동쪽의 네브래스카에서 서쪽의 캘리포니아 서해안까지 이어졌다. 1864년 7월 2일에 링컨 대통령이 정식으로 이 법안에 서명했다.

유니언 퍼시픽 철도 회사가 건설하는 동쪽 구간 공사는 대부분 평원 지대이고 미시시피 강을 운송 통로로 이용할 수 있어서 공사는 매우 순조롭게 진행되었다. 서쪽 구간 공사는 센트럴 퍼시픽 철도 회사가 맡았는데, 시에라 네바다 산맥 일대가 문제였다. 이 일대는 끊임없이 험한 고개가 이어지는 지형인 데다 기후 조건까지 나빠서 공사 중에 부상자가 속출했다. 백인 노동자들은 이처럼 열악한 조건을 견디지 못하고 하나둘씩 떠나갔다. 결국 서부 구간 철도 건설 공사는 거의 진전이 없었다. 공사를 시작한 지 2년이 넘어가도록 철길은 80.45킬로미터도 완성되지 않았다. 센트럴 퍼시픽 철도 회사는 이 공사에서 거의 궁지에 몰렸다.

센트럴 퍼시픽 철도회사는 이러한 위기를 극복하고 공사 속도를 높이기 위해 죄수와 남부의 자유 흑인, 전쟁 포로까지 노동자로 동원할 생각이었다. 그러나 이 계획은 성공하지 못했다. 아무래도 방법이 없던 때에 설립자 중 한 명인 찰스 크로커가 중국인 노동자를 써 보자고 제안했다. 처음에는 50명만 뽑았다. 그런데 중국인 노동자는 처음에 그들이 우려한 것과 달리 일을 매우 잘 해 주었다. 그래서 센트럴 퍼시픽 철도 회사는 중국인 노동자 3,000명을 추가로 고용하면서 공사 진척에 박차를 가했다. 1865년 10월 10일, 캘리포니아 주지사 릴런드 스탠퍼드 Leland Stanford는 앤드루 존슨 대통령에게 보고했다. "네바다 산의 느린 공사 속도 문제를 해결하기 위해 우리는 중국인 노동자를 고용했습니다. 침착하고 조용한 그들은 매우 성실하고 평화를 사랑하며 다른 민족보다 인내심이 더욱 강합니다. 그들의 학습 능력은 놀라울 정도입니다. 앞으로 철도를 건설하는 데 필요한 전문 기술을 매우 빨리 익혔습니다. 게다가 어떤 업무를 하든 아주 짧은 시간에 숙련된 실력을 보여 주었습니다. 임금도 가장 저렴합니다. 서로 간의 돈독한 관계도 주목할 만합니다. 현재 우리는 중국인 노동자를 1,000명 이상 고용했지만, 최고의 조건으로 소개자와 상의하여 그 인원을 더 늘릴 생각입니다.”

낮은 임금의 중국인 노동자를 더 고용하기 위해 1868년 7월 22일에 중국과 미국 정부는 '버링 게임 수호 조약Burlingame Treaty'을 체결했다. 이로써 중국인 노동자들은 미국에서 법률의 보호를 받을 수 있게 되었다.

1869년에는 서쪽 구간의 전체 철도 노선 건설 공사에 고용된 노동자의 5분의 4 이상이 중국인이었다. 철도 건설 간부인 찰스 크로커는 회고록에서 당시 상황을 이렇게 기억했다. “우리는 미국 철도 역사에서 가장 험난한 공사를 완수했습니다. 중국인 노동자가 묵묵히 헌신해 준 덕분에 이렇게 빠르게 성공적으로 완공할 수 있었습니다.”

침묵의 레일 못

대륙 횡단 철도의 길이와 공사의 난이도는 당시 세계에서 아주 이례적이었다. 그중 센트럴 퍼시픽 철도는 가장 긴 구간으로 터널이 많았다. 철도가 지나는 지형은 매우 복잡하고 험난했다. 보통 160.9킬로미터마다 해발 2,000~3,000미터의 높은 산을 지나야 했다. 겨울과 여름의 기온 차가 너무 심해 여름에는 뜨거운 햇살이 내리쬐고 폭우가 빈번하게 쏟아졌으며 겨울에는 폭풍과 눈이 끊임없이 내렸다. 시에라 구간에서 철도 공사는 큰 산의 험준한 낭떠러지 사이에 길을 만들어야 하는 상황에 부딪혔다. 이때 철도 건설 노동자들은 대량의 진흙으로 계곡을 메우고 높은 산을 통과하

도록 수백 미터 터널을 뚫었다. 이 중요한 공사는 모두 중국인 노동자들이 가장 보잘것없는 도구를 이용해서 완수한 것이다.

1865년 봄, 네바다 주 시에라 고개에서 물줄기가 둘로 나뉘는 곳까지 철도 노선을 연장한 후 길이 335.28미터, 높이 27.43미터의 다리를 건설해야 했다. 중국인 노동자들은 괭이, 삽, 쇠망치, 드릴을 사용해 산을 깎고 광주리와 마차를 이용해 흙을 날라 협곡을 메우며 높은 다리를 세우는 힘겨운 임무를 수행했다.

중국인 노동자들은 임금이 매우 낮았지만 작업 위험도는 꽤 높았다. 원래 캘리포니아 주지사였던 프레더릭은 이렇게 말했다. "중국인의 월급은 31위안이었고, 숙식은 중국인이 알아서 처리했다. 백인 노동자를 고용하면 월급이 45위안이며 숙식까지 제공해야 한다. 백인 노동자 1명은 매일 2위안을 써야 하는데 중국인 노동자는 그것의 절반이면 된다.” 시에라 고개에 터널을 뚫을 때는 겨울이었다. 그곳은 겨울이면 눈사태가 자주 일어나 중국인 노동자의 숙소 천막은 네 번 이상 무너졌고, 이 사고로 발생한 사망자 수는 엄청났다. 미국 역사학자는 당시 상황을 이렇게 묘사했다. “10미터 지하에서 터널을 뚫을 때에는 노동자 2,000여 명이 몇 개월 동안 두더지처럼 살았다. 깊게 쌓인 눈을 뚫고 지하로 내려가 칠흑같이 어두운 길을 통과해야만 그들의 숙소가 보였다. 이런 무서운 생활은 노동자들을 위험에 자주 노출시켰다. 산 정상에 눈이 두껍게 쌓일수록 눈사태의 위력은 엄청났다. 눈사태가 일어나기 전에는 짧고 우레와 같은 소리 외에 그 어떤 징조도 없다. 순식간에 모든 노동자가 완전히 휩쓸려서 몇 킬로미터 밖으로 굴러가 몇 달 후에나 그들의 시체를 발견할 수 있었다. 한번은 노동자들이 모두 동사한 적이 있는데, 뒤늦게 발견된 그들은 여전히 삽과 괭이를 꽉 쥐고 있었다.” 중국인 노동자들에게 극복하지 못할 어려움은 없었다. 오죽하면 영어에 “Not A Chinaman's Chance.”라는 말이 생겼을까! 이 말은 중국인이 온다고 해도 희망이 없는데 당신이 한다면 더 희망이 없다는 뜻이다.

1869년 5월 10일, 레일에 박힌 금색 못이 대륙 횡단 철도의 완공을 알렸다. 하지만 유타 주 프로몬토리 포인트에서 열린 역사적인 기념행사에서 그동안 가장 애쓴 중국인 노동자들은 그림자도 볼 수 없었다. 중국인 노동자 모집을 제안했던 찰스 크로커는 새크라멘토에서 열린 축하 행사에서 모두에게 이 한마디를 남겼다. “여러분이 알아 주셨으면 합니다. 오늘날 이 철도를 완공할 수 있었던 것은 가난하고 멸시받던 중국인 노동자들의 목숨을 내건 힘겨운 노력 덕분입니다.”

2 도금 시대 : 마크 트웨인

에디슨, 롱펠로, 로웰, 홈스. 나는 그들을 다 잘 알고 있다. 그리고 성인들, 시인들, 선견자들, 비평가들, 해학가들도 잘 알고 있다. 그들은 서로 닮았고, 그 밖의 문인들에게서도 그들의 모습을 찾아볼 수 있다. 그러나 클레멘스는 유일무이한 존재로, 그 누구와도 비교할 수 없는 우리 문학계의 링컨이다.

—하월스 William Dean Howells

시기 : 1835~1910년
인물 : 마크 트웨인 Mark Twain

미시시피 강의 수로 안내인

마크 트웨인의 본명은 새뮤얼 랭혼 클레멘스 Samuel Langhorne Clemens 이며 미주리 주의 플로리다에서 태어났다. 그가 네 살 때 가족이 모두 미시시피 강변의 소도시 해니벌로 이사해서 그곳에서 유년 시절을 보냈다. 열두 살 때 아버지를 잃은 그는 그때부터 이미 독립해서 일하기 시작했다. 인쇄소 견습공, 식자공을 거쳐 미시시피 강의 수로 안내인이 되었다. 그의 필명인 마크 트웨인은 선원 용어로 안전 수역을 나타내는 거리인 '두 길'을 뜻한다. 골

한눈에 보는 세계사

1837년 : 영국, 차티스트 운동
1853년 : 크림 전쟁
1858년 : 영국, 인도 식민지배 시작
1861년 : 러시아, 농노 해방

1870년 : 프랑스·프로이센 전쟁
1876년 : 조선, 강화도 조약 체결
1896년 : 제1회 근대 올림픽 개최
1910년 : 대한 제국, 국권 피탈

드러시가 일어나자 그도 서부로 가서 금을 캐며 동시에 신문 기자로도 활동했다. 가난으로 힘들었던 생활은 마크 트웨인을 호탕하면서도 재미있는 사람으로 만들었다. 당시의 이러한 풍부한 경험은 훗날 그의 창작 활동에 든든한 밑천이 되었다. 1865년에 마크 트웨인은 《캘리베러스군郡의 명물 뛰어오르는 개구리》를 발표해 명성을 얻었다. 그리고 이후 40여 년 동안 많은 장·단편 소설과 정치 평론을 쓰면서 19세기 미국 사실주의 문학을 개척했다.

상념에 잠긴 마크 트웨인

《도금 시대The Gilded Age》

마크 트웨인의 작품에서 두드러지는 특색은 자본주의 체제의 허위를 날카롭게 풍자하고 19세기 후반 미국의 정치 부패를 거침없이 폭로한 점이다. 그의 유명한 단편 소설 《주지사 경선》에서는 미국 선거 활동에서 목적을 위해서라면 더럽고 비열한 수단도 가리지 않는 정치인들의 추악한 얼굴을 생생하게 묘사했다. 1873년에 마크 트웨인은 작가 찰스 더들리 워너Charles Dudley Warner와 함께 장편 소설 《도금 시대》를 썼다. 이 소설에는 뇌물을 받는 국회의원, 한통속이 되어 폭리를 취하는 정부 기관과 금융 투기꾼이 국민의 재산을 갈취하려는 사악한 모습을 그려 내면서 당시 미국 사회에 만연하던 투기 붐을 통렬하게 비난했다. 책 제목은 '황금시대'와는 전혀 관련이 없다. 마크 트웨인은 19세기 후반의 미국 자본주의 '번영' 시대를 '도금 시대'라고 날카로우면서도 재미있게 풍자한 것이다. 이때부터 '도금'은 19세기 후반 미국 사회를 상징하는 독특한 표현이 되었다.

《왕자와 거지》The Prince and the Pauper

소설 《왕자와 거지》는 마크 트웨인의 대표작 중 하나이다. 소설 첫 부분에서 작가는 두 주인공의 출신과 생활환경을 소개한다. 같은 날, 같은 시각에 태어났지만 두 주인공 에드워드와 톰의 운명은 완전히 달랐다. 왕자로 태어난 에드워드는 항상 화려한 옷을 입고 시녀와 경비병을 데리고 다녔다. 반면에 톰은 남루한 옷차림을 하고 지내며 모든 사람이 본체만체하는 거지였다. 왕자가 태어나자 전국이 들떠서 밤낮없이 축제가 이어졌다. 그러나 톰이 태어났을 때에는 집안에 근심과 걱정만 늘어났을 뿐이었다. 거지인 톰과 왕자 에드워드는 우연한 기회에 궁에서 처음 마주쳤다. 말이 통하지 않아 서로를 이해할 수는 없었지만, 두 사람은 상대방의 생활이 몹시 궁금했다. 그래서 서로 옷을 바꿔 입고 '모험'을 시작했다. 톰은 궁궐의 허례허식에 한숨을 내쉬며 말했다. "저들은 왜 숨 쉬는 것조차 내가 마음대로 할 수 있게 놔두지 않는 거지?" 궁궐 안에서 톰은 정신적으로 혼란스러웠다. 톰은 궁궐에서의 생활을 도저히 이해할 수가 없어 여러 번 '바보 같은 소리'를 했다. 그러나 톰의 '바보 같은 소리'는 정말로 바보 같은 소리가 아니었다. 그것은 진리였고 때로는 아주 잔혹한 말이었다.

한편, 줄곧 궁궐에만 있어서 백성의 생활에 대해서는 하나도 알지 못했던 왕자 에드워드는 한순간에 하층 계급으로 전락해 온갖 고생을 했다. 남루한 옷차림으로 궁에서 나오자마자 수비병에게 두들겨 맞는 처량한 신세가 된 것이다. 아이들은 그를 비웃으며 놀려댔다. 그는 자신이 진짜 에드워드 왕자라고 외쳤지만 아무도 믿지 않았다. 그럴수록 더욱 '미치광이'로 몰렸다. 에드워드는 부랑자와 거지들 사이에서 왕처럼 굴다가 '바보 나라의 미치광이 아들 1세'라고 놀림을 받았다. 에드워드는 이렇게 직접 비인간적

인 대우를 겪으면서 비참한 삶을 사는 백성의 고통과 슬픔을 가슴 깊이 느꼈다.

톰과 에드워드는 가까스로 다시 만났다. 이 무렵, 자신이 진짜 왕자라는 에드워드의 말을 믿는 사람은 아무도 없었다. 하지만 톰의 도움을 받아 옥새의 행방을 말함으로써 왕자라는 사실이 증명되어 둘은 서로 제자리를 찾아갔다. 훗날 국왕이 된 에드워드는 이 경험을 바탕으로 새로운 통치를 시작했다.

《허클베리 핀의 모험》The Adventures of Huckleberry Finn

1844년에 마크 트웨인의 가장 우수한 장편 소설 《허클베리 핀의 모험》이 세상에 나왔다. 소설 속 주인공 허클베리 핀은 집에서 벗어나 자유를 찾아서 떠돌이 생활을 한다. 마크 트웨인은 특유의 뛰어난 필체로 미시시피 강의 아름다운 경치를 묘사하고 광활한 미국 사회의 모습을 보여 주었다. 소설에서 그는 흑인에 대한 깊은 동정심을 표현하며 그들에게 동등한 인격과 고상한 영혼을 부여했다. 소설 속 주인공이 구속에서 벗어나 미시시피 강을 따라 여행하는 모습은 서부 개발 시기에 자유와 새로운 삶을 추구하던 미국 노동자들의 모습이었다. 또한 19세기 미국인의 민족성과 시대 정신을 강렬하게 표현했다. 웅장한 분위기 속에 참신하면서도 자연스럽고, 순박하면서도 활발한 어투로 썼다. 마크 트웨인의 이 작품은 미국 사실주의 문학 중 대표작으로 손꼽힌다.

마크 트웨인은 미국인에게 강렬한 민주주의 정신과 투쟁 의식을 심어 주었다. 그는 최고의 문학가로 인정받고 있으며, 그의 작품은 미국 현대 문학에 커다란 영향을 미쳤다.

3 위대한 발명가 에디슨

에디슨은 미국에서 가장 유명한 전기 학자이자 발명가이다. 평생 2,000여 건에 이르는 발명을 했고, 인류의 문명과 사회 발전을 위해 커다란 업적을 남겼다. 에디슨의 인생은 그가 말한 그대로다. "나는 항상 열심히 사는 것을 포기하고 싶지 않았다. 열심히 노력해서 얻은 경험은 나에게 몹시 소중했다. 특히 어려움을 이겨내고 얻은 기쁨은 이루 말할 수 없다. 인간은 먼저 고난을 거치고 순탄한 환경에 들어서야만 편안함을 누릴 수 있다."

시기 : 1847~1931년
인물 : 토머스 에디슨Thomas Alva Edison

힘겨운 어린 시절

에디슨은 1847년 2월 11일에 오하이오 주 작은 마을 밀란에서 태어났다. 그의 아버지와 어머니는 각각 네덜란드, 스코틀랜드계 미국인이었다. 에디슨이 일곱 살 때 아버지가 경영하는 제재소의 운영이 어려워져서 온 가족이 미시간 주 포트휴런으로 이사했다. 여덟 살 때 에디슨은 학교에 입학했지만 3개월밖에 다니지 못했다. 호기심이 유독 많았던 그는 선생님에게 '저능아'라는 평가를 받고 퇴학당했다. 그러나 결혼 전에 교사였던 어머니

한눈에 보는 세계사

1853년 : 크림 전쟁
1861년 : 러시아, 농노 해방
1876년 : 조선, 강화도 조약 체결
1896년 : 제1회 근대 올림픽 개최

1910년 : 대한 제국, 국권 피탈
1914년 : 제1차 세계대전
1929년 : 세계 대공황

가 집에서 에디슨에게 배움의 기회를 열어 주었다. 어머니의 훌륭한 교육 방식 덕분에 에디슨은 독서에 강한 흥미를 보였고 여덟 살 때 이미 셰익스피어, 디킨스의 작품뿐 아니라 여러 중요한 역사 서적을 탐독했다. 그리고 아홉 살 때에는 파커가 쓴 《자연과 실험철학》 같이 비교적 어려운 책도 빠른 속도로 읽고 이해할 수 있었다. 열한 살 때에는 집의 지하실에서 첫 번째 실험을 했다. 에디슨은 화학 분야에 유독 관심이 많아서 화학 약품과 실험 도구를 살 돈을 벌기 위해 직접 일을 하기로 했다. 그래서 열두 살 때부터 포트휴런과 디트로이트를 오가는 열차에서 신문을 팔았다. 정신없이 뛰어다닌 결과, 중고 인쇄기 한 대를 사서 〈주간 헤럴드〉라는 신문을 직접 제작했다. 에디슨은 혼자서 취재, 편집, 교정, 인쇄, 발행 등 모든 일을 도맡았다. 당시 미국은 남북 전쟁이 한창이었기 때문에 열차에서 그런대로 신문이 잘 팔렸다. 에디슨은 어느 정도 돈을 모으자 열차의 화물칸에 화학 실험실을 만들었다. 하지만 안타깝게도 나무 바닥에 인이 떨어져 열차에 화재가 일어나면서 에디슨은 그의 설비와 함께 열차 밖으로 쫓겨났다.

19세기 후반에 에디슨이 발명한 축음기이다. 이는 전축과 레이저 디스크의 대선배 격이다.

전신 기사

1862년 8월에 에디슨은 열차 선로에서 한 남자아이를 구해 주었다. 이 일에 대해 에디슨이 금전적인 보상을 바라지 않자 기술자인 아이 아버지는 고마운 마음에 자신의 기술인 '전신술'을 가르쳐 주었다. 그 덕분에 에디슨은 1863년에 간선철도회사에 취직해서 스트랫퍼드의 전신 기사가 되었다. 그 후 1864년부터

에디슨과 그가 발명한
전구

1867년까지 떠돌이 생활을 하면서 중서부 각지에서 전신 기사로 일했다. 당시에 그는 스트랫퍼드, 포트웨인, 인디애나폴리스, 신시내티, 내시빌, 테네시, 멤피스, 루이빌, 휴런 등지를 돌아다녔다.

1869년 6월 초, 뉴욕으로 온 에디슨에게 새로운 기회가 찾아왔다. 회계 사무실의 면접을 기다리던 에디슨은 그 사무실의 전신기가 고장 난 사실을 발견하고 뛰어난 기술로 말끔하게 수리했다. 이 일을 계기로 그는 예상한 것보다 훨씬 좋은 일자리를 얻게 되었다. 그해 10월에 에디슨은 전신 기사 포프와 함께 '포프-에디슨 합병회사'를 설립했다. 이 회사는 전기 공사에 필요한 측정기를 전문으로 판매했다. 이 시기에 에디슨은 '주식 시세 표시기'를 발명해 4만 달러를 벌었다. 에디슨은 밤을 꼬박 새워가며 일했고 능력 있는 조수를 많이 배출했다. 그런 한편, 그는 당시 공장에서 열심히 일하는 메리를 만나 그녀와 결혼했다. 그녀는 에디슨의 첫 번째 부인이다. 1872년에서 1875년까지 에디슨은 이중 전신기, 사중 전신기를 잇달아 발명했고, 세계 최초의 영문 타자기가 발명되는 과정을 도왔다.

멘로파크의 마술사

1876년 봄, 에디슨은 뉴저지의 '멘로파크 Menlo Park'로 옮겼다. 그리고 이곳에 '발명 공장'을 지어서 그룹 연구라는 새로운 장을 열었다. 1877년에 에디슨은 벨이 발명한 전화를 개량해서 실제 생활에 사용했다. 그러다 아주 우연한 계기로 축음기를 발명했다. 평소 청력이 나빴던 에디슨은 짧은 바늘로 전화 수화기의 진동을 시험하다가 특이한 현상을 발견했다. 전화 수화기의 진동판에 바늘이 닿으면서 소리의 강약 변화에 따라 규칙적으로 떨렸다. 이 현상을 보고 에디슨은 영감이 떠올랐다. 그리고 이어서 '반대로 소리를 복원할 수도 있지 않을까? 그렇다면 소리를 저장할 수 있지 않을까?' 등등의 생각이 꼬리를 물었다.

4일 밤을 꼬박 새워서 연구한 끝에 에디슨은 축음기의 도안을 설계했다. 1877년 8월 20일에 그는 기계사에게 이 도안을 건네 주었다. 도안에 따라 만든 축음기가 대중에 공개되었을 때 모두 그토록 간단한 구조가 소리를 낸다는 사실을 쉽게 믿지 못했다. 에디슨은 발명품의 가치를 증명하기 위해 현장에서 직접 시범을 보여 주었다. 그는 축음기의 바늘 위에 붙은 마우스피스에 입을 가까이 대고 동요 몇 소절을 불렀다. "메리에게는 어린 양이 있었네." 그리고 나서 에디슨이 원통을 회전시키자 잠시 후에 그 소리가 재생되어 들려왔다. 이로써 축음기는 사람들의 인정을 받으면서 세상에 공개되었다. 상상력의 관점에서 볼 때 이는 매우 중대한 발명 업적이었다. 당시 사람들은 그를 '멘로파크의 마술사'라고 불렀다.

전기로 불을 밝히다

전등이 세상에 나오기 전까지 보편적으로 사용된 조명 도구는 램프와 가스등이었다. 하지만 이 두 종류의 등은 불이 나기 쉬워서 큰 화를 입을 수 있었다. 패러데이가 전동기를 발명한 후 과학자들은 온갖 방법을 동원해

안전하면서도 편리한 전등을 발명하는 데 매달렸다. 에디슨도 그중 한 명이었다.

우선 백열등부터 실험을 시작한 그는 내열성이 강한 재료를 유리구에 넣고 전류를 흐르게 하면 열이 발생하며 빛을 낼 것이라고 생각했다. 이 구상을 실현하기 위해 그가 먼저 생각한 재료는 석탄이었다. 탄소 필라멘트를 유리구 안에 넣어 보았더니 전류가 흐르자마자 끊어졌다. 그는 상황을 검토해 본 후 유리구 안에 있는 공기가 원인이라는 것을 파악했다. 그래서 진공 펌프를 이용해 유리구 안의 공기를 최대한 뽑고 나서 전류가 흐르게 하자 마침내 불이 들어왔다. 하지만 등은 8분 후에 꺼졌다. 이 실험 결과로 에디슨은 백열등을 밝히는 데 유리구 안을 진공 상태로 만드는 것도 매우 중요하지만 관건은 탄소 필라멘트라는 것을 깨달았다.

어떤 내열 재료를 써야 좋을까? 에디슨은 여러 가지로 궁리한 끝에 녹는점이 가장 높고 내열성이 강한 백금을 생각해 냈다! 에디슨과 조수들은 백금으로 수차례 실험을 해 보았다. 백금을 사용하자 불이 들어오는 시간은 더 길었지만 불이 들어왔다 나갔다 해서 여전히 성에 차지 않았다. 그 후 바륨, 티타늄 등 여러 희귀 금속을 사용해 보았는데 효과는 생각만큼 좋지 않았다. 에디슨이 자신이 생각할 수 있는 모든 재료를 적어 보았더니 모두 1,600여 가지나 되었다. 에디슨은 그 모든 내열 재료를 부문별로 나누어 실험하기 시작했다. 실험 결과, 필라멘트의 재료로는 백금이 가장 적합했다. 배기 펌프를 개량하자 등의 수명은 2시간 연장되었다. 하지만 백금을 재료로 하면 등의 가격이 너무 비쌌다. 이 문제로 슬럼프에 빠진 에디슨은 몹시 괴로웠다. 오랜 시간 고민한 끝에 그는 결국 탄소가 가장 수지타산에 잘 맞는다고 생각했다. 그리고 면화의 섬유가 목재의 섬유보다 좋다는 것을 알아냈다. 그래서 면사로 탄소 필라멘트로 만들어 실험해 보자 결과

에디슨이 발명한 탄화 대나무 필라멘트

는 아주 만족스러웠다. 에디슨은 이어서 몇 번 연속으로 실험해 보았다. 실험을 진행할수록 전구의 수명은 한 번에 13시간 연장되었고, 그다음에는 또 45시간에 달했다. 이 소식이 알려지자 전 세계가 떠들썩했다.

그날 이후 에디슨은 반복해서 실험을 계속하여 대나무 필라멘트 전구를 발명했다. 이때부터 집마다 전등을 이용하기 시작했다. 1906년에 에디슨은 텅스텐 필라멘트를 이용해서 전구의 품질을 한 단계 끌어올렸다. 이것이 오늘날까지 계속 이용되고 있는 전구이다.

화려한 말년

1887년에 에디슨은 웨스트오렌지로 실험실을 옮기고 여러 회사를 설립했다. 이 회사들은 훗날 에디슨 제너럴 일렉트릭Edison General Electric Company으로 합병되었고, 그 회사가 바로 지금의 제너럴 일렉트릭이다. 이후 에디슨은 형광학, 자기선광법, 축전지, 철도 신호 장치에 관심을 기울였다.

제1차 세계대전 당시에 에디슨은 어뢰 기계 장치, 화염 방사기, 잠망경을 개발했다. 1929년 10월 21일, 전등 발명 50주년을 맞아 에디슨을 위한 성대한 기념식이 열렸다. 퀴리 부인 등 유명한 과학자가 많이 모인 그 자리에서 에디슨은 답사를 하다가 너무 흥분한 나머지 갑자기 쓰러졌다. 이때부터 그는 건강이 악화했다. 1831년 10월 18일, 인류를 위해 위대한 공헌을 한 과학자는 여든넷의 나이로 세상을 떠났다.

4 카네기의 철강 제국

앤드루 카네기는 상업계를 호령하는 철강 대왕으로 수억 달러의 재산을 기부한 자선 사업가이자 공익사업 후원자였다. 초기의 미국 상업계에서 카네기는 성공한 대표적인 기업가였다. 그는 후대에 현실적으로 실행할 수 있는 관리 철학을 남겼다. 또 그의 성공 경력은 대대로 젊은이들을 격려하는 모범이 되었다.

시기 : 1835~1919년
인물 : 앤드루 카네기|Andrew Carnegie

가난한 아들의 '새로운 이민'

앤드루 카네기는 1835년 11월 25일에 스코틀랜드의 던펌린에서 태어났다. 아버지는 수동식 직조기를 사용하는 직조공이었고, 어머니는 부업으로 떨어진 신발을 기우는 일을 했다. 카네기의 할아버지는 쾌활하고 유머러스한 성격에 똑똑하고 포기하지 않는 불굴의 정신을 지닌 사람이었다. 카네기는 장손으로서 그런 할아버지의 이름을 물려받았다. 또 그의 외할아버지는 기지가 넘치는 정치가로 현지에서 활발하게 활동했다.

한눈에 보는 세계사

1837년 : 영국, 차티스트 운동
1853년 : 크림 전쟁
1861년 : 러시아, 농노 해방
1876년 : 조선, 강화도 조약 체결

1896년 : 제1회 근대 올림픽 개최
1910년 : 대한 제국, 국권 피탈
1914년 : 제1차 세계대전
1917년 : 러시아, 10월 혁명

1846년의 유럽 대흉작과 1847년의 영국 경제 위기로 카네기 일가는 생활 형편이 어려워졌다. 그러자 카네기의 부모는 가난에서 벗어나기 위해 미국 이민을 결정했다. 그들은 집안의 생활용품을 모두 팔고 대출을 받아서 이동 경비를 마련해 미국으로 떠났다.

카네기 일가는 미국에 도착한 후 피츠버그에 사는 친척 집에서 지냈다. 그의 아버지는 가족을 부양하기 위해서 직조공 일을 계속했다. 식

철강왕 카네기

탁보나 냅킨을 만들어서 사방으로 물건을 팔러 다녔다. 카네기와 동생 톰은 신발을 기우는 어머니를 옆에서 거들었다. 그렇지만 카네기 가족은 여전히 가난에서 벗어나지 못하고 고생스럽게 생활했다.

가족의 부담을 덜어 주기 위해 카네기는 방직 공장에서 주급 1달러 20센트를 받고 일했다. 낮에는 힘겹게 일하고 저녁에는 일주일에 세 번씩 야간 학교에 다니면서 복식 부기법을 배웠다. 이때 배운 복식 회계 지식은 훗날 그가 강철 왕국을 건설하고 확고한 입지를 다지는 데 도움이 되었다.

전신 기사의 생애

1849년 겨울, 열네 살이 된 카네기는 데이비드 전보 회사에서 배달원 자리를 얻었다. 녹색 제복을 입고 열심히 일한 카네기는 일주일이라는 짧은 시간 동안 피츠버그의 지리를 완전히 파악했다. 2주 후에는 외곽 지역의 길까지 완전히 꿰뚫었다. 그는 항상 성실하고 열심히 일해서 회사에서도 칭찬이 자자했다. 1년 후 그는 배달원 관리자로 승진했다.

카네기는 매일 아침 한 시간 먼저 출근해서 사무실을 깨끗이 청소하고 전보를 치는 업무를 배웠다. 그는 이렇게 매일 열심히 노력한 끝에 빠른 속

도로 전보 송수신 기술을 능숙하게 익혔다. 전신 기사로 승진한 지 얼마 되지 않아 카네기는 전보 회사에서 제일가는 우수 전신 기사가 되었다. 그는 직업학교에 들어간 것처럼 열심히 일하면서 관련 지식을 습득했다. 또한 이 시기에 그는 여러 회사 간의 경제 관계 및 업무 소통 방식을 파악했다. 업무 능력이 날로 향상되면서 그는 '보이지 않는 상업 백과사전'을 탐독했다. 카네기는 훗날 '인생이라는 계단을 오르는 첫 걸음'이라며 그 시절을 돌아보았다.

카네기는 일하지 않는 시간에 많은 책을 읽어 내실을 쌓고 싶었다. 하지만 가난한 그의 형편으로는 책을 사서 읽을 경제적 여유가 전혀 없었다. 그런 그에게 반가운 소식이 들렸다. 퇴역한 군인 제임스 앤더슨 대령이 집에 소장한 책 400여 권을 배움을 원하는 청소년에게 빌려 주겠다고 한 것이다. 이 소식에 카네기는 몹시도 좋아했다. 그는 곧바로 앤더스 대령의 집을 찾아가서 자신이 좋아하는 책을 빌렸다. 그 후로도 카네기는 앤더슨의 서가에서 여러 권을 빌려 읽으며 독서 습관을 길렀다. 훗날 카네기는 자신의 사업이 성공했을 때 그 은혜에 보답하고자 앤더슨 대령의 집이 있던 곳에 대강당과 도서관을 짓고 앤더슨 기념비를 세웠다.

새로운 직업

1853년, 평소 카네기를 눈여겨보던 펜실베이니아 철도 회사의 피츠버그 지부장 토머스 스콧이 그를 개인 전신 기사 및 비서로 스카우트했다. 당시 카네기가 받은 월급은 35달러였다. 카네기는 열여덟 살의 나이에 펜실베이니아 철도 회사에서 단번에 높은 지위에 올랐다. 스물네 살에는 피츠버그 지부장으로 승진해서 연봉이 1,500달러나 되었다. 이후 그는 현대화된 대기업을 관리하는 노하우를 점차 파악했다. 이와 동시에 좋은 기회를 잡아 투자에 참여하면서 점차 자금을 모아 나갔다. 1856년에 스콧이 카네기에게

600달러에 달하는 애덤스 익스프레스의 주식 10주를 사라고 추천했다. 당시 60달러밖에 모으지 못한 카네기에게 그 금액은 천문학적인 숫자였다. 그는 이 돈을 모으기 위해 어머니와 상의해서 집을 담보로 잡히고 대출을 받았다. 이렇게 해서 카네기는 생애 첫 투자를 했다. 그리고 얼마 후 애덤스 회사에서 배당금 10달러를 받았다.

그 후 카네기는 침대차 발명가인 우드러프를 펜실베이니아 철도 회사에 추천해서 철도 침대차 제작 회사를 설립했다. 카네기는 이 회사의 주식을 38분의 1 정도 사들였는데, 이때의 투자금 200달러로 1년 사이에 벌어들인 배당금이 최고 5,000달러에 달했다. 1863년 무렵 카네기는 이미 주식 투자의 달인이 되었다.

강철 제국 건설

1865년에 카네기는 철도 회사를 그만두고 자신의 사업을 시작했다. 그는 피츠버그 철도 레일 회사, 기관차 제조 공장, 철교 제조 공장을 세우고 제철소를 차리면서 철강 분야에 뛰어들었다. 카네기는 기존 철강 기업의 폐단을 보완하기 위해 공급, 생산, 판매를 일체화한 현대 철강 회사를 세우기로 했다.

1872년, 카네기의 철강 사업은 시기적으로 성숙 단계에 접어들었다. 때맞춰 원가가 저렴한 베서머 제강법이 개발되어 미국 최초의 거대한 평로平爐를 갖춘 홈스테드제강소를 건설할 수 있었다. 게다가 미국의 강철 시장은 밝은 전망에 비해 공급이 부족한 상태였다. 그는 수십만 달러의 주식과 재산으로 자금 문제는 쉽게 해결할 수 있으므로 강철 사업에 집중하기 시작했다. 1873년 말, 카네기는 파트너와 카네기-맥캔들 철강 기업을 설립했다. 회사 자본금은 총 75만 달러였고 이 중 카네기가 투자한 금액은 25만 달러였다. 20여 년 후, 카네기의 재산은 수십 배로 늘어났다.

1881년에 카네기는 동생 톰과 함께 카네기 브러더스를 설립했다. 당시 이 회사의 철강 생산량은 미국 전체 생산량의 37분의 1이었다. 1892년, 카네기 브러더스와 다른 두 회사는 합병을 거쳐 카네기 철강회사로 거듭났다. 이로써 카네기는 마침내 정상의 궤도에 올라 명실상부한 철강왕이 되었다.

19세기 말에서 20세기 초에 카네기 철강회사는 세계에서 가장 큰 철강기업이 되었다. 연 생산량이 영국 전체의 철강 생산량을 뛰어넘었고, 연간 수익도 4,000만 달러에 달했다. 카네기는 이 회사의 최대 주주였지만 이사장이나 회장직을 맡지 않았다. 그리고 기술 및 관리 능력이 높은 인재를 고용한 것은 그의 성공에 큰 도움이 되었다. 카네기는 다음과 같은 명언을 남겼다. "나의 공장 설비, 재료가 전부 불타도 우리 직원들을 전부 구하기만 하면, 몇 년 후에 나는 여전히 철강왕일 것이다."

5 엑슨 모빌의 부상

United
States of
America

존 록펠러는 다재다능한 인물은 아니지만 냉정하고 똑똑하며 멀리 내다보는 안목이 있었다. 그는 자수성가하여 방대한 석유 제국을 건설했다. 미국 역사상 최초의 10억 달러 자산을 모은 갑부이자 석유업계의 거인으로서 록펠러는 상당히 오랫동안 미국의 석유 자원을 통제하고 트러스트 제도를 도입하면서 미국 경제 발전사에서 중요한 역할을 했다.

시기 : 1839~1937년
인물 : 존 록펠러John Davison Rockefeller

어린 시절

존 록펠러는 1839년 7월 8일에 뉴욕 주 리치퍼드에서 태어났다. 그의 어머니는 독실한 기독교인으로 부지런하고 절약을 중요하게 여겼으며, 가정교육에 엄격했다. 아버지 윌리엄은 사방을 떠도는 목재상, 농부, 모피 매매상, 소금 장수 등 여러 직업을 전전했다.

록펠러는 아버지의 천성을 조금도 닮지 않았고, 어머니의 성실함과 검소함의 미덕을 본받아 평생 '근검절약'했다. 그 과정에서 '숫자만이 셀 수 있

한눈에 보는 세계사
1837년 : 영국, 차티스트 운동
1853년 : 크림 전쟁
1896년 : 제1회 근대 올림픽 개최
1910년 : 대한 제국, 국권 피탈

1914년 : 제1차 세계대전
1917년 : 러시아, 10월 혁명
1929년 : 세계 대공황
1936년 : 에스파냐 내전

석유업계의 거인 록펠러

다.'라는 자신만의 결론을 내렸다. 열네 살 때 록펠러는 클리블랜드의 센트럴 고등학교에 입학했다. 1855년에 졸업한 후 록펠러는 대학 진학을 포기하고 돈을 벌기 위해 상업계에 뛰어들었다.

스스로 세상에 뛰어들다

1858년에 열아홉 살의 록펠러는 아버지에게서 빌린 1,000달러와 자신이 모은 800달러를 더해 동업자 클라크와 함께 곡물과 육류를 파는 회사를 차렸다. 주문이 늘어나면서 첫해에 4만 5,000달러의 매출을 올려 4,000달러를 벌었다. 그리고 이듬해에는 1만 2,000달러를 벌어서 록펠러는 절반인 6,000달러를 챙겼다. 그는 사업에 자신감과 야심이 넘쳤다. 또한 신용 있는 사람으로 신뢰를 얻기 위해 백방으로 노력했다.

당시 펜실베이니아에서 석유가 발견되자 순식간에 사람들이 몰려들었다. 그 영향으로 펜실베이니아의 원유 생산량이 급격하게 상승하자 클리블랜드의 상인들도 동요하기 시작했다. 록펠러는 그들을 대표해서 펜실베이니아 원유 산지를 찾아가 조사한 후 믿을 만한 정보를 얻었다. 그곳에 갔을 때 록펠러는 너무 놀랐다. 겉으로 보이는 '번영' 뒤에 맹목적으로 채굴하고 난 다음에 닥칠 위기가 눈에 보였기 때문이다. 그는 급히 돌아가지 않고 산유지에서 좀 더 머물면서 현지 조사를 했다. 한동안 전반적으로 진지하게 조사한 록펠러는 클리블랜드로 돌아가서 상인들에게 그곳의 원유 생산에 투자하지 말 것을 권유했다. 펜실베이니아 유전의 하루 석유 생산량이 1,135배럴인데, 수요에는 제한이 있으므로 분명히 석유 시장의 시세가 내려갈 것이라고 판단했기 때문이다. 록펠러의 예상대로 펜실베이니아에서의 지나친 석유 채굴로 유가는 계속 하락했다. 3년 후 원유는 또 한 번 폭락했고, 록펠러는 이때가 바로 석유에 투자할 좋은 시기라고 생각했다. 그는 클라크와 함께 4,000달러를 투자해서 영국인 앤드루스와 동업하는 정유 공장을 열었다. 앤드루스가 새로운 기술로 등유를 추출하면서 앤드루스-록펠러 회사는 급속하게 발전했다.

석유 왕국 건설

록펠러는 20대 초반에도 장사 수완이 아주 좋았다. 그는 인내심 있게 기다릴 줄 알았으며, 침착하게 동향을 파악하고, 확실한 자신감이 생기면 비로소 일을 추진했다. 반면에 동업자 클라크는 우유부단하고 모험하려고 하지 않는 성격이었다. 두 사람은 결국 석유 사업을 해 나가면서 이견을 보였고, 록펠러가 앤드루스-클라크 회사의 지분을 매입하면서 두 사람은 서로 다른 길을 가게 되었다.

스물여섯 살에 록펠러는 성공을 맛보았다. 이후 그는 빠르게 정유 설비를 확충하면서 일일 생산량을 300배럴로 늘렸고, 당시 회사의 연간 매출액은 100만 달러가 넘었다. 이렇게 록펠러의 회사는 클리블랜드의 최대 정유 회사로 성장했다. 당시 석유 업계는 질서가 잡히지 않고 혼란스러운 상태로, 생산 과잉에 품질은 나쁘고 가격도 들쑥날쑥했다. 록펠러는 치열한 경쟁에서 살아남으려면 기업의 규모를 키워야 한다고 판단했다. 그래서 곧 동생 윌리엄을 설득해 제2의 정유 회사를 설립했다.

록펠러는 처음부터 국제 시장을 목표로 했다. 뉴욕에 사무실을 차리고, 동부 해안과 해외 판매에 중점을 두었다. 록펠러는 회사 간 연합에 열중하면서 자금력이 풍부한 투자 협력자 2명과 손을 잡았다. 그리하여 1870년 1월 10일에 자본금 100만 달러의 새로운 회사 스탠더드 오일을 창립했다.

석유 트러스트

석유 제국이 발전하면서 그 방대한 규모 때문에 위험도 점점 커졌다. 록펠러는 이런 폐단을 파악하고 문제를 어서 해결하는 것이 매우 중요함을 깨달았다. 이때 록펠러는 이런 논지의 글을 보았다. "소상인 시대는 끝났다. 대기업 시대가 온다." 이는 그의 독점 사상과 완전히 일치했다. 록펠러는 이 글을 높이 평가하며 500달러에 달하는 월급을 주고 이 글을 쓴 작가 새뮤얼 도드를 법률 고문으로 채용했다. 도드는 록펠러의 회사에 유리한 법률상 허점을 찾기 위해 온 노력을 다했다. 그러던 어느 날, 영국법의 신탁 제도를 연구하던 도드는 문득 영감이 떠올랐다. 그는 곧 록펠러에게 '트러스트Trust'라는 독점 조직의 개념을 제시했다.

'트러스트' 이론 아래 록펠러는 그토록 바라던 대로 전례가 없는 최초의 연합 기업 '스탠더드 오일 트러스트'를 설립했다. 1880년대에 스탠더드 오일은 석유 시장을 유럽에서 아시아로 확대했고, 더 나아가 전 세계로 영역을 확대했다.

1884년에 록펠러는 스탠더드 오일사의 본사를 뉴욕 브로드웨이 26번가로 옮겨 세계 최대의 석유 연합체를 세웠다. 이와 함께 존 록펠러는 국내외 명성이 자자한 '석유왕'이 되었다. 그 후 스탠더드 오일은 여러 번 이름을 바꾼 끝에 지금의 엑슨 모빌이 되었다.

정상에서 은퇴

1896년 57세의 록펠러는 뉴욕의 본부를 떠나 포캔티코로 이사하면서 정식으로 은퇴했다. 최고의 자리에서 물러난 그는 자선 사업에 남은 인생을 바쳤다. 1890년대부터 매년 기부한 금액이 100만 달러가 넘는다. 1913년에 록펠러는 '록펠러재단'을 설립하고 전문적으로 기부 활동을 시작했다. 그가 평생 기부한 금액은 총 5억 달러가 넘었다. 한편, 스탠더드 오일 트러스트는 유언비어의 영향으로 해산 명령을 받고 38개 자회사로 분리되었다. 이 회사들은 모두 지금까지도 미국 산업에서 큰 활약을 하고 있다.

1937년 5월 23일에 록펠러는 아흔여덟을 일기로 오몬드 별장에서 눈을 감았다. 그 후 아들과 손자가 그의 사업을 물려받았다. 록펠러 가문은 미국 역사상 최대의 부호이자 오늘날 미국에서 가장 유명한 가문이다. 지금까지 얼마의 재산을 모았는지 본인들도 정확히 모를 정도로 록펠러 가문은 엄청난 재산을 소유하고 있다.

6 미국-스페인 전쟁

20세기에 미국의 영토 확장주의자들은 태평양과 카리브 해 지역으로 눈길을 돌렸다. 이때 과거 식민 강국이었던 스페인은 미국이 영토를 확장해 나가는 데 가장 큰 장애물이었다. 세계에서 위세를 떨치던 스페인은 라틴아메리카와 태평양에 아직 수많은 식민지와 세력이 있었다. 그러나 18세기 이후 스페인은 점차 쇠퇴하면서 그들의 식민지와 세력 범위도 열강의 먹잇감으로 전락해 갔다. 신흥 제국 미국도 당연히 이 맛있는 고기를 바라보며 군침을 흘렸다. 갈수록 쇠퇴하는 스페인에 맞서 미국은 드디어 날카로운 이빨을 드러내기 시작했다.

시기 : 1898년
인물 : 조지 듀이George Dewey, 윌리엄 매킨리William McKinley

미국과 스페인의 원한

1895년에 쿠바가 스페인의 통치에 반대하며 반란을 일으켰다. 이 일은 미국의 관세 정책 조정과 아주 깊은 관련이 있다. 1894년에 미국은 설탕에 관세를 징수하는 관세법을 제정했다. 이 법의 영향으로 설탕의 주요 생산지인 쿠바는 당장 경제적으로 어려운 상황이 닥쳤고, 이로 말미암아 정치적 불만까지 생겼다. 분노한 쿠바 인들은 고의로 설탕 조제 설비와 사탕수수밭을 파괴했다. 그러자 1896년 초에 스페인 사령관 발레리아노 웨일러 Valeriano Weyler 장군은 반란을 진압하기 위해 반란에 참여한 쿠바 인들을

한눈에 보는 세계사
1896년 : 제1회 근대 올림픽 개최   1899년 : 제1차 헤이그 만국 평화 회의
1897년 : 대한 제국 성립

강제수용소에 가두었다. 참혹한 생활을 해야 했던 이 강제수용소에서 수많은 쿠바 인이 목숨을 잃었다. 쿠바 반란은 1890년이 되어서야 마침내 스페인 정부에 의해 진압되었다.

이 기간에 쿠바에 투자한 미국 상인과 기업가들은 적극적으로 쿠바의 민중 반란을 지지했다. 미국의 매킨리 정부는 그들의 감정을 이용해 스페인에 압력을 가하기 시작했다. 1898년 5월에 미국 정부는 스페인의 비인간적인 행위에 정식으로 항의했다. 사실 미국 정부는 그전에 해외 시장과 세력 범위를 차지하기 위해 스페인과 최후의 승부를 치를 준비를 했다. 1897년 4월 19일에 미국 해군 차관보가 된 시어도어 루스벨트Theodore Roosevelt는 9월에 스페인과 전투를 치르는 것을 고려하기 시작했다. 9월 20일, 그는 한 편지에서 입장을 밝혔다. "즉시 선제공격할 준비를 해야 합니다. (중략) 우리는 쿠바에 주력해야 합니다. 워커 장군이 전군을 통솔하고 에번스 또는 비슷한 인물이 지휘하는 비행 함대가 스페인에 맞설 것입니다. 그리고 미국의 아시아 함대는 필리핀과 싸울 것입니다. 이것은 그리 어려운 일이 아니라고 생각합니다."

1898년에 미국 정부는 전함 메인호를 아바나 항으로 파견해 그곳의 미국 교민을 보호할 것을 지시했다. 이어서 미국 언론이 이를 대대적으로 보도했다. 특히 윌리엄 랜돌프 허스트의 〈뉴욕 저널〉과 조지프 퓰리처의 〈뉴욕 월드〉는 미국 내에 스페인 반대 여론을 조성했다. 1898년 2월 15일 밤, 아바나 항에 정박해 있던 메인호가 갑자기 폭발해 침몰했다. 3월에 미국에서는 메인호가 수뢰 폭발로 파괴되었으며, 그 폭발로 해당 전함의 앞부분 두 군데와 여러 탄약 선실 일부가 폭발했으나 누구의 소행인지 단정할 수는 없다는 조사 결과가 나왔다. 갑작스러운 이 사건으로 미국 전역에는 더욱 스페인에 대한 반감 분위기가 조성되었다. "메인호를 기억하자!"라는 구호는 한때 미국인의 심금을 울리는 구호가 되었다. 그런 가운데 미국 언론은 이러한 여론이 더욱 확산되도록 부추겼다. 〈아메리칸 저널〉은 스페인과의 전쟁이 곧 임박한 듯한 분위기를 더욱 조장했다. 그들은 '배신으로 인한 메인호 폭발', '전국은 전쟁 열광' 같은 자극적인 제목의 기사를 헤드라인으로 내보냈다. 1898년 4월에 앨버트의 〈평론가의 평론〉은 선동적인 어조의 사설을 발표했다. "스페인은 메인호가 아바나에 나타난 것을 해당 섬에 대한 스페인의 주권에 대한 위협이자 쿠바 반란에 대한 지지로 보았다. (중략) 정말 긴박한 순간에 (중략) 미국에서 7,500만 인구 중 10명도 되지 않는 소수는 미국이 쿠바의 위기 앞에 무기를 내려놓고 스페인과 손을 잡고 화해하며 스페인의 주권을 받아들여야 한다고 생각한다." 미국에서 칭송받던 〈루이스빌 쿠리어 저널〉의 편집장 헨리 왓슨은 1898년 4월 20일에 다음

미국 전함 메인호는 쿠바의 아바나 항에서 스페인의 수뢰에 의해 폭발 침몰했다.

과 같은 내용의 사설을 발표했다. "우리는 기록 보관소의 케케묵은 기록에서 전쟁의 정당한 이유를 찾으면 안 된다. 땅의, 인체의, 인간의 영혼을 뛰어넘는 법칙인 인간의 법칙, 신의 법칙에서 그것을 찾아야 한다. 우리는 자신의 영감에서, 자신의 운명에서 그것을 찾아야 한다. 우리는 필라델피아에서 울리는 자유로운 주권의 종에서 그것을 찾아야 한다. 우리는 총성 속에 독립을 위해 희생한 애국자의 피에서 그것을 찾아야 한다."

미국의 개입

국회에서 주전파의 목소리가 갈수록 커지면서 매킨리 정부는 전투 준비에 박차를 가했다. 1898년 2월 25일, 미국 해군 준장 조지 듀이는 해군 상부의 명령을 받았다. "스페인이 선전 포고를 하면 스페인 함대가 아시아 해안을 떠나지 못하도록 감시하고 필리핀 군도를 공격하시오." 한 달 후인 3월 25일에 매킨리 대통령은 백악관에서 믿을 만한 정치 고문이자 〈뉴욕 헤럴드〉의 편집장인 릭의 전보를 받았다. "이곳의 대기업은 현재 우리가 실제로 전쟁을 할 것이라고 믿고 있습니다. 사람들은 모두 전쟁을 함으로써 걱정에서 벗어나게 될 것이라고 믿고 있습니다." 4월 10일에 스페인 정부는 휴전을 선포했다. 그러나 4월 11일에 미국의 매킨리 대통령은 국회에 무력 사용권을 부여하여 쿠바가 자유를 얻도록 지원하라고 요구했다. 이에 미국 국회는 4월 19일에 그에 대한 결의안을 통과시키며 다음을 주장했다. "우리는 쿠바 인의 독립을 지지한다. 스페인 정부에 쿠바 섬에 대한 권력과 통치를 포기하고 쿠바와 쿠바 해역에서 육·해군 부대를 철수할 것을 요구하는 바이다. 합중국 대통령이 합중국의 육·해군을 사용해 이 결의안을 실행할 것을 책임진다." 이에 4월 24일에 스페인이 미국에 선전 포고를 했고, 다음날 미국도 스페인에 선전 포고를 했다.

전쟁이 벌어지다

1898년 5월 1일에 미국의 태평양 함대가 필리핀의 마닐라 만에서 스페인 함대를 격파하면서 전쟁이 본격적으로 시작되었다. 미국 해군 준장 조지 듀이가 이끄는 태평양 함대는 약간의 손해만 입고 스페인 함대를 크게 꺾었다. 미국 해군은 이 전투에서 승리한 후 필리핀의 반란 세력을 이용해 함께 스페인에 저항하며 계속 공격한 끝에 마닐라를 점령했다.

미국 해군은 이후 전장을 쿠바로 옮겼다. 1898년 5월 14일에 미국 육군이 쿠바에 상륙했다. 시어도어 루스벨트가 제1의용기병단을 이끌고 쿠바 전장에서 싸웠다. 5월 19일에 파스쿠알 세르베라Pascual Cervera가 이끄는 스페인 함대가 카보베르데에서 쿠바 산티아고 항에 도착한 데 이어 6월에 미국 해군 중령 샘프슨Sampson이 이끄는 해군도 이곳에 도착했다. 7월 3일, 미국은 산티아고 항에서 스페인의 카리브 해 함대를 완전히 격파했다. 그리고 7월 17일에 미국의 윌리엄 샤프터William Shafter 장군이 산티아고 시를 함락하여 포위된 스페인 병사 22만 명이 투항했다. 7월 하순에 미국군은 기세를 몰아 푸에르토리코를 점령했다. 8월 12일에 스페인 정부가 휴전을 요청해 왔다. 이번 전쟁에서 미국 육군은 사망 280명, 부상 1,577명, 해군 사상자와 퇴역병은 91명이었다.

10월에 미국과 스페인은 파리에서 전쟁 이후의 상황에 관한 문제를 상의하고자 회담했다. 12월 10일에 양측은 파리에서 강화 조약을 맺었다. 조약 내용에 따라 스페인은 쿠바를 포기하고 쿠바의 독립을 인정하며, 괌과 푸에르토리코를 미국에 넘기기로 했다. 그리고 미국은 필리핀을 양도받는 대가로 스페인에 2,000만 달러를 지급하기로 했다. 1901년 3월에 미국 국회는 플래트 수정 조항The Platt Amendment을 통과시켰다. 해당 수정 조항에 따르면 쿠바는 미국 외의 다른 국가에 토지를 넘길 수 없고, 미국은 쿠바에 군사 기지를 건설할 수 있는 권리가 있으며 쿠바의 '독립'을 지지한다는

이유로 쿠바에 간섭할 수 있었다.

　미국-스페인 전쟁이 일어난 후 미국 공화당 의원 앨버트 베버리지Albert Beveridge는 연설 중에 이렇게 말했다. "영국과 마찬가지로 우리는 전 세계에 무역소를 설립해 우리의 상선을 각 대양으로 진출시키려고 합니다. 우리는 우리의 위대한 국가에 적합한 해군을 양성할 것입니다. 그리고 우리의 무역소 주위로 광활한 식민지를 확장할 것입니다. 미국의 법률, 미국의 질서, 미국의 문명, 미국의 국기는 지금까지 피비린내나고 어두운 땅에 꽂혔습니다. 하지만 성조기가 파나마 운하, 하와이, 쿠바의 남부 해안 상공에서 휘날릴 수 있다면 기쁜 마음으로 그것을 이룹시다."

　전쟁이 끝난 후 매킨리는 그의 대외 확장 전략을 계속 추진했다. 하지만 1901년 9월 6일에 뉴욕 주 버펄로에서 열린 전미박람회 음악회에서 암살되면서 그의 웅대한 계획은 마침표를 찍게 되었다.

7 자동차 왕 헨리 포드

오늘날 자동차는 도시 생활에서 빼놓을 수 없는 교통수단으로, 이러한 자동차의 발명은 인류 역사에서 매우 중요한 진보이다. 미국 자동차 하면 떠오르는 한 사람이 있다. 바로 헨리 포드이다. 세계적으로 자동차 산업의 선구자 중 한 명인 그는 세계 자동차 역사에서 중요한 위치를 차지한다. 그는 대량 생산 시스템인 컨베이어 시스템을 적용하여 포드사를 세계 최대의 자동차 회사로 키웠다. 포드사가 내놓은 T형, A형, V형 모델 등은 '세계 자동차'로 불리며 자동차 산업 발전사에 중요한 이정표가 되었다.

시기 : 1863~1947년
인물 : 헨리 포드Henry Ford

농장주가 아닌 발명가

포드는 1863년 7월 30일에 미시간 주 디트로이트의 농촌에서 농부의 아들로 태어났다. 아버지는 장남인 포드에 대한 기대가 남달랐다. 그는 아들이 가업을 잇도록 농장 일에 관심을 갖길 바랐다. 하지만 포드는 농장 일에는 전혀 관심이 없었다. 그는 어릴 때부터 기계를 무척이나 좋아했다. 어린 시절에 본 증기기관은 포드의 머릿속에 깊은 인상을 남겼고, 그 후로 포드는

한눈에 보는 세계사

1867년 : 노벨, 다이너마이트 발명	1910년 : 대한 제국, 국권 피탈
1868년 : 일본, 메이지 유신 시작	1914년 : 제1차 세계대전
1896년 : 제1회 근대 올림픽 개최	1929년 : 세계 대공황
1899년 : 제차 헤이그 만국 평화 회의	1939년 : 제2차 세계대전
1903년 : 라이트 형제, 최초로 비행 성공	1945년 : 8·15 광복

기계의 힘은 무궁무진하다고 믿었다.

열일곱 살 때 포드는 고향을 떠나 디트로이트에 있는 미시간 주 자동차 제조 회사에 취직했다. 그러나 포드가 이 회사에서 일한 것은 6일밖에 안 되었다. 직원이 2,000명이나 되는 대기업이었는데 가장 우수한 직원이 기계를 수리하는 데는 몇 시간이나 걸렸다. 그러나 포드는 30분이면 다 고칠 수 있었다. 이렇게 큰 차이를 보이는 그의 유능함에 다른 직원들이 불편한 감정을 드러낸 것이 회사를 그만두게 된 이유였다. 그 후 포드는 기계 수리, 시계 수리, 선박 수리 등 다양한 일을 했다. 그는 또한 이렇게 일을 하는 동시에 야간 학교에 다니며 열심히 공부했다. 이러한 힘겨운 노력은 다른 사람 밑에서 이용만 당하다가 평생을 보내는 것이 아니라 자신이 직접 기계를 제작하는 공장을 열겠다는 목표를 달성하기 위해서였다. 하지만 일은 쉽게 풀리지 않았다. 그는 끊임없이 노력했지만 가혹한 현실 속에서 끊임없이 실패를 맛보았다. 시계 공장을 세우겠다는 꿈은 깨졌다. 또한 내연 엔진 연구는 번번이 장애물에 부딪혔다. 포드는 계속된 좌절에 낙담해 고향으로 돌아갔다.

그 후로 포드는 고향에서 10년을 지냈다. 그동안 아버지가 남긴 땅을 물려받고 아내를 만나 결혼했다. 하지만 여전히 발명에 대한 꿈은 포기하지 않았다. 그는 긴장되지만 자극적인 도시 생활을 동경했다. 어느 날, 포드는 휘발유를 태우는 엔진을 설계해 사륜차에 적용할 생각을 했다. 이 생각은 그 후로 계속 포드의 머릿속을 맴돌았다. 그는 드디어 결심을 내렸다. "농장을 떠나 디트로이트로 가야겠어!" 아내는 시골 마을의 아늑한 집에 미련이 있었지만 과감하게 남편을 따라 디트로이트로 떠났다.

속도 귀신

당시는 신흥 자동차가 마차를 대체하는 과도기였다. 1893년에 두리에이

Duryea 형제가 미국 최초의 가솔린 자동차를 만들었고, 이후 여러 사람이 이 분야에 뛰어들었다. 디트로이트 조명 회사 기사로서 포드도 모든 열정과 노력을 자동차에 투자했다. 1896년 6월 4일, 친구의 도움으로 포드의 첫 번째 자동차가 탄생했다. 이 자동차는 속도는 아주 느렸지만 외관이 몹시 독특했다. 이것은 포드의 걸작이자 디트로이트 최초의 자동차였다. 포드는 이 자동차를 몰고 디트로이트를 이곳저곳 다니면서 사람들의 관심을 끌었다. 신기한 외관을 보고 사람들은 포드를 '미친 헨리'라고 비웃었다.

포드는 우연한 기회에 발명가 에디슨을 만났다. 그때 포드는 흥분하며 에디슨에게 자신의 생각을 설명했고, 에디슨은 그에게 칭찬을 아끼지 않았다. 에디슨의 격려에 서른여섯 살의 포드는 자동차에 자신의 인생을 걸었다. 그는 조명 회사를 그만두고 자동차 연구에 몰두했다. 그리고 마침내 1899년에 자동차 3대를 제작하는 데 성공했다.

헨리 포드가 자신이 생산한 최초의 가솔린 엔진 자동차에 앉아 있다.

1901년에 포드는 자신이 제작한 경주용 차를 타고 일 년에 한 번 열리는 전국 자동차 경기에 나가 우승했다. 이때부터 포드는 전국적으로 자자한 명성을 얻었다. 자동차 전문 잡지에서는 그를 '속도 귀신'이라고 부르기도 했다. 일약 디트로이트의 영웅이 된 포드는 1902년에 전국 자동차 대회에 또 한 번 참여했다. 이번에도 그는 2등보다 훨씬 빠른 속도로 우승컵을 쥐었다. 두 번의 승리는 그에게 높은 명성을 가져다주었을 뿐만 아니라 훗날의 성공을 일구는 데에도 좋은 기반을 마련해 주었다.

1902년 11월에 포드는 직접 포드 자동차 회사를 설립했다. 포드의 엠블럼은 파란색 타원형 중앙에 포드의 사인을 모방한 대문자 'F'와 'ford'가 있다. 첫해에 포드가 출시한 A형 모델은 불티나게 팔려 나가 회사는 상당한 수익을 거두었고, 주식 배당금은 10만 달러에 달했다. 단번에 엄청난 성공을 거두었지만, 포드는 이것이 겉으로 보이는 화려함일 뿐이라는 것을 아주 잘 알고 있었다. 사람들이 당장은 그의 자동차에 호기심 어린 눈빛을 보이지만 시간이 지나 자주 사용하다 보면 날카롭게 비판할 것이 당연했다. 따라서 포드 자동차 회사는 자동차의 품질과 가격으로 승부를 내고자 했다.

작은 포드사가 자동차 시장 전체를 점령할 수 없다는 것은 분명한 사실이었기에 돌파구를 찾아야 했다. 포드의 성공 가능성에 대한 주주들의 의심에 포드는 이렇게 대답했다. "미국은 땅이 넓지요. 그리고 매우 많은 사람이 살고 있습니다. 대부분 노동자, 농민이지요. 그들이 바로 자동차의 진짜 수요자입니다. 저는 저가 자동차를 대량 생산할 것을 주장합니다. 특히 표준화된 대량 생산을 통해 그들에게 싸고 실용적인 자동차를 파는 겁니다. 이것이야말로 우리 회사의 장기 전략입니다!" 저가 자동차는 기술 난이도가 높지 않았지만 여러 새로운 문제에 부딪혔다. 이러한 문제로 포드는 골치가 아팠다. 저가 자동차를 대중화하려면 단순하면서 오래 쓸 수 있고 수리도 쉬워야 한다. 또 험준한 시골 길에서도 잘 달릴 수 있어야 했다.

이를 위해서는 자동차 부품을 더욱 개선해야 했다. 더 중요한 점은 이런 자동차를 싸게 만들어서 각 가정에서 살 수 있도록 내놓는 것이었다. 그래서 포드는 심사숙고한 끝에 자동차의 구조를 단순하게 만들기로 했다. 구조를 단순하게 해야만 사용하고 수리하기가 쉽기 때문이다. 게다가 설계가 단순하면 대량 생산하는 데에도 유리하다. 생산량이 증가하면 원가는 내려갈 것이고, 그러면 소비자에게 더 저렴한 가격에 내놓을 수 있다. 이후 '표준화, 단순화'는 포드 자동차의 새로운 디자인 기준이 되었다.

여러 번 수정을 거쳐 포드의 새로운 디자인이 완성되었다. 이 자동차는 포드의 'T'형으로 불렸으며, 훗날 자동차 역사에서 가장 유명한 모델이 되었다. T형 모델은 인기가 아주 많았다. 나라 전체에 T형 열풍이 불었을 정도이다. 1908년에 탄생하여 1927년에 개조되기까지 포드의 T형 모델이 팔려나간 수량은 전 세계 자동차의 절반을 차지했다.

컨베이어 벨트 라인과 일급 5달러

포드 자동차 모델의 혁신과 함께 포드의 비즈니스 마인드도 끊임없이 혁신했다. 주문량이 점점 눈덩이처럼 늘어나자 포드는 기쁨과 동시에 걱정이 생겼다. 자신의 공장이 보유한 기존의 조립 기술로는 대규모 기계화 생산을 해낼 수 없었기 때문이다.

그러던 중 포드는 우연한 발견에서 영감을 얻었다. 어느 날 포드는 도축장을 지나가다가 전기 충격, 피 빼기, 내장 제거, 자르기 등 도축의 모든 과정을 각기 다른 사람이 완성하는 것을 보았다. 포드는 '일관성 있는 이런 작업 방식을 자동차 제조에 응용하면 작업 효율을 높이면서 자동차 제작 시간을 크게 줄일 수 있지 않을까?'하고 생각했다.

포드는 이 생각을 다듬고 바로 자신의 회사에 적용해 상상을 초월하는 혁신을 추구했다. 1913년 봄, 세계 최초로 포드의 공장에서 자동차 이

동 조립 라인이 출현했다. 대규모 이동 조립 라인은 생산 방식에 엄청난 혁명을 일으켰다. 이후 포드사는 세계 자동차 업계의 생산 기록을 갈아치웠다. 1920년 2월 7일에 자동차 한 대를 생산하는 데는 1분이 걸렸는데 1925년 10월 30일에는 단 10초밖에 걸리지 않았다. 이렇게 빠른 속도에 업계는 물론 전 세계가 놀랐다. 완전히 새로운 생산 방식과 관리 방식은 포드사의 핵심이 되었고, 또한 자동차 산업의 발전에 모범이 되었다. 그리고 세계적으로 역사적 의미가 있는 '대량 생산'의 산업 혁명을 불러왔다.

이뿐만 아니라 포드는 노동자의 생활에도 특별한 관심을 기울였다. 그는 자신이 생산하는 차를 노동자 자신이 살 수 없다면 아무런 의미가 없다고 생각했다. 우선 노동자가 자신이 만든 차를 살 수 있어야 회사가 발전할 수 있다는 논리였다. 당시 미국에서 노동자의 일급은 일당 1달러에서 1달러 5센트 수준이었다. 그런데 포드는 모든 매스컴의 기자들을 불러 모으고 그들 앞에서 오늘부터 포드사 모든 생산 라인 직원의 일급은 5달러라고 발표했다. 그 자리에 있던 사람들은 모두 너무 놀라 멍하게 있었다. 직원이 하루에 5달러를 벌면 짧은 시간에 포드 자동차를 구입할 수 있었다. '일급

헨리 포드의 자동차 생산 작업장

세분화된 작업을 맡은 각 노동자가 이동식 벨트를 따라 움직이는 자동차를 하나씩 조립해 나가는 일관 작업을 하는 모습이다.

'5달러'라는 새로운 발상은 이후 미국 전체를 뜨겁게 달궜다. 이 소식을 듣고 수많은 노동자가 각지에서 디트로이트로 몰려와 포드 자동차 공장에서 일하고자 했다. 결국 포드는 공장 입구에 직원 채용이 끝났다는 팻말을 걸어야 했다. 언론에서는 포드의 정책을 높이 칭찬했고, 기자들은 "새로운 경제 시대가 왔다!"라고 보도했다.

8 루스벨트와 몽둥이 외교

United
States of
America

매킨리 대통령이 암살된 후, 백악관에서 당시 부흥하던 진보주의 진영의 대변인이 부상했다. 바로 시어도어 루스벨트이다. 각 주에서 개혁에 박차를 가하면서 개혁파는 수도 워싱턴으로 눈을 돌려 전국적인 문제를 해결하고자 했다. 그들은 대기업에 대한 통제와 관리의 강화, 은행 체제 개혁, 관세 정책 수정, 자연보호 등에 관심을 기울였다. 이러한 문제는 단순히 일부 주의 노력만으로는 근본적으로 해결하기 어렵기 때문이다. 여기에 힘을 더하려면 활기차고 전국적으로 영향력이 있는 대변인이 필요했다. 시어도어 루스벨트가 바로 진보파가 바라던 인물이었다.

시기 : 1858~1919년
인물 : 시어도어 루스벨트Theodore Roosevelt

최연소 미국 대통령

1901년 9월에 매킨리 대통령이 암살되면서 국가 수장의 자리가 비었고, 곧 43세의 부통령 루스벨트가 백악관에 입성했다. 그는 미국 역사상 가장 젊은 대통령이었다. 루스벨트는 전설적 색채가 짙은 인물로, 다양한 경험을 했다. 그는 경찰이자 카우보이였으며, 전쟁 영웅이자 정의를 위해 싸운 용사였다. 명문가 출신으로 하버드 대학교를 졸업한 그는 일찍부터 큰 뜻을 품고 정계에 입문했으며, 충실한 공화당원이었다. 1898년 11월에 시어도어

한눈에 보는 세계사

1867년 : 노벨, 다이너마이트 발명
1868년 : 일본, 메이지 유신 시작
1899년 : 제1차 헤이그 만국 평화 회의

1903년 : 라이트 형제, 최초로 비행 성공
1910년 : 대한 제국, 국권 피탈
1914년 : 제1차 세계대전

루스벨트는 뉴욕 주지사로 당선되어 1899년에서 1900년까지의 임기에 개혁을 단행했다. 이는 공공기업체에 대한 도전이었다. 루스벨트는 중대한 문제에서 그들이 대중의 감독과 통제를 받도록 압박해 공화당 내 보수파의 배척을 받았다. 장기간 뉴욕 공화당을 통제하던 지도자 토머스 플랫은 그에게 불안감을 느꼈다. 1900년에 루스벨트를 부통령 후보로 지목한 것도 그를 뉴욕에서 몰아내기 위함이었다.

우수한 교육을 받은 대통령으로서 루스벨트는 뉴욕 시 주지사 시절에 빈민굴의 상황을 보고 크게 분노했다. 그 후 사회 개혁가의 주장과 민중의 소리를 들으려 노력했고, 그의 집 대문은 지식인, 시인, 카우보이, 예술가, 젊은 기자들에게 항상 활짝 열려 있었다. 그가 공화당을 선택한 것은 일단 공화당의 철학이 엘리트 정치와 귀족 정치 위주가 아니었기 때문이다. 공화당은 열심히 노력하고 끊임없이 발전하고 도덕적이고 성실한 생활을 강조했다. 둘째, 루스벨트는 뚜렷한 국가주의였고 공화당원 역시 모두 '미국 지상주의'를 주장하는 국가주의자였다. 정치적으로 루스벨트는 해밀턴Hamilton의 사상을 따랐다. 그는 생기가 넘치는 국가를 건설하고 싶어 했다. 그가 생각하는 대통령은 국민의 관리로서 죽을 때까지 국민을 위하며 온 힘을 다해 충성을 다해야 하는 인물이었다.

루스벨트가 매킨리 정부를 이어 받았을 당시, 국회는 보수파가 지배했다. 그리고 공화당 조직은 정통파가 장악했다. 그는 10여 년 동안 쌓아온 자신의 정치적 경험을 충분히 활용하여 좋은 기회를 찾았다. 루스벨트는 뛰어난 고문과 부하들을 모아서 연방 정부 기구를 조직했다. 또 교묘하게 공화당 지도자 마크 한나Mark Hanna가 당 내의 사무에 간섭하는 상황에서 벗어나 관리 임명권을 확보했다. 그는 엘리후 루트Elihu Root를 국무장관, 윌리엄 태프트William Howard Taft를 육군장관, 기퍼드 핀초트Gifford Pinchot를 산림청장, 제임스 가필드James Abram Garfield를 내무장관으로 임명했다.

몽둥이 정책

시어도어 루스벨트는 영토 확장에 열을 올린 확장주의자였다. 그는 세계 질서를 유지하는 것은 모든 문명 강국이 기꺼이 나서야 하는 책임이며, 국제 사무에서 실력은 매우 중요하다고 생각했다. 루스벨트는 1904년과 1905년의 연두교서에서 중립정책을 요지로 하는 먼로주의에 해석을 덧붙였다. 1904년 12월 6일, 그는 이렇게 말했다. "문명 사회의 연결 고리가 느슨해진 것은 오랫동안 악행을 저질렀거나 나약하고 무능하기 때문입니다. 아메리카 대륙은 다른 지역과 마찬가지로 문명 국가의 간섭이 필요합니다. 이를 위해 미국은 시반구에서 사악하거나 무능하여 죄를 저지르는 일이 벌어진다면 먼로주의를 지키기 위해 국제 경찰의 힘을 쓸 수밖에 없습니다."

루스벨트의 외교 정책은 강력한 군사력을 방패로 하는 강경주의였다. 1903년에서 1904년에 루스벨트는 국회에 강력하고 효과적인 해군의 계획을 제시했다. 하지만 이는 하원의원 시어도어 버튼Theodore Burton의 반대에 부딪혔다. 1904년 2월 22일에 버튼은 국회에서 해군 계획을 반대하는 연설을 했다. 그러자 다음날 루스벨트가 버튼의 관점에 대해 답장을 했다. "간단히 말씀드리면, 저는 해군력을 향상시키는 것을 반대하는 사람들은 근본적으로 잘못되었다고 생각합니다. (중략) 용서할 수 없는 죄악은 힘과 용기가 필요할 때 그것이 부족한 것을 표현하는 것입니다. (중략) 필리핀에 해군 기지를 만들거나 아시아 해역에 해군 함대를 두려면, 또는 국

미국 26대 대통령 시어도어 루스벨트

민이 원하는 시장인 동아시아에서 입지가 좁다면 필리핀의 수빅 만에 우리의 해군 기지를 세우는 것이 가장 중요합니다. (중략) 지금 중국은 열강의 장난감이 되었습니다. 중국은 줄곧 정신적으로 무시를 당하고 해안과 수역에서 군사력을 키울 힘이 능력이 되지 않았기 때문에 국내 질서를 유지하고 대외 침략을 방어할 수 없었습니다. 중국뿐 아니라 유럽의 약소국은 그동안 자국의 역사에 대한 자부심은 있었지만 외교 문제에서는 어떤 중대한 역할을 할 힘이 없습니다. 그것은 그들의 힘이 부족하기 때문입니다. 반면에 우리는 헤이그 법정과 국재 중재에서 많은 일을 해 왔습니다. 그리고 우리의 남쪽 수역에서 평화를 유지하고 있습니다. 쿠바, 필리핀, 파나마의 유혈 사태와 국내 분쟁을 끝냈습니다. 이러한 우리는 중국에 평화를 위한 영향을 미칠 수 있습니다. 오직 정의와 평화의 목적이 뒤따르기 때문에 우리에게는 정의롭지 못하고 평화를 파괴하는 행위를 저지르는 자들을 통제할 수 있는 해군이 있습니다."

루스벨트는 먼로주의를 아메리카대륙 전체의 외교 정책으로 삼으려 한 것이다. 외교 문제에서 그는 말은 부드럽게 하되, 손에는 몽둥이를 들겠다는 방침을 신조로 삼았다. 이것은 일명 '몽둥이 외교'이다. 강경 정책을 더욱 강력하게 실행하기 위해 루스벨트가 미국의 해군력을 크게 발전시킨 결과, 미국 해군의 종합 능력은 세계 7위에서 2위로 껑충 뛰어올랐다.

공평 정책

루스벨트가 취임한 후 첫 번째로 시도한 가장 큰 정책 변화는 노동자 문제였다. 과거의 정부와 달리 루스벨트는 중재로써 노동자의 파업 문제를 해결하려고 했다. 19세기 말, 미국 정부는 노사 관계 문제에서 오랫동안 고용주 편만 들었다. 시카고 파업이 일어난 후, 연방최고법원은 노동조합이 음모를 꾸미며 무역을 방해했다는 판결을 내렸다. 또 셔먼의 '반트러스트법'을 근거로 파업 금지령을 내렸다. 그 판결 명령에 따라 연방 정부는 군대를 파견하여 무력으로 파업을 강제 진압했다. 당시 미국은 노동자 문제를 폭력으로 해결하자는 식이었다. 그리고 파업이 일어나게 한 경제, 사회의 원인과 그 현실에 대해서는 본체만체했다. 결국 19세기에서 20세기로 넘어가는 시기에 미국에서는 계급 간 갈등이 더욱 심각해지고 노동자 파업이 여기저기서 끊임없이 일어나 미국 정부는 그런 문제를 급히 해결해야 했다.

루스벨트는 노동자 연합과 노동조합의 발전은 필연적이라고 생각했다. 그는 노사가 충돌할 때 법원이 노동자를 억압하는 각종 금지 명령을 남용하는 것을 반대했다. 1902년 4월 공기 연설에서 루스벨트는 자신의 입장을 밝혔다. "지금은 노동자와 자본가의 대연합 시대입니다. 이런 연합은 여러 부분에서 좋은 결과를 낳습니다. 그들이 법의 테두리에서 활동할 수 있도록 해야 하며, 그들과 관련된 법률은 반드시 공정하고 현명해야 합니다. 그렇지 않으면 그들은 나쁜 일을 할 수밖에 없습니다."

1902년 5월에 펜실베이니아의 무연탄 광산에서 노동자들이 파업을 하며, 사측에 8시간 근무제, 노동조합 조직 승인, 임금 상승을 요구했다. 이때 파업에 참여한 노동자의 수는 무려 15만 명에 달했다. 무연탄 광산을 운영하는 철도 회사는 노동자와 연합하여 협상하길 바라지 않았다. 그래서 노동조합에 가입하지 않은 노동자들을 고용해서 다시 생산을 시작했다. 그러자 결국 양측 사이에 유혈 충돌까지 일어나 사상자가 60여 명에 달했다. 충돌 과정에서 노동자들은 질서정연하게 움직이면서 분쟁 중재를 요구했다. 하지만 회사 측은 계속 타협을 거부하며 정부에 군대를 파견해서 파업 노동자들을 진압해 달라고 호소했다. 그 결과, 파업은 10월까지 계속되었다.

겨울이 다가오는데 연료가 부족한 상황이 이어지자 대중도 광산주에 대한 불만이 갈수록 높아졌다. 루스벨트는 석탄 부족 상황에 대한 불안함이 있긴 했지만, 분쟁에 개입할지 선뜻 결정을 내리지 못한 상황이었다. 10월 초가 되자 사태는 더욱 심각해졌다. 이런 상황에서 루스벨트는 노사 양측의 대표를 백악관으로 불러들여서 협상하도록 진행했다. 노동조합 대표 존 미첼은 분쟁에 대한 정부의 중재안을 받아들였지만, 광산주는 여전히 협상을 거부하며 대통령에게 필요할 경우 군대를 동원해서 노동자의 파업 중단을 강요하도록 요구했다. 사측의 이런 태도에 화가 난 루스벨트는 연방군을 투입해 광산을 관리하고 다시 가동시키는 방법을 취하겠다고 했다. 사태가 긴장 상황으로 치닫자, 광산주도 결국 모건의 협조 아래 협상을 받아들였다.

협상을 거쳐 노사 양측은 광산 노동자의 업무 복귀를 약속하고, 대통령이 임명한 위원회가 논쟁이 되는 문제를 중재하는 것에 동의했다. 이에 따라 12월에 위원회가 조직되었다. 당시 루스벨트는 위원회에 엄중히 경고했다. "무연탄 광산에서 공정하고 영구적인 고용주와 노동자의 관계를 정립하기 위해 노력해야 하며, 지금의 문제를 일으킨 원인을 해결하시오." 이후 위원회는 4개월에 가까운 시간 동안 조사를 거쳐 다음해 3월에 최종 조정안을 발표했다. 노동자의 임금을 10달러 인상하고, 노동조합에 가입하지 않은 노동자와 노동조합 소속 노동자 간에 차별 대우를 금지하며, 노사 간에 발생하는 모든 분쟁은 6인으로 구성된 위원회가 조율하고 그 효과가 없을 경우 현지의 연방 순회 법원 판사 1명이 최후 중재를 하기로 했다. 노사 양측은 이 조정안을 받아들였다. 그리고 양측 모두 자신이 승리했다고 외쳤다. 이 사건에 대해 〈뉴욕 트리뷴〉은 다음과 같이 평가했다. "이 분쟁에서 한쪽만 승리했다. 그 승리는 노동조합도, 광산주도 아닌 제삼자의 것이다. 바로 수많은 대중이다. 노사 양측과 열성적인 투사들이 간과한 대중의 이익은 영원한 것이다."

미국 만화: 시어도어 루스벨트의 강경 정책

자연 자원 보호

남북 전쟁이 끝난 후, 일부에서 자연보호 문제를 제기하고 직접 보호 활동을 펼쳤다. 그러나 이 활동은 주로 민간 활동에 국한되었고, 자발적이고 사소한 활동이 대부분이어서 그다지 큰 영향력과 효과가 없었다. 그러던 중 20세기 초에 루스벨트 대통령이 자연보호 운동을 적극적으로 호소하고 지지하면서 차츰 미국에서 전국적이고 전 사회적이며 보편적으로 관심을 기울이는 대규모 운동으로 발전했다.

　자연 자원 보호는 루스벨트가 오랫동안 관심을 느낀 분야로, 그는 대통령으로 취임한 후 이 분야에서 눈부신 업적을 거두었다. 1901년 12월에 루스벨트는 국회에 제출한 연두 교서에서 자연보호 정책과 그 필요성에 대한 자신의 주장을 서술했다. 자연보호 정책을 시행할 기반을 다진 것이다. 1900년 이전에 서부의 여러 주에서 대대적으로 관개 공사를 진행했으나 대부분이 재정적인 이유로 중단되었다. 이후 한 상원의원이 정부에 개간국을 설립하고 전문 기금을 조성해서 개간 공사를 지원할 것을 제안했다. 이 법안은 상원에서 통과되었지만 하원에서는 커다란 논쟁을 불러일으켰다. 특히 하원의원인 '당 지도자' 조지프 캐넌Joseph G. Cannon은 이 법안을 강력하게 저지했다. 그런 한편, 루스벨트는 이 법안을 통과시키기 위해 적극적으로 지지했다. 1902년 6월에 루스벨트 대통령의 서명으로 국가개간법이 효력을 발휘했다. 이 법안에 따라 연방 정부는 토지개발서를 세우고 서부 관개 공사 건설과 관리 업무를 맡겼다.

루스벨트는 산림이 모든 자연 자원의 선순환을 위해 중요한 요소라고 생각했다. 이를 위해 물과 토양의 유실을 방지하기 위한 각종 조치를 취하고, 환경을 아름답게 가꾸고, 야생 동물의 번식을 돕고, 조림 산업을 발전시켜야 한다고 보았다. 연방 정부는 클리블랜드 대통령 임기부터 100만 에이커의 임지林地를 국가 소유로 회수하고 국유 산림 보존 임지로 개척하면서 마구잡이식 벌목을 금지했다. 그렇게 해서 루스벨트가 취임했을 때 국유 산림 보존 임지의 면적은 4,641만여 에이커에 달했다. 하지만 국유림의 관리에는 심각한 폐단이 존재했다. 관리권이 귀속되는 부서가 불분명하여 집중적이고 효과적으로 관리하는 것이 불가능했다. 그러나 루스벨트와 그의 고문 핀초트의 노력으로 국회에서 산림 관리권을 농업부에 귀속시키는 데 동의했다. 핀초트가 관리하는 산림청은 대통령의 적극적인 지지를 받으면서 점점 규모를 키워 갔다. 산림청은 효율이 높은 관리 기구일 뿐만 아니라 자연보호 운동의 정보 센터이자 홍보 부서였다.

루스벨트의 또 다른 목표는 새로운 산림 보존 임지를 조성하는 것이었다. 대통령에 취임한 첫해에 그는 15곳을 산림 보존 임지로 개척할 것을 지시했다. 그러나 그 후에는 각 파의 압력에 못 이겨 1905년까지 새로운 조치를 실행할 수 없었다. 자연보호 운동의 반대 세력은 입법권을 이용해 산림 보존 임지를 확대하는 것을 방해했다. 1907년 2월, 농업부 예산에 관한 안건 토론에서 한 조항이 추가되었다. 바로 국회의 동의를 거치지 않으면 서부 6개 주에서 새로운 산림 보존 임지를 개척하는 것은 불가능하다는 규정이었다. 루스벨트는 이 법령에 서명하기 4일 전에 갑자기 임지 7,500만 에이커를 국유림으로 편입시켜 임의로 채굴하는 것을 금지했다. 또 야생 동물 보호 구역 53곳에서는 어떠한 사냥 활동도 금지하고, 국립공원의 관리를 개선하며, 국가역사기념지 18곳을 세우라는 명령을 내렸다.

　루스벨트는 자원과 환경을 보호하는 것은 한 세대, 한 나라만의 일이 아닌 전 인류가 함께 풀어 가야 할 영원한 사업이라는 사실을 잘 알고 있었다. 1908년 5월에 루스벨트의 제안으로 워싱턴에서 미국 제1회 전국 자연보호 회의가 열렸다. 이 회의에는 주지사 44명, 국회 상하원 대표, 최고법원 판사, 연방 정부 내각 구성원, 민간 단체 대표 70명, 전문 학자, 시민 대표 4명이 참석했다. 회의를 주최한 루스벨트는 직접 연설도 했다. "우리는 자연 자원을 보호해야 한다는 사실을 명심해야 합니다. (중략) 하지만 또 다른 더 큰 문제의 일부에 지나지 않습니다. (중략) 이것은 이 국가의 안전과 지속적인 국가 효율 및 애국 의무를 지키는 것입니다." 같은 해 12월에 루스벨트는 제2회 자연보호 회의를 열었다. 두 차례 회의를 통해 미국 각 주에서 잇달아 자연보호 협회를 세웠다. 1909년 2월, 루스벨트는 퇴임 전날 밤에 백악관에서 북아메리카 자연보호 회의를 열었다. 이 회의에는 캐나다, 뉴펀들랜드, 멕시코, 미국의 대표가 참석했다. 루스벨트는 이때 자연보호 국제 회의 개최를 제안할 계획이었으나 임기가 끝나 결국 뜻을 이루지 못했다.

9 태프트와 달러 외교

윌리엄 하워드 태프트는 1908년, 루스벨트의 추천으로 공화당 대통령 후보로 지명되어 당선되었다. 집권 당시, 태프트는 줄곧 트러스트 금지를 주장했다. 하지만 얼마 지나지 않아 독점 기업에 '자유 방임'하는 정책으로 방향을 바꾸어 그들에게 큰 편의를 제공했다. 대외적으로는 '달러 외교'를 제시해 외국으로 자본을 수출하면서 경제적 침투를 꾀했다. 이러한 정책은 그를 신뢰했던 루스벨트를 비롯해 많은 사람의 비난을 받았다.

시기 : 1857~1930년
인물 : 윌리엄 하워드 태프트William Howard Taft

1908년 대선

1907년에 루스벨트는 대선에 다시 출마하지 않겠다는 뜻을 분명히 밝혔다. 그는 이미 후계자를 정한 상태였다. 바로 윌리엄 하워드 태프트가 그 인물이다. 루스벨트가 보기에 태프트는 그가 고수하던 방침을 실행할 이상적인 인물이었다. 태프트는 오하이오 주 출신으로 연방 판사, 필리핀 총독, 육군장관을 지냈으며, 진보주의 관점에서 줄곧 루스벨트의 정책을 지지했다. 루스벨트의 신뢰와 공화당의 지지를 받은 태프트는 아주 쉽게 대

한눈에 보는 세계사

1867년 : 노벨, 다이너마이트 발명
1868년 : 일본, 메이지 유신 시작
1896년 : 제1회 근대 올림픽 개최
1899년 : 제1차 헤이그 만국 평화 회의

1903년 : 라이트 형제, 최초로 비행 성공
1910년 : 대한 제국, 국권 피탈
1914년 : 제1차 세계대전
1929년 : 세계 대공황

통령 후보로 지명되었다.

태프트의 경쟁 상대는 민주당 후보 윌리엄 제닝스 브라이언William Jennings Bryan이었다. 브라이언은 자신이 루스벨트의 합법적인 후계자라고 주장했다. 그리고 이 경선에서 그는 자본의 힘을 중점적으로 강조했다. '석탄가스와 수돗물 사회주의'를 제창하며 증권 시장이 투기를 중단하고 미성년 노동자 고용을 금지할 것을 요구했다. 또한 순수하고 깨끗한 식품과 약물에 관한 법안을 제정하고, 금융 개혁을 주장했다. 공개적으로 루스벨트를 지지했기 때문에 브라이언은 민주당 내 진보파의 지지를 받았다. 그러나 사실 남부를 제외한 다른 지역에서 우위를 확보한 것은 그에게 불리하게 작용했다.

예상대로 브라이언은 선거인단 투표에서 162장만 얻어 경선에서 패하고 말았다. 태프트는 일반 표의 52%와 선거인단 표 321장을 얻으면서 대통령으로 당선되었다.

윌리엄 하워드 태프트는 부인과 함께 국회의사당에서 백악관으로 이동했다. 그는 마차가 아닌 자동차를 타고 취임 행사장으로 이동한 최초의 대통령이다.

지나치게 신중한 태프트

태프트는 전형적인 보수파이다. 그리고 정치적으로 결단력이 없어 우유부단하고 노련미가 부족했다. 그는 대통령이 지나치게 권력을 행사해 다른 부서의 기존 권력 범위를 침범할 것을 우려했다. 태프트는 취임 전에 루스벨트의 정책을 실현하겠다는 공약을 내세웠다. 그러나 취임한 후에는 모든 일에 지나치게 신중하고 까다롭게 군 탓에 공화당 내 '반란파'가 그를 적대시하고 압력을 가했다.

혁신주의자들은 태프트에게 큰 불만을 품었다. 먼저 관세 문제에서 그러한 점이 드러났다. 선거 운동 중에 태프트는 관세를 적당히 낮출 수 있다면서 취임 후 그 공약을 이행하겠다고 했다. 이를 근거로 혁신주의자들은 태프트가 관세 조정에 대해 논의할 회의를 소집할 것을 요구했으나, 태프트는 이 문제에서 영향력을 행사하려고 하지 않았다. 그 결과, 하원에서 통과시킨 관세 법안에서는 일부 관세만 하향 조정되었다. 1909년에 공화당 내의 '반란파'는 '페인–올드리치 관세법Payne-Aldrich Tariff'에 관한 토론을 할 때 상원에서 공세를 퍼부으며 관세 삭감 목표를 달성하고자 했다. 그러나 보수파가 장악한 상원은 초안에서 유산세 징수에 관한 조항을 삭제하고, 하원에서 통과시킨 법안을 800여 군데 수정했다. 혁신파와 보수파는 결국 타협하기로 하고, 주식회사에 회사 소득세를 징수하고 또 헌법 수정안을 통과시켜 개인 소득세 징수의 합법화를 보장하는 데 동의했다. 마지막에 통과시킨 '페인–올드리치 관세법'은 관세 보호주의 진영의 승리라고 할 수 있다. 같은 해 9월, 태프트는 여러 차례 연설하며 혁신파에서 자신이 생각하는 '공화당이 제정한 최고의 관세법'을 반대한다고 지적했다.

달러 외교

태프트는 대통령 취임 선서를 한 이후 미국의 확장주의 외교 정책 노선을 이었다. 1910년에 태프트는 피츠버그 연설에서 '달러 외교'를 제시했다. "평화 관계를 촉진하는 것은 상업 관계를 촉진하는 것과 같습니다. 미국이 자국 시민이 해외에서 투자하는 합법적인 권리를 보호한다면, 대규모 투자를 촉진하고 상업 관계가 더욱 확대될 것이며, 그 결과는 칭찬받아 마땅합니다. 이런 외교는 '달러 외교'라고 부릅니다. (중략) 미국 자본을 외국 정부에 빌려 주는 것은 아주 적절한 조치입니다. 정부는 자본가의 이익과 기대되는 국가 이익을 기준으로 기업 대출을 평가합니다."

1912년 12월에 태프트는 마지막 국회 연설에서 이렇게 말했다. "달러 외교는 중국과 미국이 심각한 외채의 위험을 받지 않도록 보호하기 위한 것입니다. 미국 정부는 도움의 손길이 필요한 곳을 적극적으로 지지하고 그 국가들이 재정적으로 발전할 수 있도록 해야 합니다. 이러한 재정적 부흥과 관세 철폐는 이른바 독재자가 약탈하려는 대상이 되기 때문입니다. 한편으로는 외국 채권자의 위협을 없애면서 다른 한편으로는 혼란을 가져오는 혁명의 싹을 없앨 수 있기 때문이지요. 중국에서는 금융 투자를 장려해 스스로 위기에서 벗어나는 정책을 시행했습니다. 그들의 문호 개방 정책은 새로운 생명력과 실질적인 응용 효과를 보여 주었습니다." 태프트는 대통령 취임 후 국무장관 필랜더 녹스Philander Chase Knox를 통해 카리브 해 주변 지역에 대한 간섭 정책을 시행하고, 주위의 도움을 받아 극동 문제를 처리했다. 1912년에 태프트는 그의 '달러 외교'에 대해 체계적으로 설명했다. 달러가 탄환을 대신하지만, 그렇다고 해서 탄환을 포기하는 것은 아니라고 했다. 즉 탄환을 방패로 삼고 달러로 길을 열어서 약소 국가에 자본 수출과 경제 침략을 실행하겠다는 뜻이었다.

10 정계 총장, 윌슨

태프트가 물러난 후 윌슨이 집권하는 시기에 진보주의 개혁 바람이 한창 불었다. 학자이며 민주당 출신인 대통령 윌슨은 임기에 행정 수뇌로서 자신의 독특한 지위와 역할을 활용하여 국회의 입법에도 영향력을 발휘했다. 화폐 금융의 혼란과 결함에 맞서 그는 연방준비체제를 성공적으로 창설했다. 그리고 '신新자유'라고 부르는 혁신주의 원칙을 제시했다. 윌슨은 두 번째 임기를 시작한 후 외교 분야에 중점을 두었다. 참전을 선포하면서 미국 정부는 제1차 세계대전에서 승리하기 위해 외교 전략을 짰다.

시기 : 1856~1924년
인물 : 토머스 우드로 윌슨Thomas Woodrow Wilson

백악관의 새로운 주인 윌슨

1913년 3월 초, 우드로 윌슨은 워싱턴에서 취임 선서를 했다. 윌슨의 취임 연설을 듣기 위해 많은 사람이 국회 광장에 모였다. 윌슨은 대통령에 취임하기 전에 미국의 유명한 학자이자 교육가였다. 그의 당선은 미국 역사에서 첫 번째로 박사 학위를 받은 사람이 백악관의 주인이 되는 것을 의미했다.

윌슨은 1856년에 버지니아 주 스토턴에서 태어났다. 그는 노스캐롤라이

한눈에 보는 세계사

1867년 : 노벨, 다이너마이트 발명
1868년 : 일본, 메이지 유신 시작
1899년 : 제1차 헤이그 만국 평화 회의

1903년 : 라이트 형제, 최초로 비행 성공
1910년 : 대한 제국, 국권 피탈
1914년 : 제1차 세계대전

나 주의 데이비슨 대학교에 이어 프린스턴 대학교를 졸업했고, 이후 버지니아 대학교에서 법률을 전공했다. 그리고 1882년에 일 년 동안 변호사로 일하다가 존스홉킨스 대학교 대학원에서 법학과 정치학을 깊이 있게 공부하여 박사 학위를 받았다. 1886년부터 윌슨은 교수로서의 인생을 시작해 펜실베이니아 주의 브린모어 대학교, 코네티컷 주의 웨슬리언 대학교에서 학생들을 가르쳤다. 1902년에서 1910년까지 윌슨은 프린스턴 대학교의 총장을 지냈다. 그는 총장 임기 동안 적극적으로 개혁을 주장하고 추진했다. 그가 제창한 지도 교수 제도는 사회의 호평을 받아 하버드, 예일 등 대학교가 이를 적용했다.

윌슨은 프린스턴 대학교에 제시한 계획이 받아들여지지 않자 1910년 총장직에서 물러났다. 그 후 그는 뉴저지 주지사 후보로 선거에 나가서 당선되었다. 그리고 1912년 대선에서 민주당이 그를 후보로 추대한 결과, 윌슨은 사람들의 기대를 저버리지 않고 한번에 대통령으로 당선되었다.

윌슨을 희화화한 그림

연방거래위원회 설립

트러스트를 해체하기 위해 윌슨 정부는 독점금지법인 클레이턴법Clayton Act을 제시했다. 그리고 국회에서는 클레이턴법을 좀 더 보완한 연방거래위원회법을 통과시켰다. 1912년에 시어도어 루스벨트는 전문으로 기업을 관리하는 기구를 설립하는 것을 제시했다. 루스벨트의 이 구상에 대해 윌슨은 크게 비난했다. 하지만 백악관에 입성한 후 윌슨은 생각을 바꿔 그의 주장을 받아들였다.

월슨이 이렇게 생각을 바꾼 데에는 변호사 루이스 브랜다이스Louis Brandeis의 공이 컸다. 브랜다이스는 오랫동안 월슨의 고문으로 일하면서 그가 '신자유주의' 정책을 수립하고 진보파에 합류해 새로운 전략을 추진하도록 도움을 주었다. 브랜다이스는 월슨에게 신국가주의 주장을 지지하고 독립위원회를 설립하도록 조언했다. 그 위원회에 상업 행위를 조사할 수 있는 광범위한 권한을 부여하고, 불공정 행위가 밝혀지면 즉시 중지 명령을 내릴 수 있도록 하라는 것이었다. 월슨은 심사숙고 끝에 그의 의견을 받아들였다.

1914년 가을, 국회는 월슨의 요청으로 브랜다이스가 초안 작성을 도운 연방거래위원회법을 통과시켰다. 이 법안의 규정에 따라 기존의 기업관리국은 폐지되고 관련 업무는 모두 연방거래위원회로 넘어갔다. 위원회는 독립된 행정 기구로, 대통령이 지명하고 상원의 동의를 거쳐 임명된 5명으로 구성되며 이들의 임기는 7년이었다. 위원회는 기업 활동을 조사하고 클레이턴법이 적용되는 개인과 기업을 감독하여 위법 행위를 방지할 권한이 있었다. 또 대통령이나 국회의 요청으로 새로운 법안의 초안을 작성할 수 있었다. 연방거래위원회법 제5항에 따르면, 상업상의 용무에서 불공정 경쟁 방식, 불공정 또는 사기성 행위와 방법은 모두 불법에 해당한다. 이렇듯 정부가 단순히 기업의 독점 행위를 통제하는 것에서 기업 활동을 규범화하고 기업 간 경쟁 방식을 통제하는 등 관리 범위를 확대했다. 이 밖에 '연방거래위원회법'의 또 다른 책임은 소비자의 권익을 보호하는 것이었다.

14개조 평화 원칙

1914년에 제1차 세계대전이 발발한 후 미국은 처음에 중립을 유지하다가 막판에 세계대전에 말려들었다. 이 기간에 월슨은 많은 일을 해냈다. 1917

년 8월 이후 윌슨 정부는 구체적이고 자세한 미국의 전쟁 목표와 평화 원칙을 준비하기 시작했다. 9월에 윌슨은 조사위원회를 조직해 전쟁에 참여한 각 나라의 전쟁 목표를 파악하고 미국의 전쟁 목표를 정하도록 했다. 10월 하순, 윌슨은 하우스 대령을 런던과 파리로 파견해 연합군 간의 군사 협력 문제 회의에 참석시켰다. 또 그에게 미국과 연합군이 전쟁 목표에서 협력하여 독일과 오스트리아에 대한 평화 공세를 강화할 기회를 마련하라는 지시를 내렸다. 그러나 여러 동맹국은 각자 꿍꿍이가 있었기 때문에 하우스는 임무를 완수하는 데 성공하지 못했다.

1917년 12월에 조사위원회는 하우스 대령의 요청으로 윌슨 대통령에게 전쟁 목표와 평화 조항에 관한 비망록을 제출했다. 그들은 지금 자유주의 원칙을 발표하는 것이 미국에 매우 중요하다고 생각했다. 12월 23일, 윌슨은 이 비망록을 수정하여 보완하고 14개조 평화 원칙을 작성했다.

1918년 1월 8일에 윌슨은 국회에서 그의 14개조 평화 원칙을 발표하며 "세계 평화의 원칙은 우리의 원칙이다."라고 선포했다. 구체적인 내용은 다음과 같다.

1. 강화 조약 공개와 비밀 외교 폐지 : 국제 사안에 대한 어떠한 비밀 회담도 있어서는 안 된다.
2. 공해의 자유 : 평화 시와 전쟁 시를 막론하고 영해 밖에서의 항해의 자유는 절대 보장되어야 한다.
3. 평등한 국제 무역 확립 : 모든 경제적 장벽을 없애고 평등한 국제 무역 기회를 보장해야 한다.
4. 군비 축소 : 각국의 군비는 자국의 안보를 보장할 수 있는 최저선까지 축소되어야 한다.
5. 식민지 문제의 공정한 해결 : 모든 식민지 분쟁을 해결할 때 서로 진심

으로 대하며, 절대적으로 공평해야 한다. 주권과 관련된 문제를 결정할 때에는 현지 주민의 이익과 식민 정부의 정당한 요구를 모두 고려해야 한다.

6. 러시아 내정에 대한 불간섭과 원조 제공 : 외국 군대는 러시아의 모든 영토에서 철수하고, 세계의 다른 국가들은 러시아가 독립적으로 정치와 국가 발전을 위한 정책을 결정할 때 제약을 받지 않도록 기회를 제공해야 한다. 또한 필요하거나 러시아가 희망하는 모든 도움을 주어야 한다.

7. 벨기에의 주권 회복 : 외국 군대는 벨기에에서 철수하고, 그 주권을 회복시킨다.

8. 알자스-로렌 반환 : 외국 군대는 프랑스의 모든 점령지에서 철수하고 원래 상태를 회복하며, 알자스-로렌을 프랑스에 반환한다.

9. 이탈리아 국경의 민족 문제 해결 : 이탈리아 국경을 다시 조정한다.

10. 오스트리아-헝가리 제국 내 민족 문제 해결 : 오스트리아-헝가리 제국의 인민이 자치 기회를 얻어야 한다.

11. 발칸 제국의 민족적 독립 보장 : 루마니아, 세르비아 몬테네그로에 주둔한 외국 군대는 철수하고, 발칸 국가들의 정치·경제적 독립 및 영토 보전을 국제적으로 보장해야 한다.

12. 튀르크 제국에 속한 여러 민족의 자치 : 튀르크 제국 내 튀르크의 일부 주권을 인정하되, 다른 민족은 튀르크의 통치 아래 절대적인 자치권을 획득해야 한다. 다르다넬스 해협은 국제적인 보장 아래 자유 항로로서 영원히 개방되어야 한다.

13. 폴란드 재건 : 독립된 폴란드 국가를 수립하고, 그 정치·경제적 독립 및 영토 보전을 국제 협약으로 완전히 보장해야 한다.

14. 국제연맹 창설 : 강대국과 약소국을 막론하고 정치적 독립과 영토 보

전의 상호 보장을 목적으로 하는 전문 규약을 마련하고 이를 기초로 하는 국가 간 연합 기구가 구성되어야 한다.

1918년 9월에 윌슨은 민족 평등, 공동 이익, 국제연맹 창설, 국제 경제 협력, 공개 외교 등 다섯 가지 평화 방안 및 원칙을 제시했다. 9월 20일에 윌슨은 이렇게 말했다. "이것은 미국인이 권한을 부여한 독특하고 숭고한 역할을 맡는 전쟁입니다. 여기에는 어떠한 사적인 목적도 없으며, 우리의 안정된 생활 기반과 이상을 위해 싸울 것입니다. 우리는 세상을 자유롭게 하고, 사심 없이 세계를 위해 봉사하는 선물을 주려 합니다."

미국의 압력으로 영국, 프랑스, 이탈리아는 11월에 이루어진 휴전 협정에서 14개조 평화 원칙을 기반으로 한 평화 협상에 동의했다. 그러나 각국 사이에는 여전히 이견이 존재했다.

윌슨이 제시한 파리평화회의

1918년 11월 29일에 프랑스는 미국에 승전국인 미국, 영국, 프랑스, 이탈리아, 일본이 과거에 일부 동맹국과 체결한 특별 협정을 모두 폐지하고 다섯 국가 간 평화에 대해 동의할 것을 제안했다. 윌슨 대통령은 프랑스의 제안에 바로 답장을 보내지 않았다. 그가 고려하는 최우선 문제는 국제연맹을 창설하는 것이었고, 그것과 베르사유 조약을 결합하기로 결정을 내렸기 때문이다. 그래서 윌슨은 직접 미국 대표단을 이끌고 파리로 갔다. 그런데 대표단을 구성하면서 윌슨은 치명적인 정치적 실수를 범했다. 대표단에 중요한 공화당원이나 상원의원을 한 명도 포함시키지 않은 것이다. 대표단에는 국무장관 로버트 랜싱, 대통령의 정치 고문 애드워드 하우스 대령, 타스커 블리스 장군, 전문 외교가 헨리 화이트가 포함되었다. 윌슨은 파리로 출발하기 전에 상원의 외교관계위원회에 어떤 자문도 구하지 않았다. 이 일로 윌슨의 앞날이 순탄치 않게 되었다.

12월 4일, 윌슨 일행은 뉴욕 항을 출발했다. 대표단을 이끌고 파리에 도착한 이들 일행에는 국무원 관리, 정보국 관리, 전문가와 비서도 있었다. 1919년 1월 12일에 영국, 프랑스, 미국, 이탈리아 4개국 대표와 외교 장관들이 모여 예비 회의를 개최했다. 이 회의에서 일본을 합류시키고 최고이사회를 구성하기로 했다. 1월 18일, 파리평화회의가 정식으로 시작되었다. 영국, 프랑스, 미국이 회의의 주축이 되었고, 미국 윌슨 대통령, 영국 로이드 조지 수상, 프랑스 조지 클레망소 대통령, 이탈리아 비토리오 오를란도 수상이 참석했다. 윌슨의 14개조 평화 원칙 제1조가 바로 공개 외교 원칙이었음에도, 회담은 대부분 비공개로 진행되었다. 회의는 4개국 대표가 첨예하게 대립하면서 시작 초반부터 긴장감이 감돌았다.

윌슨은 파리평화회의에서 국제연맹을 창설하는 문제에 가장 깊은 관심을 보였다. 그것은 자신에게 세계적인 명성을 가져다줄 뿐만 아니라 미국을 세계 지도자로 만들어 줄 수 있기 때문이었다. 윌슨은 국제연맹 규약의 초안에 관심을 두고 국제연맹과 베르사유 조약의 결합을 계속 주장했다. 그렇게 되면 베르사유 조약을 비준하는 것이 곧 국제연맹 규약을 비준하는 것이나 다름없었다. 프랑스는 우선 영토 분할, 배상 등 문제에 대해 토론하고 국제연맹 창설 문제는 마지막에 토론할 것을 요구했다. 영국은 국제연맹 규약을 베르사유 조약에 포함하는 것에는 동의했으나, 서로 분리해서 비준할 것을 주장했다. 각국 대표들의 입장은 팽팽하게 맞섰다. 오랜 진통 끝에 결국 2월 중순에 열린 회의에서 국제연맹 규약의 초안이 제출되었고 약간의 수정을 거쳐 4월 28일 국제연맹 규약이 채택되었다.

국제연맹 규약의 주요 내용은 집단 안정 보장, 국제 분쟁 중재, 군비 축소, 공개 외교 등 문제에 집중되었다. 또한 선출된 상임이사국 5개 대국과 일부 약소국의 대표로 구성된 행정 기구를 설립할 것을 규정했다. 이로써

모든 국가가 토론에 참여할 수 있는 회의가 열렸다. 윌슨의 설득 끝에 국제연맹 규약은 베르사유 조약의 제1편이 되었다.

베르사유 조약을 체결할 당시 4개국 대표가 호텔 앞에서 찍은 단체 사진이다. 왼쪽부터 영국의 로이드 조지 수상, 이탈리아의 비토리오 오를란도 수상, 프랑스의 조지 클레망소 수상, 미국의 우드로 윌슨 대통령이다.

국제연맹 규약의 비준을 위한 투쟁

1919년 3월 14일, 유럽에서 5개월 가까이 머문 윌슨이 드디어 귀국했다. 이후 그는 서둘러 상하원의 외교관계위원회를 소집했다. 그리고 이 회의의 결과, 3월에 공화당 상원의원 헨리 로지가 '원형 서명 성명'을 제출했다. 상원의원 39명이 서명하여 국제연맹 규약에 대해 질의하며 베르사유 조약과 국제연맹 규약은 따로 발효해야 한다고 요구했다. 또한 공화당원은 베르사유 조약에 산둥 문제 관련 조항이 포함되어 있다고 공격하면서 평화 회의에서 통과시킨 산둥 문제 해결 방법을 취소할 것을 요구했다. 윌슨은 이러한 국내의 반대를 무릅쓰고 다시 프랑스로 건너갔다.

7월에 윌슨이 미국으로 돌아왔을 때 국내는 그에 대한 비난으로 들끓었다. 7월 10일, 윌슨은 상원에 베르사유 조약을 제출했다. 당시 상원의원 조지 노리스는 국제연맹은 전쟁 발생 가능성을 줄이는 데 별 도움이 되지 않으며, 그저 국제 사회에서 강대국이 계속 통치를 추구하는 수단에 불과할 뿐이라고 생각했다. 그리고 상원의 외교관계위원회 의장 로지는 국제연맹은 미국의 주권을 지나치게 박탈하는 것이라고 주장했다.

어느덧 로지는 윌슨의 가장 큰 장벽이 되었다. 공화당은 비준을 지연하는 전략을 쓰며 여론을 끌어들여 국제연맹을 강하게 반대했다. 로지는 국제연맹에 대해 14개 유보 조항을 제안했다. 예를 들면 "미국은 산둥의 해결 방법에 동의하지 않는다, 국제연맹이 미국 국내의 입법에 결정권을 갖는 것을 부결한다." 등의 내용이 있었다. 그중에 국제연맹 규약 제10조의 유보 조항이 가장 중요했다. 10조는 "가맹국은 각 가맹국의 영토 보전 및 정치적 독립을 존중하고, 외부의 침략을 막아 줄 의무가 있다."였으나, 그들은 "국회의 동의를 거치지 않으면 미국은 타국 영토의 완전 보장과 정치적 독립을 수호할 의무를 지지 않는다."로 수정할 것을 주장했다.

하지만 윌슨은 모든 유보 조항을 거부했다. 9월이 되자 그는 비준이 지연되다가는 베르사유 조약에 대한 미국인의 관심이 줄어들 것을 염려했다. 그래서 전국 순회 연설을 해서 자신의 주장을 밝히기로 했다. 윌슨은 전국 유세를 통해 총 37차례 연설했다. 주로 국제연맹 각 회원국의 영토 보전을 보장하는 10조에 관한 내용과 먼로주의와 이민, 입국법, 관세 등 국내 사무는 국제연맹의 통제를 받지 않는다는 유보 조항과 산둥 결의에 관한 내용이었다. 1919년 9월 26일에 윌슨은 유세 도중에 중풍에 걸려 신체의 왼쪽이 마비되었고 목숨이 위태로운 상황이 되었다. 건강이 악화된 윌슨은 더욱 강경하게 자신의 주장을 고수하고 타협안을 거부했다.

당시 상원의원은 네 그룹으로 분리되었다. 월슨에게 충성하는 민주당 내 국제연맹 가입 지지자, 프랭크 켈로그를 중심으로 하는 온건 유보주의자, 로지가 조종하는 강경 유보주의자, 노리스 등의 비타협 세력이 있었다. 1919년 9월 10일에 외교관계위원회는 베르사유 조약에 45곳 수정과 4개 조항 유보에 대한 보고서를 상원에 제출했다. 11월 19일, 상원은 베르사유 조약에 관한 표결에 들어갔다. 3번 연속으로 치러진 표결은 모두 부결되었다. 이러한 가운데, 1920년 1월 16일에 국제연맹이 정식으로 창설되었다.

1921년 7월, 미국 국회에서 월슨과 로지의 전쟁이 끝났다. 이후 8월에 국제연맹에 관한 사항을 포함시키지 않은 채 독일과 개별적으로 강화조약을 체결했다. 국제연맹 창설을 제안한 미국은 끝내 그 회원이 되지 못했다.

United States of America

맥을 잡아주는 세계사
The flow of The World History

제 4 장 ｜ 제1·2차 세계대전과 미국

제1차 세계대전 속 미국

1914년에 제1차 세계대전이 일어났다. 이 전쟁은 인류가 처음 겪는 대재난이었다. 그러나 미국에는 유례없는 발전 기회를 가져다주었다. 세계대전이 끝난 후 유럽의 합스부르크 왕가, 호엔촐레른 왕가, 로마노프 왕조, 오스만 왕조는 역사의 뒤안길로 사라졌다. 그리고 전쟁에 참여한 유럽의 여러 국가는 큰 피해를 입었다. 이 전쟁에서 이득을 본 나라는 바로 미국이었다. 미국은 어부지리 격으로 세계 초강국의 반열에 올랐고, 이후 일류 대국으로서 세계를 이끄는 역할을 수행하기 시작했다.

시기 : 1914년
인물 : 윌슨Thomas Woodrow Wilson, 루덴도르프Ludendorff, 페르디낭 포슈Ferdinand Foch

미국 정부의 중립과 중재

1914년에 제1차 세계대전이 발발했을 때 미국의 윌슨 정부는 국내 정치 개혁에 열을 올리며 윌슨의 '신자유주의' 개혁 방침을 적극적으로 실행하고 있었다. 그러던 중 일어난 세계대전에 대해 윌슨 정부는 처음에 미국의 외교 정책에 관한 설명을 발표하여 중립 입장을 공식적으로 밝혔다. 1914년 8월 4일에 윌슨은 중립을 선언하고, 8월 19일에 미국 국민에게 이렇게 호소했다. "사고와 행동에서 어느 한쪽으로 기울지 말고 중립을 지켜 주십시오. 중립에 대해 깊숙이 파고드는 미묘하며 근본적인 파괴를 경계하십시

한눈에 보는 세계사
1903년 : 라이트 형제, 최초로 비행 성공   1910년 : 대한 제국, 국권 피탈

오. 이런 파괴는 그들이 속하는 민족에서 비롯될 수 있으며, 지나치게 한쪽 편만 드는 것일 수 있습니다. 인간의 영혼을 시험하는 날에, 미국은 명목적으로뿐만 아니라 실질적으로도 중립을 유지해야 합니다. 우리는 행동만이 아니라 사고에서도 중립을 지켜야 합니다."

중립 기간에 미국 여론은 정부에 미국의 해상 권리를 보호하면서 평화를 유지할 것을 요구했다. 따라서 중재를 통해 전쟁을 끝내는 것이 미국 정부의 유일한 실행 가능한 방법이 되었다. 1915년 1월에 윌슨은 하우스 대령을 유럽으로 보내 제1차 세계대전 속에서 미국의 첫 중재 사명을 시작했다. 하우스는 초기에 독일이 벨기에에서 철수하고 전쟁 이후 군비를 축소하며 앞으로 유럽의 평화를 보장하겠다고 동의하기만 하면 영국도 평화 협상을 할 의향이 있다는 것을 알아냈다. 하지만 독일은 그런 약속을 할 마음이 없었다. 결국 하우스의 사명은 실패로 끝났다.

1916년 하반기에 세계대전에서 서로 맞선 양측의 대치 상황이 깨졌다. 양측은 각기 선진 무기를 이용해서 상대방을 사지로 몰아넣고 이 전쟁에서 승리하길 바랐다. 그럴수록 미국은 더욱 심각한 상황에 직면했다. 즉, 중재를 통해 전쟁을 끝낼 것인가, 아니면 전쟁에 개입할 것인가 하는 것이 문제였다.

미국의 참전 선언

1917년 1월 22일에 윌슨은 '승리 없는 평화'라는 연설을 했다. 그는 미국이 '승리자와 패배자가 없는 평화'를 실현하도록 합병과 배상이 없는 강화를 강조했다. 이렇게 해야만 영원하고 안정된 세계 질서를 유지할 수 있다는 것이 이유였다. 1월 30일, 독일은 윌슨의 평화 호소에 답장을 보내 2월 1일부터 독일 잠수정이 영국, 프랑스, 이탈리아와 지중해 동부의 광활한 해역에서 항해하는 교전국 및 중립국의 선박을 무차별로 격침할 것이라고 선포했다. 이때까지도 윌슨은 독일과의 외교 관계 단절만 선포할 뿐, 전쟁에 개입할 생각은 없었다.

1917년 1월 17일, 독일 외무장관 아르투르 치머만이 멕시코 정부에 보낸 전보가 공개되자 미국은 생각을 바꾸었다. 그 문서에는 독일이 미국과 전쟁을 할 경우 멕시코가 군사 동맹을 맺고 독일을 지원해 준다면 멕시코는 19세기에 미국에 빼앗긴 영토를 되찾을 수 있을 것이라는 내용이 담겨 있었다. 이 문서는 영국 정보부에 의해 발각되었고, 영국은 2월 15일에 이 기밀 문서를 미국 정부에 보냈다. 윌슨은 이를 미국의 존엄에 대한 치욕이자 미국 안보에 대한 도발이라고 판단했다. 3월 1일, 미국 언론에 이 문서가 발표되었고 미국에서는 반反독일 운동과 전쟁을 요구하는 목소리가 높아졌다. 치머만의 전보 내용 공개로 미국에는 참전을 피하려던 요행 심리가 완전히 사라졌다. 결국 미국은 전쟁에 좀 더 가까워졌다. 더욱이 독일 잠수함의 무차별 공격으로 미국 상선이 격침되어 수많은 미국인 사상자가 생겨났다. 이로 인해 독일에 대한 미국인의 반감은 더욱 커져 미국의 참전은 피할 수 없는 선택이었다. 1917년 4월 2일에 윌슨은 국회에서 연설했다. "미국의 권리와 명예를 위해 반드시 독일과 싸워야겠습니다." 4월 4일, 미국 상하원은 큰 표 차이로 윌슨의 교서를 통과시켰고 이어서 미국은 정식으로 참전을 선언했다.

전쟁 속 미국 해군

1917년 4월, 영국과 프랑스 대표단이 잇따라 워싱턴을 방문했다. 당시 영국은 일부 연합국과 전쟁에서 승리하면 영토를 분할하기로 약속한 비밀 협정을 체결한 상태였다. 하지만 미국의 목적은 일단 전쟁에서 승리하는 것이었다. 1917년 4월 24일에 국회는 예산 70억 달러 중 30억 달러를 연합군 정부에 빌려 주었다.

1917년 4월 10일과 11일에 미국 해군 다니엘스Josephus Daniels와 영국−프랑스 해군 장군들은 독일 해군 잠수정의 봉쇄를 뚫기 위해 협상을 진행해 잠정적으로 각자의 책임 범위를 나누었다. 미국 해군은 서반구를 방어하고 순찰하면서 영국이 그레이트브리튼 주위를 순찰하는 데 협조하기로 했다. 5월 4일에 미국의 구축함 6척이 아일랜드의 퀸스타운에 도착했다. 그 후 3개월 동안 미국 구축함 총 47척이 유럽 해상을 지켰다.

해상 호송 제도를 구축하고 대對잠수함 전투를 강화하는 것은 독일군 잠수정의 공격을 막는 결정적인 수단이었다. 미국 해군의 심슨 상교는 대서양을 건너는 상선 주위에 구축함

참전하는 군인과 여자 친구의 작별인사

미국은 참전을 선포하고 12주 후에 첫 원정군을 프랑스에 보냈다. 곧 떠날 한 군인이 이별하는 여자 친구를 위로하는 모습이다.

을 배치해서 호송하자고 주장했다. 11월 17일, 미국 구축함은 처음으로 독일 잠수정 한 척을 격침했다. 이렇게 새로운 상선 호송 전략과 공격적인 해상 순찰 항해 계획은 차츰 효과를 보았다.

해군의 또 다른 임무는 미국 원정군을 이동시키는 일이었다. 1917년 7월 1일, 미국 해군부는 총 군함 7척과 화물선 6척이 있었다. 1918년 11월에 미국 해군은 함정 총 143척으로 구성된 순양과 운송 부대를 조직해 미국 병사 총 91만 명을 프랑스까지 이동시켰다. 이 밖에도 미국 해군은 적극적인 조치를 취해 독일 잠수 부대를 압박했다. 주로 적의 잠수정을 격침시키는

구잠정 120척으로 구성된 부대는 아드리아 해안에서 오스트리아 해군과 치열한 교전을 벌였다. 해군 조종사도 유럽에서 전투에 참여했다.

1918년 6월, 미국 해군은 북해를 가로지르는 대규모 수뢰 방어선을 설치해 적군 잠수정의 탈출구를 봉쇄했다. 때마침 미국의 발명가 브라운이 안테나를 건드리면 폭발하는 수뢰를 발명했다. 미국이 북해를 봉쇄하는 데 사용한 수뢰는 겨우 10만 개에 불과했다. 수뢰를 설치하기 전에 해군 소령 로드만이 구축함 몇 척을 보충한 미국 해군 함대를 오크니 섬으로 이동시켜 스캐퍼 플로 항을 지키는 영국 주요 함대의 군사력을 강화했다. 두 부대는 합류한 후 독일의 해군을 항만에 꽁꽁 묶어놓아 독일의 사기를 크게 꺾었다. 결국 독일은 1918년 11월에 투항했다.

미국 육군의 전적

1917년 6월에 미국 제1보병 사단은 프랑스에 도착했다. 그리고 7월 4일에 파리 거리에서 퍼레이드를 거행했다. 이때 미국 원정군을 지휘한 사령관은 존 퍼싱John Joseph Pershing이었고, 1917년 말 프랑스에 있던 미국군은 20만 명에 달했다.

미국 75밀리미터 유탄포

제1차 세계대전에서 미국이 사용한 유탄포이다.

1917년 11월에 국내에 볼셰비키 혁명이 일어난 러시아가 전쟁에서 퇴장하면서 독일군 수십만 병력이 서부 전선으로 이동했다. 1918년 봄, 서부 전선에서 독일군은 우세를 차지했다. 독일군은 바로 파리로 진격할 수 있을만큼 자신감이 넘쳤다. 이에 연합군은 최고작전위원회를 조직해 지휘 체계를 통일하고, 퍼싱에게 미국군이 추가 지원을 하도록 독촉했다. 그러나 퍼싱은 이를 거절했다. 독일군의 대대적인 공격이 시작되자 연합군은 참패하며 뿔뿔이 흩어졌다. 이때 윌슨 미국 대통령은 프랑스 군인 페르디낭 포슈를 연합군 총사령관으로 임명했고, 퍼싱도 작전 부대를 그에게 넘겨 지휘 체계를 통일했다.

1918년 4월에 윌슨은 볼티모어 연설에서 "미국인은 반드시 최대한의 무력을 사용해야 합니다. 이기적인 통치를 막기 위해 정의로운 무력을 동원해야 합니다."라고 말했다. 1918년 3월에서 10월 사이에 미국군 총 175만 명이 추가로 프랑스로 건너왔다. 후에 독일군 총사령관 루덴도르프 Erich Friedrich Wilhelm Ludendorff는 이에 대해 "미국은 이번 전쟁에서 결정적 역할을 수행하는 힘을 보여 주었다."라고 말했다.

1918년 5월 17일에 독일은 엔 강을 공격해 프랑스 제6군단을 섬멸하며 승승장구했다. 6월 3일에 독일군은 이어서 프랑스의 마른 강을 공격했다. 프랑스군은 포슈 장군에게 구조 요청을 했고, 이에 미국 제2사단이 독일군에 맞서 적의 공격을 막았다. 이 전투 후 미국 제2사단과 그 소속 해군 해병대는 벨로우드에서 보복전을 벌였다. 3주 동안 혈전을 벌인 끝에 미국군은 벨로우드에서 독일군을 몰아냈다.

독일군은 모든 것을 내걸고 미군과 속전속결하기로 했다. 독일군은 6월에 또다시 마른 강의 부채꼴 지역을 공격했다. 때마침 미국군 8개 사단이 프랑스에 도착하여 프랑스군의 반격을 도왔다. 8월 초순, 프랑스–미국 연합군은 마른 강 유역에서 독일군을 섬멸했다. 퍼싱이 지휘한 미국 제1군은 상 미엘 근처의 남부 전선을 맡아 9월에 그곳의 독일군을 섬멸했다. 같은 달 하순에는 베르됭과 스당 사이에 독일군이 구축한 방어선을 공격했다. 9월 하순에 벌어진 뫼즈-아르곤Meuse-Argonne 전투에서 미국군은 결정적인 승리를 거두었다. 이것은 미국군이 참전한 이래 치러진 가장 큰 규모의 전투로, 40여 일 동안 치열한 전투가 계속되었고 총 투입된 병력은 120만 명, 전투기 840대, 탱크 324대가 동원되었다. 이번 승리와 더불어 영국과 프랑스군의 반격이 성공하면서 연합국과 독일이 정전 협상을 하게 될 상황이 되었다. 일찍이 8월에 루덴도르프는 독일의 앞날이 심상치 않다는 것을 예상했다. 한편, 포슈는 연합국의 병력이 우세를 차지했기에 1918년 봄에 새로운 공세를 펼칠 계획을 세웠다. 10월 2일, 루덴도르프가 독일 정부에 독일군은 더 이상 버틸 수 없다고 알렸다. 그 다음 날, 독일의 막스 폰 바덴Max von Baden 공이 윌슨 미국 대통령에게 윌슨의 14개조 평화 원칙을 기반으로 한 평화 협상을 제안했다. 마침 독일 해군은 내부에서 군사 반란이 일어나 계속 저항할 힘이 없었다. 이에 양측은 11월 11일에 정전 협정을 체결했고 이로써 제1차 세계대전이 마침내 끝났다.

2 오하이오 패거리
(Ohio Gang)

하딩이 백악관에 입성하면서 그의 그렇고 그런 친구들이 여러모로 덕을 보았다. 미국 대통령으로 취임한 하딩은 앤드루 멜런Andrew Mellon, 허버트 후버Herbert Hoover, 헨리 월리스Henry Agard Wallace, 찰스 휴스Charles Evans Hughes 등 실력 있는 각료뿐만 아니라 그의 옛 친구인 해리 도허티Harry Daugherty를 법무장관으로, 앨버트 폴Albert Fall을 내무장관으로, 윌 헤이스Will H Hays를 체신부 장관으로, 찰스 포브스Charles Forbes를 참전용사 관리국 국장으로 임명했다. 평판이 매우 나빴던 '오하이오 패거리'는 이렇게 해서 그럴싸하게 워싱턴에 입성했다.

> 시기 : 1920~1923년
> 인물 : 워런 하딩Warren Gamaliel Harding

하딩의 취임

1차 세계대전이 끝난 후 1920년에 미국은 또 한 번 대선을 맞았다. 이때 미국인은 윌슨의 이상주의에서 깨어나면서 진보주의에 대한 열정이 벌써 식은 상태였다. 이런 시대적 상황은 공화당에 대선에서 승리할 수 있다는 큰 자신감을 안겨 주었다. 일단 그들이 할 일은 자신들의 말을 잘 들을 인물을 대통령 후보로 올려놓는 것이었다. 12일 새벽 2시에 공화당은 오하이오 주의 상원의원 워런 하딩을 대통령 후보로 선출했다.

하딩은 평범한 미국인의 삶을 살았다. 의사 가문에서 태어나 오하이오

한눈에 보는 세계사
1929년 : 세계 대공황

주에서 변호사와 기자 생활을 했으며 은행과 전화 회사의 이사장을 역임했다. 그는 상냥함으로 사람들의 환심을 샀지만, 그런 한편으로 남들이 시키는 대로만 움직이는 무능함을 드러내기도 했다. 아이러니하게도 바로 그런 점 덕분에 순조롭게 정치에 입문했다. 시어도어 루스벨트와 윌슨 시절을 거치면서 미국에서는 대통령의 권력이 과도하게 확대된 반면에 상원의원의 권위는 크게 떨어졌다. 그래서 백악관의 영웅은 공화당의 상원의원에게는 눈엣가시인 셈이었다. 그들이 바라는 것은 영웅이 아니었다.

공화당의 하딩과 민주당의 대선 후보인 제임스 콕스James M. Cox는 치열한 경쟁을 펼쳤다. 공화당은 하딩을 순조롭게 대통령으로 당선시키기 위해서 예상 밖의 전략을 세웠다. 열심히 선거 유세를 하러 돌아다니는 것이 아니라 하딩이 되도록 집에서 시간을 보내게 하면서 친숙하고 신중한 사람의 이미지를 구축하는 전략을 편 것이다. 그 결과, 하딩은 일반 표 61.6%, 선거인단 표 404장을 얻었다. 콕스는 일반 표 34.9%, 선거인단 표 127장만 얻었고 일반 표의 나머지 3.5%는 사회당 대선 후보인 유진 데브스Eugene Victor Debs가 득표했다. 이렇게 공화당이 8년 만에 다시 정권을 잡으면서 새로운 시대가 열렸다.

오하이오 패거리

하딩은 도덕적으로 결함이 있는 사람이었다. 옳지 않은 일이라도 강자들이 가하는 압력에 저항하거나 친구들의 치근대는 강요를 막을 힘이 없었다. 실례로, 하딩이 대통령으로 취임하고 나서 그의 친구 해리 도허티는 법무장관으로, 앨버트 폴은 내무장관으로, 윌 헤이스는 체신부 장관으로, 찰스 포브스는 참전용사 관리국 국장으로 임명되었다. 이후 미국 정부에는 골치 아픈 일들과 더불어 스캔들이 끊이지 않았다. 도허티의 친구인 제스 스미스Jess Smith가 자살하면서 스캔들이 시작되었다. 스미스는 금주禁

酒 위반자, 탈세자와 결탁한 일로 오하이오 주로 보내졌는데, 그렇게 추방된 것을 참지 못하고 1923년 5월 30일에 자살했다. 그러자 워싱턴에서는 이 일로 터진 정치 스캔들을 서둘러 덮었다. 그 후 도허티의 또 다른 친구인 토머스 밀러Thomas Miller가 정부의 창고에서 불법으로 주류를 빼돌려 벌금 5,000달러와 18개월 형을 선고받았다. 참전용사 관리국 국장인 찰스 포브스는 퇴역 군인에 대한 정부의 관심을 이용해 퇴역 군인 예산 2억 5,000달러를 횡령했다. 그뿐만 아니라 퇴역 군인들의 치료를 맡을 병원과 계약할 때 수수료로 3분의 1을 챙겼다. 하딩은 이 사실을 알고 있었지만, 포브스가 검찰의 조사를 피해 다른 나라로 도망치도록 모른 척했다. 그러나 포브스는 결국 상원의원 조사 위원회에 의해 정부를 속인 죄로 감옥에 들어갔다.

가장 규모가 컸던 스캔들은 하딩의 가까운 친구인 내무장관 폴이 일으

1921년에 하딩이 주최한 '캠프파이어'에 사업가 헨리 포드, 토머스 에디슨이 참석했다.

킨 석유 스캔들이다. 1921년에 폴은 캘리포니아 주의 엘크 힐즈와 와이오밍 주 티팟 돔의 관리 업무를 내무부로 이관하라고 하딩을 설득했다. 그후 은밀하게 이 두 곳의 유전을 전미석유회사와 맘모스석유회사에 임대했다. 그러던 1923년 10월, 상원의 조사로 폴이 두 회사에 유리한 조건으로 유전을 임대해 주고 그 대가로 전미석유회사의 에드워드 도헤니에게서 10만 달러, 맘모스석유회사의 해리 싱클레어에게서는 정부 채권 22만 3,000달러, 현금 8만 5,000달러를 받은 내막이 밝혀졌다. 1929년 10월에 폴은 마침내 뇌물죄로 기소되어 1년형을 선고받았다. 그는 미국 역사상 최초로 뇌물죄로 감옥에 들어간 내각 의원이 되었다.

　자신의 친한 친구가 이렇게 중대한 범죄를 저지른 것을 알게 된 하딩은 너무 놀라서 일단 몸을 피했다. 1923년 6월 3일, 하딩은 부인과 수행원을 대동하고 대륙 횡단 여행을 시작했다. 그리고 다시는 워싱턴으로 돌아가지 못했다. 원래부터 여러 질병을 앓고 있던 하딩은 갑작스럽게 심한 스트레스를 받아 몸과 마음이 지칠 대로 지친 상태였다. 여행 중에 하딩은 심장병, 폐렴, 중풍을 앓았고 8월 2일에 샌프란시스코에서 사망했다. 생전에 관심을 받지 못한 이 대통령은 특이하게도 죽은 후에 엄청난 파란을 일으켰다. 대통령과 관련된 스캔들이 계속 쏟아지면서 미국인은 하딩의 죽음에 다양한 견해를 보였다. 매스컴에서는 사망 원인이 식중독이라고 했고, 의사들은 갑자기 발병한 심장병으로 비롯된 죽음이라고 했다. 그 외에도 매독이나 마음의 상처 때문에 죽었다는 소문이 떠돌았다.

3 후버와 경제 대공황

United
States of
America

1920년대 미국의 대통령 가운데 후버는 능력은 뛰어났지만 가장 운이 나빴다. 어렵게 백악관에 입성한 그는 1929년에서 1933년 사이에 대공황이라는 위기를 맞았다. 미국은 역사상 가장 심각하고 장기적인 경제 위기에 빠졌다. 그러면서 후버의 공적은 이 대공황에 묻혀 버렸다. 그리고 훗날 사람들은 빈민촌을 '후버빌', 노숙자가 덮고 자는 신문지를 '후버 담요'라고 부르며 후버를 무능하다고 욕했다.

시기 : 1874~1964년
인물 : 허버트 후버Herbert Clark Hoover

백악관 입성

1928년 대선이 다가왔을 때, 당시 대통령이던 캘빈 쿨리지John Calvin Coolidge는 "나는 이번 대통령 선거에 출마하지 않기로 결정을 내렸다."라는 한마디로 대통령 후보로 지명될 기회를 잃었다. 그래서 공화당이 지명한 후보 중 상무부 장관인 허버트 후버가 유리해졌다. 그러자 쿨리지는 후버에 대해 불만을 나타냈다. 그는 심지어 농업부 장관에게 "그 사람은 6년 동안 내게

한눈에 보는 세계사

1870년 : 프랑스·프로이센 전쟁	1939년 : 제2차 세계대전
1896년 : 제1회 근대 올림픽 개최	1945년 : 8·15 광복
1903년 : 라이트 형제, 최초로 비행 성공	1949년 : 중화인민공화국 성립
1910년 : 대한 제국, 국권 피탈	1950년 : 6·25 전쟁 발발
1914년 : 제1차 세계대전	1957년 : 소련, 인공위성 발사
1929년 : 세계 대공황	1964년 : 베트남전 발발

쓸모없는 제안만 해 댔소."라고 말하기도 했다. 그러나 결국 후버가 대통령 후보로 지명되었다.

이와 동시에 민주당에서는 알프레드 스미스Alfred Smith를 후보로 지목했다. 스미스는 민주당의 대선 후보로 나서기 전에 뉴욕 주지사를 네 차례나 지낸 인물이었다. 프랭클린 루스벨트는 그를 '정치 전쟁터의 유쾌한 전차'라고 불렀다. 이렇게 해서 후버와 스미스의 구도로 대선이 진행되었다.

후버는 수많은 유권자에게 진정한 승리를 보여 주었다. 굶주린 난민을 위해 조직한 난민구제위원회, 허버트 후버 국립사적지 등은 그의 성공 신화를 대변한다. 후버는 농장주의 아들로 태어났으나 여덟 살 때 고아가 되었다. 그래서 친척을 따라 서부로 와서 힘들게 아르바이트를 하며 돈을 벌어서 스탠퍼드 대학교에 다녔고, 졸업 후 광산 노동자로 일했다. 제1차 세계대전 당시에는 식량청 책임자로서 벨기에 난민을 구제한 영웅이 되었다. 또 상무부 장관을 지낼 때에는 미국의 경제 번역을 위해 혁혁한 공을 세웠다. 이번 대선에서 후버는 일반 표 58.1%와 압도적인 차이의 선거인단 표를 얻어 대통령으로 당선되었다. 이러한 사람들의 기대 속에서 후버가 백악관의 새로운 주인이 되었다.

그러나 후버는 정말 운이 좋지 못했다. 취임한 지 얼마 되지 않아 미국인들이 '영원한 번영'이라고 생각하던 화려한 날들이 지나가고, 1929년 10월 29일에 그들의 마음속에 영원히 남을 고통을 준 '대공황'이 찾아왔다.

검은 화요일Black Tuesday

일반적으로 1929년에서 1933년 사이에 지속된 경제 대공황은 1929년 10월 하순에 주식 시장이 붕괴하면서 시작되었다. 전임 대통령인 쿨리지의 재임 기간에는 미국 경제가 번영했고, 증권 거래는 그 척도였다. 그 시기에 뉴욕 증권거래소의 거래액은 거침없이 빠르게 상승했다.

1929년 초, 뉴욕 주식 시장의 뜨거운 붐은 완전히 통제력을 잃었다. 그해 여름 동안 주가는 지속적으로 상승해서 9월 3일에 최고점을 찍었다. 그리고 조금씩 하락하다가 9월 19일에는 지난 최고점보다 높은 수준에 도달했다.

9월 26일, 잉글랜드 은행은 국제 통화로서 파운드의 지위를 유지하고, 황금이 해외로 빠져나가는 것을 막기 위해 은행 금리를 6.5% 인상했다. 이어서 9월 30일에는 영국이 뉴욕 시장에서 수억 달러를 빼가면서 미국 주가가 폭락했다. 폭락세는 잠시 주춤하는

1929년 3월 4일, 워싱턴 국회에서 후버가 취임 연설을 발표하는 모습이다.

듯 보였으나 10월 15일부터 뉴욕 주식 시장에 투매 현상이 나타났다. 다행히 투기자들이 주식 투매를 신중하게 결정해서 주식 시장은 약간 안정을 찾았다. 그러나 10월 24일 오전에 미국 증권 시장은 완전히 공황 상태에 빠졌다. 서둘러 주식을 팔려는 사람들로 1,300만 주가 한꺼번에 시장에 쏟아지면서 주가는 곤두박질했다. 주식 시세 자동 기록기가 주가 하락 속도를 따라잡지 못할 정도였다. 그날 유명한 투기자 11명이 자살했을 정도로 사태는 심각했다.

10월 24일 오후에 J. P. 모건과 일부 대형 은행이 공동 기금 2억 4,000달러를 조성하고 높은 가격에 주식을 사들여 주식 시장의 붕괴를 막고자 했다. 이때 후버 대통령도 "미국의 기본적인 사업, 즉 상품 생산과 분배는 여

전히 건전하고 번영이 가능한 기반 위에 놓여 있습니다."라고 말했다. 그 후 이틀 동안 주식 시장은 겉에서 보기에는 고요한 물결 같았다. 그러자 재정부 관리, 경제학자, 은행가, 여론은 모두 대중에게 '주가 하락은 그리 큰 문제가 아니다'라고 보장했다.

그러나 10월 29일 화요일, 주가는 또다시 폭락했다. 그날 대량의 주식이 시장에 투입되었고, 가격은 따지지도 않고 투매가 이어졌다. 수많은 소상 인은 물론이고 대기업들까지 주식을 팔아 치웠다. 그런데 주식을 사려는 사람은 거의 없었다. 개장한 지 30분 만에 300만 주가 넘은 거래량은 폐장 직전에는 최고 1,600만 주 이상을 기록했다. 폐장할 때 주가는 다소 반등 했으나, 〈뉴욕타임스〉에서 낸 통계를 보면 이때 주요 주식 50종의 주가는 평균 40포인트 하락했다. 이 밖에도 해외 주식거래소, 미국증권거래소, 곡물 시장의 가격도 폭락해 대공황 수준에 근접했다.

11월 중순, 주가는 또 하락했다. 쿨리지 대통령에서 후버 대통령이 재임한 시기에 이어지던 번영은 거의 죽음을 눈앞에 둔 상태였다. 눈앞에 닥친 공황에 대한 충격으로 그동안 관심을 받지 못하거나 증권 시장의 낙관론에 가려졌던 여러 폐단이 미국 전체 경제를 휘감고 공격하기 시작했다. 마치 신체 기관이 더 이상 정상적으로 작용하지 못할 정도가 되었을 때 바이러스가 온몸으로 쉽게 침투하는 것처럼 말이다. 이 바이러스는 기업의 지나친 확장, 분기별로 구입하거나 주식 시장의 이윤으로 구입하면서 초래된 생산 과잉, 인위적인 가격 유지, 유럽 무역의 불황 등 다양한 모습으로 나타났다. 여러 고위 재정 관리자가 아무 문제없다고 주장해도, 후버 대통령이 적극적으로 나서서 백악관 회의를 거쳐 이미 발생한 손해를 보상해 주겠다고 해도, 심각한 불황은 어김없이 시작되었다.

전반적인 불황

'검은 화요일' 이후 8일째인 1929년 11월 6일, 주식 시장 밖에서 최악의 소식이 들려왔다. 미국 경제의 기초가 부패하기 시작했다는 것이었다. 철도 화물차 운송량이 11주째 일 년 전보다 큰 폭으로 하락했고, 철강 가격이 폭락했다. 더 심각한 것은 이러한 시세 폭락이 일반 상품 시장에까지 확대되었다는 점이다. 몇 주 동안 면화 가격이 급락하고 밀 시장 가격은 수직으로 하락하면서 사람들은 대공황을 제기했다. 그해 12월 말까지 미국 경제는 지속적으로 악화했다.

　1930년 초반의 3개월은 미국 경제에 회복의 조짐이 보이는 것 같았다. 그러다 4월에 들어서서 그 희망은 물거품처럼 사라졌다. 물가가 하락하고 생산량이 줄어들면서 주식 시장에도 위험한 상황이 잇달아 일어나자 사람들은 공포감에 휩싸였다. 그리고 그해 12월 말까지 물가는 걷잡을 수 없이

대선 후보 지명을 위한 전당대회에서 허버트 후버(왼쪽에서 세 번째).

하락했다. 밀을 예로 들면 1929년 마지막 며칠 동안 1달러 35센트였던 가격이 1년 후인 1930년에는 76센트로 하락했다. 농산물 가격이 폭락하고, 더불어 공업 생산량도 지속적으로 하락했다. 1930년 말까지 기업의 생산량은 정상 수준의 28%까지 떨어졌고 실업자는 600만 명에 이르렀다. 주가는 1930년 여름에 한동안 호조를 보이다가 12월 말이 되자 1년 전에 일어난 대공황 이후 때보다 떨어졌다. 1930년에 1천여 개가 넘는 은행들이 문을 닫았다.

후버의 정책

1929년 10월에 증권 시장이 붕괴한 후, 후버 정부는 낙관적인 분위기를 조성해서 민심을 안정시키려고 했다. 이 밖에도 구매력을 높이고 생산 투자를 늘리는 감세 정책을 채택했다. 후버는 1929년 11월 19일부터 일련의 회의를 열어 자발적 원칙에 따라 철도 회사의 이사장과 금융, 공업, 무역, 건설업계의 경영자들에게 생산 투자와 현재 월급 수준을 유지할 것을 권고하고, 노동계 지도자들에게는 이와 협력하여 월급 인상 요구를 포기하기를 요청했다. 그리고 주, 시 정부와 연방 정부에 공공 건설 지출을 확대하도록 호소했다.

1931년 12월 초, 후버는 국회에 재건 계획안을 제시했다. "행정 지출을 대폭 삭감하고 연방 공공사업을 발전시킨다. 연방 농업 대출 은행의 대출 한도를 늘리고, 주택 대출 은행 시스템을 구축하며, 긴급 재건 회사를 대규모로 설립하여 경제 전반을 강화한다."라는 계획이었다.

후버 정부는 어쩔 수 없이 대형 은행, 대기업, 독점 자본가를 구제해 주었지만, 연방 정부가 실업자들을 구제하는 것은 단호하게 거부했다. 후버는 능력 있는 사람은 미국 사회에서 항상 스스로 곤경에서 벗어날 수 있으며, 일반 국민은 감정만 있을 뿐 생각이 없다고 여겼다. 방법을 생각할 줄

모르고, 함부로 파괴하고, 남용하며, 다른 사람을 원망만 할 뿐이니 실업자들은 그렇게 되어도 싸다는 식이었다. 1931년 12월 28일에서 1932년 1월 9일까지 상원의 제조업 위원회는 청문회를 열어서 처음으로 구제가 극단적으로 부족한 현실을 상세히 폭로했다. 2월에 공화당 상원의원 로버트 라폴레트Robert La Follette와 에드워드 코스티건Edward Costigan은 공동 법안을 제시하여 연방 예산을 각 주의 실업자를 구제하는 데 쓰기를 요청했다. 그리고 민주당 상원의원인 휴고 블랙Hugo Black은 좀 더 유연한 정책 법안을 제시했다. 그러나 두 법안 모두 통과되지 못했다.

후버의 정책은 경제적으로 전혀 효력을 발휘하지 못했다. 특히 연방 정부의 실업자 구제를 완강하게 반대한 태도는 민심을 얻지 못했고, 그의 모든 행동은 사람들의 웃음거리로 전락했다.

4 루스벨트의 뉴딜(New Deal) 정책

프랭클린 루스벨트는 1933년 3월 4일 대선에서 대공황의 여파에 시달리던 후버를 누르고 미국 대통령으로 취임했다. 취임하고 나서 임기 초기에 루스벨트는 경제 위기에 일련의 정책을 진행했다. 이 정책들은 후에 '뉴딜' 정책으로 불렸다. 그 핵심은 개혁, 재건, 구제였다. '뉴딜' 정책은 한순간 위기를 모면하려는 임시방편이 아니라 미국 연방 제도의 안정적 발전을 보장하는 것으로, 미국 경제 내부에 대한 대수술이었다.

시기 : 1882~1945년
인물 : 프랭클린 루스벨트Franklin Delano Roosevelt

루스벨트라는 사람

프랭클린 루스벨트는 1882년 1월 30일 미국 뉴욕 주 북부의 하이드파크에서 태어났다. 그의 아버지 제임스 루스벨트는 뉴욕 외교계, 상업계에서 영향력 있는 인물이었고 어머니 사라 델러노도 상류층 출신으로 훌륭한 교육을 받았다. 아들에게 엄격하면서도 구속하지 않았던 어머니의 교육 방식은 훗날 루스벨트에게 깊은 영향을 미쳤다. 루스벨트는 가정교사에게서 라틴 어, 불어, 독일어, 수학, 유럽 역사를 배웠다. 다섯 살 때 루스벨트

한눈에 보는 세계사

1896년 : 제1회 근대 올림픽 개최
1903년 : 라이트 형제, 최초의 비행 성공
1910년 : 대한 제국, 국권 피탈
1914년 : 제1차 세계대전

1929년 : 세계 대공황
1939년 : 제2차 세계대전
1945년 : 8·15 광복

는 아버지를 따라서 당시 미국 대통령이던 클리블랜드를 만난 적이 있었다. 루스벨트의 아버지는 클리블랜드가 자신의 아들에게 좋은 말을 해주길 기대했는데, 클리블랜드는 루스벨트에게 이상한 축복의 말을 건넸다. "네가 영원히 미국의 대통령이 되지 않길 바란다." 그것은 아마도 대통령이라는 자리가 절대 쉽지 않다는 것을 간접적으로 보여준 것이었다. 열네 살이던 1896년에 루스벨트는 그라턴 기숙학교에 입학했다. 이 학교는 정계 인물을 육성하는 것을 목표로 하는 사립 명문 학교였다. 루스벨트는 입학하고 나서 아주 빠르게 그곳 생활에 적응했다. 그라턴에서 그는 많은 책을 탐독하고 견문을 넓히며 우아하고 고상한 품행과 예의를 익혔다. 특히 그는 스포츠를 좋아했다. 테니스, 골프, 기마, 요트 등 가릴 것 없이 운동이라면 다 잘했다. 당시 그라턴 기숙학교에서 미식축구가 유행하자 루스벨트는 주동적으로 미식축구팀을 조직하고 직접 매니저를 맡았다. 또한 토론에도 뛰어나서 교내 '토론학회' 회원이기도 했다.

뉴딜 정책을 추진한 루스벨트

1900년에 루스벨트는 하버드 대학교에 입학해서 정치학, 역사학, 신문방송학을 공부했다. 그해에 아버지가 숨을 거두면서 루스벨트에게 유산으로 12만 달러를 남겨 주었다. 어머니도 외조부에게서 유산 130만 달러를 받으면서 루스벨트의 생활은 변화를 맞이했다. 대학교 시절에 루스벨트는 사회 활동에 적극적으로 참여했다. 학교 성적은 특별히 뛰어나지 않았지만 그는 인기가 아주 많았다. 하버드 교내 신문인 〈하버드 크림슨〉의 편집장을 맡아 눈에 띄는 활약을 보여 주었고, 당시 뉴욕 주지사였던 당숙 시어도어 루스벨트와의 관계를 활용해서 하버드 초청 강연을 부탁하기도 했다.

1933년 3월 4일에 루스
벨트 대통령이 취임 연
설을 하는 모습이다.

　　1904년에 루스벨트는 컬럼비아 대학의 법학 대학원에 입학했다. 그리고
이듬해 3월에 엘리너와 결혼했다. 엘리너는 당시 대통령이던 시어도어 루
스벨트의 조카였다. 그러한 인연으로 현직 대통령이 참석하여 그들의 결혼
식은 더욱 성대하게 치러졌다. 손님들이 몰려드는 결혼식장에서 루스벨트
는 그 대부분이 실은 대통령을 보러 온 이들이고 진짜 자신을 위해서 찾아
온 사람은 거의 없다는 것을 알았다. 이에 자극받은 루스벨트는 정치판에
뛰어들겠다고 결심했다. 1907년, 루스벨트는 학교를 졸업한 후 법률사무소
에 들어가서 변호사로 일했다.

　　1910년에 루스벨트는 민주당 소속으로 정계에 입문했다. 그리고 뉴욕 시
상원의원 경선에서 선출되기 위해 매일 빨간색 자동차를 타고 다니며 십여
차례 연설했다. "하늘은 스스로 돕는 자를 돕는다."라는 말처럼 루스벨트
는 마침내 상원의원으로 당선되었다. 그 후 1913년에 윌슨 정부에서 해군
차관으로 임명되었다. 7년의 임기 동안 그는 뛰어난 능력을 보여 주었고,
'강력하고 작전 능력이 있는 해군'을 조직해야 한다고 주장했다. 1919년에

루스벨트는 윌슨이 제안한 국제연맹 창설을 위해 유세 활동을 벌였다. 이 일로 그는 1920년 부통령 경선에서 쓰디쓴 실패를 맛봐야 했으나, 루스벨트의 정치 인생은 끝나지 않았다. 이후 루스벨트는 해군의 직책을 사임하고 메릴랜드 주에 있는 신용예금회사에서 부회장 겸 변호사로 일했다. 그런데 이때 루스벨트에게 청천벽력 같은 일이 일어났다. 정치에서의 실패는 그에 비하면 아무것도 아니었다. 1921년 8월, 루스벨트는 캄포벨로의 여름 별장에서 산불을 끄기 위해 차가운 물속에 뛰어들었다가 그만 소아마비를 앓게 되었다. 그 후 루스벨트는 휠체어에 의지해야 했으나 어려움을 딛고 눈부신 일생을 보냈다. 뜻밖의 큰 사고를 겪었어도 루스벨트는 절대 꿈을 포기하지 않았다. 그는 뼈를 깎는 듯한 재활 치료와 노력을 거듭했다. 그리고 회복하는 동안 루스벨트는 엄청난 양의 책을 읽었다. 주로 전기나 역사에 관한 책이었고, 경제학이나 철학 분야의 책은 거의 보지 않았다.

1928년에 루스벨트는 부인의 보살핌과 지지를 받으며 다시 정계에 복귀했다. 그는 뉴욕 주지사 경선에 참여하여 근소한 차이로 승리했다. 1929년에 뉴욕은 루스벨트에게 정치적 활동을 할 수 있는 실험 무대가 되었다. 바로 그해에 대공황이 찾아왔고, 루스벨트는 민주당 후보로 1932년 대통령 선거에 참여했다. 그는 공약으로 '뉴딜' 정책을 내걸었다. 경쟁자가 그의 장애를 꼬집으며 공격했으나, 루스벨트는 항상 뛰어난 정치 업적과 입담, 그리고 넘치는 열정으로 분위기를 자신에게 유리한 방향으로 몰아갔다. 경선 중에 루스벨트가 이런 말을 했다. "대통령은 서커스 단원이 아닙니다. 우리가 대통령을 선택하는 것은 그 사람이 앞구르기나 뒤구르기를 잘해서가 아닙니다. 그 사람이 하는 일은 머리를 써서 국민을 위해 봉사하는 것입니다." 반박할 수 없는 연설과 굳은 신념, 실행 가능한 정치 공약으로 루스벨트는 1933년에 후버를 압도적인 표 차이로 누르고 미국 제32대 대통령으로 당선되었다.

금융 개혁

1933년 3월 4일에 수많은 미국인이 라디오 옆에 둘러앉아 루스벨트 대통령의 취임 연설을 들었다. 루스벨트는 연설 중에 이렇게 말했다. "일단 저는 우리가 두려워해야 할 것은 두려움 그 자체뿐이라는 사실을 굳게 믿는다는 점을 말씀드리고 싶습니다." 그리고 이어서 기업 지도자의 무능함과 실수가 당시의 경제 불황을 불러왔다고 지적했고, 마지막으로는 다음과 같이 말했다. "전국적으로 행동에 나서야 합니다. 지금 움직여야 합니다. (중략) 긴급 사태에는 행정권을 광범위하게 행사해야 합니다. 이 권력은 우리나라가 실제로 대외 침략을 받았을 때 제게 부여하는 권력만큼이나 커야 합니다." 루스벨트는 취임하자마자 과감한 '뉴딜' 정책을 시작했다. 뉴딜 정책은 '3R'로 요약된다. 말하자면 빈곤과 실업의 구제Relief, 산업 질서와 경제의 회복Recovery, 근본적인 제도 개혁Reform이다. 대공황은 지나친 투기 활동으로 비롯된 금융 위기로 촉발되었다. 그래서 루스벨트의 뉴딜 정책은 금융 개혁부터 시작되었다.

루스벨트가 대통령 취임 선서를 할 때 전국에는 영업하는 은행이 하나도 없었고, 워싱턴에서 수표는 휴짓조각 취급을 받았다. 취임 후에 루스벨트는 전국 은행에 일률적으로 휴업을 선포하고, 국회에 특별 회의 소집을 요청했다. 3월 8일에 국회는 특별 회의를 소집하여 금융 위기에 관한 대통령 특별 국정 보고와 긴급 은행 법안을 받았다. 그리고 3월 9일에 긴급은행법을 통과시켜서 은행에 평가 심사를 진행하여 허가증을 발급하는 제도를 시행하고, 상환 능력이 있는 은행들이 빨리 재기할 수 있게 도와주기로 했다. 3월 13일에서 15일까지 영업 재개 허가증을 받은 은행은 1만 4,771곳에 달했다. 루스벨트가 내놓은 금융 개혁 조치는 어두컴컴한 하늘에 한 줄기 '번개'가 번쩍인 것과 같다며 여론에서 높은 평가를 받았다. 은행 개혁과 동시에 루스벨트는 대외적으로도 경제 분야에서 미국의 지위를 강화하기 위해서 노력했다. 1933년 3월 10일에 루스벨트는 금 수출 중단을 선언하고, 4월 5일에는 개인의 금 및 금 증권 저축을 금지하겠다고 했다. 이어서 4월 19일에 금 수출을 금지하고 금본위제를 폐지했다. 6월 5일에는 재무부 채권을 금으로 상환해야 한다는 법규를 폐지했다. 그리고 1934년 1월 10일에 국가유가증권을 담보로 30억 달러어치 지폐를 발행하여 달러를 40.94% 평가절하했다.

이 밖에도 루스벨트는 민심을 안정시키기 위해 퇴역군인연금 등의 정부지출을 삭감하는 방안을 제시했다. 그의 요구에 따라 국회는 금주법을 폐지하고 와인과 맥주의 판매를 합법화했다. 이 조치의 실행은 워싱턴에서 영향력 있는 '퇴역군인'과 '금주론자' 두 로비스트 집단의 실패를 뜻했다. 이런 조치들로 전국에는 활기가 넘쳤다. 이에 대해 다음과 같은 평가가 있다. "일주일 사이에 어떤 일이든 의기소침했던 전 국민에게 정부와 자신에 대한 믿음이 생겼다."

농업과 산업 부흥 계획

'뉴딜' 정책이 시행되던 시기에 루스벨트는 의회에 농업조정법과 전국산업부흥법을 통과시킬 것을 재촉했다. 이 두 법률은 뉴딜 정책에서 강력한 효과를 발휘한 조치였다. 1933년 5월 12일, 미국 국회는 농업조정법을 통과시켰다. 이에 따라 연방 정부는 농업조정관리국을 설립했고, 이때부터 농민 소득 증대 운동이 시작되었다. 이 기관의 첫 번째 임무는 과잉 생산 상태인 농업 경작지의 면적을 줄이는 것이었다. 이때 면화는 매년 재고가 쌓여 파운드당 5센트가 하락했다. 그런데 이 농업조정법이 통과했을 때 면화 재배 농가들은 4,000만 에이커의 토지에 새로 면화를 또 심었다. 이 면화 농가들을 구제할 유일한 방법은 그들이 이미 심은 면화를 뽑도록 설득하고 보조금으로 보상해 주는 것이었다. 또한 농업조정관리국은 농업관리국과 농민공제조합의 건의에 따라 옥수수와 돼지고기의 잉여 생산물을 처치하기 위해 돼지 약 500만 마리를 사들여 도살했다.

이렇게 농업 문제를 해결하고, 루스벨트가 눈을 돌린 다음 목표는 상업 부흥이었다. 1933년 봄에 미국 정부는 전국산업부흥법을 제정했다. 내용은 크게 두 부분으로 나뉜다. 첫째는 반트러스트법의 제약을 받지 않는 공정 경쟁 규약을 작성하는 것이었다. 다시 말해, 산업의 활성화를 촉진하기 위해서 무역 그룹 간의 협력을 허용하는 것이다. 그중에 중요한 조항이 있었다. 바로 유명한 제7조 a항으로, 노동조합이 조직적으로 단체 교섭권을 행사하는 것을 연방 정부가 보장하도록 규정한 것이다. 둘째는 공공사업청을 설립하기 위해 예산 33억 달러를 투입하는 것이었다. 6월 26일에 루스벨트는 이 법안에 서명하고 이것을 '산업계에 제시한 힘겨운 임무'라고 불렀다. "그동안 산업계는 단결된 행동을 할 권리를 부여받기만 하면 공익을 위해서 상당히 많은 일을 해낼 수 있을 것이라고 말해 왔다. 지금까지 법률적으로 이를 허가하지 않았으나, 오늘부터 산업계는 자신들이 원하던 그 권리를 누릴 수 있다." 이 법안에 따라 연방 정부는 휴 존슨Hugh Johnson이 지휘하는 전국부흥청과 해럴드 아이크스Harold Ickes가 이끄는 공공사업청을 설립했다. 또한 루스벨트는 자본가들에게 공정 경쟁 규약을 준수할 것을 요청했다. 기업 생산의 규모, 가격, 판매 범위를 정하고 노동자의 최저임금과 최장 노동 시간을 규정하며 기업의 독점을 제한하고 긴장된 노사 갈등 상황을 완화하려고 했다. 먼저 대기업의 동의를 얻은 후 루스벨트는 중소기업의 지지를 받아내기 위해 노력했다. "큰 성과를 얻을 수 있을지는 중소기업 고용주들에게 달렸다. 그들의 공헌은 1명에서 10명에게 취업 기회를 제공하는 것이다. 중소기업 고용주는 실제로 국가 발전에 중요한 핵심이다. 우리 계획의 성패는 대부분이 그들에게 달렸다."

루스벨트가 시행한 뉴딜 정책은 큰 성과를 거둔 것은 물론, 제2차 세계대전 이후 미국 경제의 방향을 결정지었다.

긴급구제법

대공황으로 발생한 엄청난 실업 문제를 해결하기 위해 루스벨트 정부가 수행해야 할 또 다른 주요 임무는 구제 조치였다. 1933년 5월에 미국 국회는 연방긴급구제법을 통과시키고 바로 연방긴급구제청을 설립해서 구호물자와 예산을 지원했다. 그리고 이듬해인 1934년에 또 프로젝트를 진행하여 실업자들에게 공공사업 건설 관련 일자리를 제공했다. 당시 미국에는 전국적으로 1,700만여 실업자와 그 친척들이 주 정부, 시 정부, 개인 자선단체의 도움과 지원에 의지해서 생계를 이어가고 있었다. 그러나 단지 정부 예산만으로는 막대한 실업자를 감당할 수는 없었다. 그야말로 계란으로 바위 치기였다. 이 문제를 효과적으로 해결하기 위해 국회는 루스벨트의 요청에 따라 민간 자원 보존단 프로젝트를 통과시켰다. 18세에서 25세의 실업자 중 건장한 청년들을 나무 심기, 홍수 방지, 물과 토양의 유실 막기, 도로 건설, 산림 방화선 개척 및 산림 조망 탑 설치 등에 투입시켜 청년실업 문제를 해결하는 프로젝트였다. 첫 모집에서 25만 명을 뽑아 이들을 각 주에 분산된 캠프 1,500곳으로 보내서 일자리를 제공했다.

　뉴딜 정책이 시행되는 동안 전국에 수많은 명목의 공사 기관이 세워졌다. 전반적으로 크게 두 부류로 나눌 수 있다. 장기적인 목표를 세운 공공건설 프로젝트가 주 업무인 공공사업청과 민간사업 부문이다. 두 기관은 잇달아 실업자 구제에 50억 달러를 투자했다. 민간사업 부문은 전국에서 학교, 다리, 댐, 하수도 시스템, 우체국, 행정 기관 등 공공건물을 건설하는 것과 같은 소형 프로젝트 19만 개를 진행하여 일자리 400만 개를 창출해서 수많은 실업자에게 재능을 발휘할 기회를 주었다. 그중 가장 유명한 것은 국회가 예산을 지원하고 추진한 공공사업추진청과 전국청년청이었다. 두 곳에 고용된 총 인원은 2,300만 명이 넘었다. 제2차 세계대전이 일어나기 전까지 정부가 구제 조치에 지출한 프로젝트 비용과 약간의 직접 구제 비용은 180억 달러에 이르렀다. 이를 통해 장인, 비숙련 노동자, 건설업자들에게 취업 기회가 생겼고, 실업 예술가들에게도 다양한 일자리가 제공되었다. 루스벨트의 이 프로젝트는 지금까지 미국 정부가 추진한 가장 큰 규모이자 가장 성공한 구제 계획이었다.

2차 뉴딜

1935년에 2차 '뉴딜'이 시작되었다. 이전 단계를 기반으로, 국회는 이번에 사회보장법과 전국노동관계법, 공공사업법 등을 통과시켜서 뉴딜의 성과를 공고히 했다. 루스벨트는 "정부가 노인과 병자를 돌볼 수 없다면, 건강한 사람에게 일자리를 제공할 수 없다면, 청년을 산업 시스템에 투입할 수 없다면, 각 가정이 아무런 보장도 받지 못한 상태로 내버려 둔다면, 계속 존재할 수 없거나 존재해서는 안 된다."라고 말했다. 사회보험은 '요람에서 무덤까지' 국민의 인생 전체를 보장해야 한다. 이를 위해 연방 정부는 사회보험법을 제정했다. 실업보험에 대해 루스벨트는 다음과 같이 말했다. "이 법안은 앞으로 개인이 해고되었을 때 구제에 의존하는 것을 피하는 데 도움이 될 뿐만 아니라 개인의 구매력을 유지하여 경제 위기의 충격을 완화할 수 있다."

1937년 5월 24일에 루스벨트는 국회에 최저 임금과 최장 노동 시간에 관한 입법안을 제출했다. "우리나라 인구 3분의 1이 농업이나 산업에 종사하는데 그들은 의식주를 제대로 보장받지 못하고 있다. (중략) 우리의 목표는 제대로 먹고 입고 살지 못하는 사람의 생활수준을 개선하는 것이지, 낮추려는 것이 아니라는 점을 명심해야 한다. 노동자 대부분이 취업하지 못했을 때 발생하는 현상인 업무 시간 초과와 저임금은 국민의 소득을 높일 수 없다." 당시 국회는 이 법안을 통과시키지 않았다. 그러자 1937년 10월 12일에 루스벨트는 이 법안을 다시 제출했고, 국회는 1938년 6월 14일에 드디어 통과시켰다. 이것이 바로 공정근로기준법이다. 이 법안은 주 40시간 근무제, 시간당 최저 40센트 보장, 아동 노동 금지, 위험 산업의 미성년 노동자 고용 금지 등 조항을 포함했다. 사회 보험 제도를 시행하는 데 필요한 연방 정부의 경비 재원을 마련하기 위해 루스벨트는 수입과 자산 수준에 따라 세금을 징수하는 누진세를 실행했다. 순수입 5만 달러와 유산 4만 달러에 대해 31%, 500만 달러 이상의 유산에 대해서는 75%를 징수했다. 과거 법인세는 일률적으로 13.75%를 징수했으나, 1935년에 바뀐 세법에 따라 회사 수입이 5만 달러 이하이면 세율이 12.5%로 낮아지고 5만 달러를 초과하면 15%로 높아졌다.

　1939년 들어 루스벨트가 시행한 뉴딜 정책은 큰 성과를 거두었다. 뉴딜은 미국 사회와 경제 활동에 큰 영향을 미쳤다. 1935년부터 미국의 모든 경제 지표는 차츰 안정세로 돌아서며 상승했고, 국민총생산은 1933년의 742억 달러에서 1939년에 2,049억 달러로 증가했다. 1,700만 명이던 실업자 수도 800만 명으로 크게 줄었고 국가에 대한 국민의 신뢰도 회복했다. 위기에 빠졌던 미국은 이로써 심각한 사회 동요가 일어나는 상황을 피하고 파시즘이 파고들 수 있는 위협에서 벗어났다. 또한 이 일은 나중에 미국이 반反파시즘 전쟁에 참여하는 데 큰 영향을 미쳤고, 제2차 세계대전 이후 미국 사회·경제의 발전 방향을 결정지었다.

5 전쟁 위기의 미국

United
States of
America

루스벨트가 대통령으로 취임했을 당시 미국은 심각한 국내 문제에 집중하고 있었다. 이 시기에 미국은 정치와 경제 분야에서 고립주의를 택하고 있었다. 그러나 세계는 위험에 노출되어 있었다. 아시아에서는 일본이 세력을 확장하려고 꿈틀거리고 있었고, 유럽에서는 독일이 모든 군사력을 동원해 무력으로 전쟁을 일삼고 있었다. 이렇듯 일부 지역에서 이미 전쟁이 벌어진 상태였고, 주변국의 위협에서 벗어나려는 미국도 전쟁의 위기 속에 서 있었다.

시기 : 1932~1941년
인물 : 프랭클린 루스벨트Franklin Roosevelt, 윈스턴 처칠Winston Churchill

미국의 중립

세계 평화가 위협받는 상황에서 유럽 국가들은 세계의 군비를 축소하려고 애썼다. 1932년에 제네바에서 군비 축소에 합의하기 위한 세계군축회의가 개최되었다. 그러나 독일과 일본이 1933년에 국제연맹에서 탈퇴하고 워싱턴 해군 군축 조약이 파기되면서 세계 군축 계획은 물거품이 되었다. 아울러 미국과 유럽의 반反히틀러 국가의 관계는 한층 악화했다. 미국에 대한 불신이 커지면서 영국도 미국이 아닌 일본과 협조하여 군축 전략을 세우려 했다. 이는 미국의 분노를 불러일으켰고, 루스벨트는 영국이 정말로 일

한눈에 보는 세계사
1929년 : 세계 대공황
1939년 : 제2차 세계대전
1945년 : 8·15 광복

본과 손을 잡으면 전력을 다해서 미국의 안전을 캐나다, 오스트리아, 뉴질랜드의 안전과 결부시키겠다고 경고했다. 그리고 일본이 아시아에서 대외 확장을 계속 시도하면서 미국과 일본의 관계에도 금이 가기 시작했다. 이때 미국은 소련과도 계속 갈등을 빚었다.

이런 상황에서 미국의 고립주의는 갈수록 뚜렷해졌다. 루스벨트는 고립주의 정책의 힘을 느꼈다. 1935년 1월에 루스벨트는 상원에 미국이 국제사법재판소에 가입하는 것을 제안했다. "국제 관계에서 각각의 행동은 이후 세계 평화에 매우 중요합니다. 미국은 막대한 힘을 평화에 유리하게 쓸 기회가 있습니다." 이것은 대세에 영향을 미치지 않는 행동이었으나, 고립주의자들은 여론에 강력하게 호소하며 이 법안을 적극적으로 반대했다. 당시 루스벨트는 친구에게 보낸 서신에 다음과 같이 썼다. "지금은 정상적인 시대가 아니네. …… 과거에 큰 고통을 겪은 미국인은 지금 조그마한 일에도 겁을 내고 있네. …… 다른 나라 역시 그렇다네. …… 앞으로 1, 2년 동안 우리는 모든 일에서 다른 나라의 협조를 얻지 못하는 시기를 보낼 걸세."

고립주의자들은 국외에 관심을 보이지 않고 전쟁을 피하려면 그 전쟁에 참여하는 국가에 대한 차관과 무기 수출을 중단해야 한다고 주장했다. 이러한 고립주의자들의 압력에 못 이겨 미국 국회는 대통령의 권한으로 미국 선박의 무기와 탄약 운송을 금지하고, 정부는 전쟁 참여국의 선박을 이

루스벨트와 처칠의 대서양 헌장 체결

1941년에 루스벨트 대통령은 뉴펀들랜드에 정박한 군함에서 처칠과 대서양 헌장을 체결했다. 이때 두 지도자는 전 세계 국민에게 나치의 폭정을 완전히 끝내겠다고 약속했다. 일본에 진주만을 공격받기 전까지, 동맹국에 대한 미국의 정책은 전쟁 외의 모든 것을 원조하겠다는 것이었다.

용하여 여행하는 미국인에 대해서는 보호해야 할 의무를 지지 않으며, 전쟁 참여국에 대한 무기 수출과 대외 차관을 금지하는 데 동의했다. 그리하여 상원에서 이 강제 법안을 통과시켰는데, 하원에서는 대통령이 임의대로 처리할 수 있게 수정한 법안을 통과시켰다. 그 결과, 1935년 8월 31일에 하원은 타협을 거쳐 강제적인 무기 수출 금지를 규정했다. 이 법안은 1936년 3월 1일부터 효력을 발휘했다. 루스벨트는 이 법안에 서명하면서 "융통성이라고는 전혀 없는 규정이다. 그 효과는 우리가 예상한 것과 정반대가 될 것이다."라고 말했다.

중립에 대한 도전

1938년에 독일군이 라인란트로 진격했다. 그리고 1938년 3월에 오스트리아를 점령했다. 합병 후 몇 개월 동안 독일은 체코슬로바키아 정부에 독일 소수민족이 거주하는 수데텐란트를 양보하라고 요구했다. 그렇게 9월이 되자 체코슬로바키아의 위기는 더욱 심각해졌다. 체코슬로바키아의 대표는 한 명도 참석하지 않은 자리에서 영국 총리 네빌 체임벌린과 독일 총리 히틀러, 프랑스 총리 달라디에, 이탈리아 총리 무솔리니는 뮌헨 협정을 체결했다. 이로써 영국과 프랑스의 유화 정책은 절정에 달했다. 1939년 9월, 독일군은 체코슬로바키아를 무력으로 점령했고 이로써 영국과 프랑스의 유화 정책은 완전히 수포로 돌아갔다.

이때 루스벨트는 파시즘이 세계 평화에 갈수록 심각한 위협을 주고 있다는 것을 느끼고 이를 막기 위해 적극적으로 나섰다. 먼저 '중립법'을 수정하여 유럽의 민주 국가들을 지지했다. 그런 와중에 히틀러가 체코슬로바키아를 점령하자 미국 국회는 황급히 무기 수출 금지법을 수정하려는 움직임을 보였다. 그러나 고립주의를 주장하는 상원에서 동의하지 않아 이 문제는 다음 회기로 넘어갔다.

1939년 9월 1일에 독일이 폴란드를 침공했고, 영국과 프랑스가 이에 대응하여 독일에 선전 포고를 하면서 제2차 세계대전이 시작되었다. 1939년 9월 3일 저녁, 루스벨트는 라디오를 통해 현재 상황에 대한 미국의 입장을 밝히는 노변담화爐邊談話를 발표했다. "어느 곳의 평화도 파괴되었습니다. 세계 각지, 모든 국가의 평화도 위험에 처했습니다." 그리고 그는 "전쟁이 미국으로 확산하지 않도록 최대한 노력하겠습니다."라고 거듭 강조했다. 이후 루스벨트는 중립 성명을 발표했지만 그런 한편 특별 회의를 소집해서 무기 수출 금지 조항을 취소했다. 당시는 고립주의의 영향력이 막대했기 때문에 정부는 타협안을 수용할 수밖에 없었다. 1939년 11월에 중립법의 타협안은 국회에서 통과되었다. 현금으로 무기 거래를 할 수 있다는 규정을 포함한 이 법안은 루스벨트가 서명하면서 효력이 발휘되었다. 1940년 4월에 독일군은 덴마크와 노르웨이를 침공한 것을 시작으로 5월에 네덜란드, 벨기에, 룩셈부르크를 침략했고 일주일 후 프랑스 북부를 공격했다. 이에 맞선 영국과 프랑스 군대는 독일군의 기세를 막지 못하고 됭케르크에서 철수했다. 그로부터 몇 주 후 이 전쟁에 참가한 이탈리아가 남쪽에서 프랑스를 공격했다. 미친 듯이 날뛰는 독일의 태도에 미국에서는 여론이 들끓었다. 이에 루스벨트는 국회에 추가 국방 예산 10억 달러의 비준을 신청했다. 매년 군용 전투기 5만 대 생산과 국가 방위 생산 계획을 담당하는 국방자문위원회의 설립을 특별히 요구했다. 또 독일 전투기의 폭격으로 고통받는 영국에 원조하는 것을 고려해 달라고 했다. 이로써 미국의 중립 정책은 급격하게 변해 갔다.

무기대여법

1940년에 영국은 현금으로 구매하고 자국 선박으로 운송하는 현금 수송 조항에 따라 필요한 물자를 구매할 능력이 있었다. 그러나 영국 총리 처칠이 루스벨트에게 강조한 것처럼 영국은 여기에 두 가지 어려움이 있었다. 영국이 '현금 구매'를 위해 동원할 수 있는 달러가 많지 않다는 점과 영국 선박에 대한 독일 잠수정의 공격이 갈수록 빈번해지면서 무기를 구매해 '운반'할 때 위험이 크다는 점이었다.

루스벨트는 재무장관 모겐소Henry Morgenthau Jr.에게 "현재의 급선무는 달러를 뿌리는 것입니다. 그러나 이 일에 꼭 달러나 대출이 필요하다고 생각하고 싶지는 않습니다." 그리고 기자회견장에서 루스벨트는 다음과 같이 말했다. "이웃집에 불이 났다면, 불을 끄는 데 필요한 호스의 가격을 따지면서 시간을 낭비하겠습니까? 당장 호스를 빌려 주고 일단 불을 끄는 것이 중요하지요. 불을 끄고 호스를 돌려받으면 되니까요. 우리는 왜 영국에 '당신들에게 필요한 무기와 군함을 주고 싶은데, 전쟁이 끝나면 우리에게서 빌려간 무기와 함정을 현물로 돌려받아야겠다.'라고 말하지 못하는 겁니까?"

1941년 1월에 미국 정부는 국회에 무기대여법을 제출했다. 이 조치는 대통령의 권한으로 '미국의 방위에 중요한 모든 국가'에 무기를 판매, 양도,

1941년에 국무장관 코델 헐(Cordell Hull), 해군 참모총장 프랭크 녹스(Frank Knox), 미국 국무장관 헨리 스팀슨(Henry L.Stimson)이 무기대여법 관련 토론에 참석 후 상원 회의장에서 나오는 모습이다.

교환, 임대하거나 그 밖의 방식으로 군사 설비 및 물품을 처리할 수 있다고 규정했다. 이 제안은 고립주의자들의 격렬한 반대에 부딪혔다. 당시 상원의원 휠러는 "임대, 대여, 증여 방안은 뉴딜 외교 정책의 삼중주이다. 무기 대여법에 찬성하는 것은 미국인 청년 4분의 1을 무덤으로 내모는 것이다."라고 주장했다. 의회에서 이 법안을 반대한 사람 중에는 찰스 린드버그Charles Lindbergh, 찰스 비어드Charles Beard, 전 영국 주재 미국 대사 조셉 케네디Joseph Kennedy가 있었다. 여론에서는 이 법안을 강력하게 지지했다. 마침내 통과된 무기대여법은 1941년 3월 11일부터 정식으로 발효되었다. 루스벨트는 "무기 대여법이 마련되었으니 우리는 민주 국가에 무기를 제공하는 창고가 되기 위해 최선을 다할 것이다."라고 말했다.

무기임대법이 통과된 지 얼마 되지 않아 독일이 북대서양에서의 전선을 서쪽 그린란드 해안까지 확대하여 도발했다. 독일군이 영국 함대를 격침하는 횟수가 늘면서 루스벨트는 대서양의 생명선을 지키고 서반구의 방어를 강화할 방법을 찾았다. 1941년 4월에 그는 덴마크 망명 정부와 군대를 그린란드 일부에 주둔시키는 행정 협정을 체결하고, 미국 해공군의 순찰 범위를 그 지역까지 확대했다.

대서양 헌장

1941년 8월에 루스벨트와 영국 총리 처칠은 뉴펀들랜드 인근 해안에 정박한 군함에서 회담했다. 루스벨트는 군사적인 의무를 최대한 피하려고 했지만, 처칠과 세계의 아름다운 미래에 관한 양국 정책의 공동 원칙을 제정했다. 그리고 이를 바탕으로 양측은 대서양 헌장을 발표했다. 대서양 헌장에 따라 미국과 영국은 영토 확장을 부정하고, 각 민족이 자국의 정부 형태를 자유롭게 선택하고 영토 변경에 관한 뜻을 자유롭게 표현할 권리와 모든 국가가 무역을 진행하고 자원을 획득하는 평등한 권리를 보장하기로 했다. 또 각 민족이 경제 분야에서 협력하기로 하고, 먼저 폭정을 펼치는 나치를 무너뜨린 다음 침략 위협을 주는 또 다른 국가의 무장을 해제하며, 항구적이고 전반적인 안전 보장 제도를 확립하기로 약속했다.

회담 당시 미국 구축함이 아이슬란드까지 수송대를 호송했다. 그리고 그곳에서부터 목적지까지 남은 항로는 영국 해군이 호송하기로 했다. 9월 초, 독일 잠수정이 미국의 '그리어호'를 포격했다. 그리어호가 습격당한 사건 이후 루스벨트는 "적극적으로 방어할 순간이 왔다."라고 말했다. 곧이어 미국 해군에 중립 해역에서 독일 잠수함이 발견되면 즉시 사격하라는 명령이 내려왔다. 10월에 독일은 미국의 구축함 '루벤 제임스호'를 격침시켜 큰 피해를 주었다. 이에 미국 국회는 11월에 중립법을 다시금 수정하여 미국 상선이 무장한 상태로 영국 항구로 항해할 수 있도록 했다.

대서양 회담과 대서양 헌장은 고립파의 맹비난을 받았다. 9월에 찰스 린드버그는 어느 연설에서 "미국을 전쟁으로 몰고 가는 가장 중요한 세 그룹은 바로 영국, 유대인, 루스벨트 행정부이다."라고 목소리를 높였다. 그러나 전쟁이 진행되면서 미국이 역할을 확대하자 나치와 그 동맹국들이 활동할 입지가 빠르게 줄어들었다.

6 진주만 사건

독일이 소련을 공격한 후 미국과 일본의 관계는 새로운 단계에 접어들었다. 일본은 필요한 군수 물자를 확보하기 위해 미국과 협상하는 한편, 적극적으로 남진南進 정책을 추진했다. 이에 대해 미국은 그동안 진행해 오던 미·일 협상을 중단하며 강경하게 대응했다. 일본 총리 고노에 후미마로의 끈질긴 설득으로 양측은 협상 테이블로 돌아왔으나, 미국이 대동아공영권大東亜共栄圈을 구축하겠다는 일본의 뜻을 단호하게 반대하면서 협상은 교착 상태에 빠졌다. 이 모든 상황은 일본이 진주만을 공습하는 시기를 앞당기며 미국을 전쟁에 끌어들였다.

시기 : 1941년
인물 : 프랭클린 루스벨트Franklin Roosevelt, 노무라 기치사부로野村吉三郎
야마모토 이소로쿠山本五十六

미·일 협상

독일이 소련을 침략한 후, 일본 외무대신 마쓰오카 요스케松岡洋右는 삼국 동맹에 따라 독일과 함께 소련을 공격할 것을 주장했다. 하지만 일본 총리와 군대는 소련을 공격하면 일본에 급히 필요한 전투 물자를 획득할 수 없다고 생각했다. 6월 25일에 일본 내각과 군대가 회의를 하여 남진 강령을 규정했다. 그리고 7월 2일 일본 어전 회의에서 다음의 사항을 결정했다. 첫째, 국제 정세가 어떻든 간에 대동아공영권을 끝까지 구축한다. 둘째, 중국 문제를 해결하기 위해 계속 노력하고 자국 방위의 확실한 기반을 다지

한눈에 보는 세계사

1939년 : 제2차 세계대전   1945년 : 8·15 광복

기 위해 남방으로 진출한다. 필요하다면 영국, 미국과 전쟁하는 것도 불사한다. 셋째, 모든 장애물을 없애고 위의 내용을 실현한다. 사실 일본 정부는 미국과 전쟁하는 것만큼은 피하고 싶어 했다. 7월 10일과 12일에 일본은 다시 회의를 열었는데, 이 자리에서 마쓰오카 요스케는 미국 대사 코델 헐의 구두 성명을 완강히 거부하고 미국과 협상을 중단할 것을 주장했다. 그 결과, 그는 자리에서 물러나고 도요타 데이지로豊田貞次郎가 외무대신에 임명되었다. 그러나 남진 정책을 시행한다는 일본의 방침은 변함이 없었다.

7월 8일, 미국은 일본 어전 회의에서 나온 결정을 전해 듣고 크게 반발했다. 그리고 15일에는 일본이 프랑스 비시 정부에 자신들이 인도차이나에서 공군 기지 8개와 양대 군항인 캄란 만, 사이공에 주둔할 수 있도록 요청했다는 사실을 알게 되었다. 이후 비시 정부가 일본에 굴복했다는 정보가 들어오자 미국 국무차관 웰스Sumner Welles는 미국 주재 일본 대사인 노무라를 만났다. 그는 노무라에게 일본의 이번 행동은 남해 기지 지역을 정복하기 위한 마지막 단계로 이해할 수밖에 없다고 말했다. 24일에 일본이 인도차이나 남부에 진입하자, 루스벨트 대통령은 25일에 미국 내 일본 자산을 동결하도록 명령했다. 이로써 미국 내 일본의 모든 금융, 수출입 무역 등을 미국 정부가 관리하고, 또한 파나마 운하를 통과하는 일본 선박을 금지했다. 그리고 다음날 더글러스 맥아더 장군을 극동 지역 사령관으로 임명하고 필리핀 민병을 소집했다. 이어서 8월 1일에 루스벨트는 일본에 중요한 전략 물자를 수출하는 것을 금지하기로 했다.

일본 해군 장교들이 선뜻 미국과 싸우려고 하지 않자 일본 총리 고노에 후미마로는 8월 7일에 루스벨트에게 직접 회담을 요청해서 문제를 해결해 보려 했다. 그러면서도 한편으로 남진 계획을 추진했다. 루스벨트는 일본의 태도가 진심이 아니라는 것을 알았지만, 일단 태평양 전쟁의 발발 시기

1941년 12월 7일에 일본군은 하와이 주의 오아후 섬 진주만에 있는 미군 기지를 기습해 미국을 제2차 세계대전으로 끌어들였다.

를 늦출 필요가 있었다. 그래서 대서양 회의를 마치고 귀국한 그는 17일에 노무라를 만나 비망록을 전달했다. "일본이 또다시 어떠한 침략 활동을 전개한다면, 미국은 필요한 모든 조치를 동원하여 미국의 안보를 지킬 것이다. 그러나 일본이 진심으로 미국이 제시한 원칙에 따라 합의하기를 원한다면, 미국 정부는 일본의 인도차이나 점령으로 중단된 협상을 다시 진행할 생각이 있다." 28일에 노무라가 루스벨트에게 비망록의 답장을 전달했다. 그 속에는 중국 문제가 해결되기만 하면 일본은 인도차이나에서 철수할 것이며, 자국이 공격받지 않는 한 남방으로 세력을 확장하거나 소련과 전쟁을 하는 일은 없을 것이라는 내용이 담겨 있었다. 9월 4일에 일본은 비망록에서 명확하게 제안했다. "만약 미국이 독일에 대한 방어전에 개입한다면 일본은 삼국 동맹에 대한 공격으로 생각하지 않을 것이다."

루스벨트는 기뻐하며 고노에 후미마로와 회담하려 했다. 그러나 헐의 의견을 수렴하여 9월 3일 일본 정부에 고노에 후미마로와 회담하는 것은 매우 기쁘지만 그전에 중국 문제를 둘러싼 서로의 이견은 반드시 해소되어야 한다고 전했다. 이에 일본 정부는 3일에서 6일 사이에 고위급 회의를 열어서 당장은 미국과의 이견을 좁힐 수 없다는 결론을 내렸다. 그리고 고노에 후미마로가 회담을 통해 11월 중순까지 미국 문제를 해결하기로 했다. 만약 그때까지 합의를 보지 못하면 일본은 영국, 미국, 네덜란드에 선전 포고를 하기로 했다. 22일과 25일에 일본은 미국에 회신을 보내면서 조건을 내걸었다. 바로 영국과 미국이 '중국 사태'에 개입하지 않는다는 것이었다. 상황이 이렇게 되자 루스벨트는 일본과의 협상을 계속 이어 나갈 수 없다고 판단하고 최대한 연기했다.

10월 중순에 여전히 미국과 협상하기를 원하던 일본 총리 고노에 후미마로는 육군대신 도조 히데키東條英機에게 미국의 요구를 들어주라고 했다. 그러자 도조 히데키는 이에 극구 반대하며 고노에 후미마로의 사임을 독촉했다. 그 후 결국 도조 히데키가 총리 자리에 올랐다. 그가 취임한 후 11월 5일까지 일본 육군과 전쟁을 반대하는 단체 간에 논쟁이 계속되었다. 육군 사령관은 마지막까지 미국과 화해하기 위해 노력하다가 11월 25일에도 협상 결과가 나오지 않으면 바로 미국 공격을 준비하겠다고 했다. 같은 날, 일본 해군은 외교 협상이 실패하면 12월 초에 실질적인 조치를 시작한다고 작전 명령을 내렸다.

진주만 기습

도조 히데키의 내각이 조직되자 중국과 영국은 다시 미국에 압력을 가해 일본에 강경한 조치를 하라고 요구했다. 이때 미국 육해군연합위원회가 루스벨트에게 가장 위험한 적은 독일이며 태평양 전쟁으로 대서양 전투가 잠잠해질 것이라고 보고했다. 그래서 루스벨트는 계속 시간을 끌며 미국군이 필리핀에서 방어력을 강화하는 데 충분한 시간을 벌어 주었다. 11월 6일에 열린 내각 회의에서 루스벨트는 헐에게 위기를 부추기는 어떠한 행동도 하지 말라고 강조했다. 그 이튿날인 7일에 미국과 일본이 워싱턴에서 다시 협상을 했다. 노무라는 도조 히데키가 준비한 제안을 헐을 통해 루스벨트에게 전달했다. 그 내용은 다음과 같다. 첫째, 일본은 무역 평등 원칙을 세계 각국에 적용하는 것을 조건으로 이 원칙이 중국에도 적용되는 것에 동의한다. 둘째, 삼국 동맹 관계에서 지나치지 않게 자위권의 범위를 확대하길 바라며, 일본 정부는 자주적으로 이 조약의 적용 범위를 결정한다. 셋째, 일본은 25년 동안은 화베이, 네이멍구의 일부 지역과 하이난다오에 주둔할 것이며, 그 밖의 지역에서는 일본과 중국이 평화를 실현한 후 2년 안에 완전히 철수할 것이다.

이 제안에 대해 미국은 동의하지 않았지만 명확한 답도 하지 않았다. 그러자 11일에 일본의 새로운 외무대신 도고 시게노리東鄕茂德가 노무라를 통해서 미국에 25일이 최후 시한이니 빨리 답장을 보내라고 재촉했다. 그리하여 12일에서 15일 사이에 양측이 회담을 진행했으나 역시 아무런 진전이 없었다. 17일에 일본은 미국과의 협상에서 노무라를 돕도록 구루스 사부로來栖三郎를 특사로 파견했다. 그런데 루스벨트를 만난 자리에서 구루스 사부로는 화려한 입담을 과시했지만 일본의 기존 방침에는 도움이 되지 않았다. 결국 22일에 도고 시게노리가 노무라에게 최후 시한을 25일에서 29일로 변경한다고 알렸다.

같은 날 헐은 오스트리아, 영국, 중국, 네덜란드 대표와 회담했다. 이 자리에서 일본의 제안과 미국이 세운 3개월간의 임시 해결 방안 초안을 발표했는데, 중국과 영국의 반대에 부딪혔다. 25일 밤에 처칠이 루스벨트에게

진주만에서 미국 군함
네바다호(USS Nevada)
가 일본의 맹렬한 화포
공격을 받았다.

전보를 보내 그 해결 방법은 중국을 더 어렵게 한다고 말했다. "중국이 붕
괴하면 우리의 공동 위험은 더욱 커질 것입니다." 게다가 이때 일본 군함이
타이완을 떠났다는 소식이 전해지자 루스벨트는 그 해결 방안을 포기했
다. 이어서 26일에 헐이 일본에 그들의 제안을 거부하고 미국이 제시한 조
건을 바꿀 수 없다는 뜻을 알렸다. 그러자 일본 역시 미국의 통첩을 거부
했다. 12월 1일에 일본은 어전 회의를 통해 미국을 공격하기로 했다.

　사실 일본의 항공모함 기동 부대는 11월 25일에 이미 쿠릴 열도에서 출
발해 미국의 하와이 진주만 해군 기지로 돌진하고 있었고, 대규모 육군이
말레이 반도에서 돌격 명령이 떨어지기를 기다리는 상태였다. 미국이 중간
에 입수한 전보에는 곧 일본의 공격이 시작될 것이라는 내용만 있을 뿐, 공

격 목표가 어디인지는 알 수 없었다. 당시 미국으로서는 일본의 진주만 기습은 상상도 못한 일이었다. 12월 6일에 일본군이 말레이 반도로 진격했다는 소식이 워싱턴에 전해지자 루스벨트는 일본에 위험한 길로 들어서지 말라고 호소했다. 그러는 사이에 일본 해군 사령관 야마모토 이소로쿠가 이끄는 항공모함 기동 부대가 하와이에 근접했으나 그때까지도 미국에서는 아무도 그 사실을 몰랐다.

12월 7일 오전 7시 5분, 일본이 진주만을 기습했다. 그리고 오후 1시에 노무라가 미국에 미국의 11월 26일 통첩에 대한 답장을 전달했다. 답장의 끝 부분에는 "미국 정부의 태도를 보아하니 우리는 계속 협상을 진행해 합의하는 것은 불가능하다고 생각했다."라고 적혀 있었다. 오후 2시에 진주만이 기습당했다는 첫 보고가 워싱턴에 도착했다. 뒤이어 일본이 필리핀, 홍콩, 웨이크 섬, 미드웨이 제도, 태국, 말레이 반도를 공격했으며, 미국과 영국에 선전 포고를 했다는 소식이 잇달아 들어왔다. 진주만 기습 후 루스벨트는 연설을 통해 입장을 밝혔다. "1941년 12월 7일, 이 날은 치욕의 날로 기억될 것입니다. 우리는 쓰라린 교훈을 얻었습니다. 우리는 고립주의에 대한 환상을 완전히 포기할 것입니다. 그리고 지금 위대한 임무를 책임질 것입니다. (중략) 우리는 기필코 이 전쟁에서 승리해 평화를 이룩할 것입니다."

일본의 진주만 기습은 미국에 지울 수 없는 상처를 남겼다. 오아후 섬에서 200대에 가까운 전투기가 격추되고 수많은 사상자가 발생했다. 진주만 내에 정박한 전함 8척은 전부 전투력을 잃었고, 그중 오클라호마호, 애리조나호는 파괴되어 침몰했다. 순항함 3척, 구축함 3척도 심각한 피해를 보았으며, 육·해군 병사가 2,300명 이상 사망했다.

12월 8일에 미국은 바로 일본에 선전 포고를 했다. 3일 후인 12월 11일에 일본의 유럽 동맹국인 독일과 이탈리아가 미국에 선전 포고를 했고, 그날 오후 미국도 그 두 나라에 전쟁을 선포했다.

7 가장 긴 하루

노르망디 상륙 작전 시 치러진 전투는 제2차 세계대전에서 가장 큰 규모의 전투이자 세계 전쟁사에 큰 영향을 미친 상륙전이다. 1944년 6월 6일에 미국과 영국은 45개 사단 병력을 투입하여 프랑스 북부의 노르망디 해안에서 전략적 상륙 작전을 수행했다. 이 전투에서 연합국이 얻은 승리는 독일 파시즘의 붕괴를 촉진하는 데 커다란 영향을 미쳤다.

시기 : 1944년

인물 : 드와이트 아이젠하워Dwight David Eisenhower, 버나드 몽고메리Bernard Law Montgomery

제2전선 개척

유럽에서 제2전선을 구축하자는 의견은 소련이 먼저 제시했다. 1941년 7월 과 9월에 스탈린Stalin이 처칠에게 여러 차례 서신을 보내 영국이 유럽 대륙 에 제2전선을 개척해 달라고 요청했다. 그러면 독일군 30~40개 사단이 동 부 전선에서 이동하게 되어 소련의 부담이 줄어들기 때문이었다.

1941년 12월에 미국이 전쟁에 참여하면서 제2전선 개척 문제는 소련과 영국뿐만 아니라 미국도 관련국이 되었다. 1942년 4월 1일, 루스벨트는 소

한눈에 보는 세계사

1939년 : 제2차 세계대전   1945년 : 8·15 광복

1944년 6월 6일에 연합군은 프랑스 북부의 노르망디 해안에서 사상 최대 규모의 상륙 작전을 감행했다.

련이 일방적으로 독일과 화해하는 것을 피하고 영국과 소련이 변경 문제에 대해 합의하는 것을 막기 위해 육군참모부에서 제시한 '서유럽 작전'을 허가했다. 영국 총리 처칠은 원칙적으로 미국의 계획에 동의했지만 1942년에 미국과 영국이 프랑스령 북아프리카에 상륙하는 것을 최고의 작전이라고 생각했다.

1942년 5월 20일에서 6월 초까지 소련 외무장관 몰로토프 Vyacheslav Mikhailovich Molotov 가 영국과 미국을 방문했다. 몰로토프는 소련과 독일의 전쟁이 긴박하게 돌아가는 상황을 강조하며 연합국에 제2전선 개척을 요구했다. 1942년 6월 12일에 소련은 미국, 영국과 함께 3국이 유럽 대륙에 제2전선을 개척하는 절박한 임무가 있다는 데에 원만히 합의했다고 발표했다. 하지만 처칠은 몰로토프에게 비망록을 보내 영국이 상륙 작전을 위해 준비하고 있으며, 제2전선 구축이 실행 가능한지에 대해서는 어떤 약속도 할 수 없다고 했다. 7월 24일, 미국과 영국은 협의를 거쳐 1942년 가을에 북아프리카에 상륙했다. 1942년 11월 8일에 북아프리카 상륙 계획이 진행되면서 제2전선 개척은 자연스럽게 미뤄졌다. 1943년 5월 12일에서 25일 사이, 미국과 영국은 워싱턴에서 전략 문제에 관한 '트라이던트 회담'을 열어 영국 해협을 건너는 계획을 1944년 봄으로 미루기로 했다.

　트라이던트 회담에서 내려진 결정은 소련에 분노를 불러일으켜 스탈린은 루스벨트와 처칠에게 각각 불만을 드러내는 서신을 보냈다. 1943년 11월 28일에서 12월 1일까지 열린 테헤란 회의에서 미국과 영국군은 1944년 5월에 서유럽 상륙 작전을 진행하기로 했다. 이로써 소련이 요구한 제2전선 개척 문제는 드디어 해결되었다.

노르망디 상륙 작전

1944년 여름에 미국과 영국이 서유럽에 제2전선을 구축하기에 유리한 상황이 전개되었다. 일본의 육해공군이 아시아와 태평양에서 벌인 전쟁에 잇달아 패하고 이탈리아가 투항하면서 연합군은 지중해와 대서양의 해상 통로를 장악했다. 동부 전선에서 독일군이 완전히 무너지자 소련군은 베를린으로 눈을 돌렸다. 1943년부터 미국과 영국 공군은 독일 및 점령 국가에 전략적으로 폭격을 가했다. 그 결과, 독일의 산업 생산 시설, 병력 배치, 군대의 사기 모두 심각한 영향을 받았다. 당시 연합국이 상륙하기도 전에 독일의 프랑스 기지에는 전투기가 500대밖에 남지 않았고, 영국 해협과 비스케이 만에 남은 독일 함정은 거의 없었다. 연합군은 해상과 공중을 완전히 장악한 셈이었다. 루스벨트는 미국이 주동적으로 움직이지 않으면 소련군이 베를린과 부다페스트뿐만 아니라 파리와 밀라노를 침략할 수 있다고 판단했다. 이에 미국과 영국은 독일군을 무너뜨리고 유럽을 차지하기 위해 서유럽에서 제2전선 개척 의무를 이행하기로 했다. 다시 말해 프랑스 노르망디 해안에서 대규모 상륙 작전을 시작하기로 한 것이다. 연합군은 노르망디 상륙 작전이 성공하면 프랑스 서북부를 점령하고, 프랑스 남부 상륙 부대에 합류해서 독일 중심지를 공격해 독일을 이기겠다는 계획을 세웠다.

　1944년 6월 6일, 미국과 영국 군대는 역사적으로 유명한 노르망디 상륙 작전을 펼쳤다. 연합군은 총 36개 사단의 288만 병력을 투입했다. 그중 육군은 153만 명이었으며, 공군 비행기는 1만 3,700여 대로 그중 폭격기 5,800대, 전투기 4,900대, 수송기 3,000대가 전투에 참여했다. 총 9,000여 척의 해군 함정 중 4,000척의 상륙용 함정이 포함되어 있었다. 서부 전선에 있는 독일 부대는 총 58개 사단으로 공군 비행기 500여 대, 해군 함정 200여 척을 보유했다. 노르망디 해안을 방어하던 독일군은 6개 사단, 사단 직속 3개 연대, 지상 부대 9만 명이 전부였다. 43일 동안 계속된 노르망디 상륙 작전에 성공함으로써 미국과 영국은 서유럽에서 제2전선을 개척할 수 있었다.

　1944년 7월 25일부터 미국과 영국군이 독일군을 공격하면서 노르망디 상륙전은 프랑스 쟁탈전으로 바뀌었다. 연합군은 한 달에 걸쳐 브르타뉴 반도의 일부 항구를 제외한 프랑스 서북부 전체를 점령했다. 패배한

1944년 몽고메리와 연합군 총사령관 아이젠하워는 군함에서 노르망디 상륙 작전을 지휘했다.

독일군은 히틀러가 프랑스와 독일의 국경에 구축한 요새선인 '지크프리트선'으로 철수했다. 8월 15일에 미국과 프랑스 군대가 프랑스 남부에 상륙해 '기병 작전'을 실행하며 독일 국경 지역으로 진격했다. 8월 25일에 미국과 프랑스는 프랑스의 수도 파리를 되찾았다. 연합군이 상륙한 6월 6일부터 8월 25일까지 독일군에서는 군단 사령관 1명, 군단장 3명, 사단장 15명이 사살당하거나 포로로 잡혔다. 그 밖에 병력 40여만 명, 탱크 1,300대, 군용차 2만 대, 박격포 500문, 화포 1,500문, 비행기 3,000여 대를 잃었다. 연합군은 이러한 성과를 올리며 프랑스를 되찾고 이어서 브뤼셀과 안트베르펜도 독일의 수중에서 빼앗아 왔다. 또 룩셈부르크를 차지하고 독일 국경을 넘었다. 1944년 12월에 독일군이 아르덴에서 대규모 반격에 나섰다. 그들은 미국군과 영국군의 방어선을 돌파하고 90킬로미터까지 깊숙이 침투했다. 하지만 소련군의 협조를 등에 업은 연합군이 곧 반격을 시작해 1945년 1월에 독일군을 이전의 방어선까지 전부 몰아냈다.

8 철혈 장군 패튼

역사는 패튼 장군을 기억할 것이다. 그는 미국의 위대한 장군 중에서도 단연 선두에 있다. (중략) 전쟁이 끝나기도 전에 패튼은 전설적인 인물이 되었다. 그는 마치 물과 불의 혼합체 같았다. 전투 중에는 용맹하고 피도 눈물도 없는 인물로, 한 번 선택한 목표물은 절대로 놓치지 않았다. 그는 단순한 전차 군단 지휘관이 아니라 주도면밀하게 계획하고 원대하게 생각하는 군사가였다.

– 〈뉴욕타임스〉에 실린 패튼의 서거에 관한 사설

시기 : 1885~1945년
인물 : 조지 스미스 패튼 George Smith Patton

유급생에서 우등생까지

조지 스미스 패튼은 1885년 11월 11일에 캘리포니아 주에서 태어났다. 그의 할아버지는 미국에서 유명한 장군으로, 조국을 위해 목숨을 바쳤다. 그의 아버지도 군인으로서 국가에 충성을 다했다. 어린 시절 패튼은 할아버지의 위대한 업적을 보고 들으면서 자랐다. 그리고 1904년 6월에 아버지처럼 미국 육군사관학교에 입학해서 새로운 생활을 시작했다. 입학 첫해에 패튼은 군사 훈련에서는 항상 열정적이었다. 덕분에 그의 훈련 점수는

한눈에 보는 세계사

1896년 : 제1회 근대 올림픽 개최	1929년 : 세계 대공황
1903년 : 라이트 형제, 최초로 비행 성공	1939년 : 제2차 세계대전
1910년 : 대한 제국, 국권 피탈	1945년 : 8·15 광복
1914년 : 제1차 세계대전	

전체 2등이었지만, 수학 성적은 꼴찌를 차지해 유급되었다.

　다시 1학년을 다닌 패튼은 끊임없는 노력 끝에 마침내는 육군사관학교 최고 우등생으로 인정받았다. 그는 사실 사관학교의 여러 과목에는 별다른 관심이 없었지만 매사에 최선을 다하고 완벽을 추구했다. 우수한 실력을 갖춘 패튼은 학우들에게 깊은 인상을 남겼다. 그들은 "패튼은 뛰어난 사관생도였다. 군인의 기질이 다분했고 열정이 넘쳤다. 그리고 강인한 성격의 소유자였다."라고 당시 그의 모습을 떠올렸다.

미군 최초의 기갑병

군복 차림의 패튼 장군

패튼은 전쟁을 목숨처럼 소중히 여겼다. 1917년 4월 6일에 미국이 제1차 세계대전에 참가하자 패튼은 퍼싱 장군을 따라 유럽 대륙으로 건너갔다. 유럽의 전쟁터에서 기갑 부대가 발전 잠재력이 큰 신생 부대라는 것을 깨닫고, 패튼은 훗날 미국이 기갑 부대를 조직한다면 꼭 처음으로 참전하겠다고 다짐했다. 그러던 어느 날, 그는 전차 진영을 조직하고 지휘하라는 명령을 받았다. 이에 패튼은 탱크에 익숙해지기 위해 먼저 프랑스 전차 훈련 센터에서 교육을 받고, 또 영국군 기갑병과 탱크 작전의 노하우를 깊이 있게 연구했다. 그러면서 탱크를 활용한 작전에 대해 많은 것을 생각해 보고 탱크의 성능과 기갑병 조직, 전술, 훈련 등의 문제를 체계적으로 분석하여 연구 보고서를 작성했다. 이 보고서는 미국이 전차 부대를 창설하는 데 이론적 기초를 제시했다.

　1917년에 패튼이 진두지휘하여 설립한 미국 기갑병 훈련 학교에서 1대 미국 기갑병을 배출했다. 훗날 패튼은 상부의 명령에 따라 기갑 부대를 조직했다. 이 부대는 공격 중에 물러나지 않고 용감하게 싸워서 전쟁터에서 큰 활약을 했고, 덕분에 패튼은

미국 알링턴 국립묘지
에 안장된 패튼의 무덤

세 번이나 연속으로 진급했다. 이렇게 해서 패튼은 '미국 최초의 전차병'으로 불리며 미국군 최초의 탱크 전문가가 되었다.

기갑 부대 재정비

1920년에 미국 국회는 국방법을 통과시켰다. 이 법안에서는 기갑병이 더 이상 독립적인 부대로 존재하지 않는다고 규정했다. 이로써 기갑병은 미국 군대 내에서 위상이 뚝 떨어졌다. 한편, 제2차 세계대전이 발발하자 독일의 전차 부대가 유럽을 휩쓸며 탱크의 위력을 세상에 충분히 보여 주었다. 위기의 순간에, 미군의 고위 관리들은 '미국 최초의 전차병' 패튼을 떠올렸다. 그리고 그에게 기회를 주었다. 1940년 7월에 쉰다섯의 패튼은 다시 일선으로 나서서 미군 기갑 부대를 재정비했다.

1940년 7월 4일에 참모총장 조지 마셜George Catlett Marshall이 패튼에게 2개 사단으로 구성된 기갑 부대를 조직하라고 명령을 내렸다. 이에 따라 준장으로 진급한 패튼은 다시 기갑 부대를 지휘하겠다는 오랜 꿈을 드디어 이루었다. 패튼은 기갑 부대 여단장에 이어 사단장, 군단장을 맡았다. 북아프리카 전투를 준비할 때 패튼은 부대가 사막 환경에 적응하도록 미국의 황량한 사막에서 병사들을 훈련했다. 매일 고통스러워하는 병사들과 장교에게 패튼은 "뛰어난 군사 기술과 적응 능력을 갖추면 부대의 사상자 수를 효과적으로 줄일 수 있습니다. 여러분의 땀 한 방울이 수많은 미국인을 구할 것입니다."라며 그들을 격려했다.

혹독한 훈련을 거쳐 기갑 부대는 마침내 천하무적의 군대로 거듭났다. 1942년에 패튼은 이 부대를 이끌고 모로코의 서해안에 상륙하여 연합군이 북아프리카에서 작전을 수행하는 데 강력한 무기가 되었다.

유럽을 휩쓸다

1944년 6월에 노르망디 상륙 작전이 성공한 후, 패튼이 이끄는 기갑 부대는 기동력을 이용해 장거리 침투 전략을 펴며 신속하게 유럽 평원으로 전진했다. 적들을 끝까지 쫓아가서 맹공격을 퍼붓고 파죽지세로 적진을 휘저었으며, 프랑스와 독일을 넘어 체코슬로바키아에까지 이르렀다.

노르망디 상륙 작전과 브르타뉴 전투, 팔레즈 전투에서 패튼이 이끄는 제3군은 승승장구하며 프랑스를 해방하는 데 혁혁한 공을 세웠다. 센 강 전투, 로렌 전투, 벌지 전투에서 패튼은 용맹한 장군으로서 위엄을 보여 주었다. 또 라인 강 도하 작전과 팔츠 전투에서 패튼은 파시즘을 물리치는 데 중요한 공을 세웠다.

미친 듯이 빠른 속도로 돌진한 패튼은 전쟁을 아군에 유리한 쪽으로 이끌고 신속하고 과감하게 적군을 섬멸했다. 281일 동안 치러진 전투에서 패튼의 부대는 1,600여 킬로미터나 전진했고, 130개 도시와 마을을 해방했으며, 적군 140여만 명을 쓰러뜨렸다. 연합군 총사령관 아이젠하워도 그가 세운 공에 칭찬을 아끼지 않았다. "패튼의 앞에는 극복할 수 없는 고난이나 넘을 수 없는 장애물 따위는 없다. 그는 고대 신화 속의 타이탄 신처럼 절대 전쟁의 중압감에 눌려 쓰러진 적이 없다. 제2차 세계대전의 여러 전투에서 패튼만큼 전설적인 공을 세운 고위 장교는 한 명도 없다."

9 맨해튼 프로젝트

제2차 세계대전 당시 미국은 나치 독일보다 먼저 원자폭탄을 만들기 위해 맨해튼 프로젝트를 실시했다. 이 프로젝트에는 유럽과 북아메리카에서 가장 우수한 핵물리학자를 포함해 총 10만 명이 동원되었고, 방대한 산업 및 경제 자원과 20억 달러의 예산이 투입되었다. 비밀리에 진행된 탓에 6년이라는 긴 시간이 지나서야 마침내 인류 역사상 최초의 원자폭탄이 탄생했다.

시기 : 1942~1945년
인물 : 레슬리 그로브스Leslie Groves, 로버트 오펜하이머John Robert Oppenheimer

프로젝트의 배경

제2차 세계대전이 시작되었을 때 미국은 핵분열 연구에서 독일보다 크게 뒤처져 있었다. 1938년 3월에 독일 베를린에 있는 카이저 빌헬름 연구소 실험실에서 물리학자 오토 한Otto Hahn과 프리츠 슈트라스만Fritz Strassmann이 중성자를 충돌시켜서 우라늄 원자핵을 분리하는 실험에 성공했다. 이로써 그들은 물리학계가 오랫동안 관심을 기울여 온 핵분열 효과를 발견했다. 1938년 12월 22일에 오토 한은 과학 잡지 〈네이처〉에 핵분열에 관한 보고서를 기고하여 그 효과를 정식으로 발표했다.

한눈에 보는 세계사

1939년 : 제2차 세계대전   1945년 : 8·15 광복

1939년 여름, 독일의 우수한 핵물리학자 6명이 베를린에서 비밀회의를 열고 원자력의 효과를 이용하여 제조할 수 있는 선진 무기에 관해 토론했다. 그 무렵, 독일 정부는 어떠한 설명도 없이 갑자기 독일이 점령한 체코슬로바키아에서 우라늄광鑛을 국외로 내보낼 수 없도록 규정하면서 동시에 우라늄에 관한 모든 뉴스를 엄격하게 통제했다. 미국으로 망명한 물리학자 레오 실라르드Leo Szilard 등 여러 명이 이 소식을 접하고 매우 우려했다. 그들은 어떻게 하면 미국 정부가 독일보다 원자폭탄을 먼저 개발하는 문제에 관심을 느끼게 할 수 있을지 토론했다.

1939년 7월에 실라르드는 직접 유명한 물리학자 아인슈타인을 찾아갔다. 실라르드의 고민을 듣자마자 아인슈타인은 돕겠다고 답하고, 루스벨트 대통령의 고문인 알렉산더 삭스를 찾아갔다. 1939년 10월 11일에 삭스는 루스벨트 대통령에게 아인슈타인의 서신을 전달하며 그 내용을 직접 설명했다. 그의 말을 듣고 깊은 생각에 빠진 루스벨트는 과감하게 아인슈타인의 제안을 받아들여 원자폭탄 연구를 지원하기로 했다. 또한 이 연구를 전문으로 담당할 우라늄고문위원회를 설립하도록 지시했다.

1940년 6월에 카네기협회 회장 배너바 부시Vannevar Bush는 루스벨트를 설득해서 국방부, 각 대학, 민간 산업 대표로 구성된 국방연구위원회를 창립했다. 연구의 초점은 농축 우라늄 235 분리 방법과 핵연쇄 반응에 집중되었다. 일단 충분한 양의 핵분열반응 재료를 찾는 것이 급선무였는데, 이 문제는 어니스트 로렌스Ernest Orlando Lawrence에 의해 생각보다 빨리 해결되었다. 그는 입자 가속기인 사이클로트론Cyclotron을 이용해서 우라늄 235를 상당량 농축해 새로운 원소인 플루토늄으로 전환했다. 플루토늄은 핵분열 연쇄 반응을 일으킬 수 있는 원소였다.

맨해튼 프로젝트 실시

1942년 8월 11일에 미국의 원자폭탄 개발을 위한 '맨해튼 프로젝트'가 시작되었다. 그리고 9월 17일에 육군 공병단의 레슬리 그로브스 장군이 이 프로젝트의 총책임자로 임명되었다. 그는 '맨해튼 프로젝트'를 진행하는 데두 가지 원칙을 확립했다. 첫째, 전쟁을 끝낼 수 있는 원자폭탄을 만들어서 미국 군대에 공급한다. 둘째, 독일인보다 먼저 원자폭탄을 제조하고 최대한 빨리 '맨해튼 프로젝트'를 진행한다. 이를 위해 그로브스 장군은 강력한 조치를 시행했다.

1942년 9월 23일에 그로브스는 책임자로 취임하면서 자신을 포함한 3인 위원회를 조직했다. 루스벨트 대통령의 과학 고문 배너바 부시가 그 위원회의 의장직을 맡았다. 그리고 미국 육군 공병단에 '맨해튼 관구管區'라는 조직을 설치해 원자폭탄 연구 개발의 지휘권을 넘겨 외부의 간섭을 철저히 차단했다. 모든 중대한 문제는 그로브스가 배너바 부시를 통해 대통령에게 보고했다. 또 미국은 교섭을 통해 콩고의 우라늄 광석을 손에 넣어 우라늄광 문제를 해결했다.

1943년 가을에 미국은 '맨해튼 프로젝트'를 위해서 '알소스Alsos'라는 암호명의 특별 군사 정보팀을 조직했다. 이 팀의 주요 임무는 독일이 우라늄 광석을 손에 넣는 출처, 독일 핵물리학자의 근무지와 주거지, 핵물리 실험실, 공장 위치 등 독일의 원자력 관련 정보를 수집하는 것이었다. 그 정보를 바탕으로 독일이 원자 무기 연구에서 어느 정도 진도를 나갔는지 확인할 수 있었다.

맨해튼 프로젝트의 핵심은 크게 두 가지로 나뉘었다. 첫째는 충분한 수량의 핵분열 재료를 생산하는 것이고, 둘째는 원자폭탄을 설계하고 연구 제작하는 것이었다. 이론적으로 다섯 가지 방법을 통해 핵분열 재료 우라늄 235나 플루토늄을 생산할 수 있었다. 그러나 실제로 생산할 수 있는 방

법은 하나도 없었다. 핵분열 재료를 충분히 얻고 원자폭탄의 개발을 앞당기기 위해 그로브스는 여러 가지 일을 병행했다. 일단 워싱턴 주의 핸퍼드에 플루토늄 분리 공장을 마련하고, 테네시의 오크리지에는 전자 분리법, 기체 확산법, 열 확산법을 이용한 농축 우라늄 235 생산 공장을 잇달아 세웠다. 그리고 뉴멕시코 주 로스앨러모스에서 로버트 오펜하이머가 이끄는 전문 실험실에서 실전용 원자폭탄을 설계하고 제작했다.

1942년 12월 2일에 엔리코 페르미Enrico Fermi의 지휘로 시카고 대학교에 세계 최초의 실험용 원자로를 건설하여 통제 가능한 연쇄 반응을 실험하는 데 성공했다. 1944년 3월에 오크리지 공장에서 마침내 충분한 양의 농축 우라늄 235가 생산되었다. 오펜하이머가 이끄는 원자폭탄 제작 업무는 1943년 봄에 로스앨러모스에 있는 실험실에서 시작해 1945년 7월 12일에 실험용 원자폭탄의 마지막 조립에 들어갔다. 그리고 마침내 7월 16일 오전 5시 30분, 뉴멕시코 주 앨라모고도 근처 사막에서 세계 최초의 원자폭탄 폭발 실험에 성공했다.

1945년 7월 25일에 태평양의 비키니 환초에서 원자폭탄 폭발 실험이 성공했다. 그리고 2주 후, 일본 히로시마에 원자폭탄이 투하되었다.

10 미드웨이 해전
(Battle of Midway)

4.7㎢ 면적의 미드웨이는 지리적으로 특별한 위치에 자리한 전략적 요충지이다. 아시아와 북아메리카 사이의 태평양 노선 중간에 있으며, 미국 샌프란시스코와 일본 요코하마에서 모두 2,800해리 떨어져 있다. 이곳은 중태평양 지역에 있는 미국군의 주요 군사 기지이자 하와이의 관문, 전초 기지였다. 미드웨이가 함락되면 미국 태평양 함대 사령부가 있는 진주만도 지킬 수 없었다.

시기 : 1942년
인물 : 체스터 니미츠Chester William Nimitz, 야마모토 이소로쿠山本五十六
프랭크 잭 플레처Frank John Fletcher, 레이먼드 A. 스프루언스Raymond A Spruance
나구모 주이치南雲忠一

일본의 'MI 작전'

1941년 12월 7일에 일본이 미국 영토인 진주만을 기습하면서 태평양 전쟁이 일어났다. 그 후 3개월 동안 일본은 서태평양 대부분을 장악했다. 진주만 기습을 이끈 야마모토 이소로쿠는 기습 작전에서 끝내지 못한 임무를 완수하려면 미국의 태평양 함대를 완전히 파괴해야 한다고 생각했다. 그래서 함대참모장 우가키 마토메宇垣纏가 제안한 미드웨이 공격 계획을 적극적으로 지지했다. 그는 미드웨이를 점령하면 그곳을 일본의 공중 순찰 기지로 삼고 하와이를 협박할 수 있을 뿐 아니라 미국의 태평양 함대를 유인해

한눈에 보는 세계사
1939년 : 제2차 세계대전   1945년 : 8·15 광복

서 결전을 치러 섬멸하는 데 유리할 것이라고 판단했다.

태평양 전쟁이 일어나자 루스벨트는 체스터 니미츠를 태평양 함대 사령관으로 임명하면서 진주만에서 사태를 수습하고 전쟁에서 승리하고 나서 돌아오라는 명령을 했다. 전세가 아군에 불리한 상황에서 사령관으로 임명된 니미츠는 서둘러 항공모함 4척과 호송함을 편성하고, '도쿄 폭격'이라는 놀라운 작전 계획을 세웠다.

1942년 4월 18일에 항공모함 호넷Hornet호에서 이륙한 B25 폭격기 16대가 도쿄에 접근해서 폭탄과 소이탄을 투하하고 곧바로 중국으로 날아갔다. 갑작스러운 공습에 일본 정부와 국민은 몹시 놀라고 큰 충격을 받았다. 그리고 야마모토 이소로쿠는 이에 매우 자극받아 미드웨이를 공격하려는 의지를 더욱 굳게 다졌다. 4월 28일에 야마모토 이소로쿠는 해군 고위 장교 회의를 열어 미드웨이 공격 작전 계획을 확정했다. 우선 함대를 파견해서 알류샨 열도를 공격하는 척하면서 미국 함대를 북쪽으로 유인한 후 주력 함대를 보내서 미드웨이를 점령한다는 것이었다. 5월 5일에 일본 해군 사령부는 작전 명령 제18호를 발표하고 작전명

미드웨이 해전에서 일본 항공모함이 미국군의 폭격으로 거의 파괴되었다.

'MI 작전'인 미드웨이 작전 계획을 승인했다.

야마모토 이소로쿠는 미드웨이 해전에서 승리하기 위해 두 개 이상의 함대를 합한 연합 함대를 총동원했다. 항공모함 8척, 전열함 11척, 순양함 23척, 구축함 65척, 잠수정 21척을 포함한 함정 총 200여 척과 비행기 600 대가 투입되어 지원 사격에 나섰다. 미드웨이 해전을 착실히 준비하던 야마모토 이소로쿠와 부하들은 5월 25일에 지휘관이 있는 군함인 기함 야마토 Yamato 호에 모여서 앞으로의 승리를 미리 축하했다. 그들은 미국의 태평양 함대를 격파할 수 있다는 자신감에 넘쳤다.

만반의 준비를 한 니미츠

당시 태평양 함대 사령관 니미츠에게는 항공모함 3척, 순양함 8척, 전열함 6척을 포함한 군함 76척만이 남아 있었다. 양측의 전력을 비교하면 미군이 현저히 열세였다. 하지만 미국 해군에는 비장의 무기가 있었다. 그들은 1942년 1월에 격침된 일본군 잠수정에서 일본군의 암호를 해독할 수 있는 코드 북을 손에 넣었다. 덕분에 니미츠는 이것을 이용하여 미드웨이를 탈환하려는 일본군의 전략과 계획을 확실히 파악했다. 심지어 참전 병력, 함대 수, 공격 노선, 작전 시간 정보까지 손에 넣었다.

니미츠는 이러한 일본군의 계획에 맞서 미드웨이 동북 해안에 숨어 있다가 측면에서 일본 함대를 기습할 계획을 세웠다. 미국군 참모는 알아낸 일본군의 공격 노선에 따라 미국군 함대에 최적인 대기 지점을 계산해 미드웨이에서 동북 방향으로 200해리 거리에 있는 해역을 '행운의 지점'으로 불렀다. 이와 동시에 미드웨이 해상에서 미군의 방어력을 강화했다.

5월 28일에 미국 태평양 함대에서 해군 소장 스프루언스가 이끄는 항공모함 엔터프라이즈호, 호네트호와 순양함 6척, 구축함 9척으로 구성된 제16기동부대가 먼저 출발해서 덫을 놓기로 했다. 그리고 30일에 플레처 중장이 이끄는 항공모함 요크타운호와 순양함 2척, 구축함 5척으로 구성된 제17기동부대가 출격했다. 6월 2일에 두 함대는 '행운의 지점'에서 합류했다. 니미츠는 스프루언스와 플레처에게 "가장 효과적인 전술을 사용해서 적에게 최대한의 피해를 입혀라!"라고 지시를 내렸다.

해전 개시

6월 3일 새벽, 일본군의 호소가야細萱 함대는 더치 하버 공습을 시작해 미국군이 알류샨 제도 쪽을 지원하도록 유인했다. 하지만 니미츠는 전혀 신경 쓰지 않았다. 다음날, 일본군이 다시 더치 하버를 공습했으나 미국군은 여전히 꿈쩍하지 않았다. 야마모토의 양동 작전은 결국 실패했다. 그러자 야마모토 이소로쿠는 호소가야 함대에 즉시 남쪽으로 이동해서 미국 함대와의 결전을 준비하는 데 주력하라는 명령을 내렸다. 6월 4일 새벽 3시, 야마모토는 기함 야마토호에서 각 함대의 지휘관에게 '전투 준비' 지시를

미드웨이 해전에서 미국의 항공모함 가운데 유일하게 격침된 요크타운호

내렸다.

이때 일본군 나구모 중장이 이끄는 항공모함은 미드웨이에서 서북 방향으로 240해리 떨어진 해상에 있었다. 4시 30분에 나구모는 공격 명령을 내렸다. 아카기, 카가, 소류, 히류 항공모함 4척에서 급강하 폭격기, 수평 폭격기, 제로 전투기가 각각 36대씩 출격했다. 이를 신호로 미드웨이에 대한 일본군의 첫 공격이 시작되었다. 1차 전투기가 이륙하자 2차 공격을 위한 전투기도 언제든지 공격할 수 있는 준비를 마쳤다.

5시 45분, 미국군 해상 정찰기가 나구모 함대를 발견했다. 5시 55분에 미드웨이 해상에서도 미국군의 레이더에 일본군의 전투기가 잡혔다. 미드웨이에서 이륙한 미국군의 와일드캣 전투기와 버펄로 전투기 26대가 일본군 편대를 덮쳤다. 나머지 폭격기와 어뢰 공격기는 전진하여 일본군의 항공모함을 공격했다. 미국 전투기는 성능이 좋지 않았기 때문에 15분이라는 짧은 시간 동안 펼쳐진 공중전에서 전투기 15대가 격추되고 7기가 공격을 받아 파손되었다. 일본 폭격기는 비행장, 격납고, 비행기 활주로 및 기타 시설들을 가리지 않고 사정없이 공격했다. 7시 10분에 미드웨이에서 이륙한 미국군 어뢰 폭격기 10대가 나구모 함대의 상공에 나타났다. 미국군 비행기는 일본 항공모함으로 돌진했지만 공격도 하기 전에 일본군에 의해 격추되었다. 이 일로 미드웨이에 있는 미국군의 방어력이 부족하다고 판단한 나구모는 미국 함대에 대항하는 전투기를 이용해서 미드웨이 2차 폭격을 감행하기로 했다. 7시 15분에 그는 공격 부대에 어뢰를 빼고 폭탄을 장착하도록 지시했다.

7시 30분에 나구모는 정찰기에서 보낸 전보를 받았다. "미드웨이에서 240해리 떨어진 지점에서 적군의 군함 10척을 발견함." 순간 몹시 놀란 나구모는 어뢰를 폭탄으로 바꾸는 작업을 잠시 중단하라는 명령을 내렸다. 그리고 8시 10분에 다시 미국군 함대에 대한 보고를 받고 겨우 한숨을 돌린 그는 계속해서 어뢰를 빼고 폭탄을 장착하라고 지시했다. 몇 분 후에 일본군 정찰기가 "항공모함 1척이 후방에 있는 듯함."이라는 모호한 전문을 또 보내왔다. 나구모는 다시 상황을 따져 보고 각 함대의 지휘관에게 폭탄을 장착한 전투기에 다시 어뢰를 장착하고 30노트의 속도로 북쪽으로 철수하라는 명령을 내렸다. 그 후 일본 각 항공모함의 갑판 아래에서 정비사들은 필사적으로 어뢰 공격기에서 중량 폭탄을 분리하고 다시 어뢰를 장착했다. 그리고 분리한 폭탄은 일부러 창고 옆에 쌓아 두었다.

항공모함 대전

미드웨이 동북 해안에서 스프루언스 소장과 플레처 중장이 이끄는 두 기동 부대는 줄곧 먹잇감이 올 때까지 조용히 기다렸다. 6월 4일 새벽, 플레처와 스프루언스는 정찰기가 보낸 정보를 받았다. 그 후 플레처는 스프루언스에게 남쪽으로 항해하면서 적군의 항공모함을 발견하면 즉시 공격하라고 명령했다. 7시 6분에 제16기동부대의 항공모함 2척에서 전투기가 출격했다. 미국군 전투기는 예상된 좌표에 도착했으나 앞에는 아무것도 보이지 않았다. 나구모 함대가 이미 방향을 바꾸어 이동한 것이었다. 호네트호에서 출격한 어뢰 공격기 어벤저 15대가 독자적으로 북쪽에서 수색한 결과, 9시 25분에 나구모 함대를 발견했다. 공격하던 중에 어뢰 공격기 15대는 일본의 제로 전투기와 고사포의 공격으로 격추되었다. 이어서 엔터프라이즈호에서 출격한 어뢰 공격기 어벤저 14대와 요크타운호에서 출격한 어뢰 공격기 어벤저 12대도 목표물을 발견했다. 하지만 공격 중에 미국군 전투기 26대는 큰 타격을 입었고 그중 20대를 잃었다. 미국군 전투기가 발사한 어뢰는 하나도 명중되지 않았다. 이때 나구모의 지휘 아래 일본군 함재기 공격대가 출격 순서를 기다리고 있어 미국 해군 함대의 참혹한 재난이 예상되었다.

미드웨이 해전 중 미국
군과 일본군의 치열한
전투 장면

일본군은 이 해전에서
심각한 타격을 받아 태
평양 전쟁에서 통제권
을 잃었다.

　미국군의 패배가 기정사실로 되었을 때 재미있는 일이 벌어졌다. 엔터프
라이즈호에서 출격한 미국군의 급강하 폭격기 돈트리스Dauntless 33대가 연
료 부족으로 돌아오다가 뜻하지 않게 일본군 구축함 1척을 발견한 것이다.
편대장 웨이드 매클러스키 소령은 그 구축함을 따라가면 일본 항공모함을
찾을 수 있다고 판단했다. 몰래 일본군의 항공모함을 따라간 지 10분 정도
지났을까. 매클러스키는 예상대로 나구모 함대를 발견했다. 요크타운호에
서 출격한 급강하 폭격기 돈트리스 17대도 그 뒤를 따라갔다.

　이때 일본 함대 갑판에는 어뢰, 폭탄, 급유를 마친 공격기가 널려 있었
다. 또한 저공비행을 하면서 미국군의 어뢰 공격기를 격추하는 일본군 전
투기도 보였다. 이것은 미국군에 두 번 다시없을 극적인 기회였다. 그래서
엔터프라이즈호의 급강하 폭격기 돈트리스는 2개 중대로 나뉘어 각각 아
카기, 카가 항공모함을 공격했다. 요크타운호의 급강하 폭격기 17대는 히
류 항공모함을 공격하는 데 주력했다.

　10시 24분, 제로 전투기 1대가 급유를 마치고 갑판을 떠날 때 적의 공격
을 주시하던 한 병사가 갑자기 "급강하 폭격기다!"라고 소리쳤다. 그의 말
이 떨어지기가 무섭게 미국군의 급강하 폭격기가 일본의 카가호를 직격했

다. 그와 함께 폭탄 4발이 비행갑판의 앞뒤, 중간 부분에 떨어지면서 카가호의 함장이 현장에서 숨을 거두었다. 그리고 얼마 후 함대 전체가 폭발하더니 침몰했다. 카가호가 폭발하고 1분 뒤, 폭탄 1발이 아카기호의 함교에 떨어졌다. 이어서 폭탄들이 연쇄적으로 폭발해 6월 5일 새벽 아카기호는 결국 침몰했다.

10시 30분에 요크타운호의 급강하 폭격기 17대에서 투하한 폭탄 3발이 히류호의 전방 비행갑판과 중간 승강기에 명중되었고 갑판에 쌓아 두었던 탄약과 유류 창고가 폭발했다. 그리고 저녁 무렵에 히류호는 침몰했다. 나구모 함대는 유일하게 남은 항공모함 소류호로 위기를 극복해야만 했다. 10시 40분에 99식 급강하 폭격기 18대와 제로 전투기가 소류호에서 출격해서 돌아가는 미국군 폭격기를 뒤쫓았다. 그리고 요크타운호를 발견하자마자 폭격을 가해 폭탄 3발을 명중시켰다. 이틀 후 폭격으로 심각한 타격을 입은 요크타운호는 일본군 잠수정 1척에 의해 완전히 격침되었다.

오후 2시 45분, 일본의 항공모함 소류호가 미국군에 위치를 들켰다. 스프루언스는 엔터프라이즈호에서 출격한 급강하 폭격기 돈트리스 24대에 소류호를 공격하라는 명령을 내렸다. 오후 5시경에 미국군은 소류호를 공격하여 폭탄 4발을 명중시켰다. 미국군 전투기가 교대로 폭격하는 바람에 소류호는 결국 침몰했다. 한때 명성을 날리던 나구모 함대는 이렇게 해서 완전히 전멸했다.

6월 5일 새벽 2시 55분, 야마모토 이소로쿠가 전 함대에 패배를 인정하는 '미드웨이 작전 계획 취소' 전문을 보내면서 미드웨이 해전은 끝이 났다.

11 이오지마(硫黃島)에 꽂은 성조기

미국 수도의 워싱턴 광장에 유명한 대형 조각상이 있다. 이 조각상은 해병대원 6명이 미국 성조기를 게양하는 모습을 형상화했다. 이것은 제2차 세계대전 당시 AP통신의 종군 기자 조 로젠털이 촬영한 사진을 나타낸 것이다. 그 사진은 태평양 전쟁 당시 이오지마에서 치러진 힘겨운 전투를 표현한 것으로 유명하다.

시기 : 1945년
인물 : 켈리 터너Richmond Kelly Turne, 마크 미처Marc Mitscher, 조 로젠털Joe Rosenthal
구리바야시 다다미치栗林忠道

이오지마 작전 계획

1944년 이전에 이오지마는 일본군의 태평양 중남부 항공 중계 기지였다. 미국군이 마리아나 제도를 함락하면서 일본에 이오지마의 중요성은 날로 두드러졌다. 1945년 2월에 구리바야시 다다미치가 이끄는 일본군은 육군 1만 5,000여 명, 해군 7,000여 명을 포함한 병력 2만 3,000명과 비행기 30여 대를 보유했다. 구리바야시 다다미치는 이오지마를 철벽 수비 요새로 만들 계획이었다. 스리바치 산 곳곳에 콘크리트 공사와 천연 석굴을 활용하여 지하 터널, 벙커 등을 만들면 이오지마는 쇠로 만든 철벽처럼 견고하

한눈에 보는 세계사

1939년 : 제2차 세계대전   1945년 : 8·15 광복

게 방어할 수 있었다. 구리 바야시는 근거리 사격, 분담 방어, 매복 등 기동적인 분담 전술을 지시했다. 또 무작정 적진으로 돌진하는 자살 행위는 엄격하게 금지하

이오지마 전투에서 미국군이 사용한 P-38 '라이트닝' 전투기

고, 각 병사에게 적어도 미국군 10명을 처치하라는 명령을 내렸다.

　미국군의 눈에 이오지마는 목에 걸린 가시처럼 그냥 두면 언젠가는 문제가 될 성가신 존재였다. 1944년 4월 17일, 미국의 군사 항공 임무를 수행하는 육군 항공대 사령관인 헨리 아널드Henry Harley Arnold 장군은 참모장 연석회의에서 이오지마를 공격하자고 제안했다. 회의 참여자들이 그의 제안을 받아들여 태평양 전장의 책임자가 이오지마 전투를 담당하기로 했다. 그래서 태평양 지역의 총사령관 니미츠가 이번 전투의 총지휘관이 되었다.

　1944년 10월 초, 니미츠는 참모들과 함께 이오지마 공격 계획을 세웠다. 참전할 부대는 홀랜드 스미스Holland Smith 준장이 이끄는 제5수륙양용군단으로 소속 상륙 부대 제3, 제4, 제5사단 등 총 6만 명을 투입하기로 했다. 켈리 터너 중장이 상륙 편대와 지원 편대를 지휘하고, 마크 미처 중장이 지휘하는 제58기동부대는 해상에서의 엄호를 책임지기로 했다. 그리고 참전 함정 500척, 군함 400척, 비행기 2,000대가 참여하고 제5함대 사령관 스프루언스 상장이 이 모든 병력을 지휘하기로 했다.

도쿄 폭격

1944년 8월 10일부터 미국 항공대가 오가사와라 제도에 공습을 시작했다. 그들의 주요 목표는 이오지마의 비행장이었다. 8월부터 10월까지 총 48번 폭격했고 투하된 폭탄은 4,000톤에 이르렀으나 그 효과는 매우 미비했다.

1945년 2월 초까지 미국군 함재기는 총 1,269차례 출동해 폭탄 6,800여 톤을 투하했다. 그러나 일본군이 만든 참호는 아주 견고해서 미국군의 폭격 효과는 아주 제한적이었다.

1945년 2월 2일에 니미츠는 미국군의 해군 기지 울리시를 방문해 이오지마 작전 준비 상황을 시찰했다. 제5함대 사령관 스프루언스가 일단 함재기를 이용해서 일본 본토의 관동 지방 비행장을 통제하자고 제안하자 니미츠는 그 계획에 동의했다. 2월 10일에 스프루언스가 이끄는 항공모함 편대가 마리아나 제도와 오가사와라 제도의 동쪽을 지나 곧장 일본 본토로 돌진했다. 16일 새벽, 미국군 함대는 도쿄에서 동남쪽으로 125해리 떨어진 해역에 도착했다. 그날 미국군 항공모함 편대는 함재기를 1,000여 차례 출동시켜 도쿄 만의 각 비행장을 공격했다. 그리고 이튿날인 2월 17일에 또다시 함재기를 500여 차례 출동시켜서 관동 지방의 비행장, 비행기 제조 공장, 정박한 선박 등을 폭격했다. 이 공습은 일본군의 관심을 끌기에 충분했다. 그날 오후, 미국군 함대는 남쪽으로 이동하여 이오지마 전투에 참전했다.

이오지마 상륙

1945년 2월 19일 6시, 터너가 이끄는 상륙 편대가 이오지마 해역에 도착해서 스프루언스와 미처가 지휘하는 항공모함 편대에 합류했다. 6시 40분에 미국군 함포 지원 편대의 전열함 7척,

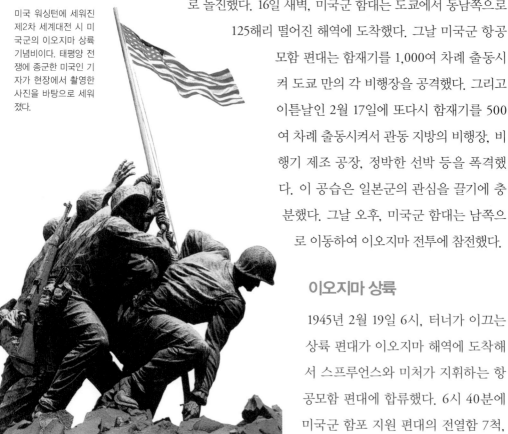

미국 워싱턴에 세워진 제2차 세계대전 시 미국군의 이오지마 상륙 기념비이다. 태평양 전쟁에 종군한 미국인 기자가 현장에서 촬영한 사진을 바탕으로 세워졌다.

준準순양함 4척, 구축함 13척이 포화 공격을 준비했다. 일단 해병 제4사단과 제5사단이 상륙하고, 제3사단은 원정 부대의 예비 부대로서 해상에서 대기하기로 했다. 먼저 제5사단이 섬 남쪽 끝의 모래사장에 상륙해서 섬의 가장 좁은 부분을 지나 남쪽의 스리바치 산을 고립시키거나 점령하고, 제4사단은 북쪽 모래사장에 상륙해서 제1비행장을 공격하기로 했다. 9시 정각이 되자 각 부대가 계획대로 움직였다. 처음에는 매우 순조로웠으나 중간 지점부터 험난한 여정이 시작되었다. 상륙한 미국군이 200미터 정도 진격했을 때 일본군의 집중적인 포격이 쏟아졌다. 순식간에 미국군은 엄청난 수의 사상자가 발생했고 더 이상 전진할 수 없었다.

　저격 피해가 적었던 제5사단 제1본부 28대대가 먼저 이오지마의 가장 좁은 지역을 지나 스리바치 산과 다른 지역의 일본군 연결선을 끊자, 제2본부 28대대가 나서서 스리바치 산을 공격했다. 함포의 지원 사격을 받으며 미국군 상륙 부대는 힘겹게 앞으로 나아갔다. 미국군은 그날 하루 동안 5인치 포탄 3만 8,550발을 발사했다. 9시 30분, 미국군 전차는 도착하자마자 상륙 부대가 전진할 수 있게 엄호했다. 그리고 한 시간 후 미국군 보병 8개 대대와 기갑 1개 대대가 상륙 거점을 최대한 확대하기 위해 지원에 나섰다. 해가 질 때까지 미국군 약 3만 명이 이오지마에 상륙했고, 3,600미터 폭에 650미터에서 1,000미터 깊이의 여러 상륙 거점을 점령했다.

고통스러운 전투의 시작

2월 20일 8시 30분, 미국군 상륙 부대가 공격을 시작했다. 제4사단은 계획대로 제1호 비행장을 공격해 섬 남쪽의 일본군과 원산 산 사이의 연결선을 끊었고, 제5사단은 스리바치 산을 공격했다. 사상자가 늘어나자 2월 21일에 미국군 제3사단 21대대가 전투에 투입되었다.

　2월 23일, 미국군 제4사단은 제2호 비행장에 총공격을 퍼부었지만 일본군의 방어선은 발사 지점, 갱도, 지하 요새, 석굴 공사로 매우 튼튼하게 짜여 있어서 전진 속도가 느려졌다. 4일간 힘겨운 전투를 치른 끝에 제5사단 28대대는 10시 20분에 마침내 스리바치 산 정상에 올라 미국 국기를 꽂았다. 4시간 후, 28대대 병사는 그보다 큰 성조기를 꽂았다. AP통신 기자 조 로젠털이 그 모습을 촬영했고, 이후 이 사진은 사람들에게 널리 알려지면서 승리의 상징이 되었다. 마침 이오지마에 시찰을 나온 미국 해군장관 제임스 포레스털James V. Forrestal은 스리바치 산 정상에 휘날리는 국기를 보며 감격스러운 목소리로 말했다. "스리바치에 떠오른 국기는 해군 상륙 부대가 향후 500년 동안 누릴 영광을 의미하네!"

이오지마에서 조금 더 전진하려면 미국은 그만큼 가혹한 대가를 치러야 했다. 3월 7일, 섬 중앙을 돌파한 제3사단은 신속하게 이동해서 이틀 후에 아직 완공되지 않은 일본군의 제3비행장을 점령했다. 그리고 9대대는 동쪽으로, 21대대는 서쪽으로 공격 범위를 확대하여 제4사단, 제5사단과 합세했다. 이에 맞서는 일본군은 죽어도 후퇴할 생각이 없었다. 특히 구리바야시가 직접 지휘하는 부대가 더욱 거세게 저항하면서 제5사단은 사상자가 75%를 넘어섰다. 이런 상황에서 제4사단 사단장 클리프턴 케이츠 소장은 구리바야시의 제145연대 연대장 이케다 마스오池田滿壽夫 대좌에게 투항 권고서를 보냈으나 회신을 받지 못했다.

3월 16일 저녁 6시, 미국군이 이오지마 점령을 선포했으나 전쟁은 아직 끝나지 않았다. 3월 21일에 일왕 구리바야시를 대장으로 임명했다. 24일에 미국군은 남은 일본군을 섬 북부의 2,100㎡에 몰아넣었다. 그날 저녁, 구리바야시는 전의를 불태우고 마지막 공격을 준비하라는 무전 명령을 내렸다. 3월 26일 새벽, 구리바야시가 이끄는 일본군 350명이 제2비행장을 점령한 미국군에 반격을 시도했다. 날이 밝자 미국군은 조직적으로 소탕 작전에 나섰고 3시간 동안 치열한 접전을 치른 끝에 일본군을 섬멸했다. 이

때 부상당한 구리바야시는 할복자살했다. 이렇게 해서 힘겨운 싸움이 비
로소 끝이 났다.

　이오지마 전투에서 미국과 일본의 사상자 비율은 1.23:1이었다. 미국군
은 이오지마에서 엄청난 수의 병사를 잃었다. 이를 두고 미국군 고위 인사
는 일본 본토를 공격하면 이오지마에서보다 완강한 저항이 있을 것이고
미국군의 사상자 수가 어마어마할 것이라고 생각했다. 훗날 미국이 일본
에 원자폭탄을 투하한 데는 본토에 상륙하게 되면 이오지마와 같은 엄청
난 대가를 치를 것을 우려한 까닭도 있다.

이오지마

이오지마는 오가사와라
제도 남쪽에 있다. 섬에
있는 화산이 분출하면
서 지독한 유황 냄새가
난 데서 '유황도'라는 이
름이 붙었다. 오가사와
라 제도에서 두 번째로
큰 섬으로, 도쿄와 사이
판 사이에 있기 때문에
전략적 중요성이 매우
크다.

United
States of
America

12 하늘에서 내린 파멸의 비

이오지마와 오키나와의 참혹한 전쟁에서 미국군은 엄청난 사상자가 발생했다. 그러자 미국의 고위층은 일본 본토에 상륙하면 사상자가 예측할 수도 없을 정도로 불어날 것이라고 생각했다. 게다가 소련이 이미 중국 둥베이로 출격할 준비를 한 상태였다. 소련이 출병하기 전에 일본에 대한 통제권을 빼앗기 위해서 미국은 일본에 원자폭탄을 투하하는 비장의 무기를 꺼냈다.

시기 : 1945년
인물 : 헨리 스팀슨Henry Lewis Stimson, 해리 트루먼Harry Shippe Truman
　　　 스즈키 간타로鈴木貫太郎

트루먼의 원자폭탄 투하

1945년 4월 25일에 백악관에서 육군장관 스팀슨과 그로브스 장군은 미국 트루먼 대통령에게 맨해튼 프로젝트를 브리핑했다. 스팀슨은 앞으로 4개월 안에 원자폭탄을 시범 제작할 수 있다고 확신했다. 트루먼은 육군장관 스팀슨을 필두로 하는 군사 및 정치 수뇌부와 유명 과학자들로 구성된 위원회를 조직해 원자폭탄의 사용 방도를 논의하도록 지시했다. 6월 1일에 스팀슨은 이 위원회를 대표하여 트루먼에게 조건이 충족되면 즉시 원자폭탄을 사용해서 적에게 맞서야 하며, 사전 경고는 할 필요가 없다는 의견을

한눈에 보는 세계사

1939년 : 제2차 세계대전　　　　　　　　　　1945년 : 8·15 광복

제시했다. 트루먼도 고위 군사 고문들의 의견에 찬성했다. 그는 "원자폭탄
은 전쟁 무기일세. 여태껏 그것을 응용할 수 있다고 의심하는 이는 아무도
없었지. 우리는 반드시 원자폭탄을 응용해서 적을 습격할 걸세." 그리고
언제, 어디에서 원자폭탄을 사용할지에 대해서는 "마지막에 내가 결정하
겠네."라고 말했다. 하지만 대다수 과학자는 당시 원자폭탄을 사용하는 것
을 강력하게 반대했다. 1945년 6월에 물리학자 제임스 프랑크James Franck,
레오 실라르드 및 과학자 100여 명은 워싱턴에 공동 서명을 제출했다. 과
학자들은 이때 "미국이 시시비비를 가리지 않고 이 파괴적인 무기를 인간
에게 투하하면 전 세계 국민의 지지를 잃는 것은 물론이요, 군비 경쟁은
더욱 치열해질 것이다."라고 경고했다.

포츠담 협정Potsdam Agreement을 시작한 둘째 날인 1945년 7월 16일에 트
루먼은 원자폭탄 실험에 성공했다는 소식을 들었다. 이에 그는 미국이 이

런 선진 무기를 보유하면 전세는 역전될 것이고, 역사와 문명의 방향을 바꿀 수도 있다고 생각했다. 7월 17일, 스팀슨이 대통령에게 폭발 실험의 자세한 내용을 보고했다. 이후 며칠 동안 트루먼은 미국 대표단의 고위급 관리들과 함께 원자폭탄 사용 전략을 연구했다.

일본에 원자폭탄 투하

1945년 7월 24일에 트루먼은 미국 전략공군 사령관 칼 스파츠 장군에게 제20항공대의 제5, 제9혼합대대에 군사를 파견하라고 지시했다. "1945년 8월 3일 폭격이 가능한 날씨에 일본의 히로시마, 고쿠라, 니가타, 나가사키 가운데 한 군데를 선택해서 원자폭탄을 투하하라!" 1945년 7월 26일, 트루먼의 제안으로 미국, 영국, 중국 3국이 공동 선언의 형식으로 일본의 무조건 항복을 촉구하는 '포츠담 선언'을 발표했다. 이 선언에서는 일본 전쟁 범죄자의 엄중한 처벌, 일본 군국주의 세력 제거, '카이로 선언'의 조건 이행을 규정했다. 또 일본의 주권을 혼슈, 홋카이도, 규슈, 시코쿠와 연합국이 결정하는 작은 섬에 국한한다는 조항과 일본의 군수 산업 금지 조항도 포함되어 있었다. 마지막으로 3국은 일본에 엄중히 경고했다. "우리는 일본 정부가 일본의 모든 무장 부대에 무조건 항복을 선포할 것을 촉구하는 바이다. 이러한 제안을 받아들이지 않으면 일본에 즉각적이고도 완전한 파괴가 따를 것이다." 7월 27일에서 8월 1일에 연합국은 일본 각 도시의 상공에서 전단지 150만 장과 포츠담 선언문 300만 장을 뿌렸다. 일본 각 도시의 주민들에게 공습 경보 후 맹렬한 공중 폭격이 있을 예정이니 대피하라는 경고 전단이었다.

포츠담 선언이 발표된 후 일본 통치 집단 내부에는 혼란이 일어났다. 외무대신 도고 시게노리東鄕茂德를 필두로 한 문관들은 상황을 보면서 움직이자고 했으나 일본 군부는 강경한 대응을 주장했다. 7월 28일에 스즈키 총리가 성명을 발표했다. "정부는 연합군의 선언이 중대한 가치가 있다고 생각하지 않으므로 무시할 것이다. 우리는 끝까지 싸울 것이다." 그러자 트루먼은 일본이 공개적으로 포츠담 선언을 수용하기를 거부한 것으로 받아들이고, 계획대로 일본에 원자폭탄을 투하하기로 했다. 7월 29일에 스탈린은 미국 등 연합국이 정식으로 성명을 발표해서 소련에 대일 전쟁에 참여할 것을 요구하길 바랐다. 그러나 트루먼은 이를 완곡하게 거부했다.

히로시마에 떨어진 원자폭탄

　1945년 8월 6일 8시 15분, 미국은 일본 히로시마에 TNT 2만 톤급의 원자폭탄 1발을 투하했다. 이후 단 몇 초 만에 히로시마 시 중심의 약 11.4㎢ 지역이 폐허로 변했다. 그날 히로시마의 사망자 수는 7만 8,150명, 부상자와 실종자 수는 5만 1,408명으로 집계되었다. 같은 날 트루먼은 원자폭탄 관련 성명을 발표해서 일본에 경고했다. "지금 우리의 조건을 수용하지 않는다면 이 세상에서 일찍이 보지 못한 파멸의 비가 내릴 것이다." 그러나 일본은 여전히 항복을 거부했다. 이어서 8월 8일에 소련이 일본에 선전 포고를 했다. 그리고 8월 9일 오전 11시 30분에 미국이 일본 나가사키에 두 번째 원자폭탄을 투하했다. 당일 사망자 수와 사상자 수는 각각 2만 3,753명, 4만 3,021명이었다. 8월 10일에 일본 정부는 중립국을 통해 미국, 영국, 중국, 소련에 항복하겠다는 뜻을 밝혔다. 일왕은 자신의 지위 불변을 조건으로 포츠담 선언 조항을 받아들이기로 했다. 8월 11일에 트루먼은 일본에서 일왕제를 유지하도록 하되, 투항한 날부터 일왕과 일본 정부는 국가 통치 권력을 연합군 최고사령부에 넘기고 모든 일본군은 무장을 해제해야 한다고 요구했다. 8월 14일, 일본 정부는 연합국의 요구를 받아들이겠다고 선포했다. 그리고 8월 15일 정오에 일왕 히로히토裕仁는 라디오 방송을 통해 떨리는 목소리로 포츠담 선언을 수락하고 무조건 항복하겠다는 '종전 조서'를 낭독했다.

이 엄숙한 의식으로 우리는 과거의 피비린내와 대학살이 넘치던 세계에서 벗어나 아름다운 세계를 새로 맞이할 것입니다. 믿음과 이해의 기초 위에 세워지는 이 새로운 세계에서 저는 인류의 존엄을 수호하고 인류가 가장 소중히 여기는 자유, 관용, 정의에 대한 소망이 실현되도록 최대한 노력할 것입니다. 이것은 저의 신성한 소망이자 전 인류의 절실한 소망입니다.

−더글러스 맥아더

시기 : 1945년
인물 : 더글러스 맥아더Douglas MacArthur, 시게미쓰 마모루重光葵, 체스터 니미츠Chester William Nimitz
윌리엄 프레더릭 홀시William Frederick Halsey, 우메즈 요시지로梅津美治郎

맥아더의 일본 상륙

항복을 수락하고 일본 점령을 마무리하기 위해 트루먼은 맥아더를 연합군 총사령관으로 임명했다. 그 직위는 맥아더가 줄곧 간절히 바라던 자리였다. 임명된 후 맥아더는 트루먼에게 전보를 보냈다. "저에 대한 아낌없는 신뢰에 진심으로 감사드립니다. 지금의 형세를 충분히 활용하여 세계 평화를 위해 정하신 건설적인 노선을 따르겠습니다." 맥아더는 일본 투항 조인식, 미국군의 일본 점령, 군사 정부 수립 등 중요한 문제를 처리하기 위해 눈코 뜰 새 없이 바빴다.

한눈에 보는 세계사
1939년 : 제2차 세계대전   1945년 : 8·15 광복

1945년 9월 2일에 일본
대표단이 미국 전열함
미주리호에서 항복 문
서에 서명했다.

맥아더의 첫 번째 임무 수행은 도쿄에 전보를 쳐서 대표단을 필리핀 마닐라로 파견해 투항서의 내용과 미국군의 첫 상륙 시간에 관해 토론하도록 명령한 것이다. 8월 19일에 일본군 중장 가와베 도라시로河邊虎四郎가 이끄는 대표단이 마닐라로 떠났다. 마닐라에 도착한 후 맥아더는 그들을 차갑게 맞이했다. 일본 대표단은 전쟁 포로 수용소와 일본의 군사 시설 방위가 표시된 문서와 지도를 제출했고, 회의가 끝난 후 도쿄로 돌아갔다.

미국군은 8월 26일에 요코하마의 아쓰기 공항에 착륙할 예정이었다. 로버트 아이첼버거Robert L. Eichelberger의 제8군이 제일 먼저 상륙하고, 이어서 맥아더가 점령군과 함께 일본 본토에 도착하는 것이 그들의 계획이었다.

그런데 태풍이 일본을 휩쓸어 미국군의 상륙은 28일로 미뤄졌다. 28일 당일, 아이첼버거의 제11공수 사단이 먼저 아쓰기 공항에 착륙했다. 이와 동시에 홀시 제독이 이끄는 제3함대가 도쿄 만에 도착했다. 그의 기함 미주리호가 항복 조인식 장소로 정해졌기 때문이다. 다음날 니미츠가 괌에서 출발한 전열함 사우스다코타호를 타고 도쿄 만에 도착해서 국기를 게양했다. 같은 날 맥아더는 오키나와로 출발해서 5시간 후인 2시 19분에 공항에 도착했다.

군악단의 경쾌한 행진곡이 그를 맞이했다. 맥아더는 잠시 걸음을 멈추고 주위를 둘러본 뒤 배우처럼 손을 흔들며 포즈를 취하고 트랩에서 내려왔다. 그는 아이첼버거의 손을 잡으며 말했다. "그래, 밥, 멜버른에서 연합군을 조직해 도쿄에서 승리를 거두기까지 정말 긴 여정이었네. 드디어 마지막 순간이 왔군." 맥아더는 수행원들에게 휴대한 총을 모두 비행기에 두고 내리라고 지시했다. 그리고 낡아빠진 링컨 자동차에 올랐다. 호위 차량인 빨간색 소방차는 시동을 걸 때 폭발음이 들려 사람들을 놀라게 했다.

일본이 항복을 선포한 후, 수감된 연합군 전쟁 포로들이 잇달아 석방되었다. 그중에는 조너선 웨인라이트Wainwright 장군과 영국 사령관 아서 퍼시벌Arthur Ernest Percival 장군이 있었다. 그들은 맥아더의 초대로 8월 31일에 도쿄에 도착해서 9월 2일 미주리호에서 거행된 일본의 항복 조인식에 참여했다.

미주리호의 항복 조인식

9월 2일에 웨인라이트와 아서 퍼시벌 등이 참석한 항복 조인식이 미주리호에서 거행되었다. 8시 43분, 새로 취임한 일본 외무대신 시게미쓰 마모루, 육군참모총장 우메즈 요시지로 등으로 구성된 일본 대표단이 미국의 구축함을 타고 미주리호에 도착했다. 그들은 중간에 큰 테이블을 사이에 두고

연합국 고위 장군들의 맞은편에 섰다. 탁자 위에는 영어, 일본어로 쓰인 투항서 2장이 있었다. 일본인들은 아무 말도 하지 않았고 시종일관 침울한 표정이었다.

9시쯤 확성기에서 미국 국가 〈별이 빛나는 깃발The Star-Spangled Banner〉이 흘러나오자 맥아더, 니미츠, 홀시는 갑판으로 걸어갔다. 맥아더는 테이블 맞은편에 있는 마이크 앞에 섰고 그 뒤에 웨인라이트와 아서 퍼시벌이 명예로운 대표로 서 있었다.

연설을 마친 맥아더는 일본인에게 투항 문서에 서명할 것을 요청했다. 9시 4분에 시게미쓰에 이어 우메즈 요시지로, 연합국 대표 맥아더, 미국 대표 니미츠, 퍼시벌 및 영국, 중국, 소련, 오스트리아, 캐나다, 프랑스, 네덜란드, 뉴질랜드의 대표가 서명했다. 맥아더는 서명에서 펜을 5자루 사용했다. 'Doug'를 쓴 펜은 웨인라이트에게, 'Las'를 쓴 펜은 퍼시벌 장군에게 주었고, 'Mac'과 'Arthur'을 쓴 펜은 각각 육군사관학교와 미국 국회도서관에 기증했다. 그리고 '5성 장군'을 쓴 펜은 자신의 아내에게 선물했다. 서명식이 끝난 후 맥아더의 마지막 연설로써 10분간 진행된 항복 조인식은 마무리되었다. "이제 세계는 평화를 되찾았습니다. 하느님께서 평화를 영원히 지켜 주시도록 기도합시다. 이제 모든 절차는 끝났습니다."

국제연합의 창설

국제연합^{UN}은 제2차 세계대전 승리의 노래가 울려 퍼질 때 창설되었다. 1942년 1월 1일에 미국, 중국, 영국, 소련 등 26개국 대표는 워싱턴에 모여 연합국 선언을 발표했다. 1945년 4월 25일에 50개국 대표가 미국 샌프란시스코에서 열린 국제기구에 관한 연합국 회의에 참석했고, 6월 26일에 '국제연합 헌장'에 서명했다. 그리고 같은 해 10월 24일에 중국, 프랑스, 소련, 영국, 미국과 여러 서명국이 비준서를 제출하여 헌장이 발효되고 국제연합이 공식 출범했다.

얄타 회담 Yalta Conference

1945년 2월에 소련의 붉은 군대가 이미 스탈린그라드에서 독일 군대를 베를린 교외 지역으로 몰아냈다. 또 폴란드와 동유럽의 대부분 국가가 독일의 야만적인 통치에서 벗어났다. 독일군이 아르덴에서 펼친 반격은 완전히 박살났고, 미국과 영국군은 모젤 강 북쪽에서 루르를 공격했다. 이때 이탈리아 전장의 연합군 부대는 북쪽으로 이동하고 있었다. 삼면으로 포위된 독일의 패배가 확실해지면서 유럽 전쟁은 끝이 보였다. 하지만 태평양 전장에서는 일본이 한국, 중국, 인도차이나, 태국, 미얀마, 싱가포르, 말라

국제연합 본부 건물 앞의 만국기

야, 인도네시아, 필리핀 등 대부분 땅을 점령하고 있었다. 독일이 전쟁에 패한 후 연합국은 18개월이라는 긴 시간 동안 힘겹게 싸운 끝에 마침내 일본을 무너뜨렸다. 그런데 승리를 눈앞에 두고 미국, 영국, 소련 간에는 갈등과 상호 불신이 더욱 두드러졌다. 당시는 연합군의 전략 협조, 연합국 간의 단결 강화, 전쟁에서 패한 독일 관련 문제의 처리 및 전후 세계의 배치 등 문제를 급히 해결해야 하는 중요한 시기였기에 미국 대통령 루스벨트가 3국 정상 회담을 제안했다.

1945년 2월 4일에서 11일 사이에 미국, 영국, 소련 3국의 정상인 루스벨트, 처칠, 스탈린이 그들의 외무장관, 참모장관 등을 대동하고 소련 영토인 크림 반도의 얄타에서 8일 동안 회의를 열었다. 그래서 이 회의를 크림 회의 또는 얄타 회담이라고 부른다. 루스벨트가 회의를 제안한 이유는 유럽과 아시아에서 연합국이 전략적으로 협조하고 소련이 대일 전쟁에 참전하겠다는 확답을 듣기 위해서였다. 또 국제연합의 원칙에 대한 합의를 이끌어 내어 미국, 영국, 소련의 전쟁을 위한 군사 동맹을 전후의 평화 협력 관계로 발전시키고자 했다.

얄타 회담에서는 국제연합 안전보장이사회 중 대국의 부결권 사용 문제와 우크라이나와 벨로루시를 국제연합의 창립 회원국으로 포함할지의 문제에 대해 장시간 토론했다. 소련은 안전보장이사회 상임이사국이 모든 문제에서 전면적인 부결권을 가져야 한다고 주장했다. 하지만 미국과 영국은 대국이 분쟁 당사국일 때 투표권을 행사하는 것을 반대했다. 서로 이견을 조율하기 위해 미국이 절충안을 마련했다. 즉 상임이사국 5개국이 모든 실질적인 문제에 부결권을 행사하도록 규정하되, 안전보장이사회가 심의하는 분쟁에 대해서는 어떠한 분쟁 당사국도 심리하는 것을 거부할 수 없다고 규정했다. 처칠은 이에 동의했고, 소련도 미국의 방안을 받아들였다. 이것이 얄타 회담에서 거둔 가장 구체적인 성과였다. 또 소련은 전년도 덤바턴오크스 회의Dumbarton Oaks Conference에서 제시한 "국제연합 회의에서 표결 시 16표가 있어야 한다."라는 요구를 철회하고 2개 또는 3개 공화국의 가입을 원했다. 즉 우크라이나, 벨로루시, 리투아니아를 국제연합의 창립 회

국제연합 신탁통치이사회 회의장

원국으로 포함시키려 했다. 이에 처칠도 영국 제국의 각 자치령을 국제연합의 창립 회원국으로 포함시키기 위해 소련의 요구를 지지했다. 하지만 루스벨트가 우크라이나와 벨로루시만 포함시키는 데 동의했고, 이로써 소련은 실질적으로 3표를 갖게 되었다.

국제연합 창설

1945년 4월 25일에 미국 샌프란시스코에서 50개국 대표가 국제기구에 관한 연합국 회의를 개최했고, 6월 26일에 '국제연합 헌장'에 서명했다. 미국 트루먼 대통령은 회의 폐막식에서 연설하며 국제연합 헌장은 30년 전의 위대한 정치가 우드로 윌슨의 이상과 제2차 세계대전의 용감한 지도자 프랭

국제연합 본부 건물 안의 평화 비둘기

클린 루스벨트의 목표를 실현한 것이라고 크게 칭찬했다. 이어서 10월 24일에 중국, 미국, 영국, 프랑스, 소련과 그 밖의 여러 국가가 비준서를 제출하면서 국제연합 헌장이 발효되었고 국제연합이 공식 출범했다.

국제연합이 창설되자마자 미국은 국제연합을 자신들의 정치적 도구로 삼으려 했다. 국제연합에 가입한 초기 51개국 중 34개국이 서유럽과 라틴 아메리카에 있는 나라들로 미국을 지지했다. 아시아와 아프리카 국가는 11개국밖에 되지 않았다. 즉 절대다수가 서양 국가였다. 더욱이 동구권은 6개국뿐이었다. 안전보장이사회 5대 상임이사국인 미국은 국제연합에서 실질적으로 4표를 통제했다. 1946년에서 1953년 사이에 국제연합 총회에서 결의안 800여 건을 통과시켰는데, 그중에서 미국이 지지하는 결의안이 부결된 적은 두 번밖에 없었다. 〈뉴욕헤럴드트리뷴〉은 "미국은 국제연합 내에서 이미 독단적으로 결정하는 힘을 형성했다."라고 지적하기도 했다. 1946년에 미국은 중·남미와 서유럽 외에도 태평양 지역에서 일본, 중국, 한국을 통제했다. 또 태평양의 마리아나 제도, 마셜 제도, 캐롤라인 제도를 신탁 통치하면서 영토 면적이 2,849만 ㎢ 증가했다. 이런 상황에서 미국은 다수 의석을 동원해 소련과 그 밖의 국가에 압력을 행사할 수 있었다. 1950년에 트루먼은 이렇게 선언했다. "지난 50년 동안 일어난 모든 일 가운데 가장 중요한 변화는 세계에서 미국의 지위가 변한 것입니다. 우리는 세계의 테두리에서 이미 중심으로 걸어왔습니다."

United States of America

맥을 잡아주는 세계사
The flow of The World History

제5장 | 냉전과 화해의 시대

1 마셜 플랜

마셜 플랜은 미국 국무장관 마셜이 제안한 것으로, 트루먼 독트린의 연장선으로 볼 수 있다. 트루먼 독트린은 미국이 세계에 공산주의가 퍼지는 것을 막는 사명을 다할 것이며 세계의 패권을 차지하겠다는 선포이다. 세계를 제패하려면 일단 전략적으로 중요한 유럽, 특히 서유럽을 차지해야 했다.

시기 : 1947년
인물 : 조지 마셜George Catlett Marshall

전쟁 후 유럽

제2차 세계대전이 끝난 후 미국이 맞닥뜨린 시급한 문제는 소련의 서유럽 침공이 아니라 서유럽 각국의 경제 악화로 공산주의 세력이 확산되는 현상이었다. 전쟁이 끝나고 2~3년 동안 서유럽은 모든 상황이 최악이었다. 공장에는 사람이 없고 철도는 파괴되어 운행되지 못하고 논밭은 잡초로 우거졌다. 또 에게 해에서 북해에 이르기까지 기아에 허덕이며 혼란에 빠진 처참한 모습이었다. 1946년 말, 서유럽에는 아주 보기 드문 강추위가 몰아닥쳤고, 폭설 후에 홍수가 나 강이 범람했다. 이 영향으로 영국의 절

한눈에 보는 세계사

1947년 : 인도·파키스탄 분리 독립   1949년 : 중화인민공화국 성립
1948년 : 베를린 봉쇄

반이 넘는 산업이 마비되었으며, 농업 생산은 19세기보다 낮은 수준으로 하락했다. 1947년 1월 20일에 영국 정부는 공개적으로 자국이 매우 위험한 상태에 놓였다는 점을 인정했다.

이런 여러 가지 이유로 전쟁 이후 서유럽 각국은 정치 상황이 매우 불안정했고, 정부에 대한 국민의 불만은 갈수록 쌓여만 갔다. 1947년 4월에 프랑스 르노 자동차 공장에서 처음으로 노동자 파업이 일어났고, 이는 5월과 6월을 지나며 각 산업의 전국적인 파업으로 확산됐다. 프랑스의 광공업 기업과 주요 철도 노선은 거의 마비되다시피 했다. 이때 영국, 이탈리아, 벨기에 등 국가에서도 노동자 운동이 거센 바람을 타고 빠르게 진행되었다. 반反파시즘 투쟁을 하면서 단련된 프랑스 공산당은 프랑스에서 가장 영향력 있는 대大정당이 되어 노동조합원 500만 명이 가입된 프랑스 총노동조합을 통제했다. 당원 250만 명이 있는 이탈리아 공산당은 대중에게 명망이 꽤 높았다. 이처럼 서유럽에 위기가 확산되고 공산주의 세력의 영향력이 높아지자 미국은 두려움에 휩싸였다. 이에 대해 미국 국무장관 마셜은 "미국이 유럽 국가의 자립을 지원하지 않는다면 폭정으로 가는 걸음을 피할 수 없을 것이다."라고 강력하게 경고했다.

마셜 플랜 개시

1947년 4월 26일, 모스크바 외무장관 회의를 마치고 귀국한 미국 국무장관 마셜은 미국 정부에 즉시 서유럽을 원조해야 한다고 요청했다. 6월 5일 하버드 대학교 졸업식에 참석한 마셜은 연설을 통해 유럽의 경제 부흥을 지원하고 전략적으로 중요한 유럽을 사로잡을 방안을 제시했다. 먼저 서유럽 국가들이 자체적으로 부흥 계획을 제정할 것을 호소했다. "이것은 유럽인의 일입니다. 미국의 역할은 그들이 부흥 계획을 세우고 시행할 때 우호적으로 협조하고 그것을 지지하는 것입니다. 이 계획은 모든 유럽 국가는

미국 국무장관 마셜과
새 내각 의원의 단체
사진

아닐지라도 여러 국가의 동의를 얻은 공동 계획이어야 합니다. 우리 정부
는 특정한 나라 또는 이념에 대항하는 것이 아니라, 기아, 빈곤, 절망, 혼란
에 대항하려는 것입니다." 이 연설이 발표된 후 '마셜 플랜'은 미국과 세계
각국의 신문, 라디오 등 언론 매체에서 통용되는 고유명사가 되었다.

마셜의 연설이 발표되자마자 유럽 각국은 강렬한 반응을 보였다. 1947
년 7월 12일에 영국, 프랑스, 오스트리아, 벨기에, 덴마크, 그리스, 아이슬
란드, 아일랜드, 이탈리아, 룩셈부르크, 네덜란드, 노르웨이, 포르투갈, 스
웨덴, 스위스, 터키 등 16개국이 파리에서 경제 회의를 열고 유럽경제협력
위원회를 창설했다. 훗날 이 조직의 명칭은 유럽경제협력기구OEEC로 바뀌
었다. 9월 22일에 영국, 프랑스 등 16개국은 공동으로 미국에 4년 동안 원
조 및 224억 달러 대출을 요구하는 총 보고서를 제출했다. 12월 9일, 미국
대통령 트루먼은 국회에 '미국의 유럽 부흥 계획 지지'에 관한 교서를 제출

했다. 이후 그는 1948년 4월 3일에 국회에서 통과한 유럽부흥법에 서명하고, 마셜 플랜을 전문으로 실시하는 경제협력국을 설립했다. 이때 폴 호프먼Paul Hoffman이 경제협력국 국장으로 임명되었다.

처음에 마셜 플랜은 5개년 계획이었으나 미국은 이를 1951년 말에 앞당겨 마무리하기로 하면서 이를 보완할 공동 안보 계획을 발표했다. 1948년 4월 3일부터 1952년 6월 말까지 미국 국회는 예산 131억 5,000만 달러를 투입했다. 그중 영국이 가장 큰 수혜국으로 32억 달러를 원조받았다. 프랑스, 이탈리아, 서독은 각각 27억, 15억, 13억 9,000만 달러를 지원받았다. 가장 적게 받은 나라는 아이슬란드로 2,900만 달러가 전부였다.

마셜 플랜은 서유럽 국가들의 연합과 유럽경제공동체의 탄생을 앞당겼다. 미국은 소련에 대항하기 위해 유럽이 자국이 통제하는 경제를 기반으로 군사상 강력하고 정치적으로 안정된 모습으로 발전하길 바랐다. 그래서 미국은 마셜 플랜을 제안할 때 서유럽 연합을 격려하고 찬성했다. 1948년에 마셜 플랜을 받아들인 유럽 16개국은 유럽경제협력기구를 결성했다. 이어서 1954년에는 무역 및 결제 자유화를 촉진하는 유럽지급동맹이 탄생했다. 이러한 노력은 1950년대 말에 서유럽공동체가 건설되는 데 기반을 마련했다.

2 '철의 장막' 아래 북대서양조약기구(NATO)

미국은 자본주의를 확산하는 데 멈추지 않고 전 세계의 패권을 노렸다. 미국과 소련의 관계가 점점 악화되는 것은 불 보듯 뻔한 결과였다. 미국과 소련은 제2차 세계대전 이후 갈수록 심각한 의견 차이를 보였고, 논쟁의 초점은 유럽, 특히 동남부 유럽을 쟁탈하는 것이었다. 시간이 지나면서 철의 장막이 드리워지고 냉전이 시작되었다.

시기 : 1946~1949년
인물 : 윈스턴 처칠Winston Churchill, 스탈린Stalin

드리워진 철의 장막

1946년 3월 5일에 미국 미주리 주 풀턴에 있는 웨스트민스터 대학에서 영국 전 총리 처칠이 '평화의 원동력'이라는 제목으로 연설했다. 이 연설 후 그가 사용한 '철의 장막'이라는 단어가 단번에 유명해졌다. 처칠은 유럽을 가로지르는 철의 장막 뒤에는 '경찰국가'의 통제가 놓여 있으며 진정한 민주주의는 없다고 주장했다. 그리고 철의 장막 앞에는 걱정스러운 요소가 버티고 있으며, 세계 곳곳에 퍼진 공산주의는 기독교 문명에 대한 가혹한 도전이자 위험이라고 우려했다. 또한 그는 "세계대전 때 저는 우리의 동맹

한눈에 보는 세계사

1947년 : 인도·파키스탄 분리 독립	1949년 : 중화인민공화국 성립
1948년 : 베를린 봉쇄	

국 소련이 놀라운 실력을 갖추고 있
으며, 군사적으로 취약한 것을 가
장 경멸한다는 것을 알아냈습니다."
라고 말했다. 결국 처칠은 이 말로
써 명확하고 실질적인 행동을 제안
한 것이다. 영국과 미국이 '형제 동
맹'을 맺어 '원자폭탄 제조의 비밀'을
독점하고 국제적인 무장 군사력을
갖춰야 하며, 양국이 전 세계의 해·
공군 기지를 이용해 국제연합 기구
밖에서 손잡고 소련에 맞서야 한다
고 호소했다. 트루먼은 처칠의 연설
을 열렬히 지지했다.

연설에서 '철의 장막'을
언급한 처칠

　　1946년 3월 13일에 스탈린은 〈프라우다〉에 처칠의 연설에 대한 담화문
을 발표해서 처칠과 그의 미국 친구들이 '인종 우월주의'를 퍼뜨린다고 비
난했다.

　　미국은 세계 패권을 장악하고자 처칠의 연설을 이용하여 '공산주의 팽
창 반대' 바람을 일으켜 '냉전' 분위기를 조성했다. 1946년 3월, 트루먼은
윌리엄 해리먼에게 "우리는 이란 문제에서 러시아와 전쟁을 할 수도 있다."
라고 말했다. 이어서 전 불가리아 주재 미국 대사는 소련이 원자폭탄을 보
유하기 전에 그들에게 원자폭탄을 사용해야 한다고 선동하기도 했다. 5월
3일에 연합국의 독일관리위원회 루시우스 클레이Lucius D. Clay 장군은 독일
에 주둔한 소련 사령관에게 서방 연합군 점령 지구의 물품을 인도하는 것
을 금지한다고 통지했다. 그리고 1946년 9월 5일, 미국 국무장관 제임스 번
스가 슈투트가르트에서 한 연설에서 독일의 동부 지역 국경선인 오데르나

이세 선을 인정할 수 없으며, 미국은 포츠담 협정을 수정할 것이고 중부 유럽에서 군대를 철수하지 않을 것이라고 강조했다.

베를린 위기

마셜 플랜이 시작된 후 미국은 서독 지원에 박차를 가했다. 마셜은 "유럽을 재건하려면 독일을 재건해야 한다."라고 주장했다. 그는 먼저 독일의 생산을 회복하지 않으면 유럽의 경제를 회복할 수 없다고 생각했다. 1947년 8월에 미국과 영국, 프랑스는 런던에서 회의를 열고 독일 산업을 재건해야 한다고 주장하며, 3년 안에 미국, 영국의 점령 지구에서 철강 생산량을 연간 1,070만 톤까지 끌어올리기로 했다. 그리고 9월 10일에 미국과 영국은 루르 탄광의 관리권을 독일인에게 넘기는 데 합의했다. 1947년 말에 미국, 소련, 영국, 프랑스 4국 외무장관이 참가한 런던 회의가 결렬된 후, 미국은 영국, 프랑스, 네덜란드, 벨기에, 룩셈부르크를 끌어들여서 런던에서 6개국 회의를 열고 서독에 정부를 세우는 문제에 대해 논의했다. 미국, 영국, 프랑스 3국이 일방적으로 개최한 런던 회의에 대항하기 위해 소련은 1948년 3월 20일에 연합국의 독일관리위원회에서 탈퇴했다. 그리고 미국 국방장관에게 4월 1일부터 소련은 자국이 점령한 지역을 지나는 모든 미국인의 신분증과 모든 화물을 검사하고 베를린으로 가는 교통을 제한하겠다고 통지했다.

4월 20일부터 6월 1일까지 2차 런던 회의가 진행되었다. 그 결과, 6월 7일에 성명을 발표하여 9월 1일 전에 독일의 서방 측 점령 지역에서 제헌 회의를 열고 임시 헌법 초안을 작성해 서독 정부를 건설할 것을 독일에 요구했다. 이어서 6월 18일에 미국, 영국, 프랑스는 독일의 서방 측 점령 지역에서 일방적인 화폐 개혁을 시행하겠다고 선포했다. 그러자 소련이 19일에 다음의 내용이 담긴 성명을 발표했다. "베를린은 소련 점령 지구 내에 있으므로 경제적으로 소련 점령 지역의 일부이다. 소련은 이 지역 주민과 해당 지역의 이익을 보호하기 위해 화폐 유통 체계를 파괴하는 행위를 저지할 것이다. 소련은 서방 국가가 베를린에 진입하는 육로 및 수로 교통과 화물에 봉쇄 정책을 시행하기로 했다." 이렇게 해서 베를린 위기는 시작되었다.

1948년 9월 본에서 열린 서독 입법 회의에서 독일연방공화국의 기본법 초안이 작성되었다. 1949년 5월 12일에 영국, 미국, 프랑스 3국은 그 기본법을 비준하고 독일 서부에 독일연방공화국을 세우기로 확정했다. 이어서 5월 14일에 서방 측 점령 지역에서 의회 선거를 열어 연방 의회를 조직했다. 9월 12일에 제1대 연방 총리로 당선된 콘라트 아데나워^{Konrad Adenauer}가 9월 20일에 본에서 독일연방공화국의 수립을 선포했다. 이에 맞서 10월 7일에 소련 점령 지구 내의 독일인민위원회에서 결의안을 통과시켜 독일민주공화국을 수립하고, 오토 그로테볼^{Otto Grotewohl}이 임시 정부를 조직했다. 이때부터 독일은 두 개의 독립된 국가로 나뉘었다.

북대서양조약기구 창설

1948년 3월 5일에 영국, 프랑스, 벨기에, 네덜란드, 룩셈부르크 5개국 대표가 벨기에 브뤼셀에서 모여 회담했다. 그들은 군사 동맹을 핵심으로 하는 집단 방위 조약을 체결하고 '브뤼셀 조약'이라고 명명했다. 3월 17일에 이 5개국의 외무장관들은 브뤼셀에서 50년 기한의 조약에 공식 서명했다. 7월 6일에 미국, 캐나다, 그리고 그 밖의 브뤼셀 조약 기구 회원국들은 워싱턴에서 회의를 열어 집단 안보 조약을 체결하는 문제를 논의했다. 9월 9일에 열린 회의에 참석한 각국 정부는 토론 비망록인 '워싱턴 문건'을 통과시켰다. 이 문건은 북대서양조약기구^{NATO}의 성격, 범위, 체결국의 의무 및 다른 유럽 기구와의 관계 등을 명확하게 규정했다. 1949년 4월 4일에 미국, 영국, 프랑스, 이탈리아, 네덜란드, 벨기에, 룩셈부르크, 덴마크, 캐나다, 아이슬란드, 노르웨이와 포르투갈 12개국 외무장관이 워싱턴의 국무원 회의실에서 북대서양 조약을 체결했다.

북대서양 조약에는 간단한 서문과 14개 조항이 포함되었다. 그중 "체결국은 유럽 또는 북아메리카의 한 나라 또는 여러 체결국에 대한 무장 공격을 체약국 전체에 대한 공격으로 간주하는 데 동의한다."라는 제5조가 가장 중요하다. 9월 17일에 북대서양 조약의 최고 권력 기구인 북대서양이사회가 설립되었다. 그 밖에 각 체결국 국방부 장관들로 구성된 방위위원회, 각 회원국 참모총장들로 구성된 최고군사권력기구인 군사위원회가 조직되었다. 북대서양조약기구는 이렇게 통일된 군사 지휘 체계를 갖추었다. 그 후 유럽연합군사령부, 대서양연합군사령부, 해협사령부, 캐나다-미국지역 플랜팀이 순서대로 창립되었다. 미국은 북대서양조약기구를 통해 정치, 군사적으로 서유럽에 대한 통제를 강화하고 유럽 대륙에서 소련과 동유럽을 억제하는 부채꼴 포위권을 조직한 것이다.

3 과학계의 거장 아인슈타인

인간은 사회에 헌신해야만, 이 짧고 위험천만한 생명의 의미를 찾을 수 있다. 인간은 시대의 흐름과 사회 분위기와는 상관없이 자신의 고상한 품격에 따라 시대와 사회를 초월하고 올바르게 자신의 길을 걸을 수 있다. 오늘날 모든 사람이 냉장고, 자동차, 집을 위해 분주하게 뛰어다니고 경쟁한다. 이것이 이 시대의 특징이다. 하지만 이런 물질적인 것이 아닌 이상과 진리를 쫓아 마음의 자유와 안녕을 얻는 사람도 많다.

– 앨버트 아인슈타인

시기 : 1879~1955년
인물 : 앨버트 아인슈타인Albert Einstein

천재의 유년 시절

앨버트 아인슈타인은 1879년 3월 독일 울름에서 전자기기 공장을 경영하는 평범한 유대인 가정에서 태어났다. 아인슈타인은 네 살 때까지 말을 하지 않아서 가족은 혹시 아이가 벙어리는 아닐까 하고 생각했다고 한다. 그는 어릴 때부터 시끄럽게 뛰어다니면서 노는 것을 좋아하지 않았다. 특히 전쟁놀이를 유독 싫어했다. 평범한 아이들과 달리 대부분의 시간을 혼자

한눈에 보는 세계사

1876년 : 조선, 강화도 조약 체결	1939년 : 제2차 세계대전
1903년 : 라이트 형제, 최초로 비행 성공	1945년 : 8·15 광복
1910년 : 대한 제국, 국권 피탈	1949년 : 중화인민공화국 성립
1914년 : 제1차 세계대전	1950년 : 6·25 전쟁 발발
1929년 : 세계 대공황	1957년 : 소련, 인공위성 발사

〈타임〉지 표지 '아인슈타인과 그의 질량 에너지 방정식'

숨어서 블록 쌓기 놀이를 하고 스스로 다양한 게임 방법을 만들어 내며 보냈다.

학교에 들어간 후 아인슈타인은 처음으로 종교를 접했다. 그는 곧 《성경》에 매료되었고 교회 분위기에 빠져들었다. 하느님을 찬양하는 짧은 시를 직접 쓰기도 했다. 한편, 아인슈타인은 열두 살 때 《유클리드 기하학》을 끝까지 다 읽었고, 피타고라스의 정리를 직접 증명했다. 열세 살 때에는 칸트의 유명한 철학 저서인 《순수 이성 비판》과 모두 12권에 달하는 《자연과학 인기 도서》를 읽었다. 이 도서의 영향으로 아인슈타인은 더 이상 종교에 대한 믿음을 갖지 않았다.

1894년에 부모님이 이탈리아에 이민하여 밀라노로 간 지 얼마 안 되어 아인슈타인도 학교를 그만두고 이탈리아로 떠났다. 1936년에 아인슈타인은 당시의 학교생활을 회상하며 이런 말을 했다. "나는 학교가 위협적이고 권위적인 곳이 된다면 그곳이야말로 최악이라고 생각한다. 이런 교육 방법은 학생들의 건강과 감정, 자신감을 파괴한다. 자신이 생각하는 것이 아니라 남이 가르쳐 주는 것을 순종적으로 따르기만 하는 평범한 학생을 배출할 뿐이다." 독일 학교의 군국주의식 교육에 극단적으로 혐오감을 느낀 아인슈타인은 아버지에게 독일 국적을 포기하겠다고 할 정도였다. 실제로 그는 1896년에 독일 국적을 버리고 무국적자가 되었다.

대학에서 사회로

취리히 연방 공과대학교에 응시했으나 떨어진 아인슈타인은 스위스의 아라우에 있는 주립 학교에 진학해서 마치지 못한 고등 교육 과정을 이수했다. 당시 아인슈타인은 이런 생각이 들었다. "만약 한 사람이 광속으로 광파를 따라서 달린다면 어떤 일이 벌어질까?" 이후 아인슈타인은 아라우 학교를 '고등 교육 중 가장 모범적인 학교'라고 칭하면서 "인간은 기계가 아니다. 개방적이고 자유롭게 자신의 의견을 말할 수 있는 환경에서 인간은 더욱 활기찬 모습으로 바뀔 것이다!"라고 말했다.

아라우 고등학교를 졸업한 후 아인슈타인은 순탄하게 취리히 연방 공과대학교에 입학했다. 대학 시절 그는 대부분의 시간을 실험실에서 보냈다. 그리고 이 시기에 유명한 물리학자의 저서를 읽기 시작했다. 1900년에 대학교를 졸업한 후 아인슈타인에게 생계를 위한 험난한 과정이 시작되었다. 그는 처음에 기술학교 교사로 재직하다가 3개월 동안 가정교사로 일했다. 그 사이에 아인슈타인은 학술 논문을 2편 발표했다. 그리고 3년여의 시간 동안 마하, 흄, 암페어, 리만, 디킨스, 세르반테스 등 인물의 철학, 과학, 문학 작품을 탐독했다.

상대성 이론 정립

1902년에 아인슈타인은 마침내 정규직 일자리를 찾았다. 베른 특허국 3급 기술심사원으로 일하면서부터 그는 더 이상 생계 문제로 걱정할 필요가 없게 되었다. 그리고 그 일이 좋아서 1909년까지 계속 그곳에서 일했다. 그때까지 아인슈타인은 논문을 총 6편 썼고 그중 5편을 발표했다. 그 가운데 '운동하는 물체의 전기역학에 대하여'라는 논문이 바로 오늘날 많은 사람이 알고 있는 '특수 상대성 이론'이다. 그것은 기존의 시공 관념을 완전히 배제하고 고전 역학을 시공에 상대적인 특수한 예로 만들었다. 이 논문을 발표하고 3개월 후 아인슈타인은 또 단편 논문을 발표해서 유명한 'E=mc²' 개념을 제시했다. 그 덕분에 당시 모든 물리학자를 곤혹스럽게 하던 문제가 자연스럽게 해결되었다. 이는 핵에너지의 방출과 이용에 이론적 기초를 제공했다. 물론 아인슈타인처럼 창의적으로 생각하며 기꺼이 고유의 사고 습관을 포기하려는 사람은 많지 않다. 당시에 세계적으로 상대성 이론을 이해한 사람은 12명밖에 되지 않았다고 한다.

제1차 세계대전이 일어난 후에도 아인슈타인의 연구는 중단되지 않았다. 특수 상대성 이론을 발표한 지 10년이 되었을 때 일반 상대성 이론이 세상에 공개되었다. 1915년 11월에 아인슈타인은 프로이센 과학 아카데미에 논문 4편을 제출했다. 이 논문 가운데 그는 새로운 관점에서 수성 근일점의 이동을 최초로 증명하고 정확한 중력 방정식을 제시했다. 이렇게 해서 일반 상대성 이론이 탄생했다. 1916년에 아인슈타인은 장편 논문 '일반 상대성 이론의 기초'를 완성했다. 이 논문에서 아인슈타인은 기존에 관성계에 적용되었던 상대성 이론을 '특수 상대성 이론'으로 불렀다. 모든 관성계에서 같은 물리 법칙이 성립한다는 가설에 기초하여 특수 상대성 이론을 제시했고, 더 나아가 일반 상대성 원리를 설명했다. 그는 물리학 법칙은 어떤 방식으로 운동하든 대비 물체에 대해 반드시 성립한다고 했다.

일반 상대성 이론에서는 물질의 존재로 공간과 시간이 휘어지는 것이며, 중력은 실제로 굽어진 시공이라고 했다. 아인슈타인이 말하는 것처럼 태양 중력의 영향으로 공간이 휘는 이론은 수성 근일점이 100년마다 43초씩 이동하는 비밀을 아주 잘 설명해 주었다. 일반 상대성 이론의 두 번째 가설은 중력의 적색 이동이다. 즉, 강한 중력장 속의 스펙트럼이 적색 파장 대역으로 이동하는 것이다. 1920년대에 천문학자들은 천문 관측에서 이 사실을 증명했다. 일반 상대성 이론의 세 번째 가설은 중력장에서 광선의 굴곡 현상이 일어난다는 것이다. 지구에 가장 가깝고 큰 중력장은 태양의 중력장이다. 아인슈타인은 멀리 떨어져 있는 별빛이 태양 표면을 지날 때 1.7초가량 휘어져 발생한다고 예측했다. 1919년에 영국 천문학자 아서 에딩턴Arthur Stanley Eddington이 적극적으로 그 의견을 지지했다. 영국은 개기일식 관찰 지점으로 원정대 두 팀을 보내 연구한 끝에 "별빛은 태양 근처에서 1.7초만큼 휘어진다."라는 결론을 내렸다. 영국왕립학회와 왕립천문학회가 주최한 세미나에서 에딩턴은 공식적으로 이 관측 결과를 보고하여 일

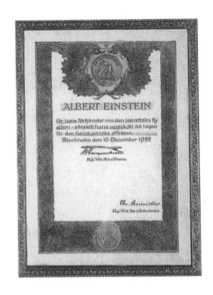

1921년에 아인슈타인은 일반 물리와 양자론에 대한 공로를 인정받아 노벨물리학상을 받았다. 그림은 스웨덴 왕립과학아카데미가 아인슈타인에게 수여한 증서이다.

반 상대성 이론의 결론이 옳다는 것을 증명했다. 유명한 물리학자이자 왕립학회 회장인 톰슨은 "이것은 뉴턴 시대 이후 만유인력에 관한 이론 중 최고의 성과이다. 아인슈타인의 상대성 이론은 인류 역사상 가장 위대한 인간 사고의 산물이다."라고 말했다.

아인슈타인은 연일 매스컴에 등장했다. 그는 1916년에 상대성 이론의 이해를 돕기 위해 쉽게 풀어쓴《특수 상대성 이론과 일반 상대성 이론》을 출간해 1922년까지 재판을 40쇄나 찍었다. 이 책은 또한 십여 가지 언어로 번역되어 널리 전해졌다. 아인슈타인은 많은 사람이 주목하는 인물이 되면서 각종 행사와 강연에 초청되었다. 이때 아인슈타인은 사회 활동과 그가 바라는 조용한 삶 사이에서 매우 고민했다. 그는 이전의 생활 패턴이 깨지는 것을 원치 않았다. 하지만 인류에 대한 과학자로서의 책임감은 항상 느꼈다. "인류와 그 운명에 대한 관심은 항상 모든 기술적 노력의 주요 관심일 것이다. 도표와 방정식에 매달릴 때 이 점을 영원히 잊지 마라."

독일을 떠난 아인슈타인

이 그림은 컴퓨터로 아인슈타인의 '굴절 공간'에 관한 이론을 설명한다.

1920년 이후 독일은 나치주의가 고개를 들면서 유대인 학살로 떠들썩했다. 1922년에 아인슈타인은 국제연맹의 '지식인협력위원회'에 참가했고 2년 후에 공식으로 회의에 출석했다. 1926년에는 이 위원회의 업무 상황을 소개하는 글을 신문에 기고하기도 했다. 그 목적은 대중에게 자신들의 노력을 알리기 위해서였다. 1930년에 그곳에 크게 실망하기 전까지 그는 매년 위원회 회의에 참석했다.

1930년에 아인슈타인은 '나의 세계관'이라는 글을 발표했다. "내가 생각하는 가장 이상적인 정치 제도는 민주주의이다. 모든 사람은 개인으로서 존경받아야 한다. 특정인이 숭배 시되는 우상이 되어서는 안 된다. (중략) 조직이 그 목적을 실현하려면 반드시 일을 지휘하고 책임을 지는 사람이 있어야 한다. 그러나 지도자를 따르는 사람들이 강요를 받아서는 안 된다. 그들은 반드시 자신의 지도자를 선택할 수 있어야 한다. (중략) 인생의 다양한 공연에서 내가 생각하는 가장 고귀한 것은 정치적 국가가 아닌 창조적이고 감정이 있는 개인, 즉 인격이다. 인간만이 고상하고 뛰어난 것을 창조할 수 있다. 군중 자체는 사상적으로 항상 둔하다.", "명령으로 만들어진 용감한 행동, 무의미한 폭행, 애국주의라는 명목으로 함부로 구는 모든 행동이 나는 극도로 싫다. 내가 볼 때 전쟁은 비열하고 악랄한 것일 뿐이다!"

1931년에 아인슈타인은 〈뉴욕타임스〉와 인터뷰하면서 이렇게 말했다. "저는 우선 제 정치 신념을 인정합니다. 인간을 위해 국가가 건설된 것이지, 국가를 위해 인간이 생존하는 것은 아닙니다. 이것은 과학에도 적용됩니다.", "국가는 우리의 하인이어야지, 우리가 국가의 노예가 되어서는 안 됩니다. 국가가 강압적으로 우리에게 병역의 의무를 다하라고 한다면 그것은 이 원칙을 위배하는 것입니다. 만약 그 복무 결과가 다른 나라의 국민을 학살하거나 그들의 자유를 방해하는 것이라면 더욱 그러합니다. 확실히 인간에게 도움이 되는 자유 속에서 발전할 때 우리는 국가를 위해 이런 희생을 해야 합니다. 일각에는 정신 감축이 물질 감축보다 앞서야 한다고 주장하는 사람이 있습니다. 더 나아가 국제 질서를 확립하는 데 가장 큰 장애물이 무섭게 과장된 국가주의 정신이라고 분명히 말합니다. 이런 정신은 듣기에만 좋을 뿐 남용되고 있는 '애국주의'입니다. 최근 반세기 동안 이런 거짓 우상이 곳곳에서 아주 나쁜 영향을 미치고 있습니다. 국가의 임무는 개인을 보호하고, 개인이 창조적이고 재능 있는 사람으로 발전할 수 있도록 하는 것입니다."

　　1933년 1월에 히틀러가 독일 총리가 되었다. 그로부터 두 달 후, 쉰넷의 아인슈타인은 시민권을 포기하고 독일을 떠나기로 했다. 그는 뉴욕에서 열린 기자 회견에서 파시즘 나치의 폭정을 비난하며 '명령주의의 강권 정치'라고 말했다. 그의 절친한 독일인 친구 막스 폰 라우에 Max von Laue는 그에게 편지를 보내 정치 문제에서는 몸을 숙이고 조심히 처신하라고 했다. 그러자 아인슈타인은 답장에 이렇게 적어 보냈다. "나는 자네의 의견에 동의하지 않네. 과학자는 자네 말처럼 정치적인 문제, 넓은 의미에서 말하면 인류 문제에 대해서 침묵을 지켜야 하는 것은 아니네. 독일의 상황을 보면 이런 통제가 어떠한 저항도 하지 않게 만들어서 지도권이 맹목적이고 무책임한 사람에게 넘어가게 했지. 이런 통제야말로 책임감이 부족하다는 의미가 아니겠는가? 그럼, 하나 묻겠네. 브루노, 스피노자, 볼테르와 훔볼트도 이렇게 생각하고 행동했다면 우리의 상황은 어떻게 되었을까? 나는 지금 하는 말을 절대로 후회하지 않네. 게다가 나의 행동이 인류를 위한 봉사라고 굳게 믿네."

1939년 8월에 아인슈타인은 나치 독일이 먼저 원자폭탄을 개발하는 것을 염려하여 루스벨트 대통령에게 서신을 보냈다. "위력이 엄청난 신형 폭탄을 제작하면 항구 전체를 근처 지역과 함께 쉽게 폭발시킬 수 있습니다. 대통령께 이 사실을 알리는 것이 바로 제 의무입니다." 이 편지를 받은 루스벨트는 유명한 '맨해튼 프로젝트'를 시작했다. 이후 1940년 10월에 아인슈타인은 미국 국적을 취득했다. 그리고 프로젝트 결과, 1945년에 일본 히로시마와 나가사키에 원자폭탄이 떨어졌고 국민 20만 명이 죽거나 다쳤다. 방송을 통해 이 소식을 들은 아인슈타인은 순간 너무 놀라서 멍해 있었다고 한다. 그리고 한 마디를 남겼다. "정말 가슴이 아프군."

훗날 아인슈타인은 미국 국민에게 보내는 편지에 이렇게 썼다. "이 거대한 힘을 세상에 공개한 과학자들은 모든 사물에 우선 책임을 지고 원자력이 전 인류를 해치는 데 사용되지 않도록 반드시 제한해야 합니다. 그것은 인류의 행복을 증진하는 데 쓰여야 옳습니다."

평화 운동 참여

1947년에 아인슈타인은 국제연합 총회에서 이렇게 말했다. "앞으로 몇 년 안에 자연과학자의 태도가 인류 문명의 운명을 결정할 것입니다. 사람들은 현재 인류의 임무가 무엇인지를 마침내 깨달았습니다. 그것은 서로 이해하는 것입니다. 각국의 국민, 서로 다른 신앙이 있는 각 민족 간에 완전한 이해를 실현해야 합니다." 그리고 이듬해에 '지식인에게 보내는 편지'를 발표했다. "과학자는 비극을 재연하고 학살에 대한 공포감을 증폭시킬 수 있기 때문에 신성한 의무를 지
고 있습니다. 바로 잔혹한 목
적으로 만들어진 무기가 사람
들의 목숨을 해치는 데 사용
되는 것을 전력을 다해서 막는
것입니다. 우리에게 이보다 중
요한 임무가 있습니까? 우리가
마음속으로 열망하는 사회의
목표는 무엇입니까?"

냉전이 시작된 후 반공주의

아인슈타인의 서재

정교하고 복잡하며 비
싼 설비가 필요한 과학
자와 달리 아인슈타인
은 암산하는 데 도움이
되는 종이, 만년필, 잉
크만 있으면 되었다. 그
리고 때로는 분필과 칠
판도 필요했다.

를 선동하는 매카시즘이 미국을 휩쓸었다. 그러면서 수많은 지식인이 미
국에 충성하지 않는다는 의심을 받으며 박해당했다. 1953년에 뉴욕의 한
교사가 아인슈타인에게 편지를 보내 자신이 미국 하원의 '비미활동위원회'
에서 심문을 받았다며 어떻게 대처해야 할지 조언을 구했다. 아인슈타인
은 이렇게 답장을 보냈다. "우리 지식인은 지금 몹시 심각한 문제에 직면했
습니다. 혁명에 반대하는 정치가는 대중 앞에서 외부의 위험을 대충 넘깁
니다. 그렇게 해서 사람들이 모든 것에 의심을 품게 합니다. 지금까지 그들
은 이 목적을 달성했습니다. 그리고 이제 교육의 자유를 금지하고, 순종함
을 증명하려고 하지 않는 모든 이에게서 직위를 박탈하고 굶기려고 합니
다. 이런 죄악에 반대하기 위해 소수 지식인이 어떻게 해야겠습니까? 솔직
히 말해서 저는 간디가 주장한 비협력이라는 혁명 방법밖에 모르겠습니
다. 위원회의 심문을 받은 지식인은 모두 증언하기를 거부해야 합니다. (중
략) 만약 많은 사람이 이렇게 강하게 나간다면 그들은 승리할 것입니다. 그
렇지 않으면 우리나라 지식인이 얻는 것은 절대로 그들을 위해 준비된 노
예보다 훨씬 좋지 않을 것입니다."

이 편지는 훗날 신문에 실렸는데 대중의 반응이 폭발적이었다. 그러자 매카시는 아인슈타인의 의견을 받아들인 사람은 모두 '미국의 적'이라고 주장했다. 그리고 각 신문은 사설에서 아인슈타인의 조언은 무책임한 것이며, '자신을 극단주의자의 범주에 넣은 것'이라고 평가했다. 이와 더불어 아인슈타인의 말에 동의하는 의견과 반대하는 의견 모두 각 신문에 게재되었다. 그런 와중에 실제로 심문받을 때 대답하기를 거부하고 아인슈타인의 편지를 인용한 교사 두 명이 있었다.

6개월 후, 아인슈타인은 자신의 생각을 정리하여 의견을 밝혔다. "원리적으로 모든 사람은 똑같이 헌법의 보호를 받을 권리가 있다. 그러나 이를 넓게 볼 때 지식인은 특수한 지위에 있다. 특수 훈련을 받은 그들은 대중의 의견에 특별히 강력한 영향을 미친다. 이것이 바로 우리를 독재 정부로 끌어들이는 사람들이 지식인에 대해 두려움을 느끼고 탄압에 특별히 관심을 보이는 이유이다. 따라서 이런 상황에서 지식인에게 특히 중요한 것은 자신의 책임을 다하는 것이다. 그 책임이란 개인의 법적 권익을 위반하는 어떤 행동과 협력하는 일을 거부하는 것이라고 생각한다.", "헌법의 힘은 모든 국민이 그것을 수호하겠다는 결심을 기반으로 한다."

1953년 봄에 시카고 변호사 협회는 아인슈타인에게 인권상을 수여하기로 했다. 아인슈타인은 직접 그 자리에 참석할 수 없어 편지로 소감을 대신했다. "저는 오랜 세월 동안 물리적 실재의 구조를 좀 더 이해하는 데 제 모든 열정을 쏟았습니다. 그러는 동안 체계적으로 인류의 운명을 바꾸고 불의, 폭정과 맞서 싸우거나 인류 관계의 전통적인 형식을 개선하려고 하지 않았습니다. 저는 그저 오랜 시간 이 사회에서 일어난 매우 비열하고 불행한 상황에 대해 공개적으로 의견을 밝혔을 뿐입니다. 그 사실에 대해 침묵하면 그들과 같은 죄를 짓는 기분이었습니다."

1955년 4월 18일 새벽, 아인슈타인은 조용히 세상을 떠났다. 눈을 감기

1923년에 아인슈타인과 프랑스 물리학자 폴 랑주뱅(Paul Langevin, 맨 왼쪽)은 베를린에서 반(反)군사 시위에 참가했다.

며칠 전에 그는 버트런드 러셀Bertrand Russell이 초안을 작성한 '러셀–아인슈타인 선언'에 서명해 각국의 정부에 평화적인 방법으로 모든 분쟁을 해결할 것을 호소했다.

아인슈타인은 생전에 "나는 사람들에게서 과분한 칭찬과 존경을 받았다. 이것은 나 자신의 잘못도 공로도 아닌 운명의 장난 때문이다."라고 말했다. 그리고 "장례식을 하거나 묘지, 기념비를 만들지 말고 유골은 친구가 비밀리에 하늘로 날려 보내 주길 바란다."라는 놀라운 유언을 남겼다. 이런 모습이 바로 진짜 완전한 아인슈타인이다.

4 매카시즘

1950년 무렵은 제2차 세계대전 후 미국의 대외 침략과 영토 확장 정책이 최절정에 이른 시기이자 진보와 보수라는 정치 성향이 공존하던 시기였다. 미국에서는 극우 정치가 매카시의 이념 정책인 매카시즘이 선풍적인 붐을 일으켰다. 매카시즘은 반反공산주의를 선동하고, 중국에 우호적인 모든 미국인을 박해하며, 미국 공산당과 민주 진보 세력의 힘을 파괴하여 미국을 공포의 도가니로 몰아넣었다.

시기 : 1950~1957년
인물 : 해리 트루먼Harry Shippe Truman, 조지프 매카시Joseph Raymond McCarthy

매카시즘의 부상

6.25 전쟁은 미국 내에도 광범위한 영향을 미쳤다. 먼저 엄청난 국방비 지출로 인플레이션이 일어났다. 다행히 1951년 1월에 미국 정부가 직접 관리하면서 물가는 안정을 되찾았다. 루스벨트와 달리 트루먼은 대통령 직무 자체의 고유 특권을 확대 해석했다. 1952년 4월에 트루먼은 철강 노동자들의 대파업으로 6.25 전쟁에 참전한 부대에 보급 물자가 제대로 전달되지 못할 것을 우려하여 대통령 권한으로 제철소를 접수하도록 명령했다. 그러나 대법원은 대통령의 견해에 동의하지 않았다. 트루먼은 전쟁에 대한 두려움

한눈에 보는 세계사

1949년 : 중화인민공화국 성립
1950년 : 6·25 전쟁 발발

1957년 : 소련, 인공위성 발사

과 더불어 공산주의 운동에 대한 미국 정부의 공포감 때문에 이른바 공산당 스파이에 대해 매우 민감했다. 1951년에 줄리어스와 에설 로젠버그 부부 스파이 사건이 터지면서 트루먼은 심한 불안감에 떨었다.

그전에, 연방 정부는 1947년에 트루먼의 제안으로 '연방 정부 충성 계획'을 제정했다. 트루먼은 "충성하지 않고 정권을 전복시키려는 세력은 반드시 정부에서의 직위를 박탈해야 한다. 하지만 이런 결론을 내릴 만한 증거가 충분하지 않다면, 우리는 연방 정부 고용자가 충성하지 않는다는 꼬리표가 붙는 것을 승인할 수 없다."라고 말했다. 이 계획에 따라 1952년 12월에 미국에서 660만 명이 심사를 받았지만 발각된 스파이 활동은 한 건도 없었다.

1950년 2월에 위스콘신 주의 평판이 나쁜 상원의원 조지프 매카시가 웨스트버지니아 주 휠링에서 열린 모임에서 연설했다. "지금 제 손에는 국무성의 공산당 당원 205명의 명단이 있습니다. 이 사실을 국무장관이 파악하고 있음에도, 공산당 당원들은 여전히 국무성 안에서 일하며 정책을 만들어 내고 있습니다." 이 연설을 한 이후 매카시는 하룻밤 사이에 유명 인사가 되었다.

1950년 2월 20일에 하원의원 매카시는 장장 6시간 동안 추악한 내용의 연설을 하면서 자신이 81명에 관한 정보가 담긴 파일을 손에 넣었는데, 모두 공산당원으로 증명된 이들이라고 주장했다. 1950년 하반기에 매카시는 전국 순회 연설을 하며 15개 주에서 30차례나 반공산주의를 선동하는 연설을 했다. 1951년에서 1952년 사이에 매카시는 루스벨트 이후 미국 정부의 대외 정책을, 특히 대對중국 정책을 신랄하게 공격했다. "루스벨트는 얄타 회담에서 중국과 폴란드를 소련에 팔아넘겼고, 6.25 전쟁의 무대를 마련했습니다. 조지프 스틸웰Joseph Warren Stilwell은 중국에서 공산당이 미국을 정복하는 기반을 마련했습니다. 마셜은 중국 공산당을 도운 적이 있습니다. 또한 트루먼 정부는 미국이 아닌 국제 공산주의에 유리한 외교 정책을 시행하고 있습니다. 다시 말해, 루스벨트와 트루먼이 집권한 20년은 국가를 팔아먹은 20년입니다."

매카시즘의 광풍과 몰락

아이젠하워가 취임한 후 〈워싱턴포스트〉는 "매카시즘은 하룻밤 사이에 사라질 것이다."라고 예언했다. 그러나 매카시는 상원의원 상설조사위원회의 의장으로서 정부 기구의 '공산주의 침투' 문제에 대해 대대적인 조사를 진행했다. 당시 매카시는 국무장관 덜레스John Foster Dulles와의 좋은 관계를 이용해 거리낌 없이 제멋대로 굴었다. 트루먼은 '공산당 노선을 추종하거나 공산당 외부 조직에 참가한 것이 뚜렷한 작가'의 도서를 국무성 내 도서관에서 모두 없애라는 지시를 내렸다. 대실 해밋Dashiell Hammett의 추리 소설도 금지서로 지목되어 전부 불태워졌다. 더욱 놀라운 사실은 매카시위원회의 의원 매슈스가 〈포스트맨〉 잡지 기고를 통해 "오늘날 미국이 지지하는 공산당 기구의 최대 단체는 개신교 교사들이 만든 것이다."라고 단언했다는 것이다.

매카시가 유명한 물리학자 오펜하이머를 박해한 이야기는 매우 유명하다. 미국 원자폭탄의 아버지로 불리는 오펜하이머는 수소폭탄 연구를 지속하는 것을 반대하면서 1953년에 기밀 업무에 참여하는 것을 금지당했다. 그가 좌파 인사와 왕래했다는 것이 이유였다. 오펜하이머가 맨해튼 프로젝트를 진행할 때 경호원이 이 문제를 조사한 적이 있다. 재심위원회는 오펜하이머의 사안이 한 사람과 정부의 관계에 의문점이 있을 때 정부가 그의 내면세계를 자세히 들여다볼 권리가 있다는 것을 설명해 준다고 했다. 위원회는 보고서를 통해 국가 안보는 위기의 순간에 반드시 절대적이어야 한다고 했다.

매카시는 미국 정부와 국민을 불안하게 하고 정치, 외교, 군사에 지나치게 개입했다. 이를 계기로 공화당 정부와 매카시의 갈등은 더욱 깊어졌다. 그는 아이젠하워가 찰스 볼런Charles Bohlen을 소련 대사로 임명하는 것을 반대했다. 그리고 1953년 11월부터 아이젠하워 정부를 직접적으로 공격하며 '반역의 11년'이라고 목소리를 높였다. 1954년 초에 매카시는 육군에 대한 조사를 확대한 청문회에서 로버트 스티븐스Robert Stevens를 포함한 여러 육군 장교에게 굴욕을 주고 폭언을 서슴지 않았다. 이 청문회를 지켜보던 군부는 크게 분노하며 아이젠하워 정부에 매카시와 최후의 승부를 하도록 압박했다.

1954년 3월 11일에 육군은 상원의원 상설조사위원회에 매카시와 로이 콘Roy Cohn이 데이비드 샤인David Shine에게 특별 혜택을 주었다는 증거를 제

매카시는 권력을 쥐고 미국인을 속여 왔다. 그로 말미암아 미국 전역에서 공산당 혐의자가 수색당했고 고발된 국민의 인권은 무참히 짓밟혔다. 그는 대규모 박해를 부추긴 인물로 악평을 얻었다.

출했다. 4월 22일에서 6월 17일까지 열린 육군-매카시 청문회에서 매카시는 졸렬한 연기를 했다. 그의 새빨간 거짓말은 육군 법률 고문 조지프 웰치에 의해 낱낱이 밝혀졌다. 그 후로 매카시는 재기하지 못했다. 12월 2일에 상원에서 매카시 비난 결의안이 통과되면서 매카시즘은 점차 사그라졌다. 그리고 1957년 5월 2일에 매카시는 정치계에서 외면당한 채 건강 악화로 세상을 떠났다.

5 고집스러운 사나이 헤밍웨이

United
States of
America

그는 미국인의 정신적 지주이다. 세계대전을 두 차례나 직접 겪었으며, 비참하고 처량한 인생을 살았다. 그는 노벨문학상 수상자로서 현대 미국 문학과 세계 문학에 넓은 영향을 끼쳤다. 그는 '길 잃은 세대'를 대표했고 고집이 셌다. '그'는 바로 미국의 유명한 작가 헤밍웨이이다.

시기 : 1899∼1961년
인물 : 어니스트 밀러 헤밍웨이Ernest Miller Hemingway

군인으로서의 생애

어니스트 밀러 헤밍웨이는 1899년 7월 21일 일리노이 주 오크파크에서 둘째로 태어났다. 어머니는 신앙심이 깊고 예술 감각이 뛰어난 여성이었으며, 아버지는 유명한 의사로 자연계 연구를 좋아했다. 이러한 부모는 헤밍웨이의 일생에 깊은 영향을 미쳤다. 헤밍웨이는 야외 활동을 좋아해서 평생 자유분방한 삶을 살았다.

한눈에 보는 세계사

1903년 : 라이트 형제, 최초로 비행 성공
1910년 : 대한 제국, 국권 피탈
1914년 : 제1차 세계대전
1929년 : 세계 대공황
1939년 : 제2차 세계대전

1945년 : 8·15 광복
1949년 : 중화인민공화국 성립
1950년 : 6·25 전쟁 발발
1957년 : 소련, 인공위성 발사

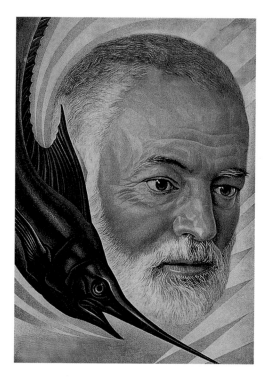

미국인의 정신적 지주
로 칭송받는 헤밍웨이

그가 고등학교를 졸업했을 당시 미국은 제1차 세계대전에 참전했다. 헤밍웨이는 전쟁에 크게 매료되어 1918년 5월, 모험에 뛰어들었다. 그는 육군의 적십자 야전병원 수송대에 참가 신청을 해 운전병이 되었다. 사실 그가 진정으로 바란 것은 적진 깊숙이 쳐들어가 함락하는 것이었지만, 그는 유럽으로 가야 했다. 그 후 헤밍웨이는 바라던 대로 프랑스 전장으로 이동해 전쟁을 겪고, 7개월 후에 미국으로 돌아왔다. 당시 그는 군복 차림에 이탈리아 군인의 검은색 모자를 쓰고, 스페인식 긴 군화를 신고, 수십 군데에 상처를 달고 왔다. 허벅지에 파편이 남아 있었고, 은색 십자 무공 훈장과 함께 오스트리아 투구, 회전식 연발 권총과 신호탄 창을 가지고 나타난 그는 전장에서 처음으로 승리한 영웅의 이미지였다.

독립 생활

전장에서 부상을 당했지만 명예롭게 집으로 돌아온 헤밍웨이는 가족, 친지, 언론의 열렬한 환영을 받았다. 캔자스시티의 〈스타〉, 〈미국 시카고〉, 〈오크 파크〉, 〈뉴욕선〉은 모두 헤밍웨이의 전쟁 공로, 훈장 수여, 그가 고향으로 돌아간 상황에 대해 자세히 보도했다. 그러나 그런 열기는 얼마 지나지 않아 사그라졌고, 헤밍웨이는 이에 몹시 낙담했다. 그가 스물한 살이 되자 어머니는 아들에게 안정적인 일자리를 찾거나 집에서 나가 독립하라고 했다. 헤밍웨이는 후자를 선택하고 시카고에서 〈협력복지〉의 편집장이 되었다. 그해 겨울에 해들리 리처드슨Elizabeth Hadley Richardson과 사랑에 빠진 그는 1921년 9월에 그녀와 결혼했다. 고향에 있는 별장에서 달콤한 신혼여행을 보낸 후, 그는 토론토로 가서 몇 달 동안 프리랜스 기자로 일했다.

당시 헤밍웨이에게 가장 필요한 것은 글을 쓸 수 있는 여유였다. 그래서 그와 아내는 외국 특파원 기자 자리를 찾았다. 2년 후에 헤밍웨이는 〈스타〉지의 유럽 특파원이 되어 파리에서 제네바와 로잔 국제 회의에 관한 기사를 썼다. 그리스-터키 전쟁을 간결하게 보도하기도 했다. 당시에 그는 소설과 시도 썼다. 1922년 5월과 6월에 헤밍웨이는《교묘한 자세》와 4줄밖에 안 되는 시 〈최후〉를 공개적으로 발표했다. 그리고 1923년에 그의 첫 작품《3편의 단편과 10편의 시Three Stories and Ten Poems》가 출판되었다.

헤밍웨이와 동료들

글 쓰는 시간 외에 헤밍웨이는 모험, 스키, 바다낚시, 사냥 등을 즐겼다. 이런 취미 활동은 그의 인생에 중요한 부분을 차지했다.

굴곡의 작가 생활

헤밍웨이 부부는 1923년 8월에 파리를 떠났다. 그해 10월에 장남 존 해들리 헤밍웨이가 태어났고, 이듬해인 1924년 1월에 헤밍웨이 부부는 다시 파리 몽파르나스로 돌아왔다. 1925년에 헤밍웨이는 청소년기의 체험을 바탕으로 한 단편 소설집 《우리들의 시대In Our Time》를 발표했다. 이 작품은 사람들의 이목을 끄는 데는 실패했지만 존 테이트 John Orley Allen Tate 등 미국 평론가의 관심을 끌었다. 그들은 헤밍웨이를 '미국 문단에 새로 등장한 소리'라고 평가했다.

1926년 10월, 그의 첫 장편 소설 《해는 또다시 떠오른다The Sun Also Rises》가 출판되면서 서른 살도 안 된 헤밍웨이는 호평받는 문학가로 발돋움했다. 1921년에서 1926년 동안의 생활을 회상하며 쓴 《파리에서 보낸 7년 Paris est une Fete》은 당시 그의 꿈과 어려움을 고스란히 드러낸다. 그의 꿈은 파리 등에서 여유롭게 생활하면서 아내에 대한 순결한 사랑을 표현하는 것이었다. 헤밍웨이에게는 파리에 머물렀을 때가 인간과 예술가로서 원하는 욕구가 가장 잘 맞아떨어진 시기였다.

《해는 또다시 떠오른다》가 출판된 후 헤밍웨이는 해들리와 이혼하고 폴린 파이퍼Pauline Pfeiffer와 결혼했다. 그들은 미국으로 돌아가 키웨스트에 정착했고 헤밍웨이는 1927년에 두 번째 단편 소설 《부인 없는 남자들Men Without Women》을 완성했다. 1934년에서 1936년 사이에 헤밍웨이는 사냥과 낚시를 즐기며 한 잡지에 글 23편을 기고했다. 이때 그의 글은 경제 대공황 시절 상처받은 도시인에게 정신적 피난처가 되어 주었다.

제2차 세계대전 시절

1937년부터 제2차 세계대전이 끝날 때까지 헤밍웨이는 그의 모험을 이어 나갔다. 1937년 초에 그는 내전 중인 스페인으로 건너갔다. 겉으로는 북미

신문연맹의 기자 신분이었고, 실제로는 구급차 운전사로 참전했다. 미국
전국작가회의에서는 반파시즘적인 발언을 하고 당시 충돌을 배경으로 희
곡《제5열The Fifth Column》을 썼다. 1939년에 헤밍웨이는 반파시즘, 민주와 개
인에 관한 장편 소설《누구를 위하여 종은 울리나For Whom the Bell Tolls》를 발
표했다. 이 소설이 출판된 지 며칠 후, 그는 두 번째 부인과도 헤어졌다. 그
리고 일주일도 채 안 되어 세 번째 부인 마사 겔혼Martha Gellhorn과 결혼해
함께 5년을 살았다.

1942년에서 1944년 사이에 헤밍웨이는 패튼 장군의 제3군을 따라다니
는 종군 기자로 활약했다. 그는 패튼의 군대 소속이었지만 제1군 보병4사

헤밍웨이의 생가

제5장 냉전과 화해의 시대   **381**

단과 함께 움직이며 파리 해방 전투에 참여했다. 전쟁이 끝났을 때 그의 나이는 어느덧 마흔여섯이었다. 전쟁 중에 헤밍웨이는 중일 전쟁에 관한 보도와 유럽 전쟁터에서 취재한 기사를 썼다. 1945년 말, 헤밍웨이는 세 번째 부인과 이혼하고 1946년 3월에 전망 좋은 농장이라는 '핀카 비히아'로 돌아갔다. 이때 그의 네 번째 부인 메리 웰시Mary Welsh Hemingway가 그의 곁에 함께했다.

고독한 사나이

1950년에 헤밍웨이는 장편 소설 《강 건너 숲속으로Across the River and into the Trees》를 발표했다. 이 작품은 독자의 기대에 크게 미치지 못했다. 그러나 1952년에 《노인과 바다The Old Man and the Sea》를 발표하면서 그는 퓰리처상을 받았고 1954년에 노벨문학상까지 받았다. 이때 그는 1920년대의 생활을 회상하며 투우사 간의 경쟁을 다룬 《오후의 죽음Death in the Afternoon》을 발표했다.

1960년에 헤밍웨이는 몸이 쇠약해져 메이요 클리닉에 입원했다. 진단 결과, 그는 고혈압, 당뇨병 증세에 철분 대사 장애가 있고 매우 위험한 상태였다. 그는 심각한 불안감과 우울증에 시달렸다. 1961년 봄, 헤밍웨이는 전기 치료를 25번이나 받았지만 우울증은 나아지지 않았다. 결국 1961년 6월 2일 새벽에 헤밍웨이는 엽총으로 스스로 자신의 인생을 마감했다. 그가 세상을 떠난 후 메리 헤밍웨이는 그의 방에서 한 원고를 발견했다. 그녀는 〈뉴욕타임스〉와의 인터뷰에서 "그는 분명히 원고를 완성하고 출간되기만을 기다렸을 거예요."라고 말했다. 1964년에 이 책은 《이동 축제일A Moveable Feast》이라는 제목으로 출간되었다. 이 밖에도 그는 많은 원고를 남겼다.

6 "나에게는 꿈이 있습니다."

여러분, 나는 오늘 지금 이 순간, 여러 고난과 좌절을 무릅쓰고 나의 친구인 여러분에게 한 말씀 드리려 합니다. 나에게는 꿈이 있습니다. 이 꿈은 아메리칸 드림에 깊이 뿌리를 둔 꿈입니다. 언젠가 이 나라가 모든 인간은 평등하게 태어났다는 것을 자명한 진실로 받아들이고, 그 진정한 의미를 신조로 살아가는 날이 오리라는 꿈입니다. 언젠가 조지아의 붉은 언덕 위에서 예전에 노예였던 부모의 자식과 그 노예의 주인이었던 부모의 자식들이 식탁에 함께 둘러앉아 형제애를 나누는 날이 오리라는 꿈입니다. 언젠가 나의 네 자녀가 그들의 피부색이 아니라 인격에 따라 평가받는 그런 나라에서 살아가는 날이 오리라는 꿈입니다.

– 마틴 루서 킹

시기 : 1963년
인물 : 마틴 루서 킹Martin Luther King, Jr.

법원 투쟁과 리틀록 사건

인종 문제는 미국에서 가장 심각한 사회 문제였다. 새로운 루스벨트 정부가 들어서자 오랜 침묵을 깨고 흑인이 미국 시민과 동등한 권리를 누리고자 하는 투쟁이 다시 활기를 띠었다. 제2차 세계대전 기간과 그 후로 이 투쟁의 규모는 갈수록 확대되었다. 인종 평등을 추구하는 운동이 국회에서 좌절되자 그들은 법원에 도움을 요청할 수밖에 없었다. 흑인 권리와 관련된 사건은 받지 않으려고 하던 연방대법원은 전쟁 이후 조금씩 태도를 바꾸었다. 켄터키 주의 프레드 빈슨Fred Vinson은 대법원 판사로 재직했을 때

한눈에 보는 세계사
1961년 : 베를린 장벽 건설　　　　　　　　1966년 : 중국, 문화대혁명
1964년 : 베트남전 발발

대법원이 일부 판결, 특히 1890년의 플레시 대 퍼거슨 사건Plessy vs. Ferguson
에서 흑인과 백인 간에 분리하되 평등한 대우를 하는 원칙을 확립할 때부
터 동요하기 시작했다.

1953년에 대법원의 새로운 대법원 판사 얼 워런Earl Warren이 취임한 후
공립학교에서의 인종 분리 제도에 관한 사건을 심리했다. 흑인 변호사 서
굿 마셜Thurgood Marshall은 브라운 대 토피카 교육위원회 사건Borwn vs. Board of
Education of Topeka 심리 과정에서 흑인의 권리를 위해 적극적으로 변호했다.
1954년 5월 17일에 워런 판사는 공립학교의 인종 분리 제도는 헌법에 위배
된다며 기존의 '분리하되 평등하다는 원칙'을 뒤집는 판결을 내렸다. 그리
고 1955년에 대륙 간 상업 위원회는 철도를 경계로 인종 분리를 한 관련 규
정과 관례를 취소하도록 명령했다. 그러나 연방 정부와 국회는 여전히 브
라운 사건 판결 결과의 집행을 보장하지 않았고, 남부에서는 이 판결에 크
게 반발하며 거부했다. 남부 국회의원 111명이 법원 판결에 반대하는 정치

1963년 8월에 마틴 루
서 킹은 워싱턴에서 유
명한 "나에게는 꿈이 있
습니다."라는 연설을 했
다. 20만 명이 그의 연
설에 귀를 기울였다.

전을 전개하겠다고 선포했다. 그리고 1957년에 백인우월주의자들이 리틀록 사건을 일으켰다.

대법원 판결을 거부하는 운동은 1957년에 아칸소 주의 리틀록에서 절정에 달했다. 주지사 오벌 포버스Orval E. Faubus는 흑인과 백인이 함께 학교에 다니면 공공질서에 해를 끼친다는 이유로 민병대를 투입하여 흑인 학생 9명이 리틀록 센트럴 고등학교에 등교하는 것을 저지했다. 이 사건이 발생하자 아이젠하워 대통령은 직접 포버스와 협의한 끝에 포버스의 민병대를 철수시켰다. 그러나 흑인 아이들은 센트럴 고등학교에 등교할 때 여전히 백인들에게 둘러싸여 공격받았다. 이에 1957년 9월 24일에 아이젠하워가 정부의 군대를 리틀록에 파견하고 나서야 사태가 진정되었고, 마침내 흑인 아이들은 그 학교에 안전하게 다닐 수 있게 되었다.

버스 승차 거부 운동

법원 투쟁의 한계성이 드러나면서 흑인들은 전국흑인지위향상협회를 대변하는 보수 지도자에 대한 불만이 쌓여 갔다. 그들은 법원 투쟁에만 의존할 수 없다는 판단 아래 직접 운동에 참여하여 자유를 쟁취하려고 했다. 1954년 이후 매카시즘이 빠르게 사그라지면서 흑인 운동이 더욱 널리 확산되었다.

1955년 말, 몽고메리 시에서 일어난 버스 승차 거부 운동으로 흑인의 권리 보장 운동은 새롭게 시작되었다. 1955년 12월 1일, 앨라배마 주 몽고메리 시에 사는 흑인 재봉사 로사 파크는 일을 마치고 녹초가 되어서 버스를 탔다. 당시 몽고메리 시에는 인종에 따라 좌석을 분리하는 조례가 있었다. 그런데 백인들은 자신들의 전용 좌석이 꽉 차면 흑인 승객에게 자리를 양보하라고 강요했다. 이날도 그런 일이 생겼고, 로사 파크가 자리를 양보하지 않겠다고 했다. 그러자 결국에는 경찰이 와서 그녀를 체포해 갔다. 이 사건으로 몽고메리 시에 사는 흑인들은 분노했다. 그들은 흑인 청년 목사 마틴 루서 킹을 중심으로 버스 승차 거부 운동을 펼쳤다. 거의 1년 가까이 끈기 있게 투쟁을 지속하자 마침내 인종에 따른 좌석 분리 규정이 폐지됐다. 대법원에서도 버스의 좌석에 인종 분리 제도를 적용하는 것은 위헌이라는 판결을 내렸다. 이 투쟁에서는 수많은 흑인이 직접 행동에 나서서 인종 차별 제도를 무너뜨렸다는 점에서 그 의미가 남달랐다. 이후 흑인 운동의 중심이 남부로 이동하면서 새로운 흑인 지도자들이 등장했다. 그리고 마틴 루서 킹은 남부기독교지도자회의를 결성해 1960년대 초에 비폭력 대중 운동을 크게 확산시켰다.

버밍햄 시위

1961년 말에 조지아 주에서 학생비폭력조정위원회 회원들이 정류장의 인종 분리 제도를 없애기 위해 올버니 운동을 일으켰다. 마틴 루서 킹도 이 운동에 참여했다가 체포되었는데, 이후 연방 사법부가 개입하면서 충돌은 잠시 진정되었다. 그러나 1962년에 올버니에 사는 흑인들이 시내버스 승차 거부 시위를 하면서 시 정부 당국, 인종주의자들과 다시 충돌하여 수많은 흑인이 체포되고 흑인 1명이 사망했다.

1962년 9월에는 미시시피 주에서 메레디스 사건이 일어났다. 주립 대학교에서 흑인이라는 이유로 제임스 메레디스James Meredith라는 학생의 입학을 두 번이나 거절한 것이 사건의 발단이었다. 메레디스는 연방지방법원에 해당 학교의 인종 차별을 고발했고, 사법부는 메레디스의 요구를 지지했다. 9월 13일에 지방법원은 주립 대학교에 메레디스의 입학을 수용할 것을 명령했다. 9월 20일, 연방집행관과 사법부 감찰관의 호위를 받으며 미시시피 주립 대학교에 등교하는 메레디스를 주지사가 막아섰다. 그러고는 그의 입학을 거부한다는 공고문을 낭독했다. 그 후에도 미시시피 주 주지

1956년 3월 22일에 승소하고 법정을 나온 마틴 루서 킹은 지지자들의 열렬한 환영을 받았다. 그의 아내는 현장에서 그에게 뜨거운 입맞춤을 했다.

사는 연방법원의 금지 명령과 사법부의 개입에도 아랑곳하지 않고 몇 차례나 메레디스의 입학을 저지했다. 9월 30일에 존 F. 케네디는 연방집행관 500명을 투입해 메레디스가 미시시피 대학교에 들어갈 수 있게 지시했다. 그리고 만약의 사태에 대비해서 연방군까지 동원되었다. 그날 저녁, 인종주의 폭도들이 연방집행관을 습격했고 심지어는 총까지 들고서 다음날까지 소란을 피웠다. 이 상황은 연방군이 도착하면서 비로소 진정되었다. 그러나 이미 70명이 부상당하고 2명이 사망한 뒤였다. 10월 1일에 메레디스는 연방군의 보호를 받으며 등교하고 미시시피 주립 대학교의 강의를 들을 수 있었다. 그해 겨울에 민권 운동의 지도자가 케네디의 민권 정책에 불만을 토로했고, 마틴 루서 킹도 케네디 정부는 겉치레만 할 뿐 실질적인 조치는 마련하지 않고 흑인의 전투적인 성향만 악화시켰다며 비난했다. 공화당 자유파도 정부를 공격했고, 민권위원회조차 케네디와 의견 차이를 보였다.

1963년 2월에 케네디는 국회에 민권 국정 보고서를 제출하며 선거권과 교육권 문제에서 새로운 민권 입법을 제안했다. 하지만 이 보고서는 별다른 효과를 발휘하지 못했고 민권 지도자의 요구도 만족시키지 못했다. 사실상 케네디는 버밍햄 시위가 일어나고 나서야 자신의 민권 전략을 대폭 수정했다.

버밍햄은 미국에서 인종 분리 정책을 가장 철저하게 시행한 도시였다. 1963년 봄에 주 간州間 노선의 터미널에서 인종 분리를 폐지한 것 외에 주민의 40%를 차지하는 14만 흑인은 여전히 일상 속에서 차별받거나 격리되었다. 마틴 루서 킹이 이끄는 남부기독교지도자회의와 흑인 목사 프레드 셔틀워스Fred Shuttleworth는 올버니 운동의 방식을 이용해 버밍햄의 인종 분리 제도를 공격할 계획을 세웠다. 4월 2일에 시장이 선출된 후, 흑인들은 매일 시위, 청원, 보이콧, 침묵 등 다양한 방식으로 인종 분리 제도 철폐를 요구했다. 그러자 지방 경찰 당국은 주 법원에서 내린 시위 금지령을 근거로 흑인들을 대규모로 체포했다. 4월 12일에 마틴 루서 킹도 체포되었다. 흑인 청년들은 경찰을 향해 벽돌이나 병을 던지는 등 과격한 행동을 보였다.

마틴 루서 킹이 보석으로 풀려나온 후 5월 2일에 처음으로 흑인 아이들 수천 명이 거리로 나와 비폭력 운동에 참여했다. 그중 900명이 체포되는 일이 벌어졌다. 5월 3일에 버밍햄 경찰국장은 경찰봉, 경찰견, 고압 호스, 장갑차를 동원해 흑인 시위대를 진압하라는 지시를 내렸다. 흑인 시위대와 경찰의 충돌 속에서 셔틀워스 목사도 부상당했다. 이때 케네디 대통령의 동생 로버트 케네디는 협상을 통해 버밍햄 문제를 해결하려고 하다가 오히려 흑인들의 분노만 불러일으켰다. 그러나 현지 기업인은 케네디 정부의 권고를 받아들여서 이후 취업 기회와 공공시설을 사용하는 면에서는 인종 차별 문제가 조금이나마 개선되었다. 새로운 시장도 온화한 수단으로 문제를 해결하겠다고 약속하면서 흑인 시위대의 지도자는 잠시 시위를 중단했다.

케네디 선언

버밍햄 사건을 겪고 케네디는 중재 방식으로 인종 문제를 풀기에는 연방법에 한계가 있다고 생각했다. 그래서 5월 7일에 그는 새로운 민권 입법을 추진했다. 그런 동시에 버밍햄 사건이 국제적으로 미친 영향 때문에 케네디는 극도로 불안해했다. 미국 해외공보처는 5월 17일에 대통령에게 세계 여론 보고서를 제출했다. 여러 매스컴이 시위대를 진압하는 경찰의 잔인한 폭력 행위를 과장되게 표현했다. 케네디는 이보다 흑인들이 버밍햄 사건으로 대중 운동의 힘을 깨닫고 폭력 시위에 나서면 정부는 민권 운동에 대한 통제력을 잃을 것이라고 걱정했다. 이에 위기감을 느낀 케네디는 민권 전략을 바꾸고 새로운 민권법을 제정하기로 했다.

6월 중순에 케네디는 전국적으로 새로운 정책을 발표할 기회가 생겼다. 당시 앨라배마 주 주지사 조지 월리스George Corley Wallace는 "내가 교문 앞에 서서 모든 흑인의 등록을 금지할 것이다."라고 주장하며 앨라배마 대학교 입구에서 자신의 말을 실행에 옮겼다. 이에 케네디는 월리스에게 주장을 철회하라고 권고하고, 앨라배마 주의 일부 국민경비대를 연방 관할에 두어 월리스가 흑인 학생의 등교 제한 조치를 포기하도록 압박했다. 그리고 6월 11일 저녁에 TV 연설로 전국에 자신의 의견을 밝혔다. "우리 국가와 민족은 도덕적 위기에 직면했습니다. 그것은 경찰의 진압으로 해결될 수 없으며, 갈수록 확대되는 거리 시위를 통해 해결할 수도 없습니다. 상징적인 행동이나 여론으로 잠재울 수도 없습니다. 지금은 행동할 때입니다. (중략) 행동하지 않는 사람은 치욕과 폭력 행위만 초래할 뿐입니다. 그러나 정의와 현실을 깨달은 사람은 용감하게 행동에 나섭니다." 케네디는 국회에 새로운 민권 법안을 제출하면서 "입법만으로는 이 문제를 해결할 수 없다. 반드시 미국의 모든 가정에서 함께 노력해야 한다."라고 말했다. 케네디의 이 연설은 '케네디 선언'으로 불린다.

6월 19일에 케네디는 국회에 새로운 민권 법안을 제출했다. 이 법안은 2월에 제출한 민권 보고서에 새로운 내용 두 가지가 추가된 것이다. 하나는 주州의 상업 활동에 영향을 미치는 공공시설에서 인종 차별을 금지하는 것이고, 또 하나는 권한을 부여받은 사법부 장관이 흑인 학생 또는 가정에서 방법이 부족하거나 보복이 두렵다는 이유로 공교육의 인종 차별에 저항하지 못할 때 주동적으로 재판을 진행하여 인종 분리 정책에 반대할 수 있게 보장하는 것이다. 1963년에 케네디가 제안한 이 민권 법안은 제2차 세계대전 후 미국 정부가 제시한 내용 중에서 자유주의를 최대한 표방한 법안으로, 민권 운동과 자유파의 지지를 받았다.

하지만 이와 함께 흑인 운동은 계속해서 발전했다. 거리 행진도 끊임없이 이어졌다. 사법부의 통계를 보면, 그해 5월 20일에서 8월 8일까지 209개 도시에서 일어난 시위는 978회나 되었다. 8월 28일에 워싱턴에서 흑인 20만 명과 민권 운동을 지지하는 백인이 평화 시위를 진행했다. 마틴 루서 킹은 그날 "나에게는 꿈이 있습니다."라는 제목의 유명한

미국 애틀랜타에 있는 마틴 루서 킹의 생가

연설을 발표했다. 케네디는 이에 대해 과격한 행동을 자제하고 질서정연한 시위였다고 평가했다. 이렇게 민권 운동에 지지를 보낸 케네디는 수많은 흑인의 호감을 샀다. 그러나 한편으로는 남부 백인들의 반대에 부딪혔다. 9월 2일에 앨라배마 주 주지사 월리스는 인종 분리 제도를 폐지한 고등학교의 흑인 학생 등교를 저지하라는 명령을 내렸다. 9월 15일에는 한 흑인 교회에서 폭발이 일어나 흑인 여자 아이 4명이 목숨을 잃었다. 이어서 10월 말에 케네디는 인종 갈등이 심하던 필라델피아 선거에서 푸대접을 받았다. 케네디가 암살되기 전까지 민권 법안은 몇 주가 지나도록 국회에서 통과되지 못했다. 그러나 이 법안을 기반으로 1964년에 새로운 민권법이 탄생했다.

7 쿠바 미사일 위기

1962년에 카리브 해 지역에서 쿠바 미사일 위기가 일어났다. 이 위기는 세계적인 핵전쟁을 불러일으킬 수도 있다는 점에서 세계가 일촉즉발의 긴장 상태에 빠졌다. 미국과 소련의 군비 경쟁과 패권을 둘러싼 치열한 투쟁 가운데 이처럼 전 세계를 공포로 몰아넣은 위기는 없었다.

시기 : 1959~1962년
인물 : 피델 카스트로Fidel Alejandro Castro Ruz, 흐루쇼프Nikita Sergeevich Khrushchyov
　　　존 F. 케네디John Fitzgerald Kennedy

피그 만The Bay of Pigs 침공 사건

1955년 1월 1일에 쿠바 혁명이 승리하면서 바티스타Fulgencio Batista y Zaldivar의 독재 정권을 몰아냈다. 1월 13일에 쿠바 혁명의 최고 지도자 피델 카스트로는 쿠바공화국 건설을 선포했다. 새로운 정권 초기에 미국과 쿠바는 관계가 좋은 편이었다. 2월에 쿠바 대통령으로 취임한 카스트로가 4월에 미국을 방문해 당시 미국 대통령 아이젠하워의 열렬한 환대를 받았다. 과거의 바티스타 정권은 친미 성향이었다. 그래서 미국 정부는 이번에도 카스트로를 자기편으로 끌어들여 쿠바를 미국의 세력 범위에 편입시키고 라

한눈에 보는 세계사

1957년 : 소련, 인공위성 발사　　　　　　　　　　1961년 : 베를린 장벽 건설
1960년 : 4·19 혁명

틴아메리카에서 미국의 통치 기반을 공고히 할 속셈이었다.

1959년 6월, 쿠바의 새로운 정부 지도층에 큰 변화가 생겼다. 그들은 온
건파 대신 급진파가 정부의 주요 부서를 장악해야 한다고 주장했다. 이에
미국은 자신들이 쿠바를 통제하지 못해 그들 내부에서 갈등이 빚어지면
라틴아메리카에서의 통치력이 흔들릴 것을 걱정했다. 결국 미국은 쿠바 정
부에 불만감을 드러내면서 자신들의 통제에 순종하도록 압박하려고 했다.
그러나 쿠바의 새로운 정부 지도자가 미국의 압력에 굴복하지 않으면서
양국의 관계는 급속도로 악화됐다. 1961년 1월 5일에 미국은 쿠바와 외교
관계를 끊겠다고 선언했다. 그리고 쿠바에 경제 제재를 가하며 신생 공화
국의 발전을 막기 시작했다. 같은 해 4월, 미국의 용병 1,000여 명이 쿠바
의 피그 만에 상륙해서 무력으로 카스트로 정부를 끌어내리려 했다. 그러
나 미국 정부의 예상과 달리, 72시간 안에 침입자들이 일망타진되었다.

소련 공산당 중앙위원
회 제1서기 흐루쇼프

미사일 위기

미국과 쿠바의 관계가 멀어진 후, 쿠바는 소련과 가까워졌다. 소련
지도자 흐루쇼프는 쿠바를 전초 기지로 삼아서 미국을 위협하고
패권 싸움에서 우위를 차지하려고 했다. 1962년 여름에 흐루쇼프
는 쿠바에 핵미사일 기지를 건설하기로 했다. 그러면 미국으로부터
쿠바를 보호할 수 있을 뿐만 아니라 소련이 다시 베를린 위기와 같은
위협을 제기할 때 강력한 협상 카드가 생기는 것이었다. 또 단거리 미
사일로 미국의 본토를 공격하면 소련이 미국에 핵 공격을 가할 수 있는
능력을 높일 수 있었다.

미국은 과거에 소련이 쿠바에 방어 무기를 제공한 일에 대해 항의한
적이 없었다. 하지만 1962년 9월에 케네디는 "만약 그곳을 쿠바 인이 장
악하고 있거나 소련의 통제 아래 큰 공격이 일어날 수 있는 충분한 증

거가 밝혀진다면 심각한 사태가 일어날 것이다."라고 경고했다. 흐루쇼프
는 이에 대해 여러 번 부인했고, 미국도 소련이 섣불리 움직이지는 않을 것
으로 생각했다. 하지만 1962년 10월 4일에 미국 U2 정찰기가 고공비행 중
에 소련이 쿠바에 중거리 탄도 미사일의 발사대를 건설하는 모습을 발견하
고 보고하면서 미국 정부는 경악을 금치 못했다.

케네디의 첫 번째 반응은 어찌 되었든 간에 소련의 핵미사일을 쿠바에
서 몰아내야 한다는 것이었다. 케네디는 소련이 쿠바에 핵무기를 장착한
것을 고의적인 도발로 보았다. 그리고 소련이 대담하게 미국의 세력 범위
에 쳐들어오는 것을 용인한다면 앞으로 소련이 더욱 제멋대로 굴 것이라고
우려했다. 케네디와 그의 고문은 6일 동안 밀실에서 쿠바 미사일 위기를
가장 원만히 해결할 방법에 대해 긴 회의를 했다. 마침내 그들이 내린 결정
은 해상 봉쇄였다. 이렇게 하면 미국은 소련에 쿠바에서 미사일을 철거하
도록 요구하는 결심을 드러낼 수 있고 소련에도 철수할 시간을 벌어 준다
는 계산이 있었다. 10월 22일에 케네디는 해상 봉쇄를 선포했다. 그리고 곧
이어 해상 봉쇄선을 설치하고, 무기를 실은 선박이 쿠바로 진입하는 것을

저지하며 소련에 쿠바의 미사일 기지와 미사일을 철거할 것을 요구했다. 또 쿠바에서 일으키는 모든 핵 공격은 미국에 대한 소련의 공격으로 간주하고, 반드시 소련에 대대적인 보복을 할 것이라고 경고했다.

하지만 소련은 계속해서 핵무기의 존재를 부인했다. 결국 미국 측 유엔 대사 애들레이 스티븐슨Adlai Ewing Stevenson이 소련 대표와 만나 공중에서 촬영한 핵 시설 확대 사진을 내밀자, 소련인은 당황한 나머지 아무 말도 하지 못했다. 그 순간, 미국 군대가 남부의 플로리다에 집결했다. 미사일을 탑재한 소련 선박이 쿠바에 접근하고 있을 것이라고 예측했기 때문이었다. 케네디의 지시로 미국 해군이 쿠바 해역 근처에 차단선을 설치하자 소련 선박은 뱃머리를 돌릴 수밖에 없었다.

10월 26일에 케네디는 흐루쇼프에게서 편지 한 통을 받았다. "핵전쟁이 얼마나 무서운지 알고 있다. 미국이 봉쇄를 풀고 쿠바를 공격하고 않겠다고 약속한다면, 우리는 쿠바에서 미사일을 철수하고 앞으로 미사일을 반입하지 않겠다." 그 다음 날, 흐루쇼프의 두 번째 편지가 또 날아왔다. 이번 요구 조건은 미국이 터키에서 미국의 미사일을 철수하면 소련도 쿠바에 있는 미사일을 철수하겠다는 것과, 미국이 쿠바의 영토를 보장한다면 소련도 터키의 영토를 보장하겠다는 것이었다. 케네디 대통령은 동생 로버트 케네디의 의견대로 바로 답장을 보내기로 했다. 그리고 로버트 케네디가 흐루쇼프의 제안에 대한 미국의 답장을 소련 대사에게 전달했다. 10월 28일, 흐루쇼프는 답장을 보내 미국의 조건에 동의했다. 그 후 미사일 기지는 빠르게 철거되었고, 미사일도 소련으로 회수되면서 쿠바 미사일 위기는 마침내 해결되었다.

8 케네디 암살

미국 35대 대통령 존 F. 케네디는 1963년 11월 22일 금요일 오후에 영부인 재클린 케네디(Jacqueline Bouvier Kennedy Onassis), 텍사스 주 주지사 존 코널리와 함께 전용 리무진을 타고 딜리 광장을 지나다가 총에 맞아 사망했다. 존 케네디는 미국 역사상 네 번째로 암살된 대통령이 되었다. 케네디의 암살 사건은 미국 역사에 많은 의혹을 남겼다.

시기 : 1963년
인물 : 존 F. 케네디John Fitzgerald Kennedy, 린든 존슨LyndonBainesJohnson, 존 코널리John Bowden Connally

갑작스러운 암살

1963년 11월 21일에 케네디와 부통령 린든 존슨은 텍사스 주 주지사 존 코널리의 수행을 받으며 텍사스 주를 방문했다. 11월 22일 오전, 미국 중부 시간으로 11시 37분에 대통령 전용기 에어포스 원이 러스필드 비행장에 착륙했다. 대통령은 예정된 대로 코널리 등 여러 명의 수행을 받으며 차를 타고 댈러스 중심가를 지나면서 시민의 환영을 받았다. 그리고 댈러스무역박람회 현장에 가서 연설했다.

　케네디가 탄 차량은 고급 오픈카로 본래 방탄 덮개가 있었다. 그런데 케

한눈에 보는 세계사
1960년 : 4 · 19 혁명　　　　　　　　　1964년 : 베트남전 발발

네디가 댈러스 시민에게 영부인의 미모를 보여 주고 댈러스 시민에 대한 자신의 신뢰를 나타내고자 이번에는 덮개를 벗긴 채로 다니며 환영하는 군중에게 답례했다. 사전에 군대의 행진 노선을 꼼꼼히 검사했고 댈러스 경찰국의 경찰 차량이 전방에서 호위했다. 이 차에 탑승한 사람은 대통령의 비밀 경호원이었다. 케네디가 탄 링컨 콘티넨털Lincoln Continental은 경찰 차 뒤에서 천천히 달렸다. 대통령 전용차는 좌석이 세 줄이어서 7명이 탈 수 있었다. 맨 앞줄 왼쪽에 기사 윌리엄 카레르William Carrere, 오른쪽에 비밀 경호원 로이 켈러맨Roy Kellerman이 탔고, 두 번째 줄에는 주지사 존 코널리 부부가 탔으며, 케네디와 영부인이 마지막 줄에 탔고 케네디가 오른쪽에 앉았다.

12시가 지났을 때 차량은 댈러스 시내로 진입했고, 그곳에서도 열렬히 환영하는 군중에 둘러싸였다. 미국 중부 시간으로 오후 12시 30분쯤 케네디가 탄 차량은 텍사스 주의 한 교과서 창고 건물에 접근했다. 차량이 딜리 광장 입구에서 우회전해서 휴스턴 거리를 지날 때 맞은편에 높은 교과서 창고 건물이 있었다. 이어서 차량은 다시 좌회전해 엘름 거리Elm Street를 지났다. 엘름 거리는 길 양쪽에 늘어선 환영 인파가 적었기 때문에 교과서 창고 건물 오른쪽에서 차량 행렬이 보였다.

당시 퍼레이드 차량은 시속 20킬로미터에서 15킬로미터로 서행했다. 12시 30분 30초, 케네디가 군중을 향해 미소를 지으며 손을 흔들 때 광장에서 숨 막히는 총성이 울려 퍼졌다. 케네디가 목에 총을 맞은 것이다. 재클린 여사는 케네디의 옆에 무릎을 꿇고서 피가 더 흐르지 않도록 손으로 막으려고 애썼다. 이어서 두 번째 총소리가 또 들렸다. 첫 번째 총알을 맞았을 때 케네디는 머리가 앞으로 약간 기울었고, 두 번째 총알은 그의 뒤통수를 뚫고 지나갔다. 케네디의 머리가 순간 뒤로 쓰러졌다. 동시에 두개골 일부가 날아가면서 새빨간 피와 수액이 함께 터져 나왔다. 이때 코널리도 총에 맞아 심각한 부상을 당했다. 그는 크게 소리쳤다. "안 돼, 안 돼! 모두 죽을 거야!" 총격이 멈춘 후 케네디는 뒷좌석에서 재클린의 옆에 쓰러져 있었다.

끝내 살리지 못한 케네디

저격 사건이 발생한 후 대통령이 탄 차량은 빠른 속도로 딜리 광장을 빠져나가서 스테몬스 고속도로를 따라 6.4킬로미터 떨어진 파크랜드 메모리얼 병원에 황급히 도착했다. 겨우 몇 분밖에 걸리지 않았다. 병원에 도착한 후 코널리가 먼저 차에서 내렸고, 이어서 케네디가 옮겨졌다. 당시 응급 처치에 참여했던 파크랜드 병원의 한 의사는 이렇게 기록했다. "…… 약 12시 30분쯤 간호사의 호출을 받고, 급히 병원 입구로 환자 운반카를 가지고 갔습니다. 우리는 응급 환자 운반카를 차 문 앞에 가져다 댔을 때 차 안에 누가 있는지를 알았습니다. (중략) 몇 명이 대통령을 환자 운반카로 옮겼습니다. 그리고 우리는 응급실 대수술 구역에서 제1외상실로 갔습니다. 대통령의 후두부에 난 상처에서 출혈이 심했습니다. 침대에 누워 있는 대통령은 아무런 반응이 없었습니다. (중략) 산소를 공급하는 동시에 수혈을 시작했습니다. 필요한 조치는 모두 하고 필요한 모든 의료 기

케네디의 장례식에서 영구차가 지나갈 때, 당시 세 살짜리 꼬마였던 케네디 2세는 군인들을 따라 거수경례를 했다. 이 장면은 보는 이들의 눈시울을 적셨다.

기를 사용해 본 후 우리는 '대통령은 사망했습니다.'라고 사망 선고를 할 수밖에 없었습니다." 파크랜드 병원에서 제출한 사망 증명서에는 '두부와 경부에 총상 여러 군데로 사망함.'이라고 적혀 있었다.

　미국 중부 시간으로 오후 1시경, 케네디의 사망이 공식 발표되었다. 몇 분 후 케네디의 시신은 파크랜드 메모리얼 병원에서 에어포스 원으로 이송되었다. 그리고 부통령 린든 존슨이 에어포스 원에 올라 대통령직을 이어받았다. 에어포스 원이 앤드루스 공군 기지에 착륙한 후 베데스다 해군병원에서 케네디의 부검이 진행되었고, 그의 시신은 백악관으로 옮겨졌다. 암살 사건이 발생한 후 돌아온 일요일에 그의 관이 국회의사당으로 옮겨지자 조문 행렬이 끊이지 않았다. 90개국이 넘는 나라의 대표들이 11월 25일에 열린 케네디 대통령의 장례식에 참석했다. 그중 국가 원수 8명, 총리 10명 등 국가 정부 요원들이 대거 포함되었다. 11월 25일 미국 국회의사당에 모인 25만 명이 케네디에게 경의를 표했다. 오전 11시에 케네디의 관을 실은 영구차가 국회의사당을 떠나 백악관, 세인트 매튜 성당을 거쳐서 알링턴 국립묘지에 도착했고, 케네디는 이곳에 안장되었다. 그날 미국 전국에서 장례식 생중계를 보기 위해 TV 앞에 모인 사람은 수억 명에 달했다.

9 아폴로 계획 (Apollo Project)

1960년대에 이루어진 미국 유인 우주 비행 활동에서 가장 눈부신 업적은 아폴로 유인 우주선이 달에 착륙한 일이다. 일찍이 1960년대 초반에 미국항공우주국NASA은 '아폴로 계획'을 발표했다. 8년에 걸친 힘겨운 노력 끝에 아폴로 우주선 10대를 연속으로 발사한 후, 미국은 1969년 7월 16일에 유인 달 탐사선인 아폴로 11호를 발사하는 데 성공했다.

시기 : 1961~1969년
인물 : 존 F. 케네디John Fitzgerald Kennedy, 앨런 셰퍼드Alan Shepard, 닐 암스트롱Neil Alden Armstrong

우주를 향해

케네디는 대통령 후보 지명을 받아들였을 때 새로운 국경 지대에 '미지의 과학과 공간의 영역'을 포함할 것을 제시했다. 그리고 대통령에 취임한 후 부통령 존슨에게 우주 사업의 지휘를 맡겼다. 1961년 4월 12일에 소련의 우주비행사 유리 가가린Yurii Alekseevich Gagarin이 인류 역사상 최초로 우주 비행에 성공했다. 바로 이어서 4월 17일에 피그 만 위기가 발생하자 미국은 피그 만에서 참패한 것에 대한 여론의 관심을 다른 곳으로 돌리고 소

한눈에 보는 세계사

1961년 : 베를린 장벽 건설
1964년 : 베트남전 발발
1966년 : 중국, 문화대혁명

1967년 : 중동 전쟁 시작
1970년 : 제1차 석유 파동

아폴로 11호에 탑승했던 우주비행사. 왼쪽부터 닐 암스트롱, 마이클 콜린스, 에드윈 올드린 주니어이다. 그 후 이들은 대통령 리처드 닉슨과 만났다.

련과의 우주 경쟁에서 이기기 위해 새로운 프로젝트를 추진했다. 4월 20일에 케네디는 존슨에게 신속히 소련을 뛰어넘는 우주 계획을 세워 머큐리 계획Project Mercury을 재정비해 유인 우주 비행을 실험하라고 요청했다. 8일 후, 존슨은 케네디에게 미국과 소련 양국은 모두 아직 달에 인간을 보낼 능력이 없으니 소련이 로켓 연구에서 잠시 앞섰다고 걱정할 필요는 없다고 보고했다. 즉 미국이 노력하기만 하면 1966년이나 1967년쯤 달 착륙이 가능하다는 것이었다. 5월 5일에 미국 우주비행사 앨런 셰퍼드가 머큐리 3호 위성을 타고 순조롭게 우주 비행에 성공하면서 미국의 첫 우주인이 되었다. 5월 6일에서 7일 사이에 로버트 스트레인지 맥나마라Robert Strange McNamara와 제임스 웨브James Webb가 자세한 우주 계획을 세웠고, 5월 25일에 케네디가 정식으로 미국의 우주 계획을 발표했다. "미국은 1960년대가 끝나기 전에 인간을 달에 보내고, 다시 지구로 무사히 귀환시킬 것입니다." 이것이 바로 유명한 아폴로 달 착륙 계획이다. 이 계획을 실현하기 위해 미국 국회는 관련 예산을 책정했다. 미국항공우주국과 국방부는 연합하여 달연구연합집행위원회와 달연구연합사무실을 설립했다.

　　1961년 10월 27일에 미국은 새턴 로켓 1호를 성공적으로 발사했다. 그리고 이 기간에 신형 새턴 로켓에 대해 심층적으로 연구하면서 탑재 능력을 향상시켰다. 또 머큐리 계획과 제미니 계획Project Gemini을 추진해 유인 우주 비행을 실험했다. 1962년 2월 20일에 존 허셜 글렌John Herschel Glenn이 머큐리 6호를 타고 궤도에 들어서서 지구 궤도를 세 바퀴 돌았다. 그리고 1963년 5월 15일에는 미국 우주비행사 고든 쿠퍼Gordon Cooper가 지구를 22바퀴나 돌면서 머큐리 계획의 실험 단계는 성공적으로 마무리되었다. 1965년에서 1966년까지 미국은 제미니 계획에 따라 유인 우주 비행을 22번이나 시도해 성공했다. 이 실험은 유인 우주 비행과 우주비행사의 우주선 캡슐 출

인류 최초로 달에 착륙한 닐 암스트롱

입 등 첨단 기술 문제를 해결했고, 우주선끼리의 랑데부와 도킹에 성공하여 아폴로 계획을 추진하는 데 튼실한 기반을 마련했다. 1965년 4월에 미국은 새턴 로켓Saturn rocket 5호를 제작하는 데 성공하며 아폴로 비행선의 탑재 문제를 해결했다. 1967년부터 지상 실험에서 우주비행사 3명이 사망하고 화재로 실패했지만, 이를 제외하면 아폴로 4호, 8호, 9호, 10호는 문제없이 새턴 로켓 5호로 발사되었다. 인류가 달을 정복하는 순간이 마침내 다가온 것이다.

달 착륙

1969년 7월 16일에 미국은 달을 정복하기 위한 최초의 우주 비행을 시작했다. 이날, 날씨는 맑았고 미국 동쪽 연안의 케이프 커내버럴Cape Canaveral에 있는 케네디 우주센터 발사장 주위에 수많은 인파가 몰렸다. 미국 전 대통령 린든 존슨과 세계 각국에서 온 유명 인사, 미국 정부 관리 등이 관람석에 앉았다. 곧 거대한 굉음과 함께 새턴 로켓 5호가 아폴로 11호를 탑재하고 우주로 날아갔다. 이번 달 착륙 계획에 참가한 우주비행사는 닐 암스트롱, 에드윈 올드린 주니어Edwin Aldrin, Jr., 마이클 콜린스Michael Collins였다. 사령선을 떠나 착륙선인 이글 호에 옮겨 탄 암스트롱과 올드린은 7월 20일 오후 4시 17분에 달 표면에 착륙하는 데 성공했다. 그리고 미국 동부 시간으로 오후 10시 56분에 닐 암스트롱이 착륙선에서 나와 최초로 달 표면에 첫 발을 내디뎠다. 당시 그는 "이것은 한 인간에게는 작은 한 걸음이지만, 인류 전체에게는 위대한 도약이다."라고 말했다. 이로써 미국의 달 착륙 계획은 성공했고, 이는 인류가 우주를 정복하는 길에 한 이정표가 되었다. 그 후 미국 우주비행사가 아폴로 12호, 14호, 15호, 16호, 17호에 탑승해 달 탐사는 총 5번 더 이루어졌다. 1972년에 발사된 아폴로 17호를 끝으로 미국의 달 착륙 프로젝트인 '아폴로 계획'은 종료되었다.

10 린든 존슨의 '위대한 사회(Great Society)'

1963년 11월 21일에 미국 대통령 존 F. 케네디가 암살된 후, 같은 날 오후에 린든 존슨 부통령이 공군 1호기에서 대통령직 승계를 선서했다. 11월 27일, 존슨 대통령은 상하 양원의 연석 회의에서 첫 번째 연설을 하며 "계속 이어나가자!"라는 슬로건을 외쳐 케네디의 정책 방향을 그대로 받아들일 것을 선포했다.

시기 : 1963~1968년
인물 : 린든 존슨 LyndonBainesJohnson

린든 존슨, 정계에 입문하다

미국 역사상 가장 유능한 정치가로 꼽히는 린든 존슨은 1937년에 연방 하원의원으로 당선된 후 23년 동안 국회에 몸담았다. 1930년대에 그는 '순도 100%의 신新 정치가'로 불리며 프랭클린 루스벨트의 총애를 받았다. 제2차 세계대전이 끝난 후 존슨의 고향인 텍사스 주에서 금융 세력이 영향력을 넓혀가자 그는 이들 석유 독점 자본가의 지지를 얻기 위해 보수파로 전향했다. 그러다가 1950년대 중반 이후에 민주당 대통령 후보자로 당의 지명을 받기 위해 다시 진보파로 돌아섰다. 하지만 1961년에 존슨이 케네디

한눈에 보는 세계사
1964년 : 베트남전 발발
1966년 : 중국, 문화대혁명

1967년 : 중동 전쟁 시작

의 부통령이 된 후에도 민주당의 동부 진보파는 그에 대한 의심을 떨치지 못했다. 그러자 존슨은 동부 진보파의 환심을 사기 위해 대통령의 가장 큰 고민거리이던 남부 세력 집단과 동부 세력 집단의 관계를 개선하는 데 적극적으로 나섰다. 이를 위해 존슨은 케네디 대통령이 제시한 "미국이여, 앞을 향해 전진하라!"라는 정책 기조를 거듭 강조하며 케네디 정부의 핵심 의원들을 그대로 유지했다.

존슨이 정권을 잡고 나서도 케네디의 정책을 계속 지켜나가자 금융계, 노동계, 흑인 사회를 포함한 많은 이가 그를 지지했다. 다우존스Dow Jones 지수가 32포인트 상승했고, 해리스 인터랙티브 여론 조사에서도 존슨의 지지도는 압도적이었다. 이에 힘입어 그는 유능한 정치가의 역량을 충분히 발휘했으며 차츰 자유주의를 바탕으로 하는 대규모 사회·경제 개혁의 서막이 열렸다.

1964년 인권 법안

존슨은 민권 법안을 둘러싸고 남부 민주당 의원들과 팽팽하게 대립했다. 버밍햄 시위 이후 흑인 운동이 일파만파로 퍼지는 가운데 민권 운동을 정부의 통제 범위에 놓으려면 무엇보다 민권법을 통과시키는 것이 시급하다고 판단했기 때문이었다. 또한 진보파가 존슨에게 가하는 압박도 만만치 않았다. 갤브레이스Galbraith 교수는 존슨에게 "진보파 단체가 민권법에 대한 당신의 태도를 예의주시하고 있다."라고 말할 정도였다.

1963년 11월 27일에 존슨은 국회의 연석 회의에서 "기념사나 추모사가 무슨 필요가 있겠습니까. 그분이 오랫동안 싸우셨던 민권법을 통과시켜 케네디 대통령을 추모합시다."라고 주장하며 흑인 민권 지도자 앞에서 공개적으로 민권법을 통과시키겠다고 약속했다. 하지만 1964년 초 우여곡절 끝에 하원을 통과한 민권법은 리처드 러셀Richard Russell로 대표되는 남부 상원의원의 반대에 부딪혔다. 민권법을 둘러싸고 3월 9일부터 장장 3개월에 걸쳐 이루어진 소모적인 논쟁 속에서, 린든 존슨은 다른 입법 사안의 일정을 미루더라도 민권법 통과가 선행되어야 한다고 밝혔다. 6월 10일, 상원에서 민권법에 대해 역사상 가장 압도적인 수의 찬성표가 나와 상원 내 남부 의원들의 반대를 꺾고 마침내 민권법을 통과시켰다. 7월 2일에 존슨 대통령은 케네디가 추진한 기존 법안보다 강경한 내용을 담은 '1964년 민권법'에 서명했다. 법적으로 미국의 인종 차별 제도에 종지부를 찍은 이 '1964년 민권법'에 대해 미국 역사가 헨리 스틸 코메이저Henry Steele Commager 는 "와그너법Wagner Act과 테네시 계곡 개발공사Tennessee Valley Authority 이후 가장 의미 있는 입법이다."라고 평했다. 근로자의 권익을 위해 노동조합을 결성할 수 있도록 제정한 와그너법과 테네시 계곡에 댐을 건설해 일자리를 제공하기로 한 테네시 계곡 개발공사는 모두 뉴딜 정책의 일환이었다.

위대한 사회

1964년 5월 22일에 린든 존슨 대통령은 미시간 대학교에 초청되어 강연하면서 이렇게 말했다. "미국은 부유하고 강대한 사회가 될 수 있을 뿐 아니라 나아가 위대한 사회가 될 기회 또한 있다." 대선이 끝난 1965년 1월에 존슨 대통령은 국정 연설에서 '위대한 사회'의 시정 방침을 공식적으로 밝혔고, 그 후 5주 동안 국회에 83개 특별 담화를 전달하여 교육, 의료, 환경 보호, 주택, 빈곤 퇴치, 민권 분야의 입법을 촉구했다.

존슨 정부가 적극적으로 민권법을 시행하는 데 힘입어 인종 간 갈등의 불씨에 점차 불이 붙었다. 1964년 민권법은 흑인 해방 이후 가장 포괄적인 인권법으로 평가되었지만, 흑인의 참정권 보장은 여전히 사각지대였다. 1965년 1월에 마틴 루서 킹이 "남부의 흑인 유권자 500만 명 중 300만 명이 투표권을 행사할 수 없다."라고 말하며 사태의 심각성을 일깨웠다. 이로부터 앨라배마 주 셀마 시의 흑인 사회는 마틴 루서 킹을 필두로 투표권 쟁취 투쟁을 시작했다. 흑인 투표권 쟁취 운동이 실패로 끝날 것을 우려한 존슨 대통령은 흑인의 투표권 보장을 위한 지원군으로 나서야겠다고 결심했다. 3월 15일에 존슨 대통령은 직접 국회에 출석해서 "그들의 사업은 곧 우리의 사업이다."라는 말로 강하게 의견을 호소하며 '머뭇거리거나 타협하지 않고' 흑인 투표권 보장법을 즉각 통과시킬 것을 촉구했다. 1965년 5월, 국회는 결국 '1965년 투표권법'을 통과시켰고 이로써 남부 지역에 거주하는 수많은 흑인에게 투표권을 행사하는 꿈이 실현되었다.

이 밖에 존슨은 도시 개발과 환경 보호에 관련한 입법에도 박차를 가했다. 1965년에 국회는 '주택 및 도시 개발법'을 통과시키는 한편 새로운 정부 부처로 주택 및 도시 개발부를 설립하고, 첫 장관으로 최초의 흑인 출신 각료인 로버트 위버Robert Weaver를 임명했다. 또 1966년에 시범 도시 및 도시 재개발법, 도시교통법 등을 통과시켰고, 내각급 부처인 교통부를 발족

했으며, 1968년에는 주택 건설과 도시개발법을 통과시켰다. '위대한 사회'의 도시개발법 제정을 통해 도시 빈민촌의 전반적인 환경 개선, 중·저소득층 가정의 주택 수요 만족, 개인 주택 건설 활성화 및 도시 교통을 비롯한 각종 도시 문제 해결이라는 큰 성과를 얻었다. 존슨은 대통령 임기 동안 수질 오염 억제, 공기의 질에 대한 기준 제정, 폐기물 처리 등 환경 보호에 관한 다양한 법안을 제정했다. 그뿐만 아니라 영부인인 버드 존슨Bird Johnson도 1966년에 의회에서 '고속도로 미화 법안'이 통과되는 데 큰 역할을 해 이 법을 '레이디 버드Lady Bird 법'이라고도 부른다.

11 베트남 전쟁

베트남 전쟁은 제2차 세계대전 이후 미국 참전 병사가 가장 많고 파급 효과가 가장 컸던 전쟁으로 꼽힌다. '냉전 속의 열전'으로 불리는 베트남 전쟁은 초반에 미국 전 대통령 드와이트 아이젠하워가 남베트남을 원조하는 데 물꼬를 튼 데 이어 존 F. 케네디도 베트남 내전에 개입했고, 린든 존슨의 임기에 이르러서는 베트남전이 더욱 확장되는 양상을 보였다. 그러다 리처드 닉슨이 집권한 시기에 미국 내에 반전 여론이 확산되면서 베트남 전역에 주둔하던 미국군이 점차 퇴각했다.

시기 : 1961~1979년
인물 : 호찌민Ho chi minh, 응오 딘 지엠Ngo Dinh Diem, 리처드 닉슨Richard Nixon

전쟁 배경

프랑스의 식민 지배를 받아 온 베트남은 제2차 세계대전이 발발하면서 일본의 침략을 받았다. 베트남의 공산주의적인 독립운동단체인 베트민Viet minh은 1945년 북부의 도시 하노이에 베트남민주공화국을 수립했다. 한편 프랑스는 베트남 응우옌 왕조의 마지막 황제 바오 다이Bao Dai를 내세워 사이공에 괴뢰 정권인 베트남 왕국을 세웠다. 이로써 프랑스에 대한 베트남의 독립 전쟁이라고 할 수 있는 제1차 인도차이나 전쟁이 약 9년 동안 이어

한눈에 보는 세계사

1961년 : 베를린 장벽 건설
1966년 : 중국, 문화대혁명
1967년 : 중동 전쟁 시작
1970년 : 제1차 석유 파동

1972년 : 한국, 유신헌법 확정
1975년 : 제2차 석유 파동
1977년 : 소련, 아프가니스탄 침공
1978년 : 이란·이라크 전쟁

졌다. 그리고 1954년에 디엔비엔푸Dien Bien Phu 전투에서 베트민이 프랑스군을 무찌르면서 마침내 프랑스의 인도차이나 지배에 종지부를 찍었다. 제네바 협정에 따라 베트남은 17도 선을 기준으로 남과 북으로 분할되었고 북베트남은 호찌민, 남베트남은 바오 다이 황제가 통치하게 되었다. 그러나 이듬해인 1955년에 남베트남에서 응오 딘 지엠이 정변을 일으켜 바오 다이 황제를 쫓아내고 베트남공화국을 성립시켰다.

제네바 협정에 따라 1956년 7월에 남북 베트남이 합쳐서 총선을 치르기로 예정되어 있었는데 결국에는 결렬되었다. 냉전 시기이던 당시, 미국 대통령 아이젠하워는 동남아시아를 냉전의 핵심 전쟁 기지로 보았다. 그래서 총선으로 공산주의가 남베트남으로 확대될 것을 우려해 지엠 정권을 적극 지지했고, 지엠 정권은 이에 힘입어 독재 정치를 펼쳤다. 그러나 이는

9번 고속도로 전투에서 남베트남군과 미군은 총 2만 1,000명을 잃었다.

북베트남과의 전쟁에서 지엠 정권의 남베트남이 패하는 중요한 원인으로 작용했다. 또한 북베트남에서 농업 개혁을 일으켜 농민들에게 토지를 나눠 주자 북베트남에 대한 남베트남 사람들의 선망이 커졌다. 사이에 미국이 끼어든 상황에서 남북 베트남은 이렇게 서로 대립하며 총선 실시에 동의하지 않았다.

전쟁의 시작

1961년 6월, 미국 대통령 케네디와 소련 지도자 흐루쇼프Nikita Sergeevich Khrushchyov가 오스트리아의 수도 빈에서 만났다. 핵심 쟁점들을 둘러싸고 흐루쇼프는 협박을 해서라도 케네디의 양보를 얻어내고자 했다. 그러나 케네디는 "살벌한 국제 형세 속에서 미국군이 아시아에서 물러난다면 전 세계의 정세가 혼란에 빠질 것이다."라고 단호하게 거절했다. 당시 인도차이나 반도에서 일어난 충돌은 냉전 속의 유일한 열전이었다. 케네디는 베트남 전쟁을 통해 미국의 힘과 공산주의에 대항하는 결연한 의지를 보여 주어야겠다고 결심했고, 무력 충돌이 불가피하다면 6.25 전쟁과 마찬가지로 제한전Limited War으로 가야 한다고 주장했다.

1961년 5월에 케네디는 지엠 정권을 지키고자 남베트남에 특수 부대를 파견해 미국군이 본격적으로 베트남 내전에 개입하게 되었다.

미국이 직접 개입한 후에도 남베트남 정부군은 패배를 면치 못했다. 이에 미국은 해군 구축함을 북베트남 군사 기지에 접근시켜서 해상 레이더로 적의 위치를 파악하고자 했다. 그런데 1964년 7월 31일에 정찰 임무를 수행하던 미국 구축함 매독스호가 북베트남 어뢰정의 습격을 받았다. 이어서 8월 4일에 매독스호와 터너조이호가 북쪽으로 이동하던 중에 터너조이호가 북베트남의 레이더망에 포착되어 공격당했음을 알렸다. 미국은 이에 대한 보복을 빌미로 북베트남을 대대적으로 폭격하기 시작했다. 이것이

바로 유명한 '통킹 만Gulf of Tonking 사건'이다.

통킹 만 사건은 베트남 전쟁의 중대한 분수령이라고 할 수 있다. 북베트남과 미국은 모두 이 사건을 상대방의 의도적인 공격으로 여기고 강경하게 대응했다. 북베트남 정예군 325사단은 남베트남과의 경계선에 집결하여 남베트남을 침공하겠다고 선언했다. 그 후 미국은 공해상에서 작전 중이던 미국 구축함이 북베트남 해군의 함포 공격을 받았다고 주장했고, 8월 7일에 미국 국회에서는 전면적인 군사력 사용을 허용하는 '통킹 만 결의안'을 통과시켰다. 1965년 2월에 남베트남 기지에서 미국군이 공격당하자 미국 공군은 바로 1차 보복성 공격을 했다. 그리고 3월 8일에 미국 해병대 3,500명이 베트남의 항구 도시 다낭에 상륙한 것을 계기로 지상군도 본격적으로 파병되었다.

전쟁의 과열

미국이 파병 규모를 대대적으로 확장하는 가운데 1965년 8월 18일에 미국 해병대 5,500명이 1차 대규모 지상전을 전개했다. 미국군은 공중 지원과 대규모 폭격의 지원을 받아 북베트남 기지를 격파했고, 같은 해 11월 14일에 미국군 제7기병연대 1대대와 북베트남군 제66보병 연대가 이아 드랑 계곡에서 대규모 격투를 벌였다. 이 전투는 베트남전 최초로 미국군과 북베트남군 간에 벌어진 대규모 전투로 기록된다. 3일 동안 이어진 전투에서 북베트남군 1,037명, 미국군 234명이 전사했다. 미국군과 두 차례 전투를 치른 북베트남은 이후 미국군과 전면전을 벌이는 것을 피하고 게릴라전 전술을 펼치기로 방법을 바꾸었다.

공중전이 점차 가열되는 가운데 린든 존슨 대통령이 폭격 전술을 승인하면서 미국군은 북베트남에 대대적 공습을 가했다. 지상에서 대규모 병력을 확보한 베트남 주둔 미국군 사령관 윌리엄 웨스트모얼랜드는 적의

1973년 각국 대표가 파리에서 베트남평화협정에 서명했다.

출몰 지역을 중심으로 토벌 작전에 주력했다. 그는 '이아 드랑 전투' 때 그러했듯이 대규모 병력으로 적군을 물리쳐 나가면 결국 북베트남이 백기를 들 것이라고 확신했다. 한편, 북베트남은 아군에 유리한 지형으로 적군을 유인해 격투를 벌여서 적군의 힘을 뺀 다음 빠르게 퇴각하는 '게릴라 전술'을 구상했다. 북베트남군은 이런 무모한 소모전이 계속되면 미국군이 결국은 베트남에서 철수할 것이라고 보았다.

1968년에 북베트남은 1월 30일을 전후로 한 구정 연휴에 '구정 공세'를 개시했다. 북베트남 정규군과 베트남 민족해방전선 게릴라 8만 명이 남베트남의 도시 곳곳에 숨어들어 불시에 습격했다. 이로 말미암아 혼란과 공포에 빠진 베트남의 모습이 전파를 타고 미국 각 가정의 안방에까지 그대로 전달되었다. 미국이 전쟁에서 승리하고 있으며 북베트남이 무릎을 꿇는 날이 이제 얼마 남지 않았다던 린든 존슨 대통령과 윌리엄 웨스트모얼랜드William C. Westmoreland 장군의 말이 거짓말로 전락하는 순간이었다. 구정 공세는 북베트남이 여전히 엄청난 군사 역량을 보유하고 있으며 전쟁의 끝은 아직도 멀었다는 것을 여실히 드러냈다. 1968년 3월 31일, 린든 존슨은 대국민 성명을 통해 북베트남 지역에 대한 폭격을 중지할 것을 선언하며 미국군의 베트남 철수 의사를 밝혔다. 그 후 1968년 6월에 크레이턴 에이브람스Creighton Abrams 장군이 웨스트모얼랜드의 뒤를 이어 사령관으로 임명되면서 베트남 주둔 미국군의 지휘를 맡았다.

반전 운동

1964년에 미국의 대학교 캠퍼스에서 소규모 반전 운동이 시작되면서 학생들 사이에 좌익 사상이 일파만파로 퍼졌다. 1968년에는 반전 평화 시위가 미국 전역으로 확대되는 가운데, 그해 8월 시카고에서는 시위대와 경찰 간에 유혈 충돌이 빚어지기도 했다. 1970년 5월에 미국이 캄보디아를 침공한 것을 계기로 미국 대학생들의 반전 시위는 더욱 거세졌다. 전국 각지의 대학에서 동맹 휴업을 선언하고 학생 10여만 명이 워싱턴으로 몰려와 대규모 시위를 벌였다.

그리고 수천 명에 달하는 미국의 젊은 청년들이 징집을 피해 캐나다나 스웨덴으로 도피했다. 당시에 적정 연령의 청년 중 소수만이 군대에 들어갔다. 그런 한편 대다수 병역 의무자의 나이는 투표 연령에도 못 미쳤고, 복무 여부를 결정하는 각 지방의 관할 부처에 명확한 병역 면제 방침이 없어서 병역 이행과 면제의 기준이 제멋대로였다. 불공정한 병역 잣대에 대해 불만이 커지자 1970년에 병역 추첨 제도가 도입되어 젊은 남성의 생년월일을 기준으로 징집이 결정되었다. 이를 계기로 전국적으로 투표 연령과 음주 가능 연령을 낮추는 법안이 마련되었다.

1977년 1월 21일, 미국 대통령 지미 카터Jimmy Carter는 수많은 병역 기피

자를 사면했다.

베트남화

1969년에 리처드 닉슨이 대통령으로 당선된 것은 베트남 전쟁의 '베트남화' 정책의 본격적인 추진을 의미한다. 같은 해 6월에 미국군 2만 5,000명이 베트남에서 철수한 것도 같은 맥락이다. 그러나 미국과 베트남 사이에 협상이 진행되는 중에도 전쟁의 불씨는 여전히 살아 있었다. 1969년 3월에 미국군은 비밀리에 캄보디아에 있는 북베트남군의 군사 기지를 폭격했고, 5월에는 햄버거 힐 폭파를 감행했다. 1970년 3월 18일에 캄보디아 내 친미 성향의 론 놀Lon Nol 장군이 정변을 일으켜 군주 노로돔 시아누크Norodom Shinanouk를 실각시켰고, 5월에 론 놀의 묵인 아래 미국군이 쿠웨이트를 침공해 쿠웨이트 내에 있는 북베트남군의 병참 기지를 공격했다. 1971년을 기준으로 베트남 전쟁에서 4만 명이 넘는 미국군이 전사했다.

1972년 3월에 북베트남군은 구정 공세보다 큰 규모의 전면적인 공세, 이른바 '부활절 공세'를 전개했다. 이에 맞서 닉슨은 보복 공격으로 북베트남에 폭격기를 출격시킬 것을 명령했다. 치열한 전투 끝에 북베트남의 부활절 공세는 실패로 돌아갔고 병사 10만여 명을 잃는 참패를 겪었다.

1973년 1월 27일, '베트남 문제에 관한 파리 회의'가 열렸고 이 회의에 참석한 베트남, 미국, 베트남 민족해방전선의 정부 조직인 베트남남부공화임시혁명정부, 그리고 사이공 정권은 파리에서 베트남전 종식과 평화 회복에 관한 협정, 즉 파리평화협정에 서명했다. 그 후 2개월 동안 미국군은 베트남에서 전원 철수했다.

12 작은 탁구공이 커다란 지구촌을 움직이다

1969년 7월 25일, 미국 대통령 리처드 닉슨은 새로운 대對아시아 정책인 닉슨 독트린Nixon Doctrine을 발표했다. 그리고 훗날 이 닉슨 독트린의 내용을 확장하여 대소련 및 대중국 정책의 원칙을 규정했다. 미국 정부는 지루한 베트남 전쟁에 마침표를 찍고 반反중국 정책에서 벗어나 미·중 관계를 정상화하는 데 물꼬를 텄다.

시기 : 1967~1972년
인물 : 헨리 키신저Henry Alfred Kissinger, 리처드 닉슨Richard Nixon,
　　　마오쩌둥毛澤東, 저우언라이周恩來

닉슨 독트린

제2차 세계대전이 끝난 이후 해리 트루먼부터 린든 존슨에 이르기까지 역대 미국 정권은 줄곧 확장 전략을 고수했다. 하지만 실제 역량이 애초의 계획에 크게 못 미치는 결과가 되풀이되었고 그에 따라 경제력과 군사력도 점차 소진되었다. 상대국이나 동맹국의 힘을 고려할 때 상황은 미국에 불리한 쪽으로 치닫고 있었다.

1967년에 닉슨은 "세계 경찰로서 미국의 역할이 장차 제한될 가능성이 있다."라고 밝혔고, 1968년 대통령 선거 기간에는 "세계 무대에서 미국

한눈에 보는 세계사
1966년 : 중국, 문화대혁명
1967년 : 중동 전쟁 시작
1970년 : 제1차 석유 파동
1972년 : 한국, 유신헌법 확정

의 역할과 책임을 재검토해야 한다."라고 피력했다. 대통령으로 취임한 이후 닉슨은 베트남과 중동 문제 및 미국과 소련의 전략무기제한협정Strategic Arms Limitation Talks 사안을 처리하기 위해 동분서주했다. 1969년 7월 25일에 닉슨은 괌에서 열린 비공식 기자간담회에서 미국의 세계 전략과 아시아 전략에 중요한 획을 그은 닉슨 독트린, 즉 괌 독트린Guam Doctrine을 발표했다. 그는 "미국은 아시아의 여러 국가와 조약상 약속을 지킬 것이다. 핵 강대국의 위협을 제외하고는 내란이나 침략에 대해서 아시아가 자체적으로 책임을 져야 한다."라고 선포했다. 훗날 닉슨은 1969년 11월 3일에 발표한 대통령 담화와 1970년에 공표한 외교 교서에서 '동반자 관계, 역량, 협상'을 골자로 하는 새로운 평화 전략을 제시하며 닉슨 독트린을 전 세계에 확대 적용할 것을 선포했다. 아울러 안보뿐만 아니라 정치, 경제, 군사 등 각 분야에서 동맹 관계 및 소련, 중국과의 관계 방침을 발표했다.

1972년에 중국을 방문한 미국 대통령 닉슨이 중국 국가주석 마오쩌둥에게 준 선물로, 달 모양 마크와 미국 성조기가 새겨져 있다.

미·중 관계 개선

1969년 8월 1일에 닉슨은 파키스탄을 방문해 아그하 모하마드 야히아 칸Agha Mohammad Yahya Khan 대통령과 회담하는 자리에서 파키스탄이 미·중 관계를 개선하는 데 다리 역할을 해 달라고 부탁했다. 그리고 이어서 니콜라에 차우셰스쿠Nicolae Ceausescu 루마니아 대통령을 통해 중국에 화해 메시지를 보냈다. 미국 국무부는 공보를 발표하여 외국에 있는 미국 관광객과 시민이 중국 상품을 사는 것을 허용하고, 국회의원, 기자, 교사, 지식인, 대학생, 과학자, 의사 및 적십자회 대표 등 6대 분류의 국민이 중국 관광용

여권을 발급받을 때에는 국무부에 신고할 필요 없이 해당 외교 부처에 직접 신청할 수 있게 했다.

9월 9일, 닉슨은 바르샤바 미·중 대사급 회담을 재개하기 위해 폴란드 주재 미국 대사인 월터 스토셀Walter J. Stoessel, Jr.에게 현지의 중국 대사와 직접 접촉할 것을 지시했다. 스토셀 대사는 끈질기게 접촉을 시도한 끝에 1970년 1월 20일과 2월 20일에 레이양雷陽 중국 임시 대사와 바르샤바에서 두 차례 회담했다. 이때 미국은 타이완 문제는 중국이 스스로 해결해야 할 내정 사안이라고 처음으로 인정하고, 베이징에 대통령 특사를 파견하고자 하는 의향을 내비쳤다. 1970년 2월, 닉슨은 국정 연설에서 "우리는 온갖 수단과 방법을 동원하여 중국과 관계를 개선하는 데 주력해야 한다. 이는 미국뿐만 아니라 아시아, 나아가 세계 평화와 안정에 이바지할 것이다."라고 주장했다.

닉슨 정부는 중국과의 대화 채널을 다시 가동하고 외교 관계를 개선한 후 중국도 미국에 화해적인 제스처를 보여 줄 것을 기대했다. 1970년 12월 28일에 마오쩌둥은 미국인 저널리스트 에드거 스노Edgar Snow와의 만남에서 "중·미 문제는 닉슨 대통령과 함께 해결해야 한다. 관광객 신분이든 대통령 신분이든 닉슨이 중국에 방문한다면 기꺼이 그와 대화하겠다."라고 말하며 호의적인 태도를 보였다. 1971년 4월 6일, 미국 탁구 선수팀이 중국을 방문하면서 '핑퐁 외교Ping-pong Diplomacy'가 시작되었다. 저우언라이 중국 총리는 인민대회당에서 열린 미국 탁구 선수팀과의 회견에서 "여러분이 중·미 관계의 개선에 중요한 획을 그어 주었습니다."라고 말했다. 저우언라이의 연설이 끝난 지 몇 시간 지나지 않아 닉슨이 성명을 통해 중국에 대한 무역 금지 조치를 해제한다는 내용을 포함한 새로운 규정을 발표했다. 이후 중국이 파키스탄을 통해 미국에 "헨리 키신저Henry Kis-singer 같은 대통령 특사나 미국 국무총리 또는 미국 대통령 본인을 직접 베이징에 초대하고 싶다."라고 밝혔고, 4월 29일에 닉슨은 기자회견에서 "우리는 이제 단단한 얼음을 깼다. 나는 언제든지 어떤 신분으로든 중국에 방문하고 싶다."라고 응답했다. 이렇게 양국 간에 점차 우호적인 분위기가 무르익자 닉슨은 파키스탄을 통해 저우언라이에게 회신을 전하면서 중국의 초청을 받아들일 의향을 밝혔다. 그리고 먼저 헨리 키신저를 중국에 사절로 보내 저우언라이 또는 고위급 관료와 비밀 회담을 진행할 것을 제안했다.

7월 6일에 캔자스시티 중서부에서 열린 신문 편집장 정책 설명회에서 닉슨은 5대 강국의 균형 발전에 대해 언급하며 미국, 서유럽, 일본, 소련, 중국을 축으로 하는 '5극 구조'를 언급했다. 그는 5대 강국 중 하나인 중국의 중요성을 강조하면서 국제 사회에서 중국을 배척하는 인식을 하루빨리 전환해야 한다고 강조했다. 또 장기적인 관점에서 미국은 미·중 관계를 정

1971년에 저우언라이와 키신저는 비밀 회담을 했다.

상화하는 데 정책의 초점을 맞추어야 한다고 주장했다. 7월 8일, 당시 국가안보담당보좌관이던 헨리 키신저가 남베트남에서 파키스탄을 경유하여 귀국하던 중에 갑작스러운 복통을 호소하며 언론의 주의를 분산시킨 후, 이튿날 새벽 베이징으로 건너가 저우언라이와 비밀리에 회담했다. 7월 15일에 미·중 양국은 비밀 회담의 내용에 따라 협정을 체결했고, 이어서 양국 간에 닉슨의 공식 방중 계획이 합의되었다. 또 1972년 5월 이전에 적절한 시기에 닉슨이 중국을 방문할 것이라고 공개적으로 발표했다. 그리고 닉슨은 이에 대해 "미·중 양국 지도자의 만남은 양국 관계의 정상화와 함께 양국의 공동 관심사를 논의하기 위한 자리이다."라고 밝혔다.

리처드 닉슨 미국 대통령의 방중

1972년 2월 21일부터 28일까지 8일간의 리처드 닉슨 미국 대통령의 중국 방문은 미·중 관계에 역사적인 한 획을 그었다. 닉슨이 중국을 방문하는 동안 마오쩌둥은 직접 닉슨과 회견하며 중·미 관계와 국제 문제에 대해 허심탄회하게 의견을 나누었다. 또 저우언라이와 닉슨은 중·미 관계의 정상화와 양국의 공동 관심 사안에 대해 공식 회담을 했다.

2월 28일에 양국은 상하이上海에서 발표한 '중·미中美 상하이 공동 성명'을 통해 "중·미 양국은 이념과 체제의 차이에도 영토 주권 존중과 내정 불간섭의 원칙을 기초로 상호 평등의 입장에서 서로 이익을 추구하며, 평화 공존의 원칙에 따라 국가 간 관계를 처리한다는 데 동의했다."라고 밝혔다. 또한 "중·미 관계를 처리하는 데에도 이 원칙을 반영할 것이다."라며 양국 모두 아시아─태평양 지역에서 패권을 추구하지 않을 것이며 다른 국가나 국가 집단이 패권을 추구하는 행위도 반대한다는 '반反패권' 원칙을 선포했다.

그동안 갈등의 핵심이던 타이완 문제에 대해 중국은 "타이완 문제는 중·미 관계의 정상화를 해치는 원흉이다. 중화인민공화국 정부는 중국의 유일한 합법 정부이며, 타이완은 중국의 일부이다. 타이완의 독립 문제는 중국의 내정으로 다른 나라는 간섭할 권리가 없으므로, 미국의 모든 무장 세력과 군사 시설은 반드시 타이완에서 철수해야 한다."라고 다시 한 번 강조했다. 이에 미국은 성명을 발표하여 중국은 하나이며 타이완은 중국의 일부라는 점을 인정하고, 타이완 문제의 평화적 해결이라는 전제 조건에서 점진적으로 타이완과의 관계를 청산하며 타이완에 주둔하는 미국 무장 세력과 군사 시설을 전부 철수할 것을 약속했다.

미·중 관계의 중요한 이정표인 상하이 공동 성명으로 수년 동안 대립각을 세우던 중미 관계가 해빙 무드로 돌아섰고 미·중 관계를 정상화하고 우호 관계를 수립하는 데 토대를 마련했다. 1973년 2월에 헨리 키신저가 중국을 다시 방문하여 미·중 관계의 신속한 정상화와 교류 확대를 위해 각각 연락처를 마련하기로 약속했고, 같은 해 5월에 미국과 중국 양국의 수도에 연락처가 완공되었다.

13 워터게이트 사건
(Watergate Scandal)

미국 역사상 가장 불미스러운 정치 스캔들로 꼽히는 워터게이트 사건으로 미국뿐 아니라 전 세계의 언론계가 들썩였고, 수많은 나라의 권력층이 집권 위기에 부딪히거나 스캔들이 터졌다. 이 사건을 계기로 이란게이트, 정보게이트, 포로학대게이트 등 '게이트Gate'라는 단어가 권력형 비리 의혹, 부패 스캔들에 따라붙는 단골 접미사가 되었다.

시기 : 1972~1974년
인물 : 리처드 닉슨Richard Nixon, H. R. 홀더먼H.R. Haldeman

스캔들의 배경

리처드 닉슨 미국 대통령의 연임 선거 준비가 한창이던 1972년 6월 17일, 워터게이트 빌딩에서 남자 5명이 체포되었다. 건물 내에 있는 민주당 대통령 선거 운동 지휘 본부에 침입해서 도청 장치를 설치하려고 한 혐의였다. 경찰 조사 결과, 이 침입자 5명과 대통령 재선위원회에서 일하던 전직 백악관 보좌관 하워드 헌트E. Howard Hunt, Jr.가 관련이 있다는 것이 밝혀졌다. 하지만 닉슨 대통령의 보도 담당관 로널드 루이스 지글러Ronald Louis Ziegler 는 "삼류 도둑에 불과하다."라고 주장하며 이 사건은 백악관과 관계가 없

한눈에 보는 세계사
1972년 : 한국, 유신헌법 확정   1975년 : 제2차 석유 파동

1973년 5월 18일에 미국 국회는 '워터게이트' 사건 특별 청문회를 실시했다. 앞줄 왼쪽에서 세 번째에 앉은 사람이 워터게이트위원회 수석 변호사 샘 대시(Sam Dash)이다.

다고 완강히 부인했다. 대통령 재선위원회 위원장인 존 N. 미첼John Newton Mitchell도 해당 위원회와 워터게이트 도청 사건은 무관하다고 언급했다. 이어서 닉슨 대통령은 5월 22일에 미국 국민 앞에서 워터게이트 사건과의 관련을 거듭 부인했다. 반면에 백악관 법률 고문 존 딘John Dean, 수석보좌관 H. R. 홀더먼, 내정 담당 보좌관 존 대니얼 에릭만John Daniel Ehrlichman은 피고에게 법률 비용을 주고 묵비권을 행사할 것을 강요하며 행정 사면을 미끼로 던지는 등 배후에서 대대적으로 은폐 공작을 벌였다. 숱한 의혹에도 이 사건은 결국 삼류 절도 사건으로 덮였고, 닉슨은 예상대로 순조롭게 대선에 승리했다.

그러나 1973년 3월에 사건의 내막이 밝혀지면서 사태는 걷잡을 수 없이 악화됐다. 연방 판사 존 시리카John Sirica의 끈질긴 추궁 끝에 피고 제임스 맥커드James McCord가 "재판 중에 증인들이 위증했으며, 피고인들도 백악관으로부터 유죄를 인정하고 묵비권을 행사하라는 압력을 받았다."라고 자백했다. 이로써 대통령 재선위원회와 백악관이 도청 사건에 연루된 사실이 명백해지자 4월 17일에 닉슨 대통령이 본 사건의 재조사에 착수할 것이라고 발표했다. 이어서 4월 30일에 닉슨은 워터게이트 사건에 연루된 참모들의 행동에 대해 자신의 책임을 인정하는 사과 성명을 공식 발표하고, 고문인 H. R. 홀더먼, 존 에일 리크먼John Ehrlichman, 법무장관 리처드 클라인딘스트Richard Cleindinst의 사표를 수리하며 여전히 자신의 무관함을 주장했다.

1973년 1월 11일 상원에서는 워터게이트 사건과 1972년의 대통령 선거운동을 조사하는 어빈위원회Ervin Committee를 구성했다. 워터게이트 특별위원회의 청문회에서 닉슨 정부의 숱한 불법 행위들이 낱낱이 폭로되며 미국의 여론을 뜨겁게 달구었다. 설상가상 존 딘이 닉슨 대통령도 이 은폐 공작을 알고 있었다고 증언했고, 전 백악관 직원 알렉산더 P. 버터필드Alexander P. Butterfield는 대통령 집무실에서 나눈 대화 내용이 비밀리에 테이프에 녹음되었다고 폭로했다. 워터게이트 사건 담당 특별 검사인 아치볼트 콕스Archibald Cox, Jr.와 어빈위원회가 즉각 문제의 테이프들을 증거물로 제시할 것을 요청했으나 닉슨은 행정상의 특권을 이용하여 이를 거부했다. 급기야 시리카 판사는 닉슨에게 그 테이프들을 넘겨달라는 영장을 발부했다. 결국 벼랑 끝에 몰린 닉슨은 법무장관 엘리엇 리처드슨Elliot Richardson에게 특별 검사 콕스를 해임하라고 명령했다. 하지만 리처드슨은 대통령의 지시를 거부하고 자진 사임했고, 결국 특별 검사 해임은 법무장관 직무 대리인 로버트 보크Robert Bork의 손에서 이루어졌다. 토요일에 발생한 이 사건을 미국 언론은 '토요일 밤의 대학살Saturday Night Massacre'이라고 불렀다. 더 이상 피할 수 없었던 닉슨은 결국 테이프의 일부를 공개했으나, 워터게이트 사건이 발생하고 3일 후에 수석 보좌관 홀더먼과 나눈 대화 중 18분 정도의 분량이 삭제되어 있었다. 닉슨이 이에 대해 명확한 근거를 대지 못하자 의혹은 더욱 증폭되었다.

대통령직 사임

여론의 비난이 빗발치는 가운데, 하원의 사법위원회는 대통령 탄핵 심리
를 준비하면서 닉슨에게 42차례의 대화 내용이 담긴 테이프를 공개하라
고 요구했다. 1974년 4월 29일, 닉슨은 편집한 녹음 기록을 공개했다. 이로
써 사건이 진정되기는커녕 삭제된 내용에 대한 여론의 의혹이 증폭되어 닉
슨과 백악관의 도덕성 문제가 도마 위에 올랐다. 또한 미국 국민은 닉슨이
은폐 공작을 직접 지시하지 않았다고 하더라도 그것을 용인했다는 사실에
크게 분노했다. 연방대법원에서는 테이프 공개 요청을 거부할 수 있는 닉
슨의 대통령 특권을 박탈하는 동시에 콕스의 후임자인 특별 검사 레온 자
워스키Leon Jaworski에게 나머지 테이프를 넘겨줄 것을 명령하는 판결이 만
장일치로 통과되었다. 닉슨이 제출하지 않은 테이프에는 사건이 발생한 지
6일 후에 닉슨과 홀더먼이 나눈 대화가 담겨 있었고, 그중에는 연방조사국
에 워터게이트 사건에 개입하지 말라고 제안하겠다는 보고 내용이 녹음되
어 있었다. 녹취록의 내용을 들은 닉슨의 변호사 제임스 클레어James Clair
와 백악관 사무국 처장 알렉산더 헤이그Alexander Meigs Haig는 "이제 대통령
이 올 때까지 왔다."라며 유감을 표했다. 하원 사법위원회는 대통령 탄핵
심리에 정식으로 착수했고, '사법 방해'와 '권력 남용'을 들어 대통령 탄핵
권고를 가결했다. 8월 7일에 닉슨은 하원의 분위기를 파악하고자 공화당
상원의원 3명과 회견했고, 이를 통해 대통령 탄핵안이 부결될 가능성이 전
혀 없다는 것을 인식했다. 그날 저녁, 닉슨은 탄핵 결의가 나오기 전에 스
스로 대통령직을 사임할 것을 결심하고, 8월 8일에 TV 연설을 통해 사임
의사를 발표하고 관저를 떠났다. 이로써 그는 미국 최초로 대통령직에서
중도 사임한 대통령이라는 불명예를 안았다.

14 스타워즈(Star Wars) 계획

이른바 '스타워즈'로 불리는 미국의 전략 방위 계획Strategic Defense Initiative은 'SDI'로 약칭된다. 냉전이 끝나갈 무렵, 미국 전 대통령 로널드 레이건은 TV 연설에서 미국 국민에게 전략 방위 구상에 대한 커다란 로드맵을 던져 주었다. '스타워즈 계획'이 발표된 후, 1985년 1월 4일에 미국 정부는 관련 입법에 착수했고, 정식 명칭을 '대륙 간 탄도미사일 방어 장비 개발 계획'이라고 명명했다.

시기 : 1981~1986년
인물 : 로널드 레이건Ronald Reagan

레이건 대통령 집권

미국의 사학자 아서 링크Arthur S. Link는 레이건을 "직설적인 극단 보수파로, 공화당의 강력한 우익 주자다."라고 평했다. 1964년 대선 과정에서 배리 골드워터Barry Goldwater의 극우 면모가 공개되어 상황이 악화하던 때, 레이건이 지원군을 자청하며 전국에 방송되는 지지 연설을 하여 골드워터의 이미지를 회복하는 데 크게 도움을 주었다. 이로써 레이건은 공화당 내 보수파 후계자의 지위를 확보했고, 그 후에도 루스벨트의 정치 노선에 반대하는 극우 성향을 고수했다.

한눈에 보는 세계사

1980년 : 한국, 5·18 민주화 운동
1982년 : 이스라엘, 레바논 침공

1986년 : 서울 아시안 게임
1987년 : 한국, 6월 민주 항쟁

레이건의 언행으로 볼 때 '보수파 후계자', '극우파' 같은 칭호는 적절한 표현이었다. 미국 국내의 각종 사회, 경제 문제에서 레이건은 줄곧 극단 보수파 편에 섰다. 그는 자유 기업 제도와 기업가의 판단을 믿었고, 자유방임주의만이 경제 불황을 극복할 수 있다고 주장했다. 또 뉴딜 정책 이후 정부가 사회, 경제 활동에 지나치게 개입한다고 비난하며, 자유 기업의 발전을 제한하는 각종 규제와 제도를 반대했다. 그는 사회 복지 제도를 폐지하고 소득세율을 과감하게 낮춰야 하며 고정자산의 가치 감소를 보상하는 감가상각비용을 허용해 투자를 활성화해야 한다고 주장했다. 아울러 입법을 통해 주 정부가 시행하는 근로자의 노동조합 가입 금지 조치를 뒷받침해야 한다고 주장하고, 흑인 차별을 지지하며 순수 백인 학교에 면세 우대를 해야 한다고 강조했으며, 징병제와 총기 사유화 제한을 반대했다. 그리고 사형 제도를 찬성하고, 낙태와 남녀평등에 관한 연방의 수정 헌법 규정을 반대하며, 학교에서 다윈의 진화론과 대립하는 창조론을 교육해야 한다고 주장했다.

미국 전 대통령 로널드 레이건

대외 정책에서도 레이건은 미국이 세계를 이끌어야 하며 냉전 후에 패권을 회복해야 한다고 주장했다. 그리고 이를 위해 군사력을 대폭 강화하고 소련에 강경한 태도를 취해야 한다고 했다. 또 베트남 전쟁을 '숭고한 사업'으로 여겼고, 타이완과 미국의 관계를 회복해야 한다고 보았으며, 파나마 운하의 반환을 반대하고, 쿠바를 다시 봉쇄할 것을 주장했으며, 이스라엘을 전폭적으로 지지했다.

레이건은 이렇듯 강경한 보수파의 성향을 보였지만 1981년 대통령 선거에서 압도적인 득표율로 대통령에 당선되었다. 그가 44개 주에서 일반 표

4,330만 장, 선거인단 표 489장을 획득하는 쾌거를 올린 한편, 라이벌인 지미 카터가 얻은 표는 고작 유권자 350만 장, 대통령 선거인단 표 49장에 그쳤으며 6개 주와 콜롬비아 특별 지구에서만 승리했다. 공화당은 53석 대 47석으로 상원을 장악했다. 하원에서 공화당 인원은 소수였지만, 공화당과 민주당의 보수파를 합치면 훨씬 많은 의석수를 차지했다.

스타워즈 계획

레이건은 닉슨 독트린에서 강조되는 '다극화 세계' 이론을 부정하며 세계의 정세를 좌지우지할 수 있는 국가는 여전히 미국과 소련뿐이라고 믿었다. 또 공산주의를 반대한 그는 소련을 '악의 국가'로 여기며 "소련은 세계에서 일어나는 모든 혼란의 근원이다."라고 질책했다. 이러한 생각을 토대로 레이건이 내놓은 대외 정책의 골자는 '소련의 세력 확장 억제'로 좁혀졌다. 1981년 3월 미국 국방장관 캐스퍼 와인버거 Caspar Weinberger가 군사력 증강을 목표로 역대 최대 규모의 군비 증강 5개년 계획을 국회에 제출했다. 그는 "지난 10년 동안 소련의 군사 비용은 미국의 국방비 3,550억 달러를 뛰어넘었다. 우리는 이제 장기적으로 소련과의 군비 경쟁을 준비해야 한다."라고 피력했다. 레이건은 군비 경쟁에 대해 "과거에 미국은 재래식 무기를 간과하고 핵 위협 역량에만 지나치게 몰두하여 실전 능력이 약해졌다. 실제로 핵전쟁으로 공동 파멸이 초래될 가능성은 적다. 1970년대에 미국이 소련의 대외 확장을 억제하지 못한 것은 소련은 막강한 재래식 무기 역량을 보유한 반면에 미국은 실전 능력이 약했기 때문이다. 1980년대에 우리는 페르시아 만, 중동, 카리브 해 등지에서 재래식 전쟁의 위협을 받고 있다. 그러므로 이번 군비 증강 5개년 계획을 통해 재래식 역량, 특히 해군의 역량을 개발하는 데 총력을 기울여야 한다. 소련 해군의 군사력이 증강되는 기세는 미국에 엄청난 위협을 주고 있으므로 미국 해군은 반드시 해상에서 우위를 회복하고 공격적인 전략을 마련해야 한다."라고 강조했다. 미국의 해군 증강 계획은 해군 함대를 456대에서 600대로 늘리고, 대형 항 공모함 위주의 혼성 함대를 12개 편대에서 15개로 확충하며, 파견 범위를 대서양, 태평양에서 인도양으로 확대한다는 내용을 담고 있었다.

레이건 정부의 군비 확충 및 해군 증강 계획은 국회에서 신속하게 통과 되었다. 5년여의 노력 끝에 1986년에 해군 함대 600대 및 항공모함 15대 확 충 계획은 상당한 진전을 이루었다.

재래식 군사력, 특히 해군 군사력의 증강 외에도 레이건 정부는 소련에 대해 핵 우위를 확보하고자 했다. 레이건은 대통령에 취임한 이후 1979년 6월 18일에 카터 전 미국 대통령과 브레즈네프Brezhnev 소련 공산당 서기장 이 조인한 제2차 전략무기제한협정을 비난하며 비준을 반대했다. 그리고 1981년 10월 2일에 미국 전략 무기 시스템 재정비 계획을 발표하며 소련에 대해 핵 우위를 점하고자 했다.

같은 해 11월 30일에 미국과 소련은 서유럽의 압박으로 제네바에서 회담 했고, 이를 시작으로 2년에 걸쳐 지루한 논쟁이 계속되었다. 논쟁의 핵심 은 두 가지로 좁혀진다. 첫째, 소련이 서유럽을 겨냥하여 설치한 중거리 핵 미사일 약 600개를 전면 철수한다면 미국도 서유럽에 배치할 예정이던 신 식 중거리 핵무기 배치 계획을 취소하겠다는 이른바 '제로 옵션Zero Option'을 제안했다. 그리고 1983년 말까지 소련이 협상에 응하지 않는다면 미국은 북대서양조약기구의 '이중 결의'에 따라 퍼싱II 108기와 순항 미사일 494 기를 서유럽에 배치할 것이라고 밝혔다. 그러자 미국이 잠수함 발사 미사 일과 미사일 탑재 비행기를 보유하고 있다고 판단한 소련은 서유럽에 신식 미사일을 배치하면 유럽 지역 내에서 미국과 소련의 핵 균형을 깨뜨릴 것 이라며 이 제안에 반대했다. 둘째, 소련은 영국, 프랑스의 미사일만으로도 소련 본토를 초토화할 수 있으며, 이는 북대서양조약기구의 핵 전력 범위에 속하므로 중거리 핵미사일 감축 협상에서 영국과 프랑스의 미사일을 포함해야 한다고 주장했다. 반면에 미국과 서유럽 측은 영국, 프랑스의 핵미사일은 독자적인 핵 전력으로 미국 소유의 미사일로 간주할 수 없으므로 협상에서 제외해야 한다고 한마디로 거절했다.

양국이 이렇게 날카롭게 대립하면서 결국 1983년 11월 23일에 협상이 결렬되었다. 그 후 미국은 서유럽에 중거리 핵미사일을 배치하는 작업을 시작했고 소련도 이에 뒤질세라 군비 확충에 박차를 가했다. 이로써 미국과 소련의 군비 경쟁은 더욱 과열되었다.

레이건 정부는 유럽 지역에서의 핵 우위를 차지하는 문제뿐 아니라 과학 기술의 발전에 따라 소련과의 우주 개발 경쟁에도 박차를 가했다. 양국의 우주 경쟁은 군사 위성 개발 위주에서 위성 공격용 미사일, 우주왕복선, 우주정거장, 탄도 요격 미사일을 주축으로 한 새로운 단계, 즉 우주 통

1987년 미·소 양국의 '중거리 핵무기 협정'을 체결한 후 레이건이 고르바초프 송별사를 발표하는 모습이다.

제권을 놓고 각축하는 단계에 이르렀다. 1980년대 후반에 소련은 위성 공격용 미사일 연구 개발에서 미국을 한발 앞질렀고, 1970년대 초에는 미국이 우주왕복선을 시범 제작하면서 소련을 따돌렸다. 많은 사람이 1990년대에 이르면 우주에 미국과 소련의 영구적인 유인 우주정거장이 세워질 것으로 예측했다. 1960년대부터 미·소 양국은 탄도 요격 미사일을 개발하는데 적극적으로 나섰다. 1972년에 서로 탄도 요격 미사일 제한 협정을 맺었으나 실질적인 억제 효과를 발휘하지 못했다. 1980년대부터 미국은 경제, 기술의 우위를 바탕으로 핵무기 개발에 박차를 가했다. 그리고 1983년 3월에 레이건이 이른바 '스타워즈'라고 불리는 전략 방어 계획을 발표했다. 그는 20세기 말까지 우주와 지상에 빛이나 빔을 이용하는 지향성 에너지 무기에 공격용 위성과 요격 미사일이 더해지는 다층 미사일 방어 체계를 구축하여 공격 미사일을 요격할 것이라고 밝혔다. 스타워즈 계획이 점차 현실화되자 소련은 1983년과 1984년에 미국에 우주 무기에 관한 협상을 제안했다. 1984년 11월 22일에 미국과 소련은 양국의 외교부 장관이 1985년 1월 7일부터 8일까지 이틀 동안 제네바에서 회담할 것이라고 성명을 발표했다. 이 회담에서 양국은 우주 무기 경쟁을 방지하고 지상에서 핵무기 경쟁을 끝내는 데 합의했다. 이후 미국과 소련의 정상이 1985년 11월에 제네바, 1986년 10월에 아이슬란드에서 다시 협상했으나, 미국이 스타워즈 계획을 포기할 수 없다고 강경하게 나오면서 협상은 교착 상태에 빠졌다. 1987년부터 미국과 소련 양국은 과거에 미국이 제안한 '제로 옵션'에 합의하고 유럽 내 중거리 핵미사일 배치를 취소하기로 했다. 그리고 그해 12월 8일에 양국은 워싱턴에서 역사상 최초의 핵무기 철폐 국제 조약인 '중거리 핵무기 협정'을 맺었다.

레이건은 취임 이후 침체했던 미국 경제를 회생시켰고, 이를 기반으로 그동안 소련과의 기 싸움에서 수동적으로 방어만 하던 불리한 국면을 180

도 바꿔 놓았다. 또 군사력을 증강하고 경제 및 과학 기술의 경쟁력을 십분 활용하여 전략적 우위를 다시 확보했다. 반면에 소련은 아프가니스탄 침략으로 비롯된 엄청난 군사·경제·외교상 손실로 국내 경제가 악화일로로 치달으면서 미국과의 패권 다툼에 대응할 여력이 없었다. 소련 대통령 고르바초프Mikhail Gorbachev는 국내 문제를 해결하는 데 급급해 소극적인 태도를 보이다가 결국 개혁에 실패하여 소련이 붕괴되었다. 이로써 장장 40여 년 동안 계속된 냉전 시대는 비로소 막이 내렸다.

사건과 인물 중심으로 살펴보는 미국 역사

오늘날 미국이라는 나라와 관련이 없는 나라를 꼽으라면 거의 없을 정도로 미국은 이미 전 세계 중심에 있다. 반미와 친미를 떠나서 이 점은 부인할 수 없는 사실이다. 한 나라가 다른 여러 나라에 그만큼 지대한 영향을 미친다는 점에서 이 나라에 대한 분석은 빠질 수 없다. 흔히 역사는 미래의 거울이라고 한다. 300년이라는 짧은 시간에 세계 강국으로 우뚝 선 미국이 걸어온 길은 글로벌 시대를 살아가는 우리가 한 번쯤은 되돌아봐야 하는 지점이다. 한국의 역사만큼이나 미국사 관련 도서가 한국의 서점가를 휩쓰는 이유도 거기에 있다고 할 수 있다.

'맥을 잡아주는 세계사' 시리즈 중 미국편에서는 17세기 초반부터 20세기 후반까지 미국의 역사를 주요 사건과 인물 중심으로 소개한다. 어렵고 지루한 교과서적 내용보다는 흥미 위주의 사건을 소재로 재미있게 풀어썼다.

당신은 미국에 대해 얼마나 알고 있는가? 이 질문에 망설임 없이 분명하게 대답할 수 있는 사람은 거의 없을 것이다. 그동안 미국사 관련 서적은 여러 권으로 상세하게 기록되어 있어서 지루했다. 하지만 이 책은 한 권으로 요약되어 미국사에 대한 흥미를 높일 수 있다는 점에서 누구나 쉽게 접할 수 있는 콘텐츠다.

자유를 찾아 떠난 메이플라워호가 북아메리카에 도착해 새로운 낙원을 건설하면서 미국의 역사는 시작되었다. 하지만 그들이 꿈꿔 왔던 삶과 현실은 달랐다. 힘겨운 독립 전쟁 끝에 독립선언문을 발표하고 정식으로 미국이라는 국가가 설립되면서 아메리카의 민족성은 더욱 공고해졌다. 하지만 노예 제도, 남북 전쟁 등의 문제가 불거지면서 초기 자유를 바탕으로 세워진 국가의 뜻은 잠시 주춤했다. 과거에 중립을 선언한 미국은 제1차 세계대전과 제2차 세계대전을 거치면서 초강대국으로 우뚝 일어섰다.

경제, 정치, 문화의 중심국으로서 미국은 국제 사회에서 책임과 의무를 다하고자 노력했고, 그 과정에서 친미와 반미라는 이분법적 시각이 탄생했다. 하지만 중요한 것은 객관적인 시각으로 과거 역사를 돌아보고 현재에 대처하고 미래를 내다보는 과정이다. 그런 점에서 이 책은 미국 역사에 대해 쉽게 알아 갈 수 있는 좋은 시작이라 기대해 본다.

끝으로 이 책이 나오기까지 많은 응원을 보내 주고 힘이 되어 준 가족과 HS에게 감사드린다.

찾아보기

맥을 잡아주는 세계사 09

미국사

초판 1쇄 인쇄일 | 2015년 4월 10일 **초판 1쇄 발행일** | 2015년 4월 15일

지은이 | 맥세계사편찬위원회
펴낸이 | 강창용
펴낸곳 | 느낌이있는책

주소 | 경기도 파주시 교하읍 파주출판문화산업단지 문발로 115 세종 107호
전화 | (代)031-943-5931 **팩스** | 031-943-5962
홈페이지 | http://www.feelbooks.co.kr
이메일 | mail@feelbooks.co.kr
등록번호 | 제10-1588 **등록년월일** | 1998. 5. 16
책임편집 | 신선숙 **디자인** | 김민정
책임영업 | 최강규 **책임관리** | 김나원

ISBN | 978-89-97336-90-6 03920
값 17,800원

· 잘못된 책은 구입처에서 교환해드립니다.

이 도서의 국립중앙도서관 출판예정도서목록(CIP)은 서지정보유통지원시스템 홈페
이지(http://seoji.nl.go.kr)와 국가자료공동목록시스템(http://www.nl.go.kr/kolisnet)
에서 이용하실 수 있습니다.(CIP제어번호: CIP2015010396)